敬以本書獻給
逆境中的人們

A Comparative Study of the Philosophy of Adversity

By

Fung Hu-hsiang; Ph.D.
Professor of Philosophy
National Central University
Taiwan R.O.C.

2006. Student Book Co., Ltd.

在逆境中戰勝逆境——代序

許歷農

經國先生生前，遭逢很多逆境，但他有句名言，非常鏗鏘有力，也非常發人深省，那就是：

在逆境中戰勝逆境！

的確，逆境對人生，是考驗，也是磨練，但更是上天訓練人才的一種試煉。所以，孟子很早就提醒世人：

天將降大任於斯人也，必先苦其心志，勞其筋骨，餓其體膚，空乏其身，行拂亂其所為，所以動心忍性，增益其所不能。

經國先生更常引述《荒莫甘泉》一段格言，勉勵工作同仁：

苦難是催逼我們前進的必需品，正如船中爐火，是使船行的必需品一樣。

經國先生，因為歷經在蘇聯苦難十二年，所以更加養成堅忍自強的精神毅力，後來才能領導台灣，渡過各種風雨，創造舉世知名的「台灣奇蹟」，至今仍然廣受人民愛戴。

在經國先生晚年任用的總統秘書中，馮滬祥教授是我很早就熟識的一位，他幫經國先生擬寫重要文稿，很得經國先生理念的真傳，更很能體認經國先生「堅百忍以圖成」的精神毅力。

事實上，馮教授本身也經常遭逢各種風雨考驗與試煉，他是國內最年輕的系主任、最年輕的文學院長，也擔任過國大代表、立法委員、副總統候選人等；因為旗幟鮮明的反對台獨，一路走來、始終如一，所以，被認為是「統派」的指標性人物，一路走來，風雨交加、也始終如一。

然而，馮教授秉持著中華文化先哲先賢的精神薰陶，以及經國先生生前的精神感召，所以從來沒有灰心喪志，更從來沒有退縮氣餒，反而能在苦難中更堅強，在迫害中更茁壯！

近兩年來，馮教授遭受空前的誣陷與屈辱，所以在逆境中，再度化悲憤為發憤，擷取中華文化先哲先賢的精神典範，輔以西方名人的比較研究，寫成近著《從逆境中靈修》；我很肯定他這種奮鬥不懈的精神，所以特別願為其作序，以資勉勵！

曾文正公曾經自述，其一生的功業「全在受辱受挫之時」，他是靠著「打脫牙、落血吞」的堅忍精神，才能有所突破。他也提醒所有後人：「凡事皆有極困難之時，打得通的，便是好漢！」

雖然眼前國運風雨如晦，對統派的仁人志士，打壓也日益猖狂，但我堅定相信，畢竟邪不勝正，統派的苦難不會長久，今後歷史必定證明，這一切苦難，正是上天賦予統派更大使命的考驗！

因此，只要所有中華兒女都能共同以振興中華、促進統一為己志，用不屈不撓的毅力，我們就必能共同打通困境，在逆境中戰勝逆境，早日完成統一大業！

那時，不但是台灣人民之幸，更是兩岸人民之幸，同時也是中華民族共同之幸了！

是為代序。

民國九十五年三月十二日

（本序作者許歷農上將，曾任陸軍官校校長、政戰學校校長、金門防衛司令官、總政戰部主任、行政院退除役官兵輔導委員會主任委員、國大代表、現任新同盟會會長、國家統一委員會副主委等。）

火焰化紅蓮——自序

馮滬祥

一

「火焰化紅蓮」，代表能夠從火一般的試煉中，產生悲願，在苦難中不會消沉，反而更能精進，把磨練看成訓練，把自己的苦難，化為對眾生的悲願。

這句典故，出自佛經的「耶輸免難」故事，寓意深遠，非常發人深省。❶佛陀釋迦牟尼出家前的妻子，名叫耶輸陀羅，被人冤枉，誣指她不貞，村民準備把她投入火中，活活燒死，令她心中很悲憤。

因此，她在火坑前，帶著幼兒羅睺羅（即釋迦摩尼在家的幼子），向上天呼喊，如果她有罪，就讓她燒死，但如果上天知道她蒙冤，就請上天把火焰化成紅蓮！

❶ 佛經的〈戒定真香讚〉，明言「耶輸免難，火焰化紅蓮」，證嚴上人在述說佛經故事時，也對此有精闢的說明。

結果，她被投入火中之後，竟然熊熊的火焰，瞬間變成美麗的紅蓮，冉冉而升，把她托起！

這個故事的象徵意義，在提醒世人，紅蓮從灼熱的火焰轉化而成，代表人生的很多悲憫與智慧，都是從嚴酷的火焰中產生，如同浴火鳳凰一般，要歷經鍛鍊，才能脫穎而出。

因此，人生在世，無論碰到多大的冤枉，無論遇到多大的逆境，都應化悲憤為悲願，忍辱負重、愈挫愈勇，才能化火焰為紅蓮，得到最後的勝利！

在基督教的故事中，同樣有類似的啟示，情節雖不相同，但精神的啟發也很相通。最明顯的例子，就是拯救以色列的約瑟。

約瑟遭到自己哥哥們嫉恨，十七歲就被他們丟棄在野地，又被出賣到埃及為奴，甚至還被主人妻子誣告他戲弄與性侵，被投入冤獄兩年多。❷

後來他幫法老解夢成功，受到重用，並且成為宰相，治理埃及，而且還以德報怨，幫哥哥們解決飢荒之苦，另外還為他們設宴，接回父兄團圓。因為他歷經憂患與苦難，又能心存仁厚、胸襟恢宏，所以神就重用他，拯救以色列全家與其他民族。

因此，《荒漠甘泉》曾經指出：

> 凡是被神大用的人，都經過憂愁。

而且：

發光的金鍊，必須經過爐火的燒錘。❸

根據聖經啟示，患難是一切勝利的捷徑，因此：

一切偉大的事業上面，都有患難的痕跡。❹

這種精神啟示，不但與佛家完全相通，也與中國所說「多難興邦」、「殷憂啟聖」的古訓，也完全一致。

筆者的生平，因為旗幟鮮明的反台獨，一路走來，歷經很多打壓與患難，近兩年多，更遭逢空前的污衊與誣陷，心中同樣深感悲憤，因此經常自問，若孔子孟子遇此困境，更會如何自處？從佛經聖經中，能有什麼啟示？

所以兩年多來，我埋頭研讀佛經、聖經，研究中外很多聖哲名人，在逆境中如何奮鬥的

❷《聖經》，〈創世紀卅九章〉。

❸《荒漠甘泉》，考門夫人原著，王義雄編，聖經公會印行，永望文化事業公司出版，二〇〇二年，頁四七。

❹同❸，頁一八。

故事。

兩年多來，我先用日記體，將心得寫成四本拙著：《忍辱》、《愈挫才能愈勇》、《生氣不如爭氣》、《悲憤不如發憤》，從書名就可看出我的心情與感受。

本次拙著，可說是同系列的第五本。因為每個人一生中，都會碰到各種逆境，所以，如何利用逆境，做為靈修的大好機會，進而增進智慧、提昇境界，便是項很重要的鍛鍊。因此，我選擇指標性的人物與經典，作為論述對象。

本書所選對象，宋朝有蘇東坡、明朝有王陽明、清朝有曾國藩，他們共同特色，都是生平飽經憂患，但都能在逆境中愈挫愈勇，在苦難中不屈不撓，終能完成重大功業！

另外，先師方東美先生在國難之中，將滿腔悲憤，化為埋首寫作的動力，無論是詩詞或者哲學著述，都以弘揚中華文化與愛國精神為心志，令我非常感動；因為外界很少知道他的內心世界，所以我也特別用專章說明。

除此之外，在靈修上，我對現代佛教代表性的大師，在本書列舉了弘揚人間佛教的星雲大師、從逆緣中奮發的聖嚴大師、以及立志不吃氣的證嚴上人，我從他（她）們的著作，以及親自請益的過程中，獲益非常多。因此分別以專章論述，分享心得給讀者們。

另外，還有從墳場修行的心道法師，以及勇於作獅子吼的惟覺老和尚，都是我很欽佩的靈修大師，同樣值得世人共同尊崇，謹此也同時表達敬意。

有關指標性的佛經內容，本書特別列舉《地藏經》、《梁皇寶懺》以及《慈悲三昧水懺》，因為，這三本對消災、解厄與懺悔，都有很深刻的完整論述，而且也是民間至今仍然深具影響的經典。

另外，《紅樓夢》的空靈哲學，對很多熱衷名利、依附權勢的人們，很有提昇及清醒作用，所以特別一併列入。

本書另一重點，是以哲學思想比較研究為主，並非以信仰傳教為宗旨，所以並沒有定於一宗，而是博採群經，盼能會通儒、道、釋三家，並且兼及基督教。

因此，為了很多基督徒的方便，我在聖經方面也選了《荒漠甘泉》。書中強調，神用苦難訓練人才，把憂患當成試煉，非常能夠激勵人心上進，也非常發人深省，同樣值得世人共同體悟。

二

當然，筆者雖然有心發願，把本身在逆境中的心得，貢獻給世人分享，但是畢竟才疏學淺，能力有限，因此，仍然要請各界高明指正，才能達到內心悲願於萬一。

事實上，在西方聖哲與先賢中，希臘大哲蘇格拉底（Socrates）生平經歷很多污衊，甚至因為被誣告而服毒犧牲，他對逆境的體認，就非常的深刻。

他曾有句名言，非常發人深省：

逆境，是磨練人生的最好學府。❺

的確，無論一個人唸到多高的學位，如果他(或她)，沒有經過逆境這個學府的考驗，那他(她)在人生，仍然不算通過考試；就如同「草莓族」般，雖然外表明艷，但是內容非常軟弱，永遠無法堅忍成功。

所以英國大詩人拜倫(Lord Byron)也曾經有句名言：

逆境是通向真理的第一條道路。❻

大音樂家貝多芬(Beethoven)一生也很坎坷，他在最悲苦的逆境中，甚至失去了聽覺，但反而能用最深沉的心靈，創造出對人生充滿欣賞讚嘆的「快樂頌」！

他也有句心得，值得所有逆境中的朋友，仔細地體悟：

逆境中的苦難，是人生的老師；因此，我們沒有必要抱怨逆境，也沒有必要悲嘆苦難；逆境與苦難，正是啟發我們偉大潛力的最好老師！

美國詩人愛默生(Emerson)也曾經語重心長的指出：

每一場災難都是一種激勵，是寶貴的啟示。❼

所以英國大文豪莎士比亞（W. Shakespeare）在〈哈姆雷特〉中，更提出了發人深省的問題：

生存還是毀滅？這是問題所在；默然忍受命運暴虐的毒箭，或是挺身反抗無涯的苦難，透過奮鬥把它們掃清？這兩種行為哪一種更高貴？❽

英國首相邱吉爾（W. Churchill）生平經歷過無數挫敗，但深具愈挫愈勇的特色，所以能領導英國度過二次大戰的空前逆境。他就是不肯默然接受命運暴虐的毒箭，而不斷鼓勵英國人民挺身反抗暴政，用淚水、汗水、鮮血奮起迎敵，終於戰勝了納粹的侵略。他還曾把最黑暗的敵人轟炸歲月，豪氣萬丈的宣稱為「最好的時光」！

因此，他也曾經總結經驗，提醒世人：

❺《世界名人修身語錄》，劉巍、袁元編著，台北正展出版社，二〇〇二年，頁二三九。

❻《世界上最震撼心靈的話》，米香編著，北京現代出版社，二〇〇三年，頁一六五。

❼同❻。

❽《智慧格言辭典》，萬鎮魯主編，上海辭書出版社，二〇〇二年出版，頁二六。

> 能夠克服逆境的人士，就可使困難化為良機！❾

另外，法國文豪羅曼．羅蘭，也曾明確的指出：

> 只有把抱怨逆境的心情，化為上進的力量，才是成功的保證！❿

法國名人伏爾泰（Voltaire）更曾強調：

> 不經重大的困難逆境，就不會有偉大的事業！⓫

凡此種種，都正是中國文字的啟發：「危機、危機，危中有機」！今天，我們同樣可以說：「逆境、逆境，逆中有境！」

蔣故總統經國先生的生平，也是充滿逆境；尤其他在留俄的十二年，被流放與勞改的生活，更是充滿悲苦，歷經飢寒交迫的磨難；但他仍然堅忍不拔，提醒大家，「我們是為勝利而生的，不是為失敗而生的」！所以他能在忍辱中負重致遠，在逆境中轉禍為福，並能成功的領導台灣，在風雨中克服了各種困境，至今仍令很多人感念。

我曾有幸擔任經國總統秘書八年，深知他的精神特色，代表一種過人的勇氣與志氣，更代表一種過人的魄力與毅力，任何人若要成功，就必須有這種逆境中的修煉！

如今，西方對最新的心靈修養，已經不只重視控制情緒的「情緒智商」（EQ），而開始重視如何克服逆境的「逆境智商」（AQ）；亦即如何在「逆境」（Adversity）中，能夠培養堅忍的精神毅力。因為，唯有如此，才能激勵心中潛力與精神毅力！

這也是法國文豪巴爾札克，針對不同人們在逆境的表現，所總得到的結論：

> 逆境，是天才的進身之階，信徒的洗禮之水，是勇者的無價之寶、卻是弱者的無底之淵！⓬

所以我們也可以說，「逆境」，是一個人自我檢驗的指標；自己到底是勇者？還是弱者？只有通過逆境，才能一目了然。

英國文豪莎士比亞對此有句名言，講得也很中肯：

---

❾ 同❺，頁二二八。

❿ 同❺，頁二三五。

⓫ 同❺，頁二二九。

⓬ 同❺，頁二三二。

在逆境的動盪考驗中，最容易看出一個人的品德和氣節。

美國著名的人權鬥士馬金·路德·金（Martin Luther King）是黑人的民權領袖，一生為了爭取黑人人權，奮鬥不懈，最後甚至被刺殺而犧牲，成為全美國無分種族的共同英雄。他也有句名言：

對一個人的最終評價，不是看他身處順境與安逸的時刻，而是看他身處逆境和面臨挑戰的時候。⑬

這些西方的名人名言，都是歷經苦難與逆境之後的智慧，深深值得逆境中的朋友，共同體悟與力行，然後才能在百般痛苦之中，趁機自我修煉、自我提昇，進而自我實現，從千錘百鍊中脫胎換骨、脫穎而出，重新展現光輝燦爛的精神風貌！

三

綜觀中國五千年的歷史教訓，最重要的民族精神特色，就是在逆境困境中，能夠更加堅忍自強、團結奮鬥，所以能夠克服多種苦難，創造更光輝的民族命運！

這正是「周雖舊邦，其命維新」的哲理。

所以，歷史證明，中華民族從來沒有亡過，只有朝代的更替，但從來沒有民族的滅亡，環顧世界歷史，找不到第二個例子！

例如，早年產生蘇格拉底、柏拉圖的希臘，到現在早就沒有了；曾經創造金字塔的埃及古國，至今連種族都變了；歷史上風光一時的巴比倫，如今連影子都沒有了！

綜觀人類歷經滄桑的文明史，只有中華民族，在困境中更堅強、在逆境中更茁壯，因而能成為全世界最悠久、也最優秀的民族！

事實上，中國最古老的經典——《易經》，很早就指出了這種深刻的哲理。《易經》首先強調，要有「憂患」意識，才能警惕逆境，要能弘揚「乾」、「坤」二卦的特色，亦即以「自強不息」、與「厚德載物」的精神，堅忍奮鬥，才能勝利成功。

後來這兩句話，也成為清華大學的校訓，實在有很深刻的啟發。

因為，這代表了中華民族愈挫愈勇的正氣，更代表了中華民族不屈不撓的毅力，深深值得所有中華兒女發揚光大！

後來，孟子也曾強調「生於憂患，死於安樂」，並且提醒世人：

---

⑬《世界名人名言集》，上海世界圖書公司，二〇〇一年出版，頁三一二。

天將降大任於斯人也，必先苦其心志、勞其筋骨、餓其體膚、空乏其身、行拂亂其所為，所以動心忍性，增益其所不能。

因此，無論面臨多大的苦難、身陷多深的逆境，孟子都提醒人們，只要能有這種胸襟，視苦難為上天的考驗，視逆境為上天的訓練，正好藉此機會磨練心性、激發潛力，那就必能堅此百忍以圖成，克服萬難更前進，從而得到最後的勝利與成功！

文天祥的〈正氣歌〉，就是繼承孟子所說的「浩然之氣」，所以很清楚的強調：「時窮節乃見」。他並引述很多例證，如「在齊太史簡、在晉董狐筆，在秦張良椎，在漢蘇武節……」等等，以此提醒世人，在逆境中更能檢驗風骨氣節，甚至「鼎鑊甘如飴，求之不可得」！連最壞的情形，都能甘之如飴，那還有什麼忍受不了的逆境呢？

史學家司馬遷，也曾引述很多真實故事，證明在逆境中，很多先聖先賢，更能發憤圖強：

文王拘，而演《周易》；仲尼厄，而作《春秋》；屈原放逐，乃賦《離騷》；左丘失明，厥有《國語》；孫子臏腳，而論《兵法》；不韋遷蜀，世傳《呂覽》；韓非囚秦，《說難》、《孤憤》，《詩》三百篇，大抵皆賢聖發憤之所為作也！⑭

司馬遷本身遭遇了莫大屈辱，但仍能化悲憤為力量，終於完成千古不朽的名著《史記》，也是最好的例證。⓮

到了中國大乘佛學，《金剛經》中明確強調，「忍辱波羅蜜」的靈修，就是要藉著「忍辱」修行，才能促使自己更加精進；所以，忍辱並不是忍辱，反而是甜美有智慧的波羅蜜。因此經中指出，「忍辱波羅蜜，如來說非忍辱波羅蜜，是名忍辱波羅蜜」。

換句話說，此時要能明心見性、自見空性，不能自以為是、自命真理，此即「佛說般若波羅蜜，即非般若波羅蜜，是名般若波羅蜜。」要能「離一切諸相」，去一切執著，才是真正覺者的靈修。

另外，《金剛經》又強調；

若為人輕賤，是人先世罪業應墮惡道，以今世人輕賤故，先世罪業即為消滅。⓯

也就是說，若在今世，有人遭到輕視污衊，要能視為化解先世的罪業，如此才能夠將壞事化為好事，將忍辱化為精進的動力，將逆境視為上進的動因。這樣一來，「逆緣」的阻

⓮ 司馬遷，《報任安書》。

⓯ 《金剛經》，第十六品，〈能淨業障分〉。

力，反而成為一種「逆增上緣」，也是一種奮發的動力，所以應該心存感激。

所以《維摩詰經》中講，「蓮花殖種於空不得生，糞壤之地乃能滋茂」。看似最污穢的糞壤，反而是最出色的肥料，看似最痛苦的逆境，反而是最精進的動因！

四

筆者幼年時期，因為父母離異，母親辛苦做工撫養，所以從小就經常被冷嘲熱諷，飽受欺負，歷經各種屈辱；在生活上，經常每天只能吃一餐，而且只是醬油拌飯，至今都記憶猶新。

但是，正因為筆者從小吃了很多苦，所以更激發心中力爭上進的精神毅力，在很多困境中，我並沒有消沉，更培養了奮發的動力。

我從少年時期，心中就關切兩大問題；一是人生問題，二是中國問題。所以後來從東海大學化學系，毅然轉考台大哲學研究所，並進一步考取公費留學，到美國的名校波士頓大學攻讀哲學博士。

我在台大唸書期間，因為反對文革與紅衛兵暴力運動，竟被誣指為國民黨「職業學生」，也因為心懷民族大義，堅決反對台獨，成為部份人的眼中釘；後因「理則學」被不公平的打成0分，在研究所硬是被迫多留一年。年紀輕輕，就初嚐冤屈與忍辱的心境。

我念完博士回國時，先任教東海大學哲學系主任，又因為經常演講、反對台獨，更成為陳水扁擔任社長的〈蓬萊島雜誌〉誹謗對象，除了污衊我「以翻譯代替著作」，並用大量人身攻擊，誣指我是「剽竊」、「騙子」、「學術詐欺」、「整肅台大哲學系師生」、「善騙善變」、「殘忍狠毒」等等，並硬扣紅帽子，竟稱我是「狂熱的馬克思信徒」。總計該刊對我故意誹謗次數，前後連續廿六期之多，至今紀錄都沒有被其他人破過。

我曾多次要求更正，都沒有回應，雖然時值喪妻之痛，只有被迫提出訴訟。後來兩年多，我咬緊牙根、孤軍奮鬥，終於從法律爭回公道，該雜誌負責三人服刑八個月，但我也從此更加得罪台獨人士。陳水扁後來擔任總統，總編輯李逸洋成為內政部長，發行人黃天福則為總統府國策顧問；因此，更埋下我日後遭受政治報復的伏筆。

尤其，因為我最早揭發李登輝搞台獨的真面目，公認是最早的「欽命要犯」與「批李大將」，並曾公開在立委任內，質詢曾文惠運美金的疑案，因而被違法判刑四個月。像我如此公然批評得罪兩任總統，在台灣也算罕見了。

近兩年多，台獨政府便是以我質詢「曾文惠案」為理由，再利用菲傭的誣告案，稱我「不知悔改」，要求加重量刑。即使菲傭後來承認說謊，很多人證物證均證明我是清白蒙冤，但台獨政府仍用政治干預司法，並限制我出境，且企圖要解聘；凡此種種，都是我平生空前的屈辱與迫害，令我飽經風霜打壓，但也累積了很多逆境中的靈修心得。

但丁在《神曲》中，曾歷經煉獄與地獄，進而累積了他卓然而立的人生智慧。他曾指出，地獄象徵人生最艱苦絕望的逆境，所以在地獄門口掛了個牌子，「進入此門，就要放下一切希望」。

然而，他在如此凶險的困境中，仍然充滿鬥志，在《神曲》中，提醒世人：

人家的竊竊私語與你何干？讓人家去污蔑誹謗，你仍然要像一座卓然挺立的燈塔，絕不因為暴風雨而傾斜！

的確，很多逆境正如同暴風雨，不但來勢兇猛，而且令人震驚；這時《金剛經》的智慧，便很有啟發。它提醒世人，要能「不驚、不畏、不怖」，心中要能真正空靈，「應無所往而生其心」；此時只有將心靈超越一切得失、榮辱、毀譽，甚至看破生死大關，才能克服任何驚恐與畏懼。

莊子有句名言，在此極為重要：「舉世譽之而不加歡，舉世毀之而不加沮。」即使面臨全世界的誹謗，心中也要超越沮喪，反而更要笑迎挑戰、泰然處之；唯有如此，才能愈在逆境之中，愈培養靈修力量，更將逆境化為更大的動力！

所以，筆者懷著虔誠的心志，將歷代重要名人與經典，在逆境中的心靈修煉，一一介紹給社會大眾，希望借助這些燈塔的光明，分享給今天仍在苦難中掙扎的人心。

筆者在此要特別感謝家人，對我在暴風雨衝擊期間，給我的溫情與支持；也要特別感激前輩許歷農上將的溫馨慰問與賜序；同時也要感謝星雲大師、聖嚴大師、證嚴上人、心道法師、惟覺老和尚與李子弋教授的精神鼓勵；並要向李敖大師、李慶華委員、高大鵬教授、李慶安委員、李慶元議員等好友，與各界朋友的挺身相助與慰問，敬表由衷感念之忱！

另外，很多名律師如李永然先生、劉緒倫先生、王清峯女士，薛松雨先生等，對我熱心鼓勵，都令我終身感動；我也要特別感謝黃惠芬、陳繼民、姜明遠、劉智園、陳慶尚、楊宗儒、李潮雄等大律師的幫忙，同時感謝陳俊弘、李威儀、陳蔭華、高誼、阮筱琪、陳妍靜等助理們的辛勞打字，以及學生書局的慨允出版。

若能因為本書，而幫助今天很多痛苦的人心，共同奮發上進，能在逆境中發憤圖強、突破困境，並能進而克服時艱、共同振興中華，那將是筆者莫大的榮幸！

是為自序。

民國九十五年三月廿九日

黃花崗烈士紀念日青年節

從逆境中靈修
——中西逆境哲學

目錄

第一章　蘇東坡從逆境中靈修

一

宋代大文豪蘇東坡（一〇三六—一一〇一），一生多才多藝，深具才情與才氣，卻也終生多災多難，屢遭打壓與打擊。仁宗雖然私下認為他是宰相之才，很欣賞他，太后也重用他，但太后一過世，群臣卻嫉恨他、迫害他，無所不用其極。

因此，蘇東坡如何處此逆境，如何戰勝困境，如何化壓力為動力，此中智慧胸襟，便有很重要的啟發性。

林語堂在英文的《蘇東坡傳》中，曾經形容蘇東坡：

蘇東坡是一個不可救藥的樂天派，一個偉大的人道主義者，一個百姓的朋友，一個大文豪、大書法家，創新的畫家、造酒試驗家、一個工程師、一個憎恨清教徒主義的

> 人，一位瑜珈修行者、佛教徒、巨儒政治家，一個皇帝的秘書，酒仙、厚道的法官，一位在政治上專唱反調的人，一個月夜徘徊者，一個詩人、一個小丑。❶

當然，這並不足以道出蘇東坡全部的個性，反而林語堂後面這話，卻更能說明蘇東坡的內心世界：

> 怨恨是無能的表現，他從來不知道無能是什麼，所以他從來沒有私怨。❷

這段話，代表了一個生性敦厚的心靈，也代表了一個開朗豁達的胸襟。

林語堂形容，對蘇東坡，「悲哀和不幸降臨，他總是微笑接受」，所以「他成為許多中國文人最喜愛的作家，原因也在此。」❸

林語堂並認為，蘇東坡最佳的名言，也是他對自己最好的形容，就是他向弟弟子由所說的話：

> 吾上可陪玉皇大帝，下可以陪卑田院乞兒。眼前見天下，無一個不好人。❹

前兩句話，代表蘇東坡的平等心、無分尊卑貴賤；後半段，更代表他的仁厚心，如陽明先生所說，「滿街都是聖人」。

然而，最重要的，是蘇東坡可以用他高超的慧眼，看破人生榮辱，並用其深邃的悲心，看透人情冷暖，進而寄情山水，揮灑成為詩文；經過千錘百鍊，終能造就他參透曠世的偉大詩品。

所以林語堂在書中強調，蘇東坡這個人，「成為文學閒話的中心，死後尤其受到深廣的敬重，也是很自然的。」

林語堂在中國眾多的詩人中，比喻李白，如同雪萊或拜倫，「是一個燃燒自己展現出瞬間壯景的文學慧星」；杜甫則像米爾頓，「是一個熱心的哲學家和老好人，以貼切淵博的古典比喻，寫出了豐富的作品。」

蘇東坡呢？他「永遠年輕」的性格比較像薩克萊，政治和詩詞的盛名則像雨果，同時又具有約翰生博士那份動人的本質。

最重要的，「今天我們愛他，只因為他吃苦吃得太多了。」

很多人吃苦太多後，變得老於世故、變得消沉、變得沉默，但蘇東坡卻永遠保持年輕的

❶林語堂，英文原著，《蘇東坡傳》，宋碧雲譯，台北遠景出版社，二〇〇〇年十二版，頁七。
❷同❶，頁九。
❸同❶，頁九。
❹同❶，頁一〇。

心，這就是為什麼至今很多人愛戴他的原因。

二

林語堂曾比喻蘇東坡思想，為「一種新的合金」❺，由佛家的信仰、儒家的哲學、與道家的風格，共同融合而成，也的確很有見地。

正因蘇東坡身兼「儒、道、釋」三家之長，所以每逢逆境來襲、困境來纏，他總能以「兵來將擋、水來土掩」的深厚功力，一一加以克服。這種精神氣魄，正是深值仁人志士效法的秘訣所在。

就儒家部份而言，他的精神動力，明顯來自「正氣」，也就是孟子所說「浩然之氣」。所以他在論述韓文公廟碑文，稱頌心中的典範韓愈時，便曾明白引述孟子：「我善養浩然之氣」，並明確讚揚這種正氣。他強調說：

> 是氣也，寓於尋常之中，而塞於天地之間。
>
> 其必有不依形而立，不恃力而行，不待生而存，不隨死而亡者矣！故在天為星辰，在地為河岳，出則為鬼神，而明則復為人。

所以，在蘇東坡而言，正氣亙古長存，永在人心，既不受勢劫、也不被利誘、更不受脅迫。因而他能把生死看得很淡。此其在辭世前兩週，還在信中寫道：

> 生死亦細故爾，無足道者。

短短兩句話，充分體認了〈正氣歌〉中所說：

> 當其貫日月，生死安足論！

然而，他心中卻同時深具道家超拔的精神；因而在最艱困的貶抑流放中，他反倒在貴州完成了《易傳》、《論語說》，並在海南完成了《書傳》，以及林語堂稱為「最傑出的成就」：和陶詩一百廿四首。❻

蘇東坡生前，曾經明白表達他對陶淵明的崇敬，不只喜好他的詩文，欽佩他的為人，同時對他的際遇，完全感同身受，所以曾經慨言：

---

❺ 同❶，頁〇。

❻ 同❶，頁三六八。

然吾於淵明，豈獨好其詩也哉，如其為人，實有感焉。❼

由此可見，蘇東坡也深具道家胸襟，既能堅持「不為五斗米折腰」的風骨，也能心懷「悠然見南山」的境界；他甚至認為，自己前世很可能就是陶淵明。

另外，東坡生前自稱「東坡居士」，留下很多禪詩，更可看出他學佛的精進。他在過世之前，曾經召三個兒子到床前，並且明說「吾生不惡，死必不墜」，意即生前不做壞事，自信死後必不會墮入惡道，這明顯是佛教思想。

除此之外，他在金山寺的石刻自畫像上，應邀題詩時也說：

心似已灰之木，
身如不繫之舟，
問汝生平功業，
黃州惠州儋州。❽

蘇東坡生前在很多地方，有很多事功與建設，但他並未將自己在杭州、徐州、密州的功業列上，也並未把修湖、修井、修河等仁政列入，反倒只寫上被貶抑的黃州、惠州、儋州。

由此可見其心靈的高超飄逸，將忍辱受困之地，反而看成生平試煉之地。如此心胸器度，深符《金剛經》中所講的「忍辱波羅蜜」修行，深值後人敬重與效法。

事實上，蘇東坡早在他父親蘇洵過世後，便發憤要學易，並且續成父親《易傳》第三卷，所以對中華文化這部最早的經典，研究非常深刻，心得也很精闢。

蘇洵生前，完成卷一〈天人之學〉，卷二〈抑惡揚善〉，但對卷三還未完成，便因中風不治。所以蘇東坡曾在呈報皇帝的表奏上，表明必定續成的決心。

他在表奏上說，其父親在「居家休養之機，不輟筆耕新著《易傳》，乃以弘揚炎黃文化、匡正社會風氣、教化抑惡揚善為宗旨」。❾可見他很清楚，弘揚《易經》，就是弘揚中華文化，足以匡正人心，改善民風。

最後他再強調：「定當不負先考囑託，續成《易傳》，以報皇恩。」

這是他莊嚴的承諾，不只對過世的父親，也是對當朝的皇帝，所以他生死以之，後來無論在任何逆境中，也都未敢或忘。

結果，這分心志，反而在他被貶的苦難中，幫他渡過很多心理上的難關。

尤其，他晚年被放逐到海南，在最偏遠的困境中，卻是他寫作《易經》最豐收的時候，再次證明他的毅力非凡，正氣永存，非常值得欽佩。

---

❼ 同❶，頁三六九。

❽ 易照峰，《蘇東坡之文星殞落》，台北生智文化公司，公元二〇〇一年，頁三六八。

❾ 同❽，《蘇東坡之把酒問天》，頁二八九。

三

事實上，蘇東坡的儒家仁心，早從他年輕時的殿試答卷中，就可看出。他老師歐陽修對其大為欣賞，而將他列為首名，等於第一名。

這篇皇帝前的殿試，題為「刑賞忠厚之至論」。蘇東坡先引《易經》名言：「賞疑從與，所以廣恩也；罰疑從去，所以慎刑也。」然後再引書經的名言：「罪疑惟輕，功疑惟重。」進而結論：「與其殺不辜，寧失不經。」

這篇文章不但邏輯分明，而且心存忠厚，很有現代先進的人權思想。相形對照之下，今天反而很多司法判決粗糙，對程序不夠慎重，對人權也缺乏尊重，實在應該痛切改進才行。

尤其，最後蘇東坡論述：

先王知天下之善不勝賞，而爵祿不足以勸也；知天下之惡不勝刑，而刀鋸不足以裁也。是故，疑則舉而歸之於仁，以君子長者之道待天下，使天下相率而歸於君子長者之道。故曰：忠厚之至也。⑩

這種精神，能以忠厚為懷，並以仁厚處世，正是蘇東坡身為儒者政治家的心懷。所以他每到一地當官，必以親民愛民為先，也必定以民生疾苦為先，從他到處修河、修井、修湖等事功，均可得到例證。

當時主考官歐陽修與副考官梅聖俞，同時都非常讚賞他的仁心與胸襟。宋仁宗趙禎在面試之後，也對蘇東坡回答的「仁政」非常滿意。所以退朝後，趙禎還向皇后高興的提到，為宋朝找到了兩個宰相人才。

宋仁宗所提到的兩位人才，一位就是蘇東坡，另一位則是他弟弟蘇子由。兩人同登進士，成為當時佳話。後來仁宗過世，皇后曹氏輔佐小皇，對二人便很器重。但等皇后過世之後，小皇左右的奸臣，卻把他們兄弟二人，打成「元祐奸黨」，演出了一幕幕陷害忠良的悲劇。

在宋朝，忠臣常被小人陷害；最有名的，前有歐陽修，後有岳武穆。

歐陽修是在公元一〇四七年，擔任副相期間，因為耿直進諫，得罪宰相夏竦。當時夏宰相，竟然誣指他「性侵害」，甚至「亂倫」，具體內容是向憲宗進惡毒的讒言，污衊他與年輕的外甥女李小乖「通姦」，一時成為轟動朝中與民間的重大醜聞。聽者雖然半信半疑，很多人也認為不可能，但歐陽修仍然被撤職，並且貶成滁州太守。

這段經過，很像六年前，馬來西亞副總理（相當於副相）安荷，因為得罪總理（相當於宰相）馬哈迪，同樣是被誣告「性侵害」（而且是同性戀），指稱他對司機等人「雞姦」，直到馬哈

⑩同❽，頁二〇。

迪四年後退休，他才獲最高法院平反。

這段情節，與筆者兩年多以來，所受相關的誣陷，情節也很類似。筆者心中同樣深感冤屈，而且家中三代同受傷害，其中痛苦，非一般人能體會，只有以忍辱負重的心情，當做動心忍性的考驗，並且閉門看書寫書，化悲憤為力量。

當時，歐陽修就是一直忍辱含垢，閉門修身養性，專心著述，直到夏竦本身有案事發，同樣被貶，歐陽修才獲平反，重新東山再起，並且作到宰相。

歐陽修被貶時，最有名的作品，便是〈醉翁亭記〉，所謂「醉翁之意不在酒，在乎山水之間也」，這首名句便由此而來。

他那時的心境，要行儒道既不可得，只有先以道家精神，寄情山水之樂；在逆境中以柔克剛，悠然自娛；後來果然能夠峰迴路轉；如此先保住身心健康，留得青山在、不怕沒柴燒，也深具重要啟發性。

後來歐陽修獲平反之後，感嘆朋黨傾軋之禍，陷害忠良很多，自己深受其害，所以他曾經寫成〈朋黨論〉，傳誦一時。

他在文中指出，「朋黨之說」，雖然自古有之，但要靠人君明辨，哪些是君子的朋黨，哪些是小人的朋黨。

這中間的差別在哪裡呢？

歐陽修強調，「大凡君子與君子，以同道為朋；小人與小人，以同利為朋。」

用今天的話說，君子朋黨，是以理念與道義相結合，所以是真正的「朋」友。小人朋黨，則以私心與利益相結合，所以是假的「朋」友。

因而他呼籲為人君者，「當退小人之偽朋，用君子之真朋，則天下治矣。」

也就是說，明君應該親君子、遠小人，用君子的真朋友，遠小人的假朋友。

歐陽修並舉歷史興亡為例，例如，紂有億萬眾，卻有億萬心，便是假朋，所以會亡國，周有臣雖僅三千，卻能唯一心，形成「一大朋」，所以能興盛。

另外，唐昭宗時，盡殺朝廷名士君子，把他們丟進黃河，還憤恨的說「此輩清流，可投濁流」！結果當然亡國。

所以歐陽修提醒人君，「治亂興亡之跡，為人君者，可以鑒矣！」

他在被小人陷害後，仍然奮不顧身，直言進諫，證明深具風骨與正氣。正因有歐陽修這樣的老師，才能欣賞蘇東坡這樣的學生，並且一直愛護有加。

蘇東坡後來在政壇的表現，守正不阿，寧死不屈，其大義凜然，也沒有辜負老師的教誨。這一對「正氣師生」，的確可稱為中華文化的美談，也可稱為逆境中靈修的典範。

四

公元一〇八二年，七月十六日，蘇東坡被貶黃州之後，與朋友楊世昌道士，同遊於赤壁之下，他當時環顧四周，林茂泉幽，縱目所及，均為蒼勁雄奇的風景，加上酒逢知己，興之所至，便寫成了曠古名作〈前赤壁賦〉，充分展現了他在逆境中的高妙情操：

浩浩乎如憑虛御風，而不知其所止，飄飄乎如遺世獨立，羽化而登仙。

這種提神太虛而俯之的胸襟，便是典型的道家代表作。

當時他並說：

自其變者而觀之，則天地曾不能以一瞬。自其不變者觀之，則物與我皆無盡也。

這段也明顯承自莊子精神，「自其同者觀之，萬物皆一體也，自其異者觀之，肝膽猶楚越也。」只是莊子在此是用空間比喻，而東坡則用時間比喻，但兩人的曠達精神，卻是完全相同。

另外，蘇東坡又曾指出：

且夫天地之間，物各有主，苟非吾之所有，雖一毫而莫取。

這又與莊子的風格很接近：認為人生大事，舉凡生死、苦樂、榮辱、貴賤、貧富等等，「莫非命也」，所以得之不用喜，失之也不用悲。

那麼，又有哪些是可大可久、取之不竭，而且又人人可取呢？東坡強調，那只有回歸自然的生命：

> 唯江上之清風，與山間之明月，耳得之而為聲，目遇之而為色，取之無禁，用之不竭。是造物者之無盡藏也，而吾與子之所共食。

這種生命情懷，肯定千山萬水皆含情，清風明月俱含生，正是東坡處逆境中，能夠超越低迷悲苦的最大憑藉。

當他的生命精神向上無限提昇、與造物者同遊，並且能夠放曠慧眼，再俯視人生百態，則人生一切苦難，都只像彈指而過，那又何足為悲？何暇為苦？

三個月後，蘇子與二友重遊赤壁，這時心境卻又迥然不同，感慨「曾日月之幾何，而江河不可復識」，隱隱然透露了「烏台冤獄」後的淒涼心境。

由此可見，他也並非完全可以太上忘情，同樣有其人性軟弱的一面，不會虛偽矯情。原來同樣的山水，後來卻顯得險惡肅殺，令他「悄然而悲，肅然而恐，凜乎其不可久留也。」可見他也深感形勢的嚴峻。

所以，在文中後段，東坡借夢中道士的答問，指出道士乃「飛鳴而過我者」，再次點出，精神應超越飛翔於高空之上；但也暗指，心境應聞鳴而知警；充分表露出他的心境，一方面受到現世冤屈束縛，感到無奈，二方面仍期盼早日翱翔脫困，逍遙自在。如此的輾轉矛盾，可說道盡很多人在逆境中的心情。

到了他代表作〈念奴嬌·赤壁懷古〉，他就再次馳騁神思，展現了橫跨千古的才情，以及俯視萬代的豪情。

在其神遊中，他馳情入幻，遙想三國的爭霸情景，頓將所有的眼前困境，全部一掃而空，進而看透了人生本來就如夢，其精神逍遙遨遊於詩意盎然的空靈妙境，靈感源源而來，因此寫出了永垂不朽的名詩：

大江東去，
浪淘盡，千古風流人物。
故壘西邊，
人道是，三國周郎赤壁，
亂石穿雲，
驚濤拍岸，
捲起千堆雪，

江山如畫，一時多少豪傑。

遙想公瑾當年，

小喬初嫁了，

雄姿英發，

羽扇綸巾，

談笑間，檣櫓灰飛湮滅，

故國神遊，

多情應笑我，早生華髮，

人生如夢，

一尊還酹江月。

五

蘇東坡被小人誣陷，在厄運中等待治罪時，杭州很多百姓焦急萬分，在西湖蕉荷村，曾經邀請四十九位道士舉行法會，名為「蘇軾解厄黃篆道場」，連續一百多天之久，證明蘇東坡很深得民心。

當時主持可久法師，兼通道術與佛法，相傳他曾隨同大儒邵雍同遊華山，見到高人子平，從子平處學到著名的「八字（四柱）命理」。

邵雍本身深通「梅花易數」，又懂「鐵板神算」，當時即曾與子平深論命理之學。事後證明，兩人所算邵雍的壽命，均極精準。

邵雍號康節，今人在香港有位董慕節，也以「鐵板神算」著稱，就是因為仰「慕」邵康「節」，才改名為「慕節」，據稱也很神準。

這些命理數術，多半來自《易經》，因為《易經》本來兼具「象、術、義理」三者之學，孔門是以義理為主，道教則是以「象、術」為基礎；根據《易經》所說，「仰觀天文」，以一〇八顆星為主，分配到人生十二宮，以此論斷人生吉凶。

宋初名道士陳希夷（名摶），發明「紫微斗數」，至今仍可用電腦排出命盤，便是由此而來，只要經驗豐富，通常即能算出命中大體吉凶。

若從佛教看人生命理，便是根據因果報應，對於今生的吉凶如何，並不多論，而歸於前世種的因，然後把重點放在今世盡心行善，據以化除前世的業障，進而累積後世的福份。

因此，佛教的命理觀強調，「萬般由心不由命」；也就是說，福由心造、禍在己為，這與道教能推算今生命理未盡相同，但兩者均重視行善修身，則為相同之處。從整體宏觀而言，仍然很能相輔相成。

蘇東坡在他坎坷的一生中，稟承正氣而行，主要來自儒家，但身處凶險逆境時，他也會求道士問卜，以明趨吉避凶之道，並且也學道教養生練氣。當然，他更懂得遇事應回到本性，直指人心，所以也留下了很多學佛的心得與禪詩。

因此，從靈修而言，蘇東坡明顯是儒、道、釋的有機性結合，而他種種的坎坷苦難，也正好提供了他磨練心性的最好道場。

公元一〇八〇年，元豐三年，他流放黃州（今漢口附近）時，在住處牆壁上寫了四句詩，天天自勉自惕，很有道家「福禍相倚」的省思：

生輿入輦，蹶痿之機，洞房清宮，寒熱之媒；
皓齒娥眉，伐性之斧，甘脆肥濃，腐腸之樂。

他在這四句中，把一般人追求的各種欲望，均從另一面去透視其後遺症，由此警惕自己不必患得患失，此中很有深意。

另外，他也常到城南安國寺，每一兩天便去，「焚香默坐，深自省察，則物我相忘，身心皆空。」

蘇東坡四十四歲，在深思反省自己的個性與際遇之餘，開始信仰佛教。

他在〈安國寺記〉中提到，為了「收召魂魄，退伏思念，求所以自新之方」，所以「盍歸誠佛僧，求一洗之。」

到了第二年，他在東坡耕田，開始自號「東坡居士」。名畫家米芾當時二十二歲，也曾到此拜訪論畫。

再過兩年，隨他奔波各地的繼室朝雲，生了個男兒，歷經風霜的蘇東坡寫了一首詩，但求小兒平安，可以看出當時他已淡泊功名：

人皆養子望聰明，我被聰明誤一生，

唯願孩子愚且魯，無災無難到公卿。

但可歎的是，這個小嬰兒，才十個月大，就不幸夭折，更加深對蘇東坡的打擊。

六

蘇東坡曾經在反省自己的性格後自稱，前世一定是陶淵明，可見他很相信佛教前世輪迴之說。

有關蘇東坡的佛緣，在他很多詩作中，均可清楚得到例證。

例如南華寺，原名寶林寺，其中有「六祖塔」，相傳為六祖慧能肉身神像的南傳聖地。因此他每次經過，都有一種回家的親切感，覺得「似曾相識」。

他在一〇九四年被流放惠州時，還曾去拜祭，並作詩〈南華寺〉，在序中曾明說：

晚生蘇軾，罪孽彌深。作此詩以為認罪，伏乞祖師寬宥。

然後在詩中，他更真情告白：

我本修行人，三世積精煉，
中間一念失，受此百年譴，
借師賜端泉，洗我綺語硯。

由此可見，蘇東坡相信，他前世本為修行人，因為罪業而在此世遭貶，所以在六祖前認罪，盼能洗盡前業，字裡行間可以看出，真是很虔誠的佛教信徒。

一〇〇九年，蘇東坡晚年被流放海南儋州時，特別有個奇遇。他曾經記載〈記處子再生事〉，留下歷史紀錄。

在這篇文章中，他提到城西有位少女，「病亡兩日復生」，所以他同進士何白文，一起前往拜訪其父，問死生之際的狀況。當時他帶了個進士，大約也有找個人證的意思。⓯據那位少女說，昏死中好像有人引她去地府，庭下一吏說，「此無罪，當放還」。⓰

⓯ 同❶，林著，頁三六六。

⓰ 同❶，頁三六六。

她看到在地窟中有牢獄，進出者均為當地人，其中「十之六七」，為不守戒律的僧人。但另外有位僧人很奇特，得到供養後，立刻分給眾人，自己所剩無幾。其他僧人到時均對他行禮，「見者都擎膝作禮」。那位僧人說：「此女可差人送還。」⓱結果就有人送她過河，等她看到有船便登上，「送者以手推之」，這位少女便驚醒了。蘇東坡特別記下這段，並稱「是僧豈所謂地藏菩薩者也」？所以「書之以為世戒。」⓲可見他對地藏菩薩的功德，知之甚詳，而且也很注重佛門戒律，所以特別寫出，以便警惕世人。

他在晚年，從流放三年的海南，奉詔北歸時，夢見曾在九江唱和的蘇堅，人正在南華寺；次日，果真接到蘇望從南華寺來函邀會。他在感慨之餘，先寄此詩：

水香知是曹溪口，眼淨同看古佛衣，
不向南華結香火，此生何處是真依？

從他晚年詩品，可以看出，他在歷經人生百劫之後，午夜夢迴的精神皈依，仍是「南華結香火」；可見一代大文豪的心靈境界，仍是以「東坡居士」的身份，歸向空空妙境。

事實上，當蘇東坡還在朝中，貴為帝王師時，便已深感人生無常、宦海無情，而表露了厭倦之意：

多次偶脫風波地，晚歲猶生鐵石心。
定是香山老居士，世緣終淺道根深。⑲

他在當時，歷經風波之後所說的鐵石心，是指擺脫世事的「鐵石心」。他並舉白居易（號樂天）為例，在著名的〈自詠〉中提到，樂天自稱「香山居士」，就是以「儒教飾其身，佛教治其心，道教養其壽」。⑳所以他感慨的寫出心中羨慕之情：

軾庶幾復享此翁晚節閒適之樂邪。㉑

蘇東坡欣賞「香山居士」之餘，開始自號「東坡居士」，由此可也看出他對「佛教治其心」的深厚體悟。

蘇東坡成為居士之前，也曾特別書勉女兒，要能多讀佛經，尤其是《楞嚴經》：

---

⑰ 同❶，頁三六六。
⑱ 同❶，頁三六六。
⑲ 同❶，《蘇東坡之海角天涯》卷五，餘同前，頁二四五。
⑳ 同❶，頁二四六。
㉑ 同❶，頁二四六。

青燈一盞印窗紗，
苦讀楞嚴莫憶家，
能了諸緣如夢恨，
世間應有妙蓮花。

此時東坡被放逐黃州，為免女兒受累，所以也忍成鐵石心，提醒女兒，要能多學《楞嚴經》中的解脫。《楞嚴經》代表經中正氣，最能去除心中邪魔，由此更可看出他對佛經的素養很深。

東坡放逐黃州時期，曾到廬山一遊，有感而發，藉著名山，留了一首名詩：

橫看成嶺側成峰，
遠近高低各不同，
不識廬山真面目，
只緣身在此山中。

從這詩的意境，可見蘇東坡已領悟，要能提神太虛，跳出我執，才能玄覽萬物的全貌，並能包容萬物的不同。

蘇東坡除了常遊南華寺，經常交往的還有金山寺，與佛印為好友，留了很多詩作。

另外還有智果院，蘇東坡到智果院，也有歸家的感覺。

其好友參寥便指出，蘇東坡前世曾在此院修行，原先因為在政界爭逐，所以識而不見。等經過烏台詩案的冤屈後，得以死裡逃生、歷經劫難，看破世事無常，才能悟出前此因果。這對很多在逆境中的心靈，同樣深具省悟作用。

後來他從盧山到南京，拜訪王安石，王安石此時已身心交疲。

據林語堂書中所述，王安石還曾經在一次超感覺的狀態中，看到已故的獨生子，在地獄中受苦。他知道兒子素行不良，但竟被套上枷鎖和鐵鍊，所以心中很慌。家中衛士也說夢見同一情景，更令他驚恐萬分。

王安石爲救兒子，脫離地獄折磨，便賣掉財產，捐給寺廟；後來有一天，他在鄉下騎馬，突然看見一個農婦跪倒在地，呈上申冤狀，接著就不見了人影。㉓

他原以為，狀紙已經放入口袋，但回到家卻不見了。第二天就驚嚇而死。

從佛教因果看，這可能因為王安石變法，過份剛愎自用，造成很多冤情所致。

所以，當蘇東坡與王安石回顧以前種種時，王安石也不勝唏噓。後來蘇東坡聽到王安石突然往生，心中更是不勝感慨。

㉓ 同❶，林著，頁二五六。

另外，蘇東坡與上天竺的辯才法師，交情也很深。蘇東坡兒子蘇迨到四歲，還不能行走，蘇氏夫婦便輪流揹兒子，去上天竺，拜請辯才法師，用佛法在佛像前摩頂醫治，後來終於得癒。

所以蘇東坡在感激之餘，也留有詩作〈贈上天竺辯才師〉，寫出這段神奇經過：

南北一山門，上下兩天竺，
中有老法師，瘦長如鸛鵠。
不知何修行，碧眼照山谷，
見之自清涼，洗盡煩惱毒。
我有長頭兒，角頰犀玉。
四歲不知行，抱負煩背腹。
師來為摩頂，起走為奔鹿。
乃知戒律中，妙用謝羈束。

事實上，蘇東坡早在十二歲的時候，就聽父親提過天竺寺；在四十七年後，也就是他到五十九歲，才有緣去專程拜訪，並曾題詩〈天竺寺〉：

香山居士留遺跡，

天竺禪師有故家，

……

四十七年真一夢，

天涯流落淚亦花。㉔

當時東坡正在流放之中，但仍能將淚水點化成花朵，再次證明其豁達的心胸，並非平常人所能比，主要也來自學佛的心境。

七

蘇東坡作品中，除了融會儒、道、釋，更重要的，是極重風骨氣節，這正可說是儒、道、釋一貫之處。

東坡在此，表現在他很喜歡畫竹，並讚嘆其「有節」，另外也表現在很多詩品中。例如，他很稱頌李白，曾經贈詩〈李太白真〉，第二段便寫道：

㉔ 同❽，頁二四〇。

西望太白橫峨岷，
眼高四海空無人，
大孺汾陽中令君，
小孺天台坐忘身，
平生不識高將軍，
手污吾足乃敢瞋，
作詩一笑君應聞。㉕

因為李白生前，最看不起高力士靠逢迎起家，認為高力士要為他脫鞋，他還嫌弄髒腳，蘇東坡在此很有同樣的豪氣與傲氣。

所以他曾在〈李太白碑記〉中說，李白「戲萬乘若僚友，視儔列為草莽」，很有傲岸公卿的氣概。東坡對李白這位四川同鄉，同氣相求，同心相應，真可說古今的莫逆之交了。

另外，蘇東坡對於不知民間疾苦的皇親國戚，心中也充滿義憤，曾有詩遣憤〈荔枝嘆〉，批評楊貴妃愛吃荔枝，卻不顧部屬辛苦，遠從廣東快馬加鞭，累死很多人馬。可見他生平很有愛打不平的個性：

十里一置飛塵灰，

五里一堠兵火催。
顛坑僕谷相枕藉，
知是荔枝龍眼來。
飛車跨山鶻捲海，
風枝露葉如新採。
宮中美人一破顏，
驚塵濺血流千載。㉖

另外，他很推崇劉景文滿門忠烈的氣節，所以特別送詩：

荷盡已無擎雨蓋，
菊殘猶有傲霜枝，
一年好景君須記，
最是橙黃桔綠時。

㉕ 同❽，頁二八二—二八三。

㉖ 同❽，頁二八二—二八三。

由此可看出蘇東坡恩怨分明的個性，在他心目中，不以官位大小為交友標準，而以其是否有氣節為標準。

後來，蘇東坡即使被奸臣誣陷，在逆境中仍然豪情萬丈、不改傲骨；所以他被貶到太湖之際，還曾作詩：

捍索桅竿立嘯空，
篙師酣寢浪花中，
故應菅蒯知心腹，
弱纜能爭萬里風。[27]

他在此詩強調，「弱纜能爭萬里風」，仍然明白指出，他雖然一時看似弱勢，如同弱纜一般，但是仍能與萬里強風相抗衡，代表心中對於奸臣章惇等人，有著絕不屈從的豪情。

蘇東坡雖然看不起逢迎拍馬的高官，但對於遭冤獄、或因迫於生活而犯錯的小民，卻是極為同情。這因為他本人曾經蒙冤受難，並且深知民不聊生，所以經常為民抱屈：

執筆為之泣，哀此繫中囚。
小人偷果腹，墮網不知羞。

我亦戀薄祿，因循失舊休。
賢愚且不論，均是為食謀。

蘇子在此詩中，很有孔子「哀矜而勿喜」的仁心，與其傲視公卿對比，很有魯迅的氣概與胸懷：「橫眉冷對千夫指，俯首甘為孺子牛」！

蘇東坡是在宋元豐二年（一〇七九年），碰到空前冤屈，御史對他挑剔詩文，羅織罪名，而大行文字獄。因為御史又稱「烏台」，所以通稱此為「烏台詩案」。

在這次因詩而起的冤案中，奸臣們誣指他「怙惡不悔、態度惡劣」、「傲悖之語，影響至壞」、「言偽而辯、行偽而堅」、「訕上罵下，無人臣禮」……等等。其實主要因為他爲老百姓講真話，敢言人之所不敢言。

例如，蘇東坡在〈吳中田婦嘆〉中，便曾表達田中農婦的辛酸，碰到風霜來時，大雨如瀉，「眼枯淚盡雨不盡」，非常生動感人。

正因他替農婦挺身而出，打抱不平，所以明白在詩中寫道：「官今要錢不要米」；老百姓沒法子生活了，寧可跳河自殺，「不如卻作河伯婦」。

這種為民請命的詩作，令朝中權貴大為震怒，因而捏造罪名，向皇帝進讒言，先將蘇東

㉗ 同❽，頁二二四。

坡逮捕入獄，再大肆搜查蘇東坡的詩文。

蘇東坡的妻子，在他入獄後，被迫將家中所有詩文通通燒毀，也形成中國文學史上重大的遺憾，他在這之前的很多詩作，就此完全失傳。

這是蘇東坡講風骨、講正義的代價，令人非常痛心，但也令人充滿同情與敬佩。所以林語堂曾經用現代的語言，稱他是一位「民主大鬥士」。

八

蘇東坡面臨這些迫害，自己卻非常達觀。

他生前除了上友古人，經常與李白、杜甫、白居易等神遊和詩，在他同代之中，也有很多唱和詩作，可以看出他積極豁達的人生態度。

例如，蘇東坡在黃州貶居時，李之儀（字端叔）為晚其兩屆的進士，尊稱其為「半日師」，正在長江上游任官，寄了一首著名的〈卜算子〉給東坡，以表敬意：

我住長江頭，
君住長江尾，
日日思君不見君，

共飲長江水。
此水何時休？
此後何時已？
只願君心似我心，
定不負，
相思意。㉘

這首詩情意綿綿，乍看之下好像情詩、纏綿悱惻，其實是一位摯友，對東坡身處逆境、打抱不平的真切心意。

因此，東坡也曾以原詞牌的原韻相和〈卜算子——次李端叔原韻〉：

長江在心頭，
何能分頭尾，
得見洪流便見君，
豈止瓢簞水。

㉘ 同❶，頁三一。

此水永不休，
何來恨無已？
兩心原本是一心，
誰敢負，
蒼天意。㉙

東坡在此詩中，將「分別心」向上提昇為「整合心」，精神意境更加豁達，他能夠化仇恨為愛心，化悲憤為上進，心中毫無怨恨，「何來恨無已」？不但境界高明，胸襟也更為開闊。

另外，大畫家米芾（字元章），也是東坡貶居黃州時的好友，曾經寄詩鼓勵，東坡深受感動，曾在與其聚會「詠馬」時，在真正的朋友面前，寫詩宣洩胸中心情：

可憐戰馬飢無肉，
夜食長秸如嚼竹。
蹄間三丈乃徐行，
不信深谷無飛足！㉚

由此可看，蘇東坡很重真性情，對於性情中人的故交，更是充滿至情至性。熙寧九年（一○七六）的中秋節，蘇東坡在密州辭太守後，很思念遠在濟州的弟弟蘇轍，並在詩性大發之餘，寫了著名的〈水調歌頭〉；全詩真情流露，渾然天成，卻又有淡淡的思愁，餘韻無窮：

明月幾時有？把酒問青天；
不知天上宮闕，今夕是何年？
我欲乘風歸去，惟恐瓊樓玉宇，
高處不勝寒，起舞弄清影，
何似在人間？
轉朱閣，低綺戶，照無眠，
不應有恨，何事長向別時圓，
人有悲歡離合，月有陰晴圓缺，此事古難全，
但願人長久，千里共嬋娟。

㉙ 同❶，頁二○一。
㉚ 同❶，頁二○一。

很多人公認，蘇東坡這詞出來之後，「所有中秋抒情詞的便黯然失色」[31]，文評家方致遠認為，「這首詞所顯露出來的行雲流水、天風海濤的意境，正是蘇詞中的上乘境界，那是無法仿效的。」林語堂也稱為「史上最好的中秋詞」。

其實，真正無法仿效的，仍是蘇東坡的真情，這不但表現在他對老朋友的詩中，表現在親民愛民的詩中，更表現在他對家人親人的感情之中。

然而，蘇東坡對於勢利小人，見風轉舵，卻是向來不假辭色，再次表現他「以直報怨」的儒家一面。

蘇東坡從海南奉詔北上時，可算鹹魚又從谷底翻身，有朱劉二官員，知道他仍受寵，便去送重禮，並送名貴的冬袍。但蘇東坡立刻退回，並且贈詩：

朱劉二位盛情高，
無福受禮退爾曹，
不需盤川路食草，
此歸寒襲有舊袍。[32]

可能老於世故的人，會覺得蘇東坡，何以仍然不通人情，起碼也可表面敷衍，但這就是蘇東坡的真性情，無欲則剛，到老不變。不虛偽、不矯情，這是他一生吃虧之因，也是他一生可敬之處。

九

通常在逆境中，家人最為可憐；這往往是當事人更大的痛苦，也是更大的牽掛、考驗與試煉。

東坡在流放中，也不例外；他經常累及家人，跟他共同受苦受難。所以他曾經在赴英州貶所期間，到河南得陰時，告誡三個兒子，要做飄零各地的心理準備，而且生活要開始艱難困苦。

當時他曾在詩中，以「碗豆大麥粥」，提醒三個兒子：

飄零竟何適，
浩蕩寄此身，
爭勸加餐食，

㉛ 方志遠，《蘇東坡外傳》，台北新潮社，二〇〇三年，頁一四九；另見林著，同❶，頁一八六。

㉜ 同❽，頁三四五。

實無負吏民，

何當萬里客，

歸及三年新。㉝

後來，他三個兒子果然都因為他的連累，而全都丟了官。所幸全家一起流放，還有親情，可以相互支撐。

筆者在本次被誣陷的冤案中，同樣聽到，台獨政府相關部門準備連累我三個女兒；後來看到「三一九槍擊案」中，陳義雄家屬挺身出面喊冤，竟然還被民進黨立委恐嚇「人人得而誅之」，更是心生萬分感慨；已經到了廿一世紀，民進黨還號稱「人權立國」，居然仍如此專横霸道，怎能不令人感嘆萬分！

蘇東坡被流放海南時，奸臣章惇當宰相，企圖趕盡殺絕，很多想要奉承的官吏，自然逢迎上意，準備加緊打壓以立功，後來經過旁人提醒，「我們自己也有兒女呀」，他才沒有遭到進一步的政治報復。這種人性的基本呼聲，實在深值迫害忠良的鷹爪們，能夠多自省悟，以免將來受到因果報應。

另外，蘇東坡弟弟蘇轍同樣受到牽連，並且同樣連續三貶，甚至也是一路走、一路貶，在路上就連續接到貶令。

他先是從副丞相，被趕出朝廷，貶到汝州，在路上又接到貶令，改到江西袁州（今宜春）；人還只走到中途，又再降級，貶到江西筠州（今高安）。

如此一來，原先被宋仁宗譽為「未來宰相」、「大宋之福」的兩位人才，雙雙被奸臣拼命的打壓，企圖讓他們兄弟二人，永世不得翻身！

東坡的繼室朝雲更慘，一路飽受驚恐折騰，用今天的話說，患有重度的憂鬱症，所以經常身心俱疲，不堪煎熬；後來終因長期困頓，不幸在惠州病逝，享年才四十五。

東坡後來遵其遺志，葬於栖禪寺中，並蓋了「六如亭」，引述金剛經四句偈「如夢、如幻、如泡、如影、如露，亦如電」，令人聞之鼻酸！

東坡並且曾作專文〈悼朝雲〉，文中至情至性，令天下所有的有情人，都會共同為之傷心，同時也為不公不義更加痛心！

在這之前，他的原配王弗在結婚十年後，即已不幸去世，享年才二十七。蘇東坡當時也才二十九。他在婚姻的道路上，也是罕見的坎坷、罕見的波折。

但是蘇東坡仍然以達觀精神自持，並未灰心氣餒。

所以他在〈後杞菊賦〉自嘲，比喻「人生一世，如屈伸肘，何者為貧？何者為富？何者為美？何者為陋？」，隱含大丈夫能屈能伸的精神，很能代表臨危不亂、苦中作樂的心境，也很有莊子在苦中仍豁達的心胸。

㉝《蘇東坡之文星殞落》，頁二二三。

那麼，當時很多人昧著良心、陷害他的下場，又是如何呢？

奸臣章惇，後來因為多行不義，也被貶到雷州。另外在潮州時，經常狐假虎威，凶神惡煞般逮捕蘇東坡的皇甫憲，則被自己的馬踹到湖中淹死。此外，在海南時，將他新詩扭曲，並且密告的新太守關令威，也在一場原住民抗議中，死於非命。個個可說都成了現世報。

至於最沒有人性與良心的皇帝趙煦，不但忘恩負義，完全不認蘇東坡這個曾教他五年書的老師，甚至把輔佐他的祖母太皇太后高氏，誣成「奸黨主政」，企圖大開殺戒，斬草除根；結果因為奸臣奉承包圍，荒淫無度，年僅二十七歲，便因病而駕崩。東坡也因此才能從海南平反歸鄉。

東坡在離開海南時，因與當地民眾深具感情，經常打成一片，甚至因為愛吃檳榔，還曾作詩〈食檳榔〉。另外臨行前，他還寫了首〈別海南黎民表〉，其中內容自稱，本來就是「海南民」，可見其心中的真情流露。

詩中並強調，對「生死」要平等對待，二者並無優劣，再次突顯出豁達的胸襟。他在最後一句臨行依依，知道有生餘年，將無法再與海南人民見面，所以強調「知君不再見，欲去且少留」，充滿真性情，非常令人感動。

我本海南民，寄生西蜀州。
忽然跨海去，譬如事遠遊。

平生生死夢，二者無劣優；
知君不再見，欲去且少留！㉟

這一篇詩，縱觀自己的一生，如同一場夢，沉鬱雄奇，並且放曠慧眼，追溯前世今生，以體悟生死如一；寥寥數語，卻隱含了無窮的真情與空靈，可稱為他晚年的重要心情寫照。

十

東坡困居海南時，經常看到天水無際，心中也會悽涼想到，什麼時候才能脫困，離開此島？但轉念又想：「天地在積水中，九州在大瀛海中，中國在少海中，有生孰不在島者？」生平很能領會莊子精神，由此再可證明。

公元一一〇〇年六月二十日，蘇東坡以虛弱的病體，離開了放逐三年的海南，留下〈六月廿日夜渡海〉一首，表達「參橫斗轉欲三更，苦雨終風也解晴」的心情，並坦言：「九死南荒吾不恨，茲遊奇絕冠平生」。

他直到臨終前，還表示心中並無恨意，即便九死，也「吾不恨」，並且還以能夠「遊奇

㉟ 同❽，頁三四五。

絕」為樂，更可見他在苦中作樂的胸懷。

在這最後的歲月，他曾回信給李子儀，其中提道：「以前者皆夢，以後者還是夢乎？置之不足道也。」並且明白慨言，心中仍感欣慰的原因：

> 所喜者，在海南三年，了得《易》《書》《論語》數十卷，似有益於後人耳目也。[36]

換句話說，到了晚年，東坡居士所欣慰的，仍然未離儒家三大經典，《易經》、《書經》、與《論語》，由此再可證明，他在貫通儒道釋三家之後，仍以儒家為其靈修的根本。

李子儀曾經向他乞問「為文之道」，東坡身為一代文豪，謙稱「無甚經驗」，只是還「可提綱挈領」，其實很有重大的啟發性：

> 吾文如萬斛泉源，不擇地而出。在平地滔滔汩汩，雖一日千里無難。及其與山石曲折，隨物賦形，而不可知也。所可知者，常行於當行，常止於所不可不止，如是而已。其他，雖吾亦不能知也。

換句話說，蘇東坡所稱為文之道，對於他所說「不可知」、或者「不能知」的部分，應可歸於天才橫溢的表現，渾然天成，既學不會、也學不來；但對其所說「可知者」，意即

「常行於當行」，則大有道理在內，很可經由修為而行。

他所謂的「當行」，即胸中有正氣，有一種使命感，覺得應當發而發。此即儒家所說的「寓理帥氣」，與前半段「不可知」的道家文采，明顯屬不同風格。但這兩種風格，在他能合為一身，也可證明東坡確為古今罕見的文才了。

事實上，這種「儒道」合一的風格，在東坡申論《易經》的卦象中，也可得到證明。例如，他對「比卦」與「師卦」的分析，便很能將儒道融合會通。[37]

因為，比卦與師卦上下相反，可稱之為「綜卦」。但「比」是親近之意，可以令人喜樂，而「師」指戰爭，卻令人憂患。兩者相反，卻又相通，就是綜卦相反而相成的哲理。

由此可見，東坡對其父親研究《易經》綜卦的心得，很有領悟，所以一生當中，面對逆境，都能甘之若飴，身處絕境，從來不會放棄生機。歸根結柢，就是深知《易經》「盈虛消長」的道理，以及老子「福禍相倚」的至理，由此很可看出他融通的慧心。

但是，總結蘇東坡的人格，仍以孔孟「氣節」為依歸，因此他曾明白表示，為文必先「立節」，非常重視氣節：

---

36 同8，頁三五五。

37 同1，頁三二三。

成一代之文章，必能立天下之大節。立天下之大節，非其氣足以高天下者，未之能焉。

孔子曰：「臨大節而不可奪，君子人歟？」孟子曰：「我善養吾浩然之氣，以直養而無害，則塞于天地之間。」養存之於身，謂之氣，謂之節，合而言之，道也。以是成文，剛而無餒，故能參天地之化，關盛衰之運。不然，則雕出篆刻，童子之事耳，烏足與致一代之文章也。

事實上，蘇東坡早在烏台冤獄中，等待皇帝發落時，一度誤以為被判死刑，所以曾留了兩首絕命詩，成為他面臨生死大關時的心情寫照。

當時，他與兒子秘密約定，以飯菜做為報消息的信物；每天若無變化，便送點平常的酒菜；如果有好消息，能還他清白，便送青菜豆腐，表示「一清二白」；若皇帝定了死刑，便用碗蒸魚，代表「蓋棺論定，魚死網破。」

但有一天，他兒子發現米快要吃完了，趕著去採買，臨時請別人代送菜飯，結果忘了叮嚀；陰錯陽差之餘，代送的婢女，好心用碗蒸了條魚，卻讓蘇東坡以為被處死刑。所以在震驚之餘，寫了兩首絕命詩。

他那時唯恐死在監獄中，無法再與弟弟子由道別，所以留兩首詩，一是給子由，另一是給妻小。題目很長：「予以事繫御史台獄，獄吏稍見侵，自度不能堪，死獄中不得一別子由。故作二詩，授獄卒梁成，以遺子由。」

給子由的詩中，他寫道：

聖主如天萬物春，
小臣愚暗自亡身；
百年未滿先償債，
十口無歸更累人；
是處青山可埋骨，
他時夜雨獨傷神。
與君今世為兄弟，
又結來生未了因。38

他在這首詩中，明確以「今世」與「來生」講法，描寫兄弟之情，留給子由，表示今後來世，仍然願與子由再續兄弟緣，深情很令人感動。

另一首給妻小的詩中，他則寫道：

38 同1，《蘇東坡之大江東去》卷四，頁二五〇。

柏台霜氣夜淒淒，
風動瑯璫月向底。
夢繞雲山心似鹿，
魂驚湯火命如雞。
眼中犀角真吾子，
身後牛衣愧老妻。
百歲神遊定何處，
桐鄉知葬浙江西。㊴

這首詩，同樣真情流露，表達對妻小的愧疚，並且明白交代後事，要歸葬於浙西杭州。

這兩首詩，後來由獄卒按規定交給皇上，皇上看了之後，很受感動，加上前面兩句表示對皇上的尊重，心中並無怨言，所以皇上準備釋放。

但皇上在釋放之前，仍派了個太監，裝成犯人，與蘇東坡同房，觀察他的行為。結果那個太監看到，蘇東坡在晚上呼呼大睡，心中毫無掛慮，便稟報皇上。皇上認為這代表蘇東坡心中坦蕩蕩，所以很快就釋放他，只把他貶到黃州。

蘇東坡這次被關，共四個月零十二天，他面臨生死的大難，照樣能吃能睡，就是平常心的精神。

我在近年蒙冤之後，照樣能吃能睡，內人奇怪問我，「蒙此奇冤，怎麼還能吃能睡」？其實也因我心中坦然之故，與蘇東坡這種情形，很有相通之處。

十一

後來，蘇東坡在離開海南的次年，因為長途勞累，開始染病，終於病重不起。他在臨終三天前，夢見自己寫了首詩給好友，醒後掙扎著，憑記憶寫出來，成為他的絕筆之作。這也為靈學的神秘經驗，再增一項例證：

舜不作六器，誰知貴璵璠。
哀哉楚狂士，抱樸號空山，
相如起睨柱，頑壁與俱還，
何如鄭子產，有禮國有閒，
雖微寒宣子，鄙夫亦辭環，
至今不貪寶，凜然照塵寰。

㊴ 同❶，頁二五一。

他在上述絕筆詩中，六句話就用了五個典故，充分展現了深厚的學養與功力。

首先，他評論楚人和氏及趙人藺相如，都是輕人卻重玉，然後再肯定鄭相子產和韓起，均能輕寶而重義。最後第五句再自況，「至今不貪寶」，代表不再戀棧一切人間寶物，透露出佛道共同的空靈精神，最後一句「凜然照塵寰」，則再次展現其儒家的正氣精神。

可見他在最後的代表作，仍然融合了儒釋道，始終如一，令人欽佩！

總括蘇東坡的一生，愈在困苦中，愈能發憤為文，生平留有二千多首詩，以及多種精彩的文集；他的一生，充滿悲苦、充滿折磨，卻每能在悲苦中，化壓力為動力，並能在折磨中，化悲憤為發憤，所以反而能成就蓋世不朽的作品。

他的生命歷程，雖然有血有淚，但更突顯他的有情有義，雖然多災多難，但也更突顯他的多采多姿，可說千古以來，對所有身陷逆境的人，都是極好的學習對象。

造化弄人，歷史更會弄人。

他在仙逝兩週前寫道：

嶺南萬里不能死，而歸田野遂有不起之憂，豈非命也夫？然生死亦細故爾，無足道者。

由此可見，原先他也感嘆，遠在家鄉萬里之外，都不會死，卻在歸鄉途中得病不治，只能說是命了。但他轉念即想，生死只不過小事一件，「細故爾」，不足為慮、也不足為道，再次顯示了胸襟的豁達。

他逝世二年後，也就是王安石、司馬光逝世十五年後，九月十七日清晨，宋徽宗趙佶又公然倒行逆施，在皇宮前樹立「元祐奸黨碑」。

皇上在這碑中，將司馬光、蘇東坡兄弟、秦觀、黃庭觀、程頤、王珪、章惇等一百二十人，忠奸不分，一概同列「奸黨」，然後大書罪狀，嚴詞攻訐，最後並且詔令天下：「盡毀蘇洵、蘇軾、蘇轍、黃庭堅、秦觀……之詩文！」㊵

這篇碑文，實際上是由大奸臣宰相蔡京慫恿並擬稿，形成宋代最為顛倒黑白的一幕鬧劇。

不幸中的大幸，是蘇東坡本人看不到了。只是他恐怕難以想像，在身後竟然還會被如此污衊與誣陷，而且是同門父子三人，共同蒙難受害！

可嘆的是，如此昏君，如此奸臣，公然聯合迫害忠良，並且付諸行動，雷風厲行、真可說是「國之將亡，必有妖孽」！

果然，在二十六年後，靖康三年（一一一七年），北宋敗於金兵，徽宗與太上皇欽宗趙桓一併被俘，北宋正式滅亡。

㊵ 同❽，頁三七五。

值得欣慰的是，再過了四十年，到南宋孝宗，終於再為東坡平反，出版其文集，特追贈其「太師」，並親自為他作序文。

事實上，宋孝宗的序文，也是因為人心需要，所以對蘇東坡的人品文品，便特別強調他對孔孟「氣節」的重視，而未多談他承自道家的飄逸豁達，也未說明他源自佛學的悲智雙運。雖然差可告慰他在天之靈，只可惜仍有所不足。

所以，要學習蘇東坡的處困之道，真正瞭解蘇東坡的人格風範，仍然需從他所有作品，深入領悟他會通儒、道、釋三家之處，才算略入其門。

當然，蘇東坡的在天之靈，會在乎這些嗎？會重視後世的毀譽嗎？

或許，他只會瀟灑的回應：「大江東去，浪淘盡！」然後悠然而去！

十二

林語堂在評論蘇東坡時，先說了一句莎士比亞同樣的名言：「人的一生就像一齣戲」，然後補了一句莎翁沒注意到的話：「只有落幕後，才能判斷這齣戲的好壞」。㊶

林語堂在此講得很正確：

> 人生的戲，往往連最聰慧、最精明的演員，也不知道下一幕會演些什麼。

除非這個人，透過精準的算命、卜卦、求仙、問神，而能斷出一生的大小吉凶。但世上這種命理大師，實在很少；即使有，也可遇不可求；即使可求，從命運靠自己創造的角度看，意義也不大。所以林語堂的觀察很有道理：

寫過去人物的傳記，有一項最大的方便，我們可以檢視一幕幕已經終了的情節，眼見許多事情，因外在事變和內在性格的必然性，而自然發展。㊷

外在事變固然難以逆料，但內在性格卻操之在己，所以很多人認為「性格決定命運」，確實有其道理。

蘇東坡的命運，一生充滿苦難，有多少是因為性格呢？

宋孝宗謚給他「文忠公」的聖旨中，特別稱讚他的氣節風骨，明指他的性格，主要以孟子自況，「養其氣以剛大」，因而生前才會經常得罪小人，「驚讒口之中傷」，以致連續被貶；但他仍然處之泰然，以平常心過自然日子，不改真性情。

宋孝宗的序文，特別指出他的特色：「不可奪者嶢然之節，莫之致者自然之名。」

㊶ 同❶，頁三〇。

㊷ 同❶。

後半句是指佛道的修養，前半句則是指孟子的性格。

因此，林語堂感嘆的指出：

蘇東坡在中國歷史上的特殊地位，不但是基於他詩詞和散文的魔力，也基於他敢英勇地堅持自己的原則和主張。㊸

林語堂並且進一步指出：

他的個性和主張構成了盛名的「骨幹」，而文風和用語的魅力，則形成了靈性美的「肌膚」。㊹

所以，林語堂以其銳利的觀察，說出了大家共同的心聲：

我認為一個缺乏正氣的作家，無論文筆多麼燦爛，多麼迷人，我們不可能真心仰慕他。

因而林語堂也強調：

皇帝為蘇氏全集所寫的序文，強調他「氣節」的偉大，使他的作品不同於一般「佳文」，也使他的盛譽名實相符。

林語堂並稱讚，宋孝宗所寫的序文，是「皇帝留下至今留存的最好贊文」，確實文字高雅，風範雍容，尤其強調凜然志節，足以振興國魂。

最後，林語堂評論蘇東坡的作品，稱其有「真誠」的特質，確實一針見血：

> 名作能取悅千秋萬世的讀者，超越一時的文風而流傳下去，必定是基於一種所謂「真誠」的特質，就像真寶石能通過一切考驗。[45]

此所以林語堂用蘇東坡名言「文章如精金美玉」，說明文章最重要的品質，就在真誠。

其實，精金美玉的可貴，不只因為真誠，更因其經過千錘百鍊、經過萬般琢磨；所謂「玉不琢不成器」，在人生歷程上，更代表了，不經苦難折磨，就無法成為大器。

正因蘇東坡的一生，經過各種風雨衝擊，歷經千錘百鍊，百折不撓，才成就了他不朽的

---

43 同1，頁三〇四。

44 同1，頁三〇五。

45 同1，頁三〇五。

風骨與千古的文章，這種愈挫愈勇的精神毅力，與舉重若輕的恢宏胸襟，才是留給後人更大的珍貴遺產！

第二章　陽明先生在事上磨練

一

無論孔子或孟子，在生平經歷上，雖然有過困境，受過爭議，但從來沒有被貶抑，也沒有被追殺，更沒有被投置在西南荒涼之地。

所以，在中國哲人中，陽明先生（一四七二——一五二九），可稱歷經了聖人前所未有的坎坷逆境，是真正親身體悟「動心忍性」的第一人。

當他在困境中自問：「聖人至此，更有何道？」代表心中設想，聖人如果處此困境逆境，遭受冤屈污衊，更會如何自處，克服逆境？

事實上，這也正是他日後更能突破困境、創發心學的關鍵。

然而，他也並非一蹴即成，一夜就完成心學新見，而是在歷經生死憂懼、歷經煎熬等待、歷經希望失望之後，才能豁然開朗、突然頓悟！

當時，他遭遇百般折磨，萬般灰心之餘，歷經千錘百鍊，幾乎無奈放棄之後，才又危顫顫的逐漸站立起來。他的人生飽經憂患與苦難，但是終能咬緊牙根、毅然決然的挺立起來，這就形成千古以來能在「事上磨練」的最好見證！

陽明先生早在十二歲，亦即相當於小學畢業時，就向私塾老師，提了一個同齡兒童罕見的問題：

何為第一等事？

當時老師根據世俗習慣，回答他：

惟讀書登第耳。

但是陽明小小年齡卻不以為然，當時就能直言：

登第恐未必為第一等事，讀書學聖賢耳。

可見，在陽明小小心靈中，早就有成聖成賢的遠大志向。

所以後來，他每當人生起伏的重要關鍵，都會想到聖賢的教誨，用更大格局，來自勉與反省。

此所以他在十一歲時，就曾賦〈蔽月山房〉詩，臨機吟出：

> 山近月遠覺月小，便道此山大於月；
> 若人有眼大如天，還見山小月更闊。❶

但是，在陽明心目中，聖賢並不是只會讀書、不會做事的人，也不是只懂文章、不懂武略的人，更不是只會用詞彙粉飾太平、不懂用世救世、遇事束手無策的人。

所以他曾指出：

> 儒者患不知兵，仲尼有文章，必有武略。區區章句之儒，平日叨竊富貴，以詞章粉飾太平，臨事遇變，束手無策，此通儒之所羞也。

在陽明心目中，做儒就要能做「通儒」，不能像荀子所批評的「俗儒」、甚至陋儒，更

---

❶《王陽明傳略》，王壽南主編，中華文化復興總會印行，台北一九九九年更新版，頁九九。

不能只做個書呆子。

他認為，要有俠義之風，要有救國之心，更有武略才能，才是真正通儒。

然而，若有俠義之風，經常挺身而出、打抱不平，勢必會得罪人，也勢必會受到很多誹謗報復。那應如何看待？

所以《傳習錄》中，黃省曾問他：

叔孫武叔毀仲尼。大聖人如何猶不免於誹謗？❷

這個問題很好，代表所有常遭誹謗的人們，共同提出的疑惑：為什麼大聖人都不免被誹謗？進一步來說，碰到各種中傷冤屈，又應如何因應？

陽明先生的回答，非常中肯：

毀謗自外來的。雖聖人如何免得？人只覺於自修。若自己實實落落是個聖賢，縱然人都毀他，也說他不著，卻若浮雲揜日，如何損得日的光明？

根據陽明先生所說，這如同烏雲加在太陽前面，那裡有損太陽的光明？

有時，這些烏雲，反而給太陽鑲上美麗的金邊。因為有中傷與誹謗，反而成就聖人的胸襟。

反之，若自己是個象恭色莊、不堅不介的，縱然沒一個說他，他的惡慝終須一日發露。所以陽明先生認為，「毀譽在外的，安能避得？只要自修何如爾」。他強調，對別人的中傷毀譽，無法迴避，只有藉此自修，做為心性的鍛鍊。這種想法，相當務實，也相當切實可行，對常遭中傷誹謗的人們，很有啟發性。

因此，陽明先生在《傳習錄》的〈陸澄錄〉中，曾經明白的指出：

> 人須在事上磨，方立得住，方能靜亦定、動亦定。

因為，很多人講靜，都是只知遁世避世的靜，不能從入世救世中求靜。所以陽明先生特別重視，「要在事上磨」，意思就是說，要在入世救世的事功中修行，在救世的「外王」事業中，磨練「內聖」的功夫，這才真正結合了知與行。

因此，陽明先生曾說：

---

❷ 陳榮捷著：《王陽明傳習錄》，台北學生書局，一九八三年初版，頁三二〇第二二五條，以下引述均以本書條文號碼為準。

省察是有事時存養，存養是無事時省察。

此中重點，均在「事」上磨，無論有事無事，均要修行，均需精進。

所以，當陸澄問他，陸象山主張「在人情事變上做工夫」，他看法如何，陽明先生回答：

除了人情事變，則無事矣。喜怒哀樂非人情乎？自視聽言動以至富貴、貧賤、患難、生死，皆為事變也。事變亦只在人情裡。

換句話說，陽明先生所主張的「事上磨練」，就是在人間磨練、在工作磨練，從生活磨練、從人情世故磨練，如此事事皆可磨練、處處皆可磨練、時時也可磨練，心性磨練便不能與人情事變分開。

所以，陽明先生在〈啟周道通書〉中說，「來書云：事上磨練，一日之內，不管有事無事，只一意培養本原」，對於信中這問題，他強調：

事物之來，但盡吾心之良知以應之。所謂忠恕違道不遠矣。凡處有善而未善，及有困頓失次之患者，皆是牽於毀譽得喪，不能究致其良知耳。

因此，他特別指出，若在困境逆境之中，仍執著於毀譽得失，歸根結柢，就是未能致其良知所致。

在他看來，「若能實致其良知，然後見得平日所謂善者，未必是善；所謂未善者，卻恐正是牽於毀譽得喪，自賊其良知者也」。

他以真正清澈的良知為標準，再重新評價流俗所謂善與不善，便知經常善惡顛倒，是非錯亂，這與老子所謂「天下皆知善之為善，斯不善已」，有同樣的苦心在內。

所以，陽明先生在《傳習錄》的〈薛侃錄〉中，曾經強調：

為學大病在好名。

薛侃也感嘆：從前以為「好名」之病已輕，近日精察，卻又並未全部去除，「只聞譽而喜，聞毀而悶，即是此病發來」。

陽明先生此時便強調，這話很對，因為「名與實對」，而且，「務實之心重一心，則務名之心輕一分。全是務實之心，即全無務名之心」。

因此他的結論就是：

若務實之心，如飢之求食，渴之求飲，安得更有功夫好名？

在陽明先生看來，只要真心務實，就沒有功夫務虛名，自然就不會在乎外界的毀譽。他強調以務實精神去除虛名，與莊子的超越精神不同，但結果卻能相通。對於很多因為外在毀譽而患得患失的人們，這是很重要的啟發。

二

陽明先生在三十一歲時，曾專程到九華山，拜訪高人道士蔡蓬頭，蔡再三避談他的前程，後來勉強回說：

汝後堂後亭禮雖隆，終不忘官相。❸

這高人的意思是說，陽明先生雖然「底子」可望成仙，但太想當官了。說完之後便一笑而別。

陽明先生這段期間，經常以靜坐收心，自我修練；事後證明，他並非熱心名利官位，並非為了私利而當官，而是希望力行聖人之學，多做事情，能從「內聖」修到「外王」，真正的利國利民。

換句話說，他認為即使外界有誹謗，對於世界外物，仍不能存厭世之心，否則反而形成本身的「驕惰」之氣。所以，當他提到君亮要到山中靜坐，他說：

汝若以厭外物之心去求之靜，是反養成一個驕惰之氣了。汝若不厭外物，便於靜處涵養卻好。（同上）

他所謂的「驕惰」，「驕」為自以為是，看不起世俗外物，「惰」則為遇事退卻，不願改革，這些都違背內聖之道，也違背外王之理；這就奠定了他主張「事上磨練」的重要原因。

所以他在〈送黃敬夫先生僉憲廣西序〉中，曾經明確指出：

古之仕者，將以行其道，今之仕者，將以利其身。將以行其道，故能不以險夷得喪動其心，而唯道之行為休戚。利其身，則懷土偷安，見利而趨，見難而懼。非古今之性爾殊也，其所以養子平日者之不同，而觀乎天下者之達與不達爾。

---

❸《王陽明內聖外王的九九方略》，周月亮著，中華工商聯合出版社，北京二〇〇二年初版，頁六五。

換句話說，他心中關切的是觀乎天下「達或不達」，是大道能否推行。他是為了行聖人王道，才去做官，並不是為個人私利。

他認為，如果是為個人私利，自然只會貪圖個人享受、心中只見私欲，如此遇到困難就會退縮，只保官位、不保公義，就成為千古當官者共同的流弊。因為腰桿難以挺直，所以大道公道難行。

因此，早在他少年遊長城時，便從居庸三關，神交歷代忠義名將，並對于謙將軍的保京衛民，心中特別崇拜。他還曾在于謙祠堂留文，對於逆境中的省思，很有啟發作用：

赤手挽銀河，公自大名垂宇宙，
青山埋忠骨，我來何處弔英賢。

陽明慨然作此文明志時，年才十五歲，可見經常胸中「慨然有經略四方之志」。後來他還曾經夢到馬援將軍。夢中，他曾參拜馬將軍廟，並且留有一詩：

捲甲歸來馬伏波，早年兵法鬢毛皤。
雲埋銅柱雷轟折，六字題文尚不磨。❹

結果，陽明先生在臨終前，曾經抱病親拜馬將軍廟，看到的廟中情景，竟然與他幼年所夢完全一模一樣！

感嘆之餘，他曾再次留詩表明心跡：

四十年前夢裡詩，此行天定豈人為？
徂征敢倚風雲陣，所過須同時雨師。
尚喜遠人知向望，卻慚無術救瘡痍；
從來勝算歸廊廟，恥說兵戈定四夷。❺

這種神秘經驗，在歷史上屢見不鮮，在中外名人中，也常有所聞。用英國哲人威廉・詹姆士（William James）的話來說，這種「迄今無法解釋的能力」，如同神通或通靈能力，正是今後科學應研究的重要課題。

例如，許歷農上將也曾經告訴筆者，當他民國六十七年任陸軍官校校長時，曾邀教育部黃季陸部長講演，在講完後，黃氏說盼望能訪問佛光山。因為黃部長自己感覺，前世為佛教

❹ 同❶，頁一〇〇。
❺ 同❶，頁一二三—一二四。

徒，並提及他在大陸時，曾奉蔣公命，到西藏拉薩拜訪高僧。結果他一到西藏，便覺情景非常熟悉、似曾相識。到了目的地，前方已有高僧等候，趨前一問，正是他所要找的人！

另外，根據證嚴上人傳記所述，她在出家前，曾經夢到一個小廟，她在廟中為母祈福，觀音菩薩交給她藥，她給母親吃完，病就好了。

結果，她出家到宜蘭，竟然看到的小廟，與夢中完全一模一樣！

這種心靈感應與天人之學，從歷史記載直到現代，有很多真實的例證，確實今後深值進一步探究。

三

陽明先生曾經應聘在山東主持舉人的鄉試，從其所出題目，很可看出心中志向與聖者氣象。

他在「四書文」中，出題內容為：「所謂大臣者，以道事君，不可則止。」❻完全遵循孔孟正氣凜然的精神。

因為，孔子強調「以道事君」，以「堅」、「白」自省，立場堅定、立身清白，所以寧可不仕，也不可降格以求；到孟子更明白批判「以順為正」，只知逢迎，只是妾婦之道，強調不能屈意承歡，而應有大丈夫精神：「富貴不能淫，貧賤不能移，威武不能屈」。邦有道，才可兼善天下，邦無道，就應獨善其身，「不可則止」。

這種正氣精神，不為勢劫、不為利誘，形成中國知識份子注重風骨的傳統，爭千秋而不爭一時，寧可拒絕當道，也不同流合污；形成卓然自主的學術獨立傳統，足以與有權有勢的政治力量抗衡。當主政者有道時，可以輔佐救民，當主政者無道時，便應毅然求去，並扮演制衡的角色，絕對不會戀棧。

正因如此，能夠無欲則剛，才能保持人格與正氣。陽明這道題目，充分展現了他的儒家立場與氣節。

另外，他所出的題目，是「禹思天下有溺者，由己溺之也，稷思天下有飢者，由己飢之也」。

這種「人溺己溺，人飢己飢」的胸懷，充分展現他心中深處本有的仁者本色，上承儒家所說「仁政」，下至范仲淹所說「先天下之憂而憂，後天下之樂而樂」，並接至張載「民胞物與」，成為正宗儒家最重要的仁者之風。

後來這也形成陽明本身強調的特色，肯定「合天地萬物為一體」的仁心。

至於「論」的領域，陽明所出題目，為「人君之心，惟在所養」❼，更深刻反應出他的

---

❻　同❸，頁七三。

❼　同❸，頁七四。

心學淵源，可以看出他直承孟子所說，善「養」浩然正氣的精神，不能一味外求，不能一曝十寒。後來清宮帝王所稱「養心殿」，即承此傳統，可以看出陽明先生的眼光與影響。

綜合而論，陽明先生這三道題目，正好印證他的生平原則：以仁養心、以義立身，因而此心光明，此身堅忍。

然而，這些原則不能只是空洞理論，而要經由真切磨練，否則只成浮誇空話。用陽明先生自己的話，要在「事」上磨練，才算真正有成。

此即他所說的「道器不二離，二之非本性」，也就是「道術一體」之說，一定要經過血與淚的考驗，才真正有骨有肉、能有生命。

因此，陽明先生一生坎坷，充滿困厄逆境，從另一角度來看，反而成為他「事上磨練」人心的最好道場。

根據陽明先生在《傳習錄》的看法：

人心是天淵。心之本體無所不該，原只是一個天。只為私欲障礙，則天之本體失了。心之理無窮盡，原是一個淵。只為私欲窒塞，則淵之本體失了。如今念念致良知，將此障碍窒塞一齊去盡，則本體已復，便是天淵了。一節之知，即全體之知，全體之知，即一節之知，總是一個本體。

所以，他特別強調，事上磨練人心，才能去除一切私欲，還原人心本性，此時才能將一切障礙去盡，回到真正良知。

根據陽明先生看法，「致良知」的功夫，人人可行，縱然是愚不肖，只要能致良知，便與聖人無異：

> 心之良知是謂聖。聖人之學，惟是致此良知而已。自然而致之者，聖人也；勉而致之者，賢人也；自蔽自昧而不肯致之者，愚不肖者也。愚不肖者，雖其蔽昧之極，良知又未嘗不存也。苟能致之，即與聖人無異也。❽

所以他強調：

> 此良知所以為聖愚之同具，而人皆可以為堯舜者，以此也。

換句話說，任何人都有遭受逆境困厄之時，這時只要肯在事上磨練，奮發振作浩然之氣，就能激發光明良知。

---

❽ 同❸，頁三八一—三八二。

陽明先生一生磨練心性的場合中，以三大挫折磨難，最有代表性：一是被人誣告入獄，二是被人錢塘追殺，三是被貶龍場受困。

陽明先生雖然少有大志，但身逢衰世，自然很有懷才不遇之嘆。他在山東時，便曾作《山東詩六首》，心中感慨「濁世將焉窮」、「下愚竟難曉」；感慨朝政已經污濁、即將進入窮境，可憐天下百姓，竟然仍未覺曉。

在這關鍵時候，要是聖人再世，又會怎麼做呢？

陽明先生慨言，自己空有聖人心志，卻無法救時濟世，所以詩中指出：

我才不救時，匡扶志空大。

因此，根據孔孟之道，他本能的想到，邦無道，應該「不可則止」；也就是能用則行，不能用則藏，如同孔子所說：「道不行，乘桴浮於海。」他也曾經浮起飄然離世的想法。此即詩中所說：

塵網苦羈縻，富貴真露草！
不如騎白鹿，東遊入蓬島！❾

另外，他三十歲時，暢遊安徽的九華山，也曾作賦表明心跡：

長遨遊於碧落，共太虛而逍遙。❿

這時他也有不如隱去的想法，所以曾經表示初心終不負靈均（指屈原），並且沉痛強調

「平生忠赤有天知，便欲欺人肯自欺？」

只是，當他想起家中父母養育之恩，心中仍然無法釋懷。此即他所說的：

匪塵心之足攪兮，念鞠育之劬勞。⓫

可見以陽明先生的本性氣質，終究無法以道家或神仙之道，做為安身立命之所。

更何況，以陽明心中的俠義性情，以及孔孟學說直道而行的作風，當他親眼看到朝中劉瑾等宦官亂政、打壓忠良，肯定會挺身而出、打抱不平，這就形成了他中年後一連串的悲慘逆境。

❾ 同❸，頁七九。
❿ 同❶，頁一〇三。
⓫ 同❶，頁一〇三。

當時劉瑾專橫，殘害南京御史蔣欽等二十人，陽明先生義憤填膺，再也看不下去，所以他上了封奏摺：〈乞宥言官去權奸、以彰聖德疏〉⓬，仗義執言，為御史言官講話，並明忠奸之辨，公然要求去除「權奸」劉謹。

這正應了一句古話：明知山有虎，偏向虎山行。

結果，昏君當然偏袒「權奸」，否則怎能狼狽為奸呢？

因此，陽明先生慘遭廷杖四十大板，當場昏迷過去，然後又被投入錦衣衛獄。時為公元一五〇六年。

陽明先生當初可能並未料到，後果如此嚴重。因為，這在中國歷史上，還是空前第一次，宦官公然敢將大臣與御史，全打成「奸黨」，毫無顧忌、惡行惡狀的程度，超過正常想像。

陽明先生逢此巨變，雖然也有心理準備，但仍然難以抑止憂傷，很難立刻做到心中寂然不動的境界。

我們看他在獄中留的十四首詩，首先就因心中百感交集、無法入睡，而寫了首〈不寐〉。⓭

人非草木，誰能無情？那時他最掛念的，還是家人，表現出人性中最脆弱、卻也最是人情之常的真性情。

他想起了父親、祖母、妻小等人，在親情激盪之下，他不禁紅了眼眶、流下眼淚，真情

流露寫道：「思家有淚仍多病」、「蕭條念宗祀，淚下長如霰。」⓮

他很自然的坦承，「我心良匪石」，雖然他曾叫兒女不要悲傷，但等憂愁到頭，他仍然未能免於傷心。

此即他所說的「嘗嗤兒女悲，憂來仍不免。」⓯可說毫無虛矯之氣。因為人心非鐵石，那能毫無悲情？陽明這種心境，道出了很多蒙冤受難者的共同心聲，也正是「心學」最自然的人性呼聲。

當然，他也會在沉靜中深思：「滔滔眼前事，逝者去相踵。」⓰他從根本處反省，也曾一度後悔，明知朝政無道，何以不早日歸隱耕種？此即他所說：「匡時在賢達，歸哉盍耕壠！」

在獄中的日子，既黑暗、又漫長，因為他無法預知會關多久，也無法預料未來的生死。那種心情的煎熬與折磨，可想而知，肯定會七上八下，令其忐忑不安。比起一般犯人已經知道刑期，顯然要更難過。

⓬同❸，頁九四。
⓭同❸，頁九八。
⓮同❸，頁一〇〇。
⓯同❸，頁一〇五。
⓰同❸，頁九九。

此即他所說的「窒如穴處，無秋無冬」，在無秋無冬、沒早沒晚的黑暗日子中，他怎麼自處呢？

此時他想到了伏羲八卦，當周文王被關，便以演易卦來自處。所以他開始深研《易經》，「瞑坐玩羲易，洗心見微奧。」⑰並且開始沉澱心情，逐漸體悟心學的奧妙。

所以他從「遁」卦中得到很多啟示，「遁四獲我心，虫上庸自保。」遁，就是退隱的意思。因為君子道消、小人道長，所以他只有告訴自己，需要暫時忍耐，暫時退隱、然後待時而動。

四

陽明先生在獄中，左等右等，終於等到了皇帝對他的處分——發配到邊遠的瘴氣之地，龍場。

這個處分，起碼比死刑要好，所以陽明又揚起奮鬥意志，並以效法先哲的經驗，期勉獄中難友：「願言無詭隨，努力從前哲！」

然而，他仍低估了劉謹等人，心狠手辣的程度，遠超乎他想像。皇上只是想把他貶抑，並沒有下令處死，但到劉謹手上，卻企圖趕盡殺絕，從中暗殺，所以一路追殺到錢塘江。

等到他發現錦衣衛殺手時，為了脫困，在暗夜中假裝投江，並將衣帽浮至江面，才逃過了一劫。

當時他心中憤慨之至，也悲嘆之至。

所以，他曾留下詩作，等於遺囑，想到伍子胥，而感慨萬千：「百年臣子悲何極，夜夜江濤泣子胥」。⑱

後來，經過艱苦逃難，他搭船到福建，躲到武夷山中深藏。此即他詩中所說的：

海上曾為滄水使，
山中又遇武夷君。⑲

根據文獻顯示，他在武夷山中，曾請教道士未來的運道。本來他想從此埋名隱姓，開始歸隱，但道士提醒他，恐會影響家人，他只好取消逃避的計劃。

這時道士代卜一卦，得到「明夷」⑳，亦即「明入地中」，代表政治昏暗，君子蒙難，應在苦難中堅守正道，等待光明。令他胸中開始轉為平靜。

---

⑰ 同❸，頁九九。
⑱ 同❶，頁一〇五。
⑲ 同❸，頁一一一。
⑳ 同❸，頁一一一。

我在本次蒙冤之中，家人曾經代卜一卦，也得「明夷」，情景很相近，令人稱奇。

後來陽明先生對易理卜筮，另有一番新的體認。在《傳習錄》中，他門生黃修易曾問：

易，朱子主卜筮，程傳主義，何如？

因為朱熹認為《易經》本為卜筮之作，但程子易傳中卻以義理為主，認為「有理而後有象，有象而後有數；義因象明理，由象而知數，得其義，則象數在其中矣。」因此，門生問陽明先生，他的看法如何？

陽明先生回答：「卜筮是理，理亦是卜筮。」

他並進一步申論：

天下之理，孰有大於卜筮者乎？只為後世將卜筮專主在卦上看了，所以看得卜筮似小藝，不知今之師友、問答博學、審問、慎思、明辨篤行之類皆是卜筮。

根據陽明先生所說，儒家問學力行，均在卜筮範圍，為什麼呢？因為「卜筮者，不過求覺狐疑，神明吾心而已；易是問諸天。人有疑自信不及，故以易問天。謂人心尚有所涉，惟天不容偽事。」

陽明先生明確指出，人因碰到事故，或在逆境，自信不足，所以才用易理問天，天理自然不容偽造。由此可見，陽明認為人心直通天心，透過卜筮這工具與過程，人便能上下直通，等於給自己打氣、加強信心。

當然，此中前提，必須真正內行，既懂卜筮、也懂解易，才能真正代表天意。這就進入道教領域，儒家對此存而不論，只是很可看出儒道相接之處。

所以他也作詩說明：

險夷原不滯胸中，
何異浮雲過太空？
夜靜海濤三萬星，
月明飛錫下天風。㉑

自此之後，他心中更為坦然。

他當時也對弟弟留詩，表現了劫後餘生的親情與高興：

㉑ 同❶，頁一〇六。

已分天涯成死別，
寧知意外得生還。㉒

同時，他也在向老父告別之後，心生感嘆，作詩描述當時身陷困境的感慨：

危棧斷我前，猛虎尾我後；
倒崖落我左，絕壑臨我右，
我足履荊榛，雨雪更紛驟。㉓

當時，他前後左右都面臨種種險阻，腳底充滿荊棘、環境充滿風雪，可見情勢之險惡，以及心中的低迷。

因此，他經常透過靜坐的方式，力求心中清澈，去除一切雜念，消除萬般煩惱，慢慢的從中體會心靈沉靜的重要性。

另外，他也從沿途山水之中，逐漸開始感到心中寧靜、怡然自得：

把卷有時眠白石，
解纓隨意濯清漪。

然而，如果只在靜坐中，才有心靈的安寧，或者只在山水中才得到寧靜，仍然不算真功夫。真功夫仍要在事上磨練，仍要在煩亂、瑣碎的事務中磨練。在忙亂中仍能心靈寧靜，這才是陽明先生所說本體功夫。

所以，九川曾經問他：

> 靜坐用功，頓覺此心收斂，遇事又斷了，旋起個念頭去事上省察。事過又尋舊功，還覺有內外打不作一片。

換句話說，九川只在靜坐中用功，因而常覺得斷斷續續，內外還有隔閡，問他怎麼辦？

陽明先生回答：

> 此格物之說未透。心何嘗有內外？人須在事上磨練，故功夫乃有差，若只好靜，遇事便亂，終無長進。

㉒ 同❸，頁一一二。

㉓ 同❶，頁一〇七。

陽明先生明確指出，如果只在靜中，才有心靈的修養，碰到事情就亂，終究不算長進。所以在《傳習錄》他強調，「功夫不離本體，本體原無內外，只為後來做功夫的分了內外，失其本體了。」此即他所說「如今正要講明功夫不要有內外，乃是本體功夫。」

陽明先生的靈修功夫，後來從切身的生死大事，實際鍛鍊出來，真正做到「事上磨練」，而不是只從靜中用功而已。

陽明生前正式收的學生，約有三千個學生，如餘姚的徐愛、山陰的蔡希顏與朱守忠等，均為優秀門生。

這三位學生被推為鄉貢生，要到北京，陽明特別作〈別三子序〉，其中已經隱然指出聖學衰微，因而將以弘揚聖學為己任的胸懷，並以事上磨練為方法：

自程朱諸大儒沒，而師友之道遂亡。《六經》分裂於訓詁，支離蕪蔓於辭章舉業之舉，聖學幾于息矣！

所以陽明叮嚀三子，「出身承當，以聖學為己任。」也就是要挺身而出，用行動在事上磨練，發揮聖學生命的精神。

如何發揮呢？陽明特別提醒學生：「深潛則克，高明柔克。」這句話來自《易經》乾元初爻，「潛龍勿用」，代表仍應謹慎沉潛。因為，他本人還是待罪之身，要到成聖之路，仍有很長的辛勞過程，而發配邊域，更是眼前的一大試煉。

五

果然，陽明先生到了龍場之後，發現生活更為艱苦。

整個龍場驛，只設驛丞一人，就是他本人，另有部屬一人、總共二人；馬二十三匹，如此而已。

又因陽明雖然號稱為「驛丞」，卻是有罪之官，所以不能居驛站，只能在其附近孤山洞口，簡陋搭個草庵，高還不到肩膀，只能勉強彎腰棲身。

他對此超級寒酸的「官舍」，曾經形容如後：

草庵不及肩，旅倦體方適，
開棘自成籬，土階漫無級，
迎風亦瀟疏，漏月易補緝。

陽明至此，反而更有一種人與天地更接近的心境，並且還能轉成風趣的心情，把漏風的草屋，講成迎風的灑脫，把漏頂的景象，看成賞月的情緻。

實際上，在他到龍場之前，逍遙遊於山水之中，便已領悟「生平山水是課程」，很有飄逸的境界：

青山清我目，流水靜我耳，
琴瑟在我御，經書滿我几，
措足踐坦道，悅心有妙理，
……
悠然天地內，不知老將至，
羊腸亦坦道，太虛何陰晴？㉔

正因他能將羊腸小道視為坦道，所以能將壞事化為好事、將壓力看成動力，如同佛學修行中，將「逆緣」也看成增上緣。如此一來，善緣惡緣均為平等，整個宇宙太虛，又何來陰晴之分？整個人生旅程，又何來順逆之分？

此時的陽明，相當程度融合了儒家的正氣、道家的逍遙、與佛家的空靈。

所以當他路過濂溪洞，特別表達對周子的敬意，欽佩他兼通儒道釋，而又歸於聖道，曾經特別留詩一首：

碧水蒼山俱過化，
光風霽月自傳神。㉕

另外，陽明在《瘞旅文》中又曾經自述，他未在龍場瘴毒之地死亡，基本上即因心中坦蕩蕩，從未心戚戚，「歷瘴毒而苟能自全，以我未嘗一日而戚戚也」。㉖這正是能促成他心中大悟的環境，主要就因為能「在事上磨練」。

所以《傳習錄》中，陳九川錄的內容，記載門生有位當官，久聽陽明先生課後，向他說，雖然感覺「甚好」，但他公務繁忙，還要聽訟斷案，工作非常繁重，忙不過來，「簿書訟獄繁難，不得為學。」

陽明先生就提醒他，誰叫他離開工作、另外懸空去修身講學？最重要的，就是「事上磨練」，要在工作中修行，職場就是道場。此即他所說：

> 我何嘗教你離了簿書訟獄，懸空去講學？爾既有官司之事，便從官司的事上為學，才是真格物。

㉔ 同❸，頁一一六。
㉕ 同❸，頁一一七。
㉖ 同❸，頁一二三。

根據陽明先生，若有官司之事，便從官司之事中磨練，同樣情形，若逢蒙冤之事，便從蒙冤之中磨練；若遭苦難之事，便從苦難之中磨練；若有不平之事，也從不平之事磨練，這才是真格物，也才是真修行。

那麼，應如何修行呢？此時固然應有孟子所說「浩然之氣」，威武不能屈，不受勢劫、不為利誘，但同時也應有超越苦難的修養，這就有待道家與佛家所修的空靈，更能有效克服心中苦境。

所以，陽明先生為了徹底自我磨練，索性給自己準備個石棺。因為他認為，對於榮辱、名利、得失，都能看破，唯有對於生死，還不敢說看破，「尚覺未化」。

這就是他根據孟子所述，「夭壽不貳，君子修身以俟之」的道理，身體力行，躺入石棺，親自感受人生在進棺之後的各種感觸，「吾唯俟命而已！」㉗

果然，久而久之，他更徹悟：

日夜端居澄默，以求靜一，久之，胸中洒洒。㉘

這種精神，徹底做到了「知行合一」。因此他才能在深夜之中，忽然頓悟「聖人之道，吾性自足」，一切反求諸己自性，回到了儒家最根本之道。

後來，陽明先生在〈答顧東橋書〉中，論述孟子所稱的「夭壽不貳，修身以俟之」，特別強調：

> 若曰死生夭壽，皆自定命，吾但一心於為善，修吾之身，以俟天命而已。是其平日尚未知有天命也。

所以陽明先生，引述孔子所說「不知命，無以為君子」，強調要能知天命。「若俟之云者，則尚未能真知天命之所在」。陽明在此強調「知命」，不是「認命」，也不是「宿命」，更不是向命運屈服；而修身更是集義，善養浩然之氣、體認吾性自足，平日充塞其身，然後在事上貫徹力行。那麼，無論何時碰到生死大限，均能泰然以對。

事實上，他在此也把握了道家「歸根復命」之理，甚至也領悟了佛學「明心見性」之道。代表無論任何煩惱，仍應回歸自我反省、自立自強，這正是處逆境的秘訣，同時也能領悟「自助才能天助」的最高境界！

此即他在興奮之餘的感慨，認為逆境中的三年苦難，對他的啟發，勝過他從前三十年。所以他曾說：「居夷三載，見得聖人之學，若是其簡易廣大，始自嘆悔錯用了三十年之

㉗ 同❸，頁一二三。

㉘ 同❸，頁一二三。

㉙ 同❶，頁一〇九。

力」。㉙他說的「簡易」，就是返回本心良知，此時心靈能夠包羅萬象，所以稱其「廣大」。

此亦他所強調：

> 大道即人心，萬古未嘗改；
> 長生在求仁，金丹非外待，
> 謬矣三十年，於今吾始悔。㉚

換句話說，在別人看來最黑暗的三年困境，卻是他的心得最深、所得最多的三年，遠勝過從前三十年的光陰！

這也正印證了孟子所說：

> 天將降大任於斯人也，必先苦其心志，勞其筋骨，餓其體膚，空乏其身，行拂亂其所為，所以動心忍性，增益其所不能。

後來歷史證明，陽明先生在龍場困居的三年，正是上天給他的磨練與試煉，讓他能在艱困中更加奮發，從困知勉行，到身體力行，終於發明了一代心學。

根據陽明先生說法，「良知本體，原先無動無靜的。」人生必須閱歷多時，才能曉得這項道理，此時對於毀譽、得失、喜樂，都能完全看透。此即他所說：

> 醫經折肱，方能察人病理。（《傳習錄》第二六二條）

他在四十二歲時在滁州，看到學生們只會在知識概念上打轉，無益於心得，所以教大家靜坐，但靜坐久了之後，因為「喜靜厭動」，又流入枯槁之病。所以提醒大家，根源仍在「致良知」，這才是「學問頭腦」，不能偏執。此其所說：

> 吾昔居滁時，見諸生多務知解。無益於得，姑教之靜坐。一時窺見光景。久之，漸有喜靜厭動，流入枯槁之病，或務玄解妙覺，動人聽聞，故邇來只說致良知。

這種領悟指出，無論靜坐或在事上磨練，都要回到良知天性，否則便會誤入歧途，或者走火入魔。即使靜坐中偶有所見的人們，仍應把握良知本性，這才是「正道」。

㉚ 同❶，頁一〇八。

六

陽明先生在龍場時，曾經碰到當地太守派人侮辱的事件，因為引起人民群憤，將其打跑，太守卻想要再藉機懲處陽明，真可說是虎落平陽被犬欺。

當時有位副使毛應圭，想要從中緩頰，勸陽明前往太守處，跪拜道歉。陽明當時自述其心情，「貴州三年，百難備嘗，橫逆之加，無日無有」。但他並未屈膝卑尊，也並未人困志短，反而不卑不亢，很技巧地說明立場：

> 差人至龍場凌辱，此自差人挾勢擅威，非太府使之也。龍場諸夷與之爭鬥，此自諸夷憤慍不平，亦非某使之也。然則太守固未嘗辱某，某亦未嘗傲太府，何所得罪而請謝乎？㉛

然後他又分析「跪拜」應有原則，怎能「無故」任意為之：

> 跪拜之禮，亦小官常分，不足以為辱，然亦不當無故行之。不當行而行，與當行而不行，其為取辱一也。㉜

他講完這個原則之後，反令太守慚愧服氣，派人送禮致意。

此事雖小，卻很能代表陽明的凜然正氣。雖然形式上他是罪臣，是待罪之身，但在心靈上，他卻仍然頂天立地，在人格上問心無愧。所以他不願窩窩囊囊，接受無理侮辱。這就表現了他仍是儒家本色，並非道家式的逆來順受，也非佛家式將忍辱視為修行。《金剛經》中指出，佛陀修忍辱仙子時，任由歌利王對其節節支解，佛陀毫不反抗，也從不抱怨，對這種超凡入佛的境界，陽明先生大概頂多只會讚歎，而不會效法。

所以，雖然陽明比喻他處境的惡劣，天天可死三次之多：「某之居此，蓋瘴癘蟲毒之與處，魑魅魍魎之與遊，日有三死焉。」但他仍然能夠做到不動心，其基本修養便來自心中坦蕩蕩的正氣，仍然來自孔孟聖教的心學。

因此，他在講學之中，最著名的師生對話，仍以儒家《大學》為教材，而留下不朽的《大學問》。

由此可見，他在龍場創發知行合一的學說，也正是他本身「即知即行」的真切體認。所以他才強調「知而未行，只是未知」；並在《書林司訓卷》中提到：

㉛ 同❸，頁一四〇。

㉜ 同❸，頁一四〇。

功利之說日浸以甚，不復有明德親民之實，士皆巧文博詞以飾詐，相規以偽，相軋以利，外冠裳而內禽獸，而猶或自以為從事聖賢之學，如是而欲挽而復之三代，嗚呼其難哉！㉝

正因如此，他才特別提倡「知行合一」學說，從根本處提振人心，重振聖學：

吾為此懼，揭知行合一之說，訂致知格物之謬，思有以正人心，息邪說，以求明先聖之學。㉞

陽明在此所提「正人心、息邪說」，明顯來自孟子的精神。所以我們可說，他是將自己龍場三年，切身「動心忍性」的經歷，總結出知行合一的結論，因而才會強調「知而不行，等於不知」。這種用生命逆境換來的經驗，在驚濤駭浪中，練成中流砥柱的心靈，堪稱中國歷代哲人中，用血淚為聖學見證的第一人！

因此，他在明正德四年（一五〇九年），被朝廷赦還後，特別有首長詩，回顧在艱險中靈修的心路歷程：

萬死投荒不擬回，生還且復荷栽培；
逢時已負三年學，治劇兼非百里才；
身可益民寧論屈，志存經國未全灰；
正愁不是中流砥，千尺狂瀾且易摧。

他在文中特別指出，本來以為會在荒野之中喪生，再也回不來，今後既然能保存此身益民，哪裡還有什麼委屈呢？

另外他更明說，心中當有經國大志，願作中流砥柱，豈能輕易被狂瀾所毀？由此證明，他很有愈挫愈勇的精神毅力，此時更加豪情萬丈，發願要以倖存的生命，全心報效生民。

事實上，陽明先生對於當時世風功利，缺乏豪傑之氣，很感憂心，所以他曾再三呼籲，要先破「心中之賊」，並曾強調：

今夫天下之不治，由於世風之衰薄，由於學術之不明；學術之不明，由於無豪傑之士

㉝ 同❸，頁一五四。
㉞ 同❸，頁一五四。

者為之倡焉耳。㉟

當時他也曾經指出：

嗚呼，士生斯世，而尚何以求聖人之學乎？尚何以論聖人之學乎？士生斯世，而欲以為學者，不以勞苦而繁難乎？不亦拘滯而艱險乎？嗚呼，可悲也已！㊱

所以，他才特別強調孟子精神，要能勇於挺身而出，以捨我其誰的豪傑氣概，慨然以天下世風為己任。

七

陽明先生「龍場經驗」的另一重大心得，便是「致良知」。

他曾說，「某之良知之說，從百死千難中得來，非是容易見到此。」並說：「我此良知二字，實千古聖賢相傳一點骨血」㊲。可見，醞釀他這種重要學說的沃土，正是「百死千難」的痛苦逆境。

事後證明，這最痛苦之地，反而是最令他痛快之地；最黑暗之地，反而是最光明之地。

這正應了英國文學家狄更斯的名言：

> 這是一個光明的時代，這也是一個黑暗的時代。

這也應了《維摩詰經》中的啟發，蓮花來自糞壤之地，反而更加茂盛：

> 殖種於空，終不得生，糞壤之地乃能滋茂。

所以，他曾經親身說明此等心境：

> 吾良知二字，自龍場以後，便已不出此意，只是點此二字不出，與學者言，費卻多少亂說，今幸見此意，一語之下，洞見全體，真是痛快！

然後，他又特別指出，此中有個「訣竅」，便是「如何致」？他明白回答：

㉟ 同❶，頁一二九。

㊱ 同❶，頁一二九。

㊲ 同❶，頁一二九。

爾那一點良知，正是爾自家底准則。爾意念著處，他是便知是，非便知非，更瞞他一些不得。

爾只不要欺他，實實落落依著他去做，善便存，惡便去，他這裡何等穩當快樂！此便是格物的真訣，致知的實功！㊳

這種直指良心本能的方法，正是孔子原先詢問學生的單刀直入法：只問良心「安否」，如果安便去做！

這種方法，同樣也是孟子所稱，人有四端：是非之心、惻隱之心、羞惡之心與辭讓之心。

只是，孔孟二聖當時，還未充分論述，到了陽明，等於專列一門，直接開啟人心的光明面，進而發揚光大，終於成為不朽之論。

陽明先生在〈啟周道通書〉中，曾經指出，從日用功夫事上磨練，大體正確，「只要無間斷，到得純熟後，意思又自不同矣。」因為，這正如同孟子所說「養」浩然之氣，平日做事若都能稟承良心善惡去做，自然而然，心中便有了正氣，便致了良知。

所以，功夫最根本仍在立志。此即陽明先生在〈啟道通書〉所說：

大抵吾人為學，緊要大頭腦只是立志，所謂困忘之病，亦只是志欠真切。

他指出，這種立志致良知，只有自己才真切瞭解。他並舉「好色之人」為例，說明功夫仍不真切。

今好色之人，未嘗病於困忘。只是一真切耳。自家痛癢，自家須會知得，自家須會搔摩得。記自知得痛癢，自家須不能不搔摩得。

他並指出，這種立志與致良知，「他人總難與力，亦更無別法可設也。」因而，只要每人本身回到良知，一通百通，那時才能頓時掃除一切邪思枉念，所以這如同「靈丹一粒」，足以「點鐵成金」。

他曾在此比喻：

人若知這良知是訣竅，隨他多少邪思枉念，這裡一覺，都自消融，真是靈丹一粒，點鐵成金。[39]

---

[38] 同[3]，頁三四六。

[39] 同[3]，頁三四七。

根據陽明先生，如果身處詭譎複雜的政壇鬥爭，見到爾虞我詐的人心權謀；彷彿身處漫天烏雲，加上連續陰雨，令人不見天日。此時很容易對人性喪失信心，因此他引禪宗名偈，略加更動，「始信心非明鏡台，須知明鏡亦塵埃。」㊵代表在鬥爭苦難中，很多對人性的感嘆。

然而，縱然如此，陽明先生仍然肯定，身處這種逆境，與其詛咒黑暗、抱怨陰雨，不如直指人心，激發良知，便能如同撥雲見日；等到太陽一出，便能將陰霾一掃而空，將無數邪思枉念，都能全部消融！

此即陽明先生所說：「心之本體即是天理也，天理之昭明靈覺，即所謂良知也。」因而，只要能徹底致良知，順著良知的發用，便能通體靈昭，普照萬物，體認「何嘗又有一物超於良知之外，能作得障礙？」

這種良知，人人皆有，正如陽明先生所說名言：「個個人心有仲尼。」這正如同法國卡繆（Camus）所說：「人人心中有太陽。」也如佛經所說：「人人心中有佛性。」另如《華嚴經》強調「萬法歸心造」，在此均能相通，深具重大的啟發性。

陽明先生在〈大學問〉中，明白指出，良知即明德的本體，「天命之謂性，粹然至善，其靈昭不昧者，此其至善之發見（顯），是乃明德之本體，而即所謂良知也。」所以「仁人之心，以天地萬物為一體，訢合和暢，原無間隔」，這種慧見，對於解決分別心的隔閡問題，最有根治的功能。

尤其，今天社會充斥著仇恨心、邪惡心、敵對心、與冷漠心，均應直接回到人人本來良心，共同「致良知」，才能從根本回到光明的本性，進而創造光明的前程！

另外，陽明先生在〈詠良知四首示諸生〉中，將「致良知」講得極為透徹：

個個人心有仲尼，自將聞見苦遮迷。
而今指與真面目，只是良知更莫疑。
問群何事日憧憧？煩惱場中錯用功。
莫道聖門無口訣，良知兩字是參同。
人人自有定盤針，萬化根源總在心，
卻笑從前顛倒見，林林葉葉外頭尋。
無聲無臭獨知時，此是乾坤萬有基。
拋卻自家無盡藏，沿門托缽效貧兒。㊶

簡要來說，陽明先生認為，「致良知」的功夫，就是入聖之門、成聖之道；這與大乘佛

㊵ 同❸，頁三三六。
㊶ 同❶，頁一一四。

學所強調：返歸本性就是入佛之門，「明心見性」就是成佛之道，可說完全相通！

陽明先生所強調的「無聲無臭獨知時」，代表慎獨的致良知工夫，若能徹底領悟，實為建立乾坤間頂天立地人格的基石。

只是，很多人未領會，心中惶惶之餘，不斷外求，猶如「沿門托缽效貧兒」。試觀今日社會，「去中國化」政策與「去文言文」的方針，就是「拋卻自家無盡藏」的例證，令人痛心也憂心不已。

在這種致良知的功夫中，心中光明承自孟子浩然正氣，乃是集義所生。所以陽明先生也曾強調：

> 孟子不論心之動與不動。只是集義。所行無不是義，此心自然無可動處。

陽明先生並進一步指出，因為平日為人處事，都能合乎正義，所以心中很充實，這就是集義的功夫，並且就是「事上磨練」的宗旨：

> 孟子集義工夫，自是養得充滿，並無餒歉，自是縱橫自在活潑潑地。此便是浩然之氣。

有了這種領悟，便能達到陽明先生所說的境界：

> 蓋天地萬物與人原是一體，其發竅之最精微處，是人心一點靈明。風雨露雷，日月星辰，禽獸草木，山川土石，與人原是一體。

換句話說，陽明先生這種致良知的功夫，上承文天祥在〈正氣歌〉的體認，「天地有正氣，雜然賦流形，下則為河嶽，上則為日星。於人曰浩然，沛乎塞蒼冥。」然後徹上徹下，毫無隔閡，人心與天地，可以雍容浹化、合德無間，形成孟子所說「上下與天地同流」的境界。

這種浩然之氣，千聖一脈，久遠傳承，形成了中華民族的精神特色，也正是孟子所說從「內聖」到「外王」的功夫。根據文天祥，這種正氣更可以擴而充之，從外王到宇宙，形成天地之間的「正氣」。如此從內而外、精微開展，交融互攝，渾然一體，形成廣大和諧的宇宙觀，在全世界都沒有人說過，成為中華文化極重要的特色；深值今後發揚光大，進而洗滌人心、提振士氣，再次開創中華文化的新氣象！

陽明先生四十五歲起，到逝世為止，為他事功最蓬勃、思想也最成熟的時期。

他在事功方面，連續剿滅東南沿海頑寇，並平定寧王宸濠之亂，並在逝世前兩年，平定廣西土酋；除了安定東南江山，也開拓了西南疆域。㊷

㊷ 同❸，頁三九〇。

事實上，陽明先生同時深通兵法，曾經手書《孫子兵法》，字跡俊秀，外柔內剛，很能代表他行事的風格。

先師方東美先生曾在看過他手書《孫子兵法》後，親向筆者稱讚，陽明先生能文能武，可說為文人「爭了口氣」，免得外界誤解，以為文人都是弱不禁風。

陽明先生能在事功上，有如此的亮眼表現，主要就因他「在事上磨練」心學，所以既能夠內聖，也能夠外王，為儒學開創了罕見的成功例證。

八

陽明先生一生，除了繼承儒學，也曾經自號「樂山居士」，如他後來在序陵縣令任內，於靜居寺手書「曹溪宗派」，落款即為「樂山居士王守仁」，代表他也曾入佛門。

他在《傳習錄》中，並曾引《金剛經》「無所住而生其心」的名句，答陸原靜，可見很能會通佛經中心思想。

另外，正德唐辰三月八日，他到九華山《贈周經偈》，也曾自稱「陽明山人」，代表他也心儀道家。

但是他心靈的最終依歸，從上述長詩可證，仍以「聖門」為主，仍視儒家為根本源頭，同時也是最終歸宿。

因此，從陽明一生思想起伏中，我們可以看出，他既吸收了佛家的養分，也融合了道家精神，但其生命氣質，始終如一的，仍是儒家所稱聖人氣象。

所以我們可說，陽明先生代表正宗的「儒道釋」合一典範，也是最能用「知行合一」與「致良知」，會通儒釋道的大哲學家。

就「知行合一」言，老子強調「上士聞道，勤而行之」，也是同樣精神。佛家強調，善知識與菩薩行要能結合，同樣也是注重知行合一。

就「致良知」而言，老子強調「歸根復命」、「復歸嬰兒」，反對虛矯詐術，也是同樣精神；而佛經強調，直指人心，明心見性，佛即「自我覺悟」，均為相通之處。

所以陽明先生曾指出：

> 仙家說到虛，聖人豈能虛上加得一毫實？佛家說到無，聖人豈得無上加得一毫有？……聖人只是還他良知的本色，更不着一些意思在。

由此可見，真正通達高明的哲學家，如王陽明先生，貫通上下古今，便能有胸襟慧見，同時欣賞儒道釋三家的偉大，並且取其相通之處，成就偉大功業。他絕不會拘泥彼此的相異處，而將大人的格局變小。所以他曾強調：「人本與天地一般大，只是自小爾。」

陽明先生也曾經比喻，「良知猶主人翁，私欲猶豪奴悍婢。」如果主人翁生了重病，奴婢作威作福，家中便大亂；但若主人翁吃藥治病，慢慢好轉，奴婢便知收斂。等到病全好了，奴婢怎敢再作亂呢？

良知昏迷，眾慾亂行。良知清明，眾慾消化，亦猶是也。

換句話說，這也如同《易經》所說，只要「君子道長」，自然「小人道消」。這盈虛消長的道理，很能相通。證明陽明先生除了上承孟子，更可追溯《易經》哲理。

另外，陽明先生在《傳習錄》中，答陸原靜書也曾強調：

不思善，不思惡時，認本來面目，此佛氏為未識本來面目者，設此方便，本來面目，即吾聖門所謂良知。

由此再可證明，陽明先生藉由道家（仙家）與佛家語言，再次襯托聖人最重良知。這正如同《易經》所說「百慮一致，殊途同歸」，最後仍以聖人良知本色為依歸。他在此可說深具原創性，也深具融貫性、與啟發性，深值世人共同體悟與力行。

此外，他曾明確立下學規〈客坐私祝〉，充分證明「知行合一」的特性：

但願溫恭直諒之友，來此講學論道，示以孝友謙和之行，德業相勸，過失相規，以教訓我子弟，使無陷於非僻。不願狂躁惰慢之徒，來此博奕飲酒，長傲飾非，導以驕奢淫蕩之事，誘以貪財黷貨之謀，冥頑無恥，煽惑鼓動，以益子弟之不肖。嗚呼！由前之說，是謂良士，由後之說，是為凶人，我弟子苟遠良士，而近凶人，是謂逆子，戒之戒之！[43]

他的這種對比，正如魏徵提醒唐太宗，明君要能「近君子，遠小人」，深具重大的啟發性，所以在當時很能號召人心，追隨者日眾。然而，當陽明平定宸濠叛亂、並且學生日多漸增之際，又成為他遭嫉罷官之時，朝中小人向世宗誣指他是「偽學」，因此從嘉靖元年（一五二二），到六年，陽明先生又連續被貶抑六年。

但這六年之中，陽明先生又再度發揮他「事上磨練」的本領，剛好用來認真講學，反而成為學術上最成熟圓融的時期。

---

[43] 同[3]，頁四〇五。

九

總論陽明先生一生，充滿污衊、誣陷、與寃屈，即使平定宸濠之亂，完成了重大事功，但仍然受到朝臣誹謗與排擠，所以經常面臨生死之際問題。

因此，他很自然的探討到生死問題。如果生死問題都能看透，那裡還會在乎蒙謗受寃？這就是他所說「功夫」，要在「事上練」，而生死大事，正是最能練功夫的課題。

陽明先生曾說，生死念頭是「從生身命根上帶來，故不易去。若於此處見得破、透得過，此心全體方是流行無碍，方是盡性命之學」。

所以，當學生問他「志士仁人」之理，他便明白的回答：

只為世上人都把生身性命看得太重，不問當死不當死，定要宛轉委曲保全，以此把天理都丟去了。忍心害理，何者不為？若違了天理，便與禽獸無異，便偷生在世上百千年，也不過是做了千百年的禽獸。學者要於此等處看得明白。[44]

換句話說，他也非常注重氣節：

> 所謂志士者，以身負綱常之重，而志慮之高潔，每思有以植天下之大閑，所謂仁人，以身會天德之全，而心體之光明，必欲貞天下之大節。㊺

一言以蔽之，仁人志士的特色，就在重氣節。最重要的，就是一心為善，直道而行，至於生死問題，皆有定命，可以置之度外。

那麼，如何才能做到？

陽明先生稟承孟子所說，「君子貴其所立者大」，特別強調「立志」的重要性：

> 關鍵是立志，志立得時，千事萬為只是一事。讀書作文安能累人？人自累於得失爾。㊻

他並進一步指出，「此學不明，不知此處耽擱了幾多英雄漢！」

陽明先生所說立志，就是立定大志、成就聖賢大業，而其根基就在「善養浩然之氣」。

陽明先生所說「浩然之氣」，與佛家所稱輪迴之學，當然並不相同。

所以在《傳習錄》中，秦上王嘉秀問：「佛以出離生死，誘人入道。」陽明先生便曾答

㊹ 同❸，頁三七五。

㊺ 同❸，頁一八七。

以「所論大略亦是」。

但他主要是不贊同佛教當時風氣，只以拜懺法會為重點，而忽略了回到本心。他強調應回歸人心本性，就此而言，其實與真正大乘佛教並無二致。

近代佛教大師們，大體均主張，佛教不能只知拜懺法會，同時更應慈悲救人，此即「人間佛教」的精神，在大處仍可會通。

另外，陸澄錄又提到，「只說明明德而不說親民，便似老佛」，這固然突顯了儒家入世親民救世的特色，但同樣也忽略了，其實道家與大乘佛學，也注重「親民」的真精神。

就道家而言，此即老子所謂「治大國如烹小鮮」，代表應該尊重人民、不要擾民，莊子也強調：「藏天下於天下」，根本之意，均在親民愛民。

就佛家而言，既然強調悲智雙運，善救「眾生」，當然要能親民愛民，甚至還要擴大範圍，不只限於人民，還要包含萬物，這與陽明先生所說「合天地萬物為一體之仁心」完全相通。

由此可見，若從大處著眼，或從深處探究，便知陽明精神與道家佛家的真諦，很可以相互輝映，形成中華文化的共同寶藏。

此即陽明先生所說，「大抵二氏（佛老）之學，其妙與聖人只有毫釐之間」。㊻

另外，《傳習錄》中，有人問道：

釋氏亦務養心。然要之不可以治天下，何也？

陽明先生回答：

吾儒養心，未嘗離卻本物，只順其天則自然，就是功夫。釋氏卻要盡絕事物，把心看成幻相，漸入虛寂去了，與世間若無些交涉，所以不可以治天下。㊻

事實上，陽明先生當時所接觸的佛經，可能只以「虛寂」為主，偏向小乘，但若以大乘「人間佛教」而言，正是要在世間人間落實，工作職場，即為修行道場，這與陽明先生所說「在事上磨練」，本質並無二致。

另外，陽明先生也曾指出正氣就是浩然之氣。要心中集義，正氣十足，根本不用怕鬼。所以《傳習錄》中曾記載：㊼

澄問：有人夜怕鬼者，奈何？

㊻ 同❸，頁五五。

㊼ 同❸，頁二三八。

先生答：只是平日心中不能集義，而心有所慊，故怕。若素行合于神明，何怕之有？

子莘問：正直之鬼不須怕，但邪鬼不管人善惡，故未免怕。

先生答：豈有邪鬼能迷正人乎？只此一怕，即是心邪；故有迷之者，非鬼迷也，心自迷耳。

由此可見，陽明先生在此強調，一切歸於本心，只要心中能集義，便有浩然正氣，怎會再怕鬼呢？

這對今天很多憂心國家的仁人志士，深具啟發性；因為，只要堅持正氣，則邪不勝正，正派人士終能得到最後勝利。

因此，陽明先生晚年病重時，門生問其身體，他當時便回答：「病勢危亟，所未死者，元氣而已。」仍以元氣為支撐身體的最重要象徵。

他在臨危之際，並再三向門生叮嚀他的心得：

功夫只是簡易真切，愈真切，愈簡易；愈簡易，愈真切。㊽

所以，在他臨過世前，門生問他有何遺言，他只微微一笑，簡易而真切的回答：

此心光明，亦復何言？

由此可證，陽明先生直到五十七歲病逝，仍然始終如一，貫徹了他的「致良知」，並且真正身體力行，做到了「知行合一」，非常令人敬佩！

可嘆的是，陽明先生身後，仍然繼續遭逢奸臣誣陷的命運。那時劉謹雖然早已伏誅，卻又有奸臣桂萼向嘉靖皇帝密告，稱陽明為「邪說」，皇帝竟然又誤信而「奪伯爵、禁邪說」，並把陽明學說一概抹煞，連其後人，也持續受到逆境的煎熬。

直到明萬曆十二年，新皇才重新肯定朱子與陽明，共同入祀孔廟。

總的來說，顧炎武在《日知錄》推崇陽明心學，結論非常中肯：

以一人而易天下，其流風至于百年之久，古有之言。王夷甫（弼）之清話，王介甫（安石）之學說，其在於今，則王伯安（陽明）之良知矣。㊾

㊽ 同❸，頁四一八。

㊾ 同❸，頁四四〇。

另外，黃宗羲認為陽明先生倡「致良知」，揭示「吾心之良知遍在萬有」[50]，「乃大開聖學方便之門，使聖賢人人可致，不爾，特恐中國先哲聖賢血脈幾絕之久矣！」可說一針見血，把陽明先生的特色與貢獻，說明得很精闢。

方東美先生在美國參加「紀念陽明先生五百週年」的學術會議上指出，陽明先生的精彩特色，就在很能統攝儒、釋、道的通性，以「機體主義」為思想起點，並進一步將「超越理想性原理」化為「內在理想性原理」，達到「以天地萬物為一體，從心之靈明發竅處感應，而一視同仁」之旨，形成中國儒道釋的共同宗趣。[51]

當時方師並曾指出：無論儒、道、釋與宋明新儒，均崇信「混化萬物，一體同仁」，而且強調：

> 體認道之大化流化，而與天地萬物一體同仁之感，乃是入聖之捷徑。此種「萬物一體同仁」之情，存而養之，擴而充之，發揮極致，即為聖智圓滿。豈惟入聖之兆，直當下即聖矣！[52]

由此來看，陽明所揭「成聖」之道，與大乘所揭「成佛」之道，完全相通，與道家「博大真人」精神，也完全契合。因其能夠返回內在本心，良知發用，所以能在精神上超越任何障礙、克服一切逆境，此即陽明所謂：「聖人只是順乎良知之發用流行」，「天地萬物俱在我的良知發用流行之中，何嘗又有一物作得障礙？」

因而，成聖之道，從陽明先生看，便成人人可行、處處可行，並且當下可行，這與佛學所稱「放下屠刀，立地成佛」完全相通，深值所有陷入困境的人們精研領悟。

綜觀陽明先生思想，很能發人深省，並能促使人心在逆境中，通體頓悟、當下發心立志，這對提振人心與社會風氣，很有貢獻。但在中國歷史上，陽明學說可稱飽受摧殘，卻在日本大放異彩，尤其在明治維新中，公開將其發揚，成為改革開放的銳氣精神。

陽明先生的「知行合一」、「即知即行」影響所及，形成日本劍及履及、苦幹實幹的風氣，結果反而促進日本國力強盛。但因日本並未能「致良知」，以致日本在強大後，卻回過頭來侵略中國、併吞台灣，凡有良心血性的中華兒女，對此能不痛心嗎？

因此，展望今後，根據陽明先生教誨，國運真正爭氣之道，首應立定「振興中華」的大志，然後以「正人心、息邪說」為己任，而其方法，則應同時注重陽明先生所說「知行合一」、與「致良知」！

相信，只要國人都能共同如此發大心、立大志，以弘揚民族正氣為目標，以知行合一與致良知為方法，那就必能早日復興中華文化生命，再開中華民族的光明前程！

㊿ 黃宗羲，〈明儒學案〉，卷十，另見方東美，《生生之德》，台北黎明公司出版，民六七年，頁三八〇。

51 方東美，《生生之德》，〈從歷史透視看陽明哲學精義〉，英文稿，由孫智燊中譯，頁三六九—三七〇。

52 同51，頁三七〇。

第三章 曾文正公忍辱以負重

一

曾文正公不但是中國近代的名臣，也是清代號稱「中興第一名臣」，梁啟超對他非常尊敬，甚至推崇他是中外歷史都少見的一二人：

曾文正者，豈惟近代，蓋有史以來不一二睹之大人也已。豈惟中國，抑全世界不一二睹之大人也已。❶

事實上，不但先總統蔣公與經國先生對他很欽佩，連一生狂妄的毛澤東，也曾經稱讚

❶ 東野君，《曾國藩能屈能伸進退之道》（上），台北旭昇圖書公司，二〇〇五年，頁五。

他：

愚于近人，獨服曾文正。❷

平心而論，曾文正公的可貴，並不因為他有楚霸王般的蓋世武功，也不因為他有曹操般的奸雄權謀，更不因為他有李白、杜甫般的絕代文采。

他的特色，最重要的，在於能忍辱負重、堅苦卓絕，在各種挫折中，仍能堅其百忍以圖成，在各種橫逆中，仍能排除萬難以盡心。

他的處境也很獨特，因為他是清朝開國兩百多年，最有權勢的漢族人，一方面很多滿人懷疑他會功高震主，進而篡位，所以他還不只是如履薄冰、如臨深淵，簡直是如履刀山、如臨火坑，沒有一天能夠安枕。清廷也一直到死後，才肯定他「忠誠體國」。

另一方面，很多漢人卻又因為他幫助清廷，平定太平天國，痛罵他為「漢奸」。所以他夾在滿漢之間，經常左右為難。

此外，他更因是文人治軍，夾在驕兵悍將之間，經常軟硬兩難。如此夾在種種兩難之中，其逆境可說是動輒則咎，經常處於危險苦難中。

然而，他竟然仍能憑其堅忍的毅力，對逆境中各種誣陷、誹謗，以及明槍暗箭，一一加以克服化解。那真是不只在中國罕見，在世界上也屬罕見。

事實上，他之所以能廣受推崇的原因，一言以蔽之，就在他能有堅忍的功夫，在逆境中能夠堅持心志，戰勝逆境。如今不分滿漢、不分兩岸，多數肯定他的原因，也就在此。扼要而論，即在其「忍功」，在其「苦功」。

梁啟超的分析，可說非常中肯：

> 文正非有超群軼倫之天才，在並時諸賢傑中最稱鈍拙，其所遭值事會，亦終身在拂逆之中，然乃立德、立功、立言三並不朽，所成就震古鑠今而莫與京者，其一生得力在立志自拔於流俗，而困而知，而勉而行，歷百千艱阻而不挫屈；不求近效，銖積寸累，受之以虛，將之以勤，植之以剛，貞之以恆，帥之以誠，勇猛精進，卓絕艱苦，如斯而已，如斯而已！

曾文正公的摯交歐陽兆熊，曾經將他生平分為三個階段，也很有啟發性：

第一階段為青年時期，以儒家思想，推動改革；

第二階段為中年時期，以法家方法，治軍平亂；

第三階段為老年時期，則以道家修養，虛心自抑。

❷ 同❶，下卷，頁二三四。

換句話說，曾文正公的成功，在融合了儒家、法家、道家的長處；因而能成就震古鑠今的功業，也成就了忍辱負重的最佳精神典範。

當然，曾文正公的事功與政治哲學，在時間上並非截然而分的三段，在很多時候，他都是三者並用：以儒家的精神剛健進取，以法家的制度嚴格治軍，並以道家的心境超越得失。所以，他並非把儒道釋的三家合一，而是把儒、道、法三家合一，創造出歷史上最成功的例證，只是最終仍以儒家為依歸。世人公認他為「儒將」，他從儒家所練就的處人處事智慧，以及愈挫愈勇的毅力，都對後人特別有啟發性。

曾文正公在同治六年三月十二日，致沅甫弟的家信中，曾經自述生平四次重大失敗，已到「無地自容」的地步，但他仍愈挫愈勇，視之為「磨練」，語重心長，令人感動：

弟信以咸豐三年之目的為余窮困之時，余生平吃數大塹，而望丑六月不與焉。

沅甫原以為曾國藩在咸豐三年，挫敗逆境很嚴重，但曾國藩說那還不算，然後進一步列舉，他真正挫敗蒙羞為四件大事：❸

第一次壬辰年發俗生學台懸牌，責其文理之淺。

這是在說，在道光十二年他參加府試，被發充備取的「佾生」，主管部門學台掛出牌告，公開斥責他文理淺陋，等於公然在全天下眾人面前羞辱。

> 第二庚戌年上日講疏內，畫一圖甚陋，九卿中無人不冷笑而薄之。

也就是說，在道光卅年，他上呈奏疏，其中畫了一個圖，因為非常粗糙簡陋，被宮中眾臣恥笑，九卿大臣中，沒有人不冷笑，他是公開受辱。

> 第三甲寅年岳州，靖港敗後，棲於高峰寺，為通省官紳所鄙夷。

那次發生在咸豐四年，他在岳州靖港與太平軍交戰，慘敗之後，暫居佛寺高峰寺中，被全省的大小官員與紳士鄙視，他心中覺得丟臉之至。

> 第四乙卯年九江敗後，赧顏走入江西，又參撫、臬；丙辰被困南昌，官紳人人目存笑之。

---

❸《曾文正公家書》，台北三民書局，湯素純註釋，民國九十年，頁三六五，四點均同。

也就是說，咸豐五年，他在九江吃了敗仗，臉紅羞愧的逃到江西，還參奏了巡撫等人；第二年又被圍困南京，地方官員紳士，人人用譏笑的異樣眼光看他。

曾文正公總結了這四次大恥辱，「吃此四塹，無地自容！」

後來，他雖然轉敗為勝，但仍兢兢業業，從此「不敢自以為是」，而常以當年的失敗、飽經侮辱苦難為戒。其結論，就是要能在磨練中立定決心：

俯畏人言，仰畏天命，皆從磨練後得來。

所以，在他看來，要把磨練看成天命，要把苦難看成試煉，那就反能奮發努力，力爭上游，也才能夠轉敗為勝！

換句話說，在他看來，逆境中最重要的，一是悔悟反省，徹底檢討、徹底改進。二是硬起脊樑，絕不認輸、絕不低頭。他稱此為「悔」字「硬」字兩訣：

弟力守悔字硬字兩訣，以求挽回。

他認為，只要能自我徹底悔悟，立志爭氣自強，「從此反求諸己，切實做去，安知大塹之後，後無大伸之日邪？」他提醒世人，只要痛下決心檢討改進，怎麼能說，在大苦難之後，就不會有大勝利呢？

如果一個人，既能真切反省，又能發憤爭氣，如此不灰心、不喪志，又能不氣餒、不退卻，怎麼會得不到更光榮的勝利呢？

所以，曾文正公這種切身經驗，在經歷各種重大屈辱後的苦難心得，對身處逆境的所有人士，都有很大的啟示作用！

二

曾文正公在同治五年，曾在寫給次子曾紀鴻的信中強調：

> 能渡過極困難之境，方是大英雄。❹

他心目中所稱的英雄，並非匹夫之勇，也非謀略之功，而是能在精神毅力上，克服各種灰心喪志的情緒；無論環境多麼困難，無論外力多麼蠻橫，無論內心多麼委屈，都能頂住撐過，才是真正好漢！

❹同❶，頁一一三。

所以他曾經說過一句名言：「好漢打脫牙、和血吞。」這一句，是他「生平咬牙立志之訣」，也是「真處逆境者之良法也。」❺

後來他的弟子李鴻章，常以此勸誡部屬劉銘傳：

打脫牙，和血吞，乃吾師忍道心境的最佳註釋，汝牢記在心，必能建不世之功！

後來劉銘傳果然不負眾望，在領軍打敗法軍之後，調任台灣第一任巡撫（相當於省長），並在任內勵精圖治，使台灣的建設，躍居為全中國的第一名。

劉銘傳當時，不但建造了全中國第一條鐵路、全中國第一個電力公司、全中國第一個電報郵政，而且進行全中國第一次土地改革，完成全中國第一次賦稅改革，因而使台灣成為全中國的模範省。他也被美國記者稱為台灣「現代化之父」，真正創造了「不世之功」！

他成功的根本原因，就是因為能得到曾文正公「打脫牙、和血吞」的真傳。

所謂「和血吞」，首先代表不訴苦，也就是不怨天、不尤人，尤其不會自憐自艾、不會自暴自棄。然後，將沾血的落牙一起吞下，更代表將一切外來侮辱，全部轉為內心動力，成為新生命再蓄勢待發的潛能。

所以，打落牙，重點不在是誰打的，也不在為什麼打的，更不在如何打的，更重要的是，因為自己力量暫時不夠，所以一定要先穩住心情、暫且將打落的牙和血吞下去，但心中一定要從此爭氣，等以後，一定要光榮的再致勝！

這正是「化生氣為爭氣」的重要精神。

他曾自己回憶：

> 余庚戌、辛亥間，為京師權貴所唾罵，癸丑、甲寅為長沙所唾罵，乙卯、丙辰為江西所唾罵，以及岳州之敗、靖江之敗、湖口之敗，蓋打脫牙之時多矣，無一次不和血吞之。

換句話說，曾文正公曾經連續六年之久，長期遭受各種侮辱挫折，並且飽經各地政敵唾罵。那時，他非但一事無成，而且一敗塗地，經常一人落單，如同虎落平陽被犬欺，到處碰壁、毫無朋友，只有譏笑與奚落。

但是，他仍然把各種打壓都「和血吞」，一併化為奮發圖強的內在養分！

另外類似的例證，便是明朝抗日英雄俞大猷（一五〇三—一五七九）。

俞大猷自幼貧困，但力爭上游、非常上進，在中武舉人後，曾到金門守禦，當時日本倭寇經常侵犯邊境，俞大猷英勇作戰，屢建奇功，讓汀州漳州得以安寧；但卻每遭誣陷，經常

---

⑤ 同治六年正月二日，曾文正公致曾國荃信。

打勝仗立功後，反而被貶抑，甚至還曾蒙冤被捕入獄。❻

然而，俞大猷始終不灰心、不氣餒、也不抱怨，從頭到尾都以忍辱負重的精神，繼續以滿腔熱血，研究殺敵抗日的方法；後來終因戰功顯赫，政敵無法打壓，而升為福建總兵官，並與戚繼光合作，共同為消除日寇大患而立功，人民眼睛畢竟是雪亮的，所以民間對他極為推崇。

這種精神，也如曾文正公所說，他一生成功長進，「全在受辱受挫之時」！正因為經常受辱受挫，所以更藉這麼多難得的機會，磨練心性，百折不撓，終能鍛鍊出堅忍自強的精神人格，在忍辱含垢中，振作精神、咬緊牙根，所以終能完成振衰起弊的重大事功！

同樣情形，我回憶一生中，多次受辱受挫，也應以此自勉才行。

此即曾文正公所強調：

> 熬過此關，便可少進，再進再困，再熬再奮，自有亨通精進之日！

問題是，面對困境艱難煎熬，如何才能熬過呢？

曾國藩在寫給其弟曾國荃的家信中，又曾指出：

> 大概擔當天下大事，靠的是精神狀態。積蓄鬱結的多，也就倔強之至，不能不表現出

一些憤激的行動。❼

因此他勸誡曾國荃，先要能自我控制情緒，去蕪存菁，「以後有動氣之時，彼此要互相勸說告誡，保存倔強，去除憤怒、激動」。

換句話說，曾國藩指出，凡作大事的人，要靠精神毅力致勝，要靠精神意志致勝，不能只靠情緒衝動。

此時要緊的是，要能愈挫愈勇，如果受到失敗、受到侮辱，只會生氣、憤怒、激動，這些都沒有用；要能永保倔強的意志，繼續忍辱含垢的奮鬥，不到成功，絕不中止！那才能超越精神鬱悶的這一關。

這就是他的寶貴經驗：

凡事皆有極困難之時，打得通的，便是好漢！❽

同治六年，二月廿九日，曾文正公寫了一封很發人深省的信，給弟弟曾國荃：

---

❻ 蕭世民，《中國豪傑奮鬥史》，漢欣文化公司，民八四年，頁一二二—一二六。

❼ 同❶，頁一一七。

❽ 同治五年五月十八日〈諭紀鴻〉。

此時須將劾官相之案，聖眷之隆替，言路之彈劾，一概不管。袁了凡所謂「從前種種，譬如昨日死，從後種種，譬如今日生」，另起爐灶，重開世界，安知此兩番之大敗，非天之磨煉英雄，使弟大有長進乎？

諺云「吃一塹，長一智」，吾生平長進，全在受挫受辱之時。務須咬牙厲志，蓄其氣而長其智，切不可苶然自餒也。❾

這段話提醒曾國荃，對於他從前彈劾滿州貴族官相，引起的是非麻煩，對於皇上心意是喜是怒、對於政治上的報復與種種恩怨，通通不要放在心上；正如同明代袁了凡所說，對從前種種恩怨得失，通通要當做昨日已死，對以後種種，重新當做今日再生！

因此他要求曾國荃，心中要能另起爐灶，重新出發；雖然同治皇帝根據政敵奏章，連續申斥曾國荃「調度無方」、「圍剿無力」、「不知所司何事」、「何以符朝廷之重」等，而曾國荃率領的湘軍，連續兩次潰敗，也給政敵以口實，此時情況驚險萬分，如同身陷驚濤駭浪之中；但是，怎麼知道這些不是上天正在磨練他這位英雄呢？

曾公文正先稱其弟曾國荃為英雄，喚醒他的豪情壯志，然後刺激他的精神毅力，並且根據他自己痛苦經驗，每在受挫受辱的時候，才能更加上進，以此勉慰弟弟，不但非常中肯，而且非常溫馨。

曾公文正並提醒其弟，務須咬緊牙根、砥礪志氣，要能奮發爭氣，儲蓄心中能量，藉此增長智慧，以備他日大用，千萬不能洩氣。這些金玉良言，對於所有逆境困厄中的人們，都很有鼓舞作用。

三

成吉思汗是中華民族偉大的民族英雄，他曾經橫掃歐亞兩洲，甚至成功的佔領莫斯科，讓歐洲人聞之色變；版圖之大，既是空前，恐怕也是絕後。然而，他並不是天生的英雄，生平也是歷經失敗，甚至多次歷經生死磨練，才造就他堅忍沉毅的精神。

他在九歲那年，父親就已被害，養成他成熟冷靜的個性，後來他因遭嫉被俘，從死裡逃生，又曾被政敵偷襲，甚至妻子被俘受辱，緊接著更有兩次大敗，幾乎喪命。❿然而，他每次在重大苦難之後，反而更能愈挫愈勇、沈著應戰，既不氣餒、更不退縮，終能步步為營，掃清各種障礙，「滅國四十」，建立空前強大的蒙古。

同樣情形，曾文正公本身經常碰到各種挫折侮辱，也經常吃敗戰，但每當挫折、侮辱、

❾ 同❸，頁三六一。
❿ 同註❻，頁三五一四三。

失敗來臨的時候，他都會深深反省；然後暗中立志，一定要重新振作、發憤圖強，絕不能讓敵人看笑話，更不能讓親友丟面子，所以都能一次一次的，又從失敗中站起來！

所以他在寫信勉勵沅甫弟時，先舉出自己失敗的例子，再激勵其弟，應該繼續振作。

當時沅甫所率軍隊，與捻軍交戰中，傷亡慘重，甚至犧牲了杏南表弟。曾國藩先指出，非常瞭解他的痛苦，「心緒之憂惱，萬難自解」。然而，事情既然已經發生，便應甩開憂惱，硬起心腸，專心補救。

當時曾國藩強調：

事已如此，只好硬心狠腸，付之不問，而一意料理軍務，補救一分，即算一分。

這正如同今天所說的「危機處理」工作，以及「損害控管」的本領。主帥如果繼續憂傷、影響同袍，必定士氣一蹶不振，導致更多崩潰；所以曾文正公提醒表弟，務必振作精神，不要陷溺在悲傷之中，而應該趕緊重振雄風。

他並提出自己例證：咸豐四年，湘軍與太平軍交戰，曾文正公慘敗，痛心之餘，甚至企圖投水自盡，後來被人營救，避居高峰寺中；胡文忠也在戰敗後退居六溪口船上。因此他指出，以他當時慘況，「尚可再振，而弟不求再振乎？」

這段經過，可說一語驚醒痛苦中人，也提醒所有苦難中的心靈，因為，比上不足，比下卻有餘，只要留得青山在，奮發努力，便可東山再起。這種對比，對乾枯的心境，是很好的及時雨，對衰弱的心靈，也是很好的強心針。

曾文正公曾經改名滌生，道光二十年六月，他在日記中特別提到原因：

> 憶自辛卯年改號滌生。滌者，滌其舊染之污也。生者，取明袁了凡之語：「從前種種，譬如昨日死；以後種種，譬如今日生。」

由此可見，他對自我要求非常嚴格，經常自我反省，在認錯檢討後，徹底自我懺悔。這種功夫，來自儒家的修身，但與佛學強調的懺悔，也完全相通。

他並認為，真正的聖賢豪傑，要能先戰勝自己。因為最大的敵人、最困難的敵人，其實不是別人，而是自己。所以聖賢豪傑必需先能通過此關，做好克己的功夫：

> 知己之過失，即自為承認之地，改去毫無吝惜之心，此最難事。豪傑之所以為豪傑，聖賢之所以為聖賢，便是此等處磊落過人。能透過此關，寸心便異常安樂，省得多少糾葛，省得多少遮掩裝飾。⓫

⓫ 同❶，頁一一二。

曾文正公在此，明顯承自孔子所說「克己復禮為仁」。他又曾強調，「風俗之厚薄，繫于一二人而已矣」，明白指出，領導人要能自我克制、以身作則，才是整體政風興衰的關鍵。

通常在上位者，因為大權在握，非常容易腐化，並且喜歡奉承，覺得忠言逆耳，這些都需有反省自制的功夫，才能形成良好政風，為人民創造福祉與光明前程。

所以，曾文正公生平為官，最強調「清廉」與「膽識」，對於改革政風，有很大的啟示。

在咸豐三年正月，他初辦團隊時，就明白強調：

決心以「不要錢、不怕死」時時自矢，以質鬼神，以對君父，並藉以號召吾鄉之豪傑。[12]

早在道光二十九年，三月廿一日〈致諸弟〉家信中，他也明白闡述自己的原則：

予自三十歲以來，即以做官發財為可恥，以官囊積金遺子孫為可羞可恨，故私心立誓，總不靠做官發財以遺後人。

將來若作外官，祿入較豐，自誓除廉祿之外，不取一錢。

在七月十五日信中，他又強調：

予之定計，苟仕官所入，每年除供奉堂上甘旨外，或稍有盈餘，吾斷不肯買一畝田，積一文錢，又皆必留為義甲之用。此我之定計，諸弟皆體諒之。

道光二十八年，曾國藩家信又指出：

不貪財、不失信、不自是，有此三者，自然鬼服神欽，到處人皆敬重。

這種風範，即使在現代，對端正吏治、肅清政風，仍然極有啟發作用。

曾國藩雖然後來位高權重，但仍常受掣肘，他雖然心中憤慨，但並非一味生氣，更非直接反擊，剷除異己；而是經由深思，把此當作磨練德行的機會，可稱「情緒智商」與「逆境智商」，都極成熟，也極高明。

所以，他曾在日記中強調：

⓬ 同❸，以下四段引言皆同。

江西藩司有意掣肘，心為忿恚。然細思古人辦事，掣肘之處，拂逆之端，世世有之。人人不免惡其拂逆，而必欲順從，設法以誅鋤異己者，權臣之行徑也；聽其拂逆而動心忍性，委曲求全，且以無敵國外患而為己慮者，聖賢之用心也。吾正可借人之拂逆，以磨我之德行，其庶幾乎！⑬

曾文正公在此所引內容，均為孟子「動心忍性」的哲理，以及「國無敵國外患者，國恆亡」的道理，所以，他反而感激這些掣肘與挑戰，因為可以讓他更加警惕奮進。

在佛學中，把反對力量也看成「逆增上緣」，仍然肯定其為因緣，並把反對人士視為「逆行菩薩」，仍然肯定其為菩薩，便是同樣的道理。

更重要的，曾文正公忍辱，是為了負重；動心忍性，是為「增益其所不能」；而「增益其所不能」，更是為了救國救民的重大使命！

在大乘佛學中，忍辱，是為了成佛；而成佛，並非成就自己，也並非在空中成佛，而是發菩提心，在人間救苦救難，在人間磨練而成佛！所以，兩者在此很可會通。

另外，他向弟弟也強調：

今受折黜，未免憤勉，然及此正可困心積慮，大加臥薪嚐膽之功，切不可因憤廢學。

一般人碰到不公平待遇，先會怪別人，然後會怨上天；在今天強調人權的時代，講究捍衛自己權益，「別讓權利睡著了」，為了促進民主，這是應該有的義舉；然而在抗爭過程中，卻經常會陷入孤憤偏激，影響胸襟與氣度，這就不能不多自警惕。

此時，千萬別墮入自我中心，也不能目中無人，那會變成心胸狹小，格局有限。因此，曾文正公所說的修養，就更有必要：

> 無故而怨天，則天必不許，無故而尤人，則人必不服。感應之端，自然隨之。

從曾文正公看：

> 胸多抑鬱，怨天尤人，不特不可以涉世，亦非所以養德；不特無心養德，亦非所以保身。

所以根據他的精神，寧可爭氣、不要生氣，寧可發憤圖強，不要悲憤心傷。對於胸中抑鬱之氣，應該化解超越，這樣才既能養身，也能養德。

⑬ 同❶，頁一二八。

換句話說，曾文正公提醒世人，面對世間不公不義，固然應該關心，但是不用憂心、不用擔心，更不用傷心痛心，只要盡心盡責，全力改進即可。

否則，如果自己身體氣壞，反而於事無補，如果陷入循環仇恨之中，冤冤相報，更會傷德。他在此風範，謹守儒家精神，但與道家佛學也很相通，深值世人重視與力行。

四

曾文正公有句座右銘，說明他的立身處事原則，很有深刻的啟發性：

禹墨為體，莊老為用。⓮

禹指大禹，在此是指他因公治水，三度過家門而不入的奉獻精神。

墨則指墨子，是指他苦幹實幹的勤奮毅力。

曾文正公既以禹墨為體，怎麼又能以莊老為用呢？

曾文正公深知官場無常、宦海無情，而且陰晴不定，是非不明；用現代的俗語來說就是，經常有人「苦幹實幹，撤職查辦」，另外卻有人「東混西混，一帆風順」；所以他常警惕自己，對於名利升降，要能用老莊的精神看淡看開，此即「莊老為用」。

同治二年十一月，曾國荃久攻南京一年多，仍然未能成功，曾文正公便特別致函，書勉如後：

> 古來大戰爭、大事業，人謀權占十分之三，天意恆居十分之七。往往積勞之人非即成名之人，成名之人非即享福之人。⑮

曾文正公在此，用飽經世事閱歷的眼光，鼓勵曾國荃，「謀事在人，成事在天」。也就是說，人為的努力頂多佔三分，上天的旨意佔七分。所以，但求盡心盡力，結果不必在意。他在此哲學中，帶有莊子「無非命也」的精神，也帶有佛學隨緣、看因緣和合的意味。另如儒家也承認：「死生有命，富貴在天。」所以儒道釋在此，很有相通之處；而曾文正公正可說深得其中精義。

重要的是，雖然成事在天，但人仍應盡心盡力。因此曾文正公在此指出，雖然天意「不可恃」，但他仍然強調：

---

⑭ 同❶，頁二五〇。

⑮ 同❶，頁一四〇。

吾兄弟但在積勞二字上著力，成名二字則不必問及，享福二字則更不必問矣。

在曾文正公看來，一分耕耘，不一定有一分收穫，可能三分耕耘，才有一分收穫，但若沒有耕耘，則肯定沒有收穫！

因此，他把耕耘中的挫折、失敗與屈辱，都看成理所當然，甚至看成磨練德行的機會。如此一來，壞事反而能成好事。

所以，他在咸豐六年，九月廿九日，寫給紀鴻的教子書，便曾明確強調：

凡富貴功名皆有命定，半有人力，半由天事。惟學作聖賢全由自己作主，不與天命相干涉。[16]

換句話說，曾文正公認為，功名利祿，都是操之在天，很多外在因素，無法操之在己；但在人格修養上，學聖學賢，卻能盡其在我，不用依靠天命。

針對家運如何興旺，曾文正公在同治五年，十二月初六日，寫給長弟國漢的家信中，也曾特別指出：

家中要得興旺，全靠出賢子弟；若子弟不賢不才，雖多積銀、積錢、積穀、積產、積

衣、積書，總是枉然。子弟賢否，六分本於天生，四分由於家教。⓰

曾文正公在此所說的比例，雖然「四六開」與前述「三七開」略有不同，但關鍵仍在強調：後天努力非常重要。

曾文正公也曾從正反兩面，舉出祖父的家訓，做為賢與不肖的指標，稱之為「八好」與「六惱」。

書、蔬、魚、豬、考、早、掃、寶，常說常行，八者都好；

地、命、醫理、僧巫、祈禱、留客久住，六者具惱。⓱

他說的「八好」，是指：讀書、種菜、養魚、養豬、祭祖、早起、打掃、與親養鄰里。

另外，曾文正公強調，不要沉迷於風水地理之說，不要盡信算命、不要盡信醫生，也不要去迷信拜懺、巫術與祈禱。

他雖然也相信天命，但重點仍強調自我的努力。

⓰ 同❸，頁二六二。

⓱ 同❸，頁四四〇。

他並非不信算命，而是強調與其算命，不如自省努力。試看他晚年也說：「算命者常言十一月交癸運，即不吉利。」便可證明他也懂得命理。但他主要仍在提醒世人，不要本末倒置，而應盡其在我，否則經常算命，失去信心，只會徒增煩惱。

同年六月五日，曾文正公在山東軍營的「與弟書」中，也曾經再強調上述家訓，並且指出：

凡家道所以可久者，不恃一時之官爵，而恃長遠之家規；不恃一二人之驟發，而恃大眾之維持。⑱

換句話說，曾文正公特別提醒家人，家道若要長久興盛，必須根據深厚的家規，絕不能依靠一二人的暴發，而要靠大家的共同維持。

正因曾文正公長期的家訓教誨，嚴格要求家人，並且切實執行，所以後來事實證明，曾家果真連續出了好幾代人才。

曾文正公在道光二十九年，四月十六日，〈致諸弟〉家信中，也曾講過這個道理：

吾細思，凡天下官宦之家，多祇一代享用便盡。其子孫始而驕佚，繼而流蕩，終而溝壑，能慶延一二代者鮮矣。⑲

因此他提醒各弟，天下當官人家，往往只有一代興盛，因為頭腦發昏，便把福氣用盡。他們子孫多半始而驕佚、然後放縱，終會淪落，流蕩在外，真正能夠綿延一二代的，非常之少。

所以他指出：

> 我今賴祖宗之積累，少年早達，深恐以身享用殆盡，故教諸弟及兒輩，但願其為耕讀孝友之家，不願其為仕宦之家。

如果因緣際會，成為仕宦之家，怎麼自處呢？

曾文正公此時，就再三訓誡家人，一定要勤要儉，千萬不能驕傲，不能懶惰；這與治軍治國的要領，完全相通。

此所以他在咸豐十年，九月廿四日，叮囑沅季二弟：

> 大約軍事之敗，非傲即惰，二者必居其一；巨室之敗，非傲即惰，二者必居其一。⑳

---

⑱ 同❸，頁四二四。

⑲ 同❸，頁四五一。

⑳ 同❸，頁二八三。

另外，他在咸豐十一年二月四日，也曾在〈致澄弟〉的家信中指出：

諺云：「富家子弟多驕，貴家子弟多傲。」非必錦衣玉食、動手打人而後謂之驕傲也，但使志得意滿、毫無畏忌，開口議人短長，即是極驕極傲耳。

所以他具體的訓誡弟弟，並盼其戒子侄：

以不輕非笑人為第一義；戒惰字，以不晏起為第一義。

曾文正公甚至以皇室舉例，清朝皇帝二百多年，每天都在「寅時」（清晨三至五時）早起，他以此例訓誡子女，要能早起，才能養身立志，在今天尤具啟發性。

五

曾文正公處逆境的哲學，認定艱難困苦，是成大事者必經的過程。所以他曾明言：

天下事未有不從艱苦中得來，而可久可大者也。㉑

在曾文正公心目中，人生若有缺陷，反而代表能有餘慶。

他甚至以此區分君子與小人，並且強調：

> 君子但知有悔耳。悔者，所以守其缺，而不敢求全也。小人則時時求全。㉒

他這是從《易經》「悔吝吉凶」的循環道理中，明確得知，「全者既得，而吝與凶隨之矣」。如果眾人通通有缺，獨有一人不缺，上天怎會容許這種不公平存在？

所以曾文正公強調，人生應該「求缺」，甚至命名自己的寓所，也叫「求缺齋」。此即他所說的：

> 眾人常缺而一人常全，天道屈伸之故，豈若是不公乎？㉓

然後他進一步指出：朝廷令他榮耀鄉里、兄弟平安，二人同被重用，在京城沒人可以比美，已經可說天賜「萬全」了，還能多求什麼呢？

㉑ 同❶，頁一三九。

㉒ 同❶，頁一三八。

㉓ 同❶，頁一三九。

因此他向弟弟強調：

令吾家榮耀鄉里，兄弟無故，京師無比美者，亦可謂至萬全者矣。故兄但求缺陷，名所居曰「求缺齋」。㉔

這種精神，寧可用低姿態，承認自己有很多缺點，表明本身有很多缺憾，就能從根本處，消除他人嫉妒、降低他人眼紅、淡化他人恨意，很值得世人從中學習。

另外，他也曾以快馬為例，強調蘇東坡「守駿莫如跛」的道理。

他指出，如果任由快馬奔馳，終有摔倒跌跤的一天，因此必需以求闕自抑，絕對不能貪名貪位。此即他所說：

東坡「守駿莫如跛」五字，凡技皆當知之，若一昧駿馬快奔放，必有顛礩之時。一向貪美名，必有大污辱之事。

因此他特別指出：

余以「求闕」名齋，即求自有缺憾不滿之處，亦「守駿莫如跛」之意也。

他在同治九年五月，做了一幅對聯，很能發人省思：

戰戰兢兢，即生時不忘地獄；
坦坦蕩蕩，雖逆境亦暢天懷。㉕

此處所稱「即生時不忘地獄」，很有佛學慧見，如同孟子所稱的憂患意識，能夠居安思危。

那在逆境中，他如何暢天懷呢？他也同樣從《易經》得到啟示，常引用《易經》的名言，「日中則昃，月盈則食」，更明白的說，便是「謙受益，滿招損」。

所以，他在日記中強調：

大抵人常懷愧對之意，便是載福之器，入德之門。㉖

換句話說：就是心中常有慚愧之心，才能常逢和善之氣：

㉔ 同❶，頁一三九，以下引述兩則均同。
㉕ 同❶，頁八四。
㉖ 同❶，頁八五。

如覺天之待我過厚，我愧對天；君之待我過厚，我愧對君；父母之待我過慈，我愧對父母；兄弟之待我過愛，我愧對兄弟；朋友之待我過重，我愧對朋友；便處處皆有善氣相逢。

他在此中結論，「德以滿而損，福以驕而滅矣。」非常值得重視。

另外，他也曾寫過一幅對聯，用字生動活潑，寓意非常深遠：

養活一團春意思，撐起兩把窮骨頭。

同治九年三月二十五日，曾文正公為了提醒家人與世人，不要嫉妒，要能知足，所以特在日記中作「不忮」、「不求」兩段長詩。

那時他身體已經很虛弱，所以明言：「因衰病日深，欲將生平閱歷為韻語，以示先姪輩，即以此遺囑也」。

他把畢生經歷的憂患心得，濃縮成兩段長詩，共卅八句，可視為他的人生哲學精華版；他並用白居易的通俗體，全部押韻成詩，可見用心良苦，深值完整說明如後。

有關〈不忮〉一首：

善莫大於恕，得莫凶於妒；
妒者妾婦行，瑣瑣奚比數？
己拙忌人能，己塞忌人遇；
己若無事功，忌人得成務；
己若無黨援，忌人得多助；
勢位苟相敵，畏逼又相惡；
己無好聞望，忌人文名著；
己無賢子孫，忌人後嗣裕；
爭名日夜奔，爭利東西騖；
但期一身榮，不惜他人污；
聞災或欣幸，聞禍或悅豫；
問渠何以然？不自知其故；
爾室神來格，高明鬼所顧；
天道常好還，嫉人還自誤；
幽明叢詬忌，乖氣相倚伏，
重者栽汝躬，輕亦滅汝祚；
我今告後生，使爾大覺寤；

終身讓人道，曾不失寸步；
終身予人善，曾不損尺布；
清除嫉妒心，普天霖甘露；
家家獲吉祥，我亦無恐怖。㉗

這段內容道盡人性中的弱點，以及容易嫉妒、幸災樂禍的心理，但是如此一來，鬼魅已經伺機而入，腐蝕靈性，終將自取滅亡。

所以他呼籲後人，凡事要能讓人一步，對自己並未損失；終生若能與人為善，本身更能積德，只要消除自己的嫉妒心，那普天都會降甘露。

另外一首〈不求〉如後，同樣非常發人深省：

知足天地寬，貪得宇宙隘；
豈無過人資？多欲為患害；
在約每思豐，居困常思泰；
富求千乘車，貴求萬釘帶；
未得求速賞，既得求勿壞；
芳馨比椒蘭，磐固若泰岱；

求榮不知饜，志亢神愈忲；
歲懊有時寒，月明有時晦；
時來多善依，運去多災怪；
諸福不可期，百殃紛來會；
片言動招尤，舉足便有礙；
戚戚抱殷憂，精爽日凋瘵；
矯首望八方，乾坤一何大；
安榮無遽欣，患難無遽憝；
君看十人中，八九無依賴；
人窮多過我，我窮猶可耐；
而況處夷塗，奚事生嗟慨；
於世少所求，俯仰有愉快；
俟命堪終古，曾不願乎外。㉘

㉗ 同❸，頁三七八。

㉘ 同❸，頁三八〇。

曾文正公在這段內容中，呼籲後人，對榮耀不要高興得太早，對患難也不要抱怨得太快，人生不如意十有八九，眾人不如我也十有八九。所以他提醒後人與世人，只要知足，便能常樂、便能有餘，以此忍耐待時，正是處困境的最佳方針。

此亦曾文正公在道光二十四年，三月初十〈致溫弟澄弟〉信中所說：

吾人之處順境，兢兢焉常覺天之過厚於我，我當以所餘，補人之不足。君子之住嗇境，亦兢兢焉常覺天之厚於我，非果厚也，以為較之尤嗇者境，而我固已厚矣。古人所謂境地須看不如我者，此之謂也。㉙

換句話說，真正仁人志士，處於逆境（嗇境），要能知道比上不足、比下有餘；上天對自己已經很厚；更何況，上天是以逆境來磨練自己，以備今後能完成大任，人生若能如此來看，自能胸襟開闊、眼光遠大，並能在逆境中，更能奮勇精進。

凡此種種，均可看出，曾文正公若處逆境，必先自己反省，不嫉妒、能知足，絕不怨天尤人；若在順境之中，也從來不自滿，不驕傲，以防困境逆境突然降臨。

如果逆境突然來臨，曾文正公仍然看成上天厚意，仍存感恩之心，視之為不幸中大幸。對於現在的不幸，也看成是上天善意，藉此更促進自己反省、激發更大潛能；這與佛家認定「逆緣」，可以藉此去除業障，而且更增上進，很有異曲同工之妙。

六

曾文正公在咸豐七年二月二十九日，奔喪返回家鄉，到咸豐八年六月七日，才再復出。這段期間，公認是他自我省思、人格更加成熟圓融的時期。

他自己在給沅甫弟的家信中說道：

> 兄昔年自負本領甚大，可屈可伸，可行可藏，又每見人家不是。自從丁巳、戊午大悔大悟之後，乃知自己全無本領，凡事見人家幾分是處。故自戊午至今九年，與四十歲迴不相同。㉚

另外，他這時的「大悔大悟」，也提醒自己，以往太過方正耿直，因此只見別人不對，沒有想到別人可能也有道理或苦衷。因此他五十歲後，開始更能設身處地、從別人的立場著想，「凡事見人家幾分是處」，氣象胸襟便更恢弘圓融。所以他在此強調，「兄自問近年得力，唯有一『悔』字訣」。

㉙ 同❸，頁二二三。

㉚ 同❸，頁三五六。

「悔」就是自我反省，就是認錯、懺悔，就是「乃知自己全無本領」。他先用謙卑的心，自我真誠檢討，然後才能重新出發，再創勝利成功。

換句話說，除了對自己要有「悔」字訣，對他人也要有「恕」字訣，要能兩者並重，才能邁向新境界。

因此曾文正公在家信中，便曾引述孔門仁恕之道，加以發揚光大：

吾兄弟須從「恕」字痛下功夫，隨在皆設身以處地。我要步步站得穩，便知他人也要站得穩，所謂立也；我要處處行得通，須知他人也要行得通，所謂達也。今日我處順境，預想他日也有處逆境之時；今日我以盛氣凌人，預想他日人亦以盛氣凌我之身，或凌我之子孫。希以「恕」字自惕，常留餘地處人，則荊棘少矣。

從前他用剛硬之道做人處世，加上湖南騾子脾氣，容易太過耿直，並會突然憤怒，因此諸多荊棘與障礙，經常碰壁。

其後他開始調整自己，山不轉即路轉，體認到環境如果無法變更，他便先改革自己，以低姿態處事做人，誠懇尋求批評，並且不怕忠言逆耳，從此便漸能政通人和。

此中根本原因，便在他能夠設身處地、為人著想，經常將心比心、體諒別人，為別人常留餘地，結果反而贏得更多的敬重與支持。

此即曾文正公所說：「以能立能達為體，以不怨不尤為用」。他並強調：「立者，發奮自強，站得住也。達者，辦事圓融，行得通也。」㉛然後指出：「此皆圓融能達工夫」。就此而言，儒家的「忠恕」，正與佛家的「因果」相通，同樣警惕人心，種善因才能得善果。

另外，曾文正公對於居官等行政工作，有句名言，也很有啟發性。

曾國荃有一次寫信給曾國藩，提到「仰鼻息於傀儡膻腥之輩，又豈吾心所樂。」曾文正公因而看出，其弟國荃心中有厭倦之意，所以特別回信，提醒他說：

> 居官以耐煩為第一要義。㉜

這段話，簡明扼要的指出，因行政工作必須注意各種情況，必須考慮周到，又必須親自督導，還必須聽取各方意見，所以，必須以「耐煩」為第一義。

這種耐煩的本領，也正是陽明所說「事上磨練」的工夫。不只居官需要如此，對所有各行的領導人，都很有啟發。

所以，當時他在總督衙門的官廳，曾寫兩副對聯：

㉛ 同❸。

雖賢哲難免過差，願諸君說論忠言，常攻吾短，

凡堂囑略同師弟，使僚友行修名立，方盡我心。

此後他對部屬，如同對子弟兵，經常寬大為懷，為部屬也常着想出路。因此曾經有句名言：「做大事者，恆以多找替手為第一義，若不可得，即徐徐教之。」從這句話，再次證明他願調整自己、培訓部屬的重要風範。

經國先生生前，極為重視曾文正公的經驗與哲理。他在辦公室中，即珍藏整套《曾文正公》全集，對於曾文正公強調「多找替手為第一義」，也經常引用；並常在各種場合，對重要幹部「徐徐教之」，均可看出曾文正公的深遠影響。

另外，在中國的民族性中，不團結可能是個通病，湘軍內部也不例外。所以曾文正公一再強調團結的重要，並花了很多功夫和心血，用「悔」道與「恕」道，先反省自己、體諒他人，進而促成湘軍與淮軍同心協力、和衷共濟。

他曾指出，如果兩虎相搏，即使勝的一方，也會精疲力竭：「兩虎相搏，勝者也衰。」所以，他明確的強調：

凡兩軍相處，統將有一分齟齬，則營哨必有三分，兵夫必有六七分。故欲求和衷共濟，自統將先辦一副平恕之心始……。處處嚴於治己，而薄責於人，則唇舌由省矣。

這番話很有重大啟發，因為軍中講究服從，而且人性經常揣摩上意，所以在上位者如果表露出與某人不和，上行下效之餘，便會擴大嫌隙。

曾文正公這種領悟與警覺，至今都很重要；而且，不僅對軍中的團結，對任何部門的團結，都很有啟發性。

只是「團結」二字，口說容易，但要實際做到，卻又談何容易？尤其，團結不是天上掉下來的，團結更不是一夜之內，就能突然做到的奇蹟。團結一定要從上位者苦心孤詣，一點一滴的從自身做起，才能做到。

正因曾國藩本身能有「平恕」的功夫，既勤於反省自己，並能公平厚道的處事，而且能嚴格約束部屬，不准惹事生非，所以才能化解很多摩擦，消除很多口舌之爭。

換句話說，唯有高層不打「口水戰」，並且約束部屬謹言慎行，彼此體諒照應，才能促成團結，形成無敵的力量。此即曾文正公所說：

> 湘軍所以無敵者，全賴彼此相救，雖平日積怨深仇，臨陣仍彼此照應；為上午口角參商，下午仍彼此救援。

---

32 同1，頁七七。

這種顧全大局、一致對外的精神，無論在任何部門，都很重要。

今後中華民族若要能興盛統一，也須領悟同樣道理，有賴兩岸能夠相互團結、一致對外，不容任何外國反華勢力，從中分化撥弄。因為，唯有兩岸中國人本身能相互體諒團結，兩岸才能真正和平互助，這才能早日振興中華，成為世界無敵！

曾文正公一生非常重視和諧，因為先要能和諧，然後才能有團結。他在道光二十三年，正月十七日，便曾在寫給父母的家信中，提到對「和諧」的重視：

家和則福自生。若一家之中，兄有言，弟無不從，弟有請，兄無不應，和氣蒸蒸而家不興者，未之有也；反是而不敗者，亦未之有也，伏望大人察男之志。

中國早有俗語：「家和萬事興」，事實上，任何部門若要興旺，都需要先能和諧，整個國家也是如此，然後才能團結致勝！

因為，有了和諧，才能和衷共濟，才能守望相助。

人在困境之中，既然最需團結的力量，克服困境，自然一定先要重視「和諧」。

中國大陸從文革時提倡「鬥爭哲學」，到近年公開提倡「和諧社會」，也可稱是從衰變盛的根本主因。

兩岸同文同種，同為一家兄弟，自然更應重視兄弟和諧之情，謹防外人從旁分化挑撥，才能真正促進中華民族的大家庭興旺富強。

曾文正公在同年二月，又曾說：

兄弟和，雖窮民小戶必興，兄弟不和，雖世家官族必敗。

然後他再強調：家業興旺，「實以和睦兄弟為第一」。

曾文正公在正月〈致諸弟〉信中，曾進一步說明：

但願兄弟五人，各各明白這道理，彼此互相原諒。兄以弟得壞名為憂，弟以兄得好名為快。兄不能使弟盡道得令名，是兄之罪；弟不能使兄盡道得令名，是弟之罪。若各各如此存心，則億萬年無纖芥之嫌矣。

不幸的是，今天台灣部分人士不承認自己是中國人，更以恨華反華為能事，常以「二二八」兄弟相殘的偶發悲劇，年年渲染，處處誇大；並且經常分化族群和諧，醜化中華文化，但又心中媚日親日，崇拜日本軍國主義，如此不認兄弟、卻認賊作父的情形，實在應儘快猛醒，早日省悟，才能化仇恨為親情，化暴戾為和諧！

曾文正公在咸豐四年八月十一日〈致諸弟〉中，就曾強調：

凡一家之中，「和」字能守得幾分，未有不興；不和，未有不敗者。㉝

「和諧」最大的敵人，就在自我中心，只用恨意去看他人，心中完全沒有兄弟親情，如此便會真正親痛仇快，沒有不失敗的！

展望今後，兩岸相處，也須心中常存「血濃於水」的親情，共同體認是中華大家庭一分子，只要兩岸均承認為一家人，「家和萬事興」，便沒有解決不了的問題，也沒有克服不了的困難！到了那時，兩岸求同存異，互助合作，相信必能早日振興中華，促進中華民族這大家庭，邁向富強與興旺！

七

根據曾文正公遺訓，精神修養之道，主要可從三方面入手，若能充分做到，也很能克服困境，突破逆境：㉞

第一、靜坐：

透過靜坐，可以靜心，可以澄清思慮、沉澱雜念，幫助腦筋清楚；更可以想得遠大、觀照整體，進而沉穩應變，作出正確判斷。所以無論儒道釋那一家，對此均很重視。

蔣公曾自述，每日必靜坐，以增進身心與體力，並堅定精神毅力，即為同樣道理。

第二、平淡：

曾文正公曾說：

> 思胸襟廣大，宜從平淡二字用功。凡人我之際，須看得平，功名之際，須看得淡，庶幾胸懷日濶。

由此可見，曾文正公胸懷之所以廣大開闊，是從困知勉行而來，而其根本原因，即在對人際關係能看得「平」，對功名看得「淡」，又能真正力行，自然修養非凡。

第三、改過：

曾文正公常年勤寫日記，不但用端正的毛筆，而且每天都寫，終身從未中斷，所以至今留下一百多萬字，成為中華文化珍貴遺產。

觀其日記內容，多以自我反省、改過為主，此中的恆心毅力、與自省的修養，確實在中外均屬罕見。

他在晚年，曾經特別歸納出「治心」所得，有十二句真言，至今仍很有啟發性：

㉝ 同❸，頁一一九。

㉞ 同❶下，頁一四六—一四八。

無貪無競，省事清心，一介不苟，鬼伏神欽；
戰戰兢兢，死而後矣，行而不得，反求諸己；
手眼俱到，心力交瘁，困知勉行，夜以繼日。
此十二語者，吾當守之終身，遇大憂患、大拂逆之時，庶幾免於憂悔爾。

很多人在面臨「大憂患、大拂逆」時候，經常會惶惶終日、六神無主，主要即因心中紊亂，導致手足無措。這時若能體悟上述十二句真言，便可從根本處沉穩冷靜，達到「治心」的功夫。

那麼若是平常，如何精神寧靜？

曾文正公在此也提到「三驅」之道，認為應先找出心中慌亂的原因，再加以驅除。所以他指出：

人皆為名所趨、為利所趨，而尤為勢所趨。㉟

這是他對人情世故的觀察，認為人心常被「名、利、勢」這三驅牽著走，因而容易迷失自我，心中患得患失，自然容易慌亂。

因此他指出，只要去除這三項心中雜亂的原因，即可真正的回到「靜」。

所以他對孟子特別推崇。他曾舉例，孟子所處時代，有很多現實勢利之輩，「有排山倒海、飛沙走石之勢，而孟子能不為動搖，真豪傑之士，足以振厲百世者矣」。

由此可以證明，曾文正公心目中，真正治心之道，要能透過本身靜坐、平淡、改過，去除一切雜念，基本上仍以儒家聖賢風範為主。

這與《金剛經》所說的「應無所住而生其心」，很能相互會通；與佛學治心，要去除「貪、嗔、痴」，也是同樣精神。只是，曾文正公的理論基礎，基本上仍來自孔孟之道。

綜觀曾文正公「治心」之道，所以能夠成功，能夠轉禍為福，轉困境為順境，除了上述的內在精神修養外，還有很重要的外在修為，那就是「勤儉」二字。

根據曾文正公遺訓，一個人要能夠勤儉，消極來講，才能免於墮落，才能免於衰敗；積極來講，也才能更加上進，更加奮發有成。

所以，他不但強調「勤儉治家」，也同樣強調「勤儉治國」。

如果一個國家政風，能夠勤政，就必能親民愛民，能夠節儉，就必能清明廉潔。

反之，如果領導者不勤政，必定陷入逸樂，敗壞政風。如果領導者不節儉，也必定陷入貪污，腐化民風。

所以，曾文正公極為反對家人奢華置產，也極為反對家人生活驕奢。

㉟ 同❶下，頁一五二。

經國先生生前，若要考核一位部屬，經常會無預警的訪問其住宅，如果看到居家奢侈、擺設豪華，則一定不重用；其中道理，即與曾文正公完全相同。

同治三年八月二十四日，曾文正公〈致諸弟〉家信中，即曾強調：

吾家子侄，人人須以「勤儉」二字自勉，庶幾長保盛美。㊱

他又進一步指出，只要看漢代的〈霍光傳〉，便知其大家宅「所以速敗之故」。因為霍光雖為前漢大將軍，也是武帝、昭帝、宣帝三朝元老，富貴達二十多年，但子孫及女婿卻居住奢華，花費無度，過分囂張，結果終於衰敗被滅族，甚至連坐誅滅，達幾千家之多。

因此，曾文正公再三提醒諸弟與子姪，不要比排場、不要講闊氣、不要愛虛榮、不要多應酬，否則會愈陷愈深，難以自拔。

他在同治六年正月四日，〈致諸弟〉中，更明確的指出：

吾家現雖鼎盛，不可忘寒士家風味。子弟力戒傲惰。戒傲以不大聲罵僕從為首，戒惰以不晏起為首。吾則不忘在市場賣菜籃情景，弟則不忘竹山坳拖牌車事風景。昔日苦況，安知異日不再嘗之？㊲

他提醒家人，要經常回想以前的苦日子，也要有居安思危的精神，在順境日不忘逆境時，在得意日不忘失意時，如此一來，才不會驕傲奢華，反而更能同情其他在逆境的人，進而更能以德服人。

這就是曾文正公「治心」的具體作法，對於今天很多逆境中人，確有很大的啟發性。

八

曾文正公除了從儒家領悟出「治心」之道，也從儒家的「慎獨」，領悟出「自強之道」與「尋樂之方」。

《中庸》曾經強調：

> 道也者，不可須臾離也，可離非道也。是故君子戒慎乎其所不睹，恐懼乎其所不聞。莫見乎顯，莫顯乎微，故君子慎其獨也。

㊱ 同❸，頁二一。

㊲ 同❸，頁二一。

曾文正公由此說明，一個人只要在獨處時，都能中規中矩、無愧無私，心中就能頂天立地，充滿正氣；這就是最好的自強之道，也是最可行的尋樂之方！

所以他曾明白指出，慎獨，是「人生第一自強之道，第一尋樂之方，守身之先務也」。

而他本人，更是以身作則，透過每日靜坐、日記、讀書等「獨處」的時光，享受心中的充實，品嚐心靈的樂趣。

他認為這種內心的愉悅，才是他最大的快樂。所以曾經明言：

吾獨處，為最大樂趣。

事實上，一個人若能品嘗獨處中的快樂，體悟心中深處的自我充實，的確就無需外求各種的物慾，既不會沉迷在各種聲色，也不會受制於各種邪念。

這時候，經由寧靜的省思，便會發現外在刺激只是一時的、浮面的，在一陣子刺激之後，只會更加痛苦，更加空虛，遠不及內心的喜悅，既充實又永恆。

因此，為了力行這種「慎獨」的修養，進而達到「內聖」，曾文正公特別自我規定「修法十二課」：

第一、持身敬肅。也就是每日必定心境端正，不作邪念。

第二、靜生養性。也就是每日必定鎮定靜坐，訓練沉穩。

第三、清早起床。也就是每日必定早睡早起，感受朝氣。

第四、讀書專一。也就是讀書必定從一而終，決不中途另讀他書。

第五、深研史書。也就是每日必定讀史數頁，吸取古人教訓。

第六、言談謹慎。也就是每日必定注意談話，絕不妄言。

第七、保養真氣。也就是每日善存真氣，心志光明正大。

第八、愛護身體。也就是每日節制欲求，節制飲食。

第九、獲取新知。也就是每日必求新知，並能手勤筆錄。

第十、不荒舊技。也就是每日寫作詩文，檢視心中義理。

第十一、端坐寫字。也就是每日必練書法，以此練心。

第十二、夜間不出。也就是每晚必定在家，以免疲憊。

綜合上述內容，均為曾文正公從「慎獨」中所練的心得，即使在今天，無論對任何的工作領域，都很有啟發性。

曾文正公並曾強調，「獨知之地，慎之又慎。此聖經之要領，而後賢所切究者也」。他稱慎獨為「聖經」要領，可見重視的程度。

我們看他的一生功業，在立德、立言、立功各方面，均能不朽，足可證明曾文正公在此

「獨門」的功夫，確實說到做到，也深值後人學習與力行。

曾文正公因為深懂「慎獨」的妙用，能夠以此充實精神的喜悅，進而當下自我充滿，所以既不會自卑，也不會自大。這些都是克服逆境中心理障礙的妙方。

因為，能夠做到慎獨，就能自得其樂，所以不會在乎外來毀譽，更不會自卑自棄。

另外，因為透過慎獨，能夠自我克制，所以不會以驕示人，狂妄自大。

根據曾文正公的心得，無論得意或是失意，都要以平常心相待，只有懂得慎獨功夫的人，達到這種境界。

另外，咸豐八年三月廿四日，曾文正公在〈致沅弟〉中也指出：

> 長傲、多言二弊，歷觀前世大夫興衰，及近日官場所以致禍福之由，未嘗不視此二者為樞機。㊳

因此，他特別要求家人能夠謙虛自抑，避免驕奢多舌。他在咸豐十年十一月十四日，又曾在致澄侯信中寫道：

> 家中萬事，余俱放心，為子姪須教一「勤」字、一「謙」字。
>
> 謙者，驕之反也；勤者，佚之反也。

「驕奢淫佚」四字，唯首尾二字，尤宜切戒。

到次年正月初四〈致澄弟〉中，他又強調：

> 天地間唯謙謹是載福之道，驕則滿，滿則傾矣。
>
> 凡動口動筆，厭人之俗，嫌人之鄙，議人之短，發人之覆，皆驕也。

那麼，如何才能既謙虛又謹慎呢？

主要就在「慎獨」的功夫，透過慎獨、自我反省，才能謙虛。這種慎獨，能向天地交心，因此才能自制謹慎。

所以曾文正公經常在家信中，訓誡家中子弟，絕對不可驕傲。

例如咸豐十年十月初四，他致沅弟季弟中說：

> 余家後輩子弟，從未見過艱苦，眼孔大，口氣大，呼奴喝婢，習慣自然，驕傲之氣入於膏肓而不自覺，吾深以為慮。[39]

[38] 同[3]，頁二二。

[39] 同[3]，頁二二。

另外，他在〈致澄弟〉中，也曾指出：

吾家子弟滿腔驕傲之氣，開口便道人短長，笑人鄙陋，均非好氣象。

正因曾文正公能夠經常對家人戒惕警示，並對後輩不厭其煩的耳提面命，所以曾家後來，連續多代都很有成就，未讓曾文正公失望。

例如曾文正公三弟國荃，領兵攻克金陵，歷任巡撫、總督、加太子少保銜；季弟國葆，在攻南京時病逝軍中，也追贈太常寺卿，加內閣學士。㊵

另外，他大兒曾紀澤苦讀英文有成，曾任駐英、法、俄使臣，歷任兵部、刑部、吏部侍郎；小兒曾紀鴻，雖然卅四歲早逝，卻為名數學家，孫輩更有著名詩人曾廣鈞，駐英韓的大臣曾廣銓等。

曾孫輩中，則有曾寶蓀、曾約農等著名的教育家。曾約農為台大外文系教授，曾任東海大學早期校長，雖然為時只有兩年，但卻廣受師生愛戴；他常以校長之尊，親自帶領同學打掃校園，更是成為美談。其風範與家學淵源，很有深厚關係。

筆者在東海大學唸書時，有年畢業典禮，曾約農老校長應邀致詞，風趣的先引孟子說「人之患在好為人師」，所以他不是做人師，而是來分析英文文法，然後用比較級，贈送大家三個字，其英文為："Get on"、"Get honor" 與 "Get honest"。此中一語雙關，分別指「求上進」、「求榮譽」、「求誠實」，非常發人深省，因而過了近四十年，至今都令我印象深刻。

九

曾文正公的祖父，生平把四個字視為大恥，那就是「懦弱無剛」。

因此，這也成為曾文正公在逆境中，力克困厄的精神動力。

他本人在同治三年六月十六日曾指出，古來豪傑以「難禁風浪」這四字為「大忌」㊶，一定要克服懦弱無剛的心態，他聲明一再以此為誡，所以才能歷經風浪，均能沉穩致勝。

此中成功秘訣，即在他所說的「強毅之氣」。

但這又與「剛愎」不同。他所講的「強毅」，更多部分是在講「自勝」，也就是要能戰勝自己的惰氣與弱氣。他稱此為「自勝者強」。他說：

> 強毅之氣決不可無；如不習慣早起，而強制天未亮即起；不習慣莊重尊敬，而強制參

㊵ 本段同❸，頁三。

㊶ 同❸，頁三二四。

與祭掃儀式；不習慣勞苦，而強制與士兵同甘共苦，勤勞不倦，這就是強。

不習慣有恆，而強制自己堅定地持之以恆，這就是毅。不這樣做，卻以氣勢勝人，是剛愎。

二者表面相似，其實有天壤之別，不可不察，不可不謹。

當然，一個人立身如果只以剛強為本，必遭各種阻碍，心中也會經常憤怒；所以，要把強毅之氣，內斂於心，化為堅定意志，才能克服困境。同時，也要有自我紓解壓力的方法，才能既治心，也養身。否則一味只知剛毅，胸中也會苦澀鬱悶。

此即他在同治二年正月廿日，致治沅弟的家信中指出，不可肝火太盛，「古聖所謂『窒欲』，即降龍也；所謂『懲忿』，即伏虎也」。然後他強調：

儒釋之道不同，而其節制血氣，未嘗不同，總不使吾之嗜欲、戕害吾之軀命而已。

然而，這並不代表因此消沉軟弱，仍應堅持剛強的精神毅力。

所以他緊接著說：

至於倔強一事，卻不可少。功業文章，皆須有此二字貫注其中，否則柔靡，不能成一事。

他並且進一步，引孔孟之道說明：

> 孟子所謂至剛，孔子所謂貞固，皆從倔強二字做出。

換句話說，他主張，心中應永保上進的浩然之氣，至大至剛、無怨無悔，但卻不必因操慮而煩心，更不需惱怒，而影響身體。

因此，曾文正公同時指出，也應注意養生之道：

> 余《八本》篇中，言養生以少惱怒為本，又嘗教胸中不宜太苦，須活潑潑地養得一段生機，亦去惱怒之道也。
>
> 既戒惱怒，又知節嗇，養生之道盡其在我者矣。

所以，曾文正公強調，凡事不必強求，既已盡心，後果便可付之於天。

此即其所謂：

吾於凡事皆守「盡其在我」、「聽其在天」二語，此即養身之道。

曾文正公在此所說，為徹底的反歸本心，凡事盡心盡力、一切盡其在我，對於結果則不必計較，也不用患得患失，可說是正宗的儒家思想。

事實上，這也是佛陀強調「覺悟」的自力功夫，兩者在此很可相通。如果捨此根本功夫，捨本逐末，不求內心盡力，只求外在神力，便誤解了佛學，也誤解了儒學。

因此他也指出：

壽之長短，病之有無，一概聽之在天，不必多生妄想去計較它。凡多服藥餌，求禱神祇，皆妄想也。

那麼，如果精神苦悶，怎麼辦？

曾文正公也有獨門妙方，強調「每苦心緒鬱悶，毫無生機」時，他也會「思尋樂之法」，並且總結三項：

尋樂約有三端：勤勞而後憩息，一樂也；至淡以消忮心，二樂也；讀書聲出金石，三樂也。

曾文正公所說的三樂，與孟子〈盡心篇〉所稱「君子有三樂」，均能操之在己，也很有異曲同工之妙，只是層次有所不同。

孟子所說內容，是從人生的大範圍講，「父母俱存，兄弟無故，一樂也；仰不愧於天、俯不怍於人，二樂也；得天下英才而教育之，三樂也」。

曾文正公所說，則是從生活小範圍講，在勤勞工作之後，能夠休假，便是一樂；心中淡然看開一切，因而毫無所求，心情輕鬆，這是二樂；另外從讀書聲中，感受內心充實，則是三樂。

綜觀這三樂，無論貧人富人，人人都可行、天天都可行；不但最具可行性，而且品味高雅，既有利於提高生活品質，也有利於社會風氣，深值今後提倡與力行。

曾文正公一生喜好讀書，他曾在同治元年四月廿四日，寫信給紀澤說：「人之氣質由於天生，本難改變，惟讀書則可變化氣質。」㊷可見他對讀書的重視。

他自己病危前一天，還在看《理學家傳》中的〈張子篇〉，可見對於張載「民胞物與」的胸襟，必定非常認同，對他「為天地立心，為生民立命，為往聖繼絕學，為萬世開太平」的氣勢，也必非常心儀。

所以他指導紀鴻作文時，強調首重氣勢，「要在氣勢方面痛下功夫」，如同蘇東坡所

㊷ 同❸，頁五。

說，蓬蓬勃勃，有股熱氣，如同鍋往上冒的蒸蒸之氣；也就是要能有陽剛之氣，具有雄健之美。

這就必須胸中能立大志，如孟子所說的「君子貴其所立者大」。

因此，他在道光二十二年十二月廿日〈致諸弟〉中，即曾明白強調：

士人讀書，第一要有志，第二要有識，第三要有恆。㊸

他對有志，並且進一步說：

讀書之志，須以困勉之功，志大人之學。

正因如此，能立志做大人，立志做大事，所以才能克服種種困境，將困境均視為上天所給的磨煉，那就非但不會喪志，反而更能勵志。

所以他在同年，十月廿六日〈致諸弟〉中強調：

君子之立志也，有民胞物與之量，有內聖外王之業，而後不忝於父母之生，不愧為天地之完人。故其憂也，以不如舜、不如周公為憂也，以德不修、學不講為憂也。㊹

曾文正公認為，人生應該提高格局，「悲天命而憫人窮」，對於個人的受謗受辱，則不足為憂，對於眼前的受困受挫，更不足為憂。

這種胸襟、風範與器宇，正是超越困境、克服逆境的最有效藥方，深值後人重視與力行！

十

曾文正公除了深體儒家哲學「剛毅自強」的精神，也從道家哲學，深悟「柔軟溝通」的風範。他能兩者並用，對於逆境中的靈修，有很大的幫助，同樣深值後人效法。

首先在生活上，他同時強調，要能心情輕鬆，才能「美睡」。

他舉了很多深通道家精神的名人為例，如陸放翁、陶淵明、白居易、蘇東坡等人，極為欣賞他們既能「滅虜」，又能「養生」。所以他說：

> 放翁胸襟廣大，蓋與陶淵明、白樂天、邵堯夫、蘇子瞻……等同其曠逸。其於滅虜之意，養生之道，千言萬語，造次不離，真可謂有道之士。

㊸ 同❸，頁六。

㊹ 同❸，頁六。

另外，他在日記中，也常有超越時空的氣概，能與道家精神相契合，這對於心中看透憂患、戰勝逆境，也很有大用：

知天之長，而吾所歷者短，則遇憂患橫逆之來，當小忍以待其定。知地之大，而吾所居者小，則遇榮利爭奪之境，當退讓以守其雌。知書籍之多，而吾所見者寡，則不敢以一得自喜，而當思擇善而守約之。知事變之多，而吾所辨者少，則不敢以功名自矜，而當思舉賢而共圖之。夫如是，則自私自滿之見，可漸漸蠲除矣。

正因曾文正公一生歷經憂患、飽嚐橫逆，所以能從各種人生艱苦的體驗中，參照聖賢明訓，完成重大事功。這就證明他的心得，並非空說心性，而是真正能在事上磨練，又能在事功上印證。

另外，他也很關心子女的管教問題，經常提醒家人：

凡仕宦之家，由儉入奢易，由奢入儉難。

所以他時常警告後輩，絕對不能驕傲：

吾函以傲字箴規兩弟，兩弟猶能自省自惕，若以傲字告誡子侄，則全然不解。蓋自出世以來，只做過大，未做過小，故一切茫然，不似兩弟做過小，吃過苦也。

因此，曾文正公經常苦口婆心的規勸後輩，要能多從「吃苦」、「自勝」著力，並且多從上友古人著力。

他並根據自己親身經驗，列舉三十二位聖哲，向子女輩強調，應多見賢思齊，「得大本大源，則心有定向，而不致搖搖無著」。

這三十二位聖哲，依時代順序，為周文王、周公、孔子、孟子、班固、司馬遷、左丘明、莊子、諸葛亮、陸贄、范仲淹、司馬光、周敦頤、二程、朱子、張載、韓愈、柳宗元、歐陽修、曾鞏、李白、杜甫、蘇東坡、黃庭堅、許慎、鄭立、杜佑、馬端臨、顧炎武、姚鼐、王念孫。㊺

上述人物，基本上均以儒家為主，而以道家為輔，由此也可見其中心思想的依歸。

只不過，在這份聖哲名單中，獨漏「二王」：王陽明與王船山。王陽明生平遇過很多橫逆，在吃苦中獨創了心學，本來最可做為借鏡；而王船山更為曾文正公通令全軍研習的哲人，他更曾隆重的為他印行全集，但竟未把他列入，可見智者千慮，也有「一失」之處。

㊺ 同❷，頁二〇二。

其中，曾文正公對於王船山，或因其民族主義思想很明顯，而心有顧慮，但王陽明為孟子的心學正統傳人，並在逆境中有很多珍貴心得，曾文正公將其遺漏，確實可稱疏失。

然而，整體來看，曾文正公在一生中，不斷的以反省自己、檢討自己、戰勝自己為重點，從而在工作忙碌與各種逆境中，能不斷地提升自己、充實自己，終能實現自己，這種精神毅力，確實值得學習。

正因為他能將一切困境，都看成考驗，將一切逆境，也看成是磨練，所以終能在困知勉行中，愈挫愈勇、不屈不撓，成就三不朽的偉大功業。

所以曾文正公，可稱為中國歷史上，真正把儒家「內聖」與「外王」能夠充份結合、並且相互印證的哲人，正因為他內聖的功夫極深，所以外王的功業也極大。

就此而論，他不但可稱為「儒將」，也可稱為「大儒」的絕佳典範，的確很值得後人深入體悟，與身體力行！

第四章　東美先師作詩著述弘揚國魂

一

很多人只知道先師方東美先生為哲學家，卻忽略了，他生前寫過很多詩詞，境界高深，同時也是詩人。

從他的詩詞中，充分可以證明，他不但哲學思想博大精深，而且愛國精神也非常感人。方師的詩詞集，取名《堅白精舍詩集》。「堅白」二字，取自孔子《論語》：

不曰堅乎，磨而不磷；不曰白乎，涅而不緇。

這代表方師堅忍清白的精神，「堅」，代表歷經磨難，仍然堅忍不拔；「白」，代表雖處濁世，仍然清白自持。也就是說，在衰世中仍然精進不懈，在末世中仍然自強不息。

方師生前，很少將詩詞稿示人，有次我請問他，聽說他有很多詩詞作品，何時能夠出版？他正色回答，那些是「待焚稿」。聽得我嚇一跳，真怕他自行燒掉了。

方師的心意，這些都是他從青年到晚年，最深沉的內心世界，並非為了虛名，所以生前不願示人，並且感慨在文化衰世中，知音能有幾人，所以稱之為「待焚稿」。

後來，幸虧方師生前並未燒掉，但是終其一生，也並沒有出版；可以看出他堅持原則的一面。

一直到民國六十六年，他往生之後，弟子們整理他的文件，才發現他遺稿中，詩詞數量之多，非常驚人。

總計他的詩作，工筆原稿有六卷，約有一千多首，其中詞約九十首。其詩詞內容之意境高深，哲理玄妙，若非真正內行人，還很難充分欣賞。

最難得的是，方師所留均為親寫墨寶，壯年時期挺拔俊秀，中年時期雄奇蒼勁，晚年時期則渾然天成。僅是書法一項，便能永恆不朽。

尤其，從方師工整的筆墨，以及方正的字體中，更可顯示他終生守正不阿的風骨，以及凜然不屈的情操。

唐太宗李世民曾在書法界，留了一句千古名言：「字如其人」。

從方師的書法中，很可印證這一點。

甚至，我們還可進一步強調：「詩如其人」。

方師很欣賞英美第一大哲人懷德海（A.N. Whitehead），認為哲學與藝術詩歌都能相通，並且經常引用他的名言：

偉大的哲學，就是偉大的詩。

因為「哲學」，基本上以理性為主，但宇宙人生有各種神奇奧妙之處，並不只靠理性就能全部道盡，所以還需用詩，來補理性之不足。

詩人可以馳情入幻，可以創造無窮的想像空間，也可以發揮無限的生命情感，而偉大的哲學家，同樣可以提神太虛、馳騁無碍，並不限於理性，同時可以弘揚感性、悟性，以及靈性，這與詩的特性完全相通。

所以說，偉大的哲學即偉大的詩。當哲學的形式，無法淋漓盡致表達思想與情感時，只有用詩，意在言外，勾玄致遠，看似簡短，很多留白，但正因這些留白，所以更為精采，更能發人深省。

從方師的詩品中，我們可以看出他的精神人品、他的哲學智慧，更可以看出他的愛國情操與滿腔熱情。

名音樂家蕭邦有句名言：

祖國，我永遠忠於你，為你獻身，用我的琴聲，永遠為你歌唱與戰鬥。❶

蕭邦是用琴聲振奮愛國精神，方師則是用詩文弘揚愛國意識，這部《堅白詩集》，就是最好的代表作品。

詩聖杜甫也有句名言：「汝果欲作詩，功夫在詩外」，意思是說，作詩最重要的是，心中要有真性情。蘇東坡也強調，作詩最忌空泛，必須傾注真情，將全部心血融貫進去。

由此看來，方師的詩詞中，確實蘊藏了很多方師的愛國熱情。如果要瞭解這一代大哲的內心世界與真性情，最好的方法，便是研究他的詩詞作品。

我有幸參與編纂這本詩集，曾經先睹為快，所以雖然天資愚鈍，但一直想做整理介紹的工作，以便廣大後人研讀。

本來，對於詩的最好詮釋，就是引用原句，完全不用詮釋。

方師曾在《中國人生哲學》英文本中，對此舉個例證。

有人邀請貝多芬，親自詮釋他的作品。他的回應，就是再彈一遍。當聽眾仍然不懂，還要他詮釋時，他只有沉默，甚至流淚以對。證明最好的詮釋，就是作品本身。

只可惜今天青年一代，很少人能欣賞傳統詩，誠如陳之藩教授感嘆：「這是一個無詩的時代。」很多作新詩的人，也很少能欣賞傳統詩，即使能欣賞傳統詩，但若不懂詩中典故，也很難欣賞方師的詩詞真諦。

如此一來，難怪世人對方師的詩詞，只有望之興嘆，無法入門。所以，雖然對詩的詮釋，最好不詮釋，但筆者也只有勉力而為，以拋磚引玉的心情，粗淺分析介紹，敬請各界高明指正。

二

方師的詩詞，大致可從「愛國」、「演哲」、「贈友」等方面，窺知其思想情感與生命精神。正如孔子所說：「詩可以興、可以觀、可以群、可以怨。」從這些層面，可以探究方師的內在情懷。

本文重點，集中在分析他詩品中的愛國精神，特別是在國難逆境之中，他的各種悲憤心情，以及振奮國魂之道。

就「愛國」這一項言，方師作詩最多的時期，就是抗戰時期，尤其是西遷入蜀之後。所以在他註明「以下入蜀」的作品，連續就有七篇，充滿愛國抗日的悲憤之情。

例如，方師在〈巴陵江中〉寫到：

❶《世界名人名言錄》，鍾南編，上海世界圖書公司，二〇〇一年出版，頁六六。

西辭京國恨，道遠意茫茫；
江永徂漢廣，亦解九迴腸。❷

文中明白指出，心中對西辭京國（南京）的悲憤；緊接著，在〈望江南〉中，方師更表現滿腔的家國之痛：

仇未雪，京國兩茫茫，獨立高岑東向望，滿天烽火敵披猖，孤恨繞千岡；
腸欲斷，腸斷不悲涼，記取家園零落盡，故當投筆護新邦，豪逸矯南強。

方師在此引儒家所稱「南方之強，強哉矯」的精神，勵人也自勵，盼能自力自強「護新邦」，並且很有投筆從戎的氣魄，可見心中濃烈的愛國熱情。

另外，在〈家鄉有虜塵〉中，方師也悲嘆：

聞道舒州急寇圖，號譹鐵鳥啄人膚，
惆悵門前鏡湖水，平波還似舊時無？❸

文中形容家鄉被日軍轟炸（鐵鳥啄人膚），日寇侵略日亟，結合傳統古詩與當時情勢，在悲慨中另有創意。

除此之外，方師在南京淪陷後，悲憤之餘，也曾作詩〈倭陷京師人有從賊中遁歸者為言舊寓未毀〉，其中強調：

蹈海魯連不帝秦，關山萬里作征人，
家園好在猶留恨，濺淚繁花滅卻春。❹

另外，方師即使觀竹，也難掩心中對愛國救國的熱血，所以在〈斑竹〉中提到：

蕭颯故國斑竹枝，迢迢萬里引相思，
淚痕不為煩冤結，復國還家未有時。❺

到了四川之後，抗戰軍情日緊，方師思歸心情更切。他在聽到鵑聲之餘，想到夫人方芙

❷ 方東美，《堅白精舍詩集》，台北黎明公司，民六十七年初版，頁一二七。
❸ 同❷，頁二八。
❹ 同❷，頁二八。
❺ 同❷，頁九。

初女士珍愛法國杜鵑，方師曾經為她在南京紫竹林購歸供養，現在杜鵑已「陷賊中」，他悲憤之餘，作詩一首〈思歸〉，以杜鵑泣血表達對國哀思，並「遙慰花魂」：

> 苦憶京中紫竹枝，杜鵑紅入美人心，
> 蜀魂不知遷客恨，更嚎碧血滿江岑。[6]

方師在悲憤國難之餘，自然寄望國軍，能夠英勇殺敵，勝利有成。所以，當他聽到國軍抗敵的勝利捷報時，特作〈中原大戰〉二首，以表心中的敬意與快意。其中曾引莊子比喻，正色指出，這並非「鬥蝸角」，而是民族的神聖抗戰，很可看出其正氣凜然、義雲薄天。

其一

> 英雄殺敵北徐州，黃土血泥沂水稠，
> 莫笑觸蠻鬥蝸角，諸天等是一微漚。[7]

其二

汴水東流蕩古愁，殷勤往復繞陳留，
睢陽老將魂猶在，未報深讎死不休！

方師在此，將國軍的守城將士，比成歷史上壯烈守城的老將，「未報深讎死不休」，很可看出心中熱血的沸騰。

除此之外，在民國二十七年後，他還作〈空軍征倭不擲彈〉：

千翼搏空躡太清，蒼茫雲海肆長征。
香風曳引霓裳舞，壯氣砰訇窫窳驚。
龍虎將軍虛按劍，狐狸醜虜亂如蝨。
翱翔恥啄天狼肉，暫作蓬來頂上行。❽

方師用「龍虎將軍虛按劍」，比喻「空軍征倭不擲彈」，可稱神來之筆；文中並用「醜虜」比喻日寇，以「恥啄天狼肉」比喻王者之師，不擲彈是為免傷民眾，寓意很深。

---

❻同❷，頁二九。
❼同❷，頁三〇。
❽同❷，頁三二。

三

另外，方師詩品中，經常結合哲理，可說「詩中有哲，哲中有詩」。例如有一首〈中秋耿耿不寐〉，很有哲學深意：

心似輕舠藏固壑，四遊駭浪拍天躍，
千軍萬馬無名力，夜半潛來竊負趨。❾

本詩典故，取自莊子所說：

藏舟於壑，藏山於澤，謂之固矣，然而夜半有力者負之而走，昧者不知也。❿

莊子本意在說：「藏天下於天下」，才是永恆之道。如果日本用軍事力量，想要強佔中國領土，譬如想把船藏在谷壑、把山藏在沼澤，企圖勉強而行，那是不可能長久的；到頭來，都會被無形的民心（夜半有力者）所克服，屆時愚昧的侵略者必定失敗，但卻仍然不知何以失敗！

方師以此比喻，日本雖然武器精良，但因為是侵略者，所以仍會被中華民族的民心所擊敗，「夜半潛來竊負趨」，此中隱寓極深，但若缺乏對莊子的體悟，便很難理解其中的深意。

另外，他在〈喜耀民甥從戎〉中，更將火熱般的愛國精神表露無遺：

愁予空有衛青志，祝爾真成霍病雄；

千砲萬槍一夜發，盡驅狂虜大江東。⓫

方師在此詩中，第一次表露，他自己也心懷衛青般的志向，恨不得去親自保國殺敵，只因身為文人，空有其志；所以他預祝其外甥，在從軍之後，能夠真正完成霍去病一般的雄偉事業，用那「千砲萬槍」，在一夜之內，把狂虜日寇盡驅於大江之東！

從這段詩中很可看出，方師雖為文人，卻有滿腔救國熱情，比起任何熱血青年，絕不遜色！值今抗戰勝利六十週年，讀來仍令人志氣昂揚，熱血奔騰！

在全民抗戰聲中，仍有少數官員腐敗，「前線吃緊，後方緊吃」；甚至還有人開著公務車到歌舞場所，當時引起行營注意，嚴令加以禁止。方師對此很有感慨，所以也曾作詩抒

---

❾ 同❷，頁三二。

❿《莊子》，〈大宗師〉。

⓫ 同❷，頁三五。

懷，很可看出他心中的憤慨。

在〈行營禁乘汽車往歌舞場〉中，他寫道：

國破家屯夷亂華，千官猶自擁香車，
憑君啼盡傷心淚，爭敵後庭一曲花！⑫

本詩中強調，「憑君啼盡傷心淚」，用了對照手法，襯托出民眾都深懷國仇家恨、悲憤傷慟，但竟仍有部分官僚麻木不仁，如杜牧〈泊秦淮〉所說，「商女不知亡國恨，隔江猶唱後庭花！」如此風氣若不禁止，足以亡國，所以令他憂憤不已！

除此之外，他在抗日的苦撐期間，因為漫漫長夜，令人難熬，不知江山幾時才能重光，所以也曾〈書憤〉：

胡鹵未成擒，江山憔悴心，
腰懸龍虎劍，斫地圻千尋。⑬

此時的方師，心中真希望能手握「龍虎劍」，發揮巨大神威，將「胡鹵」日寇能早日殲滅！可見其心中的急切與悲憤。

這與唐代陳子昂所說「每憤胡兵入，常為漢國羞。」是同樣的愛國心靈在呼號！

宋代陸游在〈長歌行〉中，也曾強調：

> 國仇未報壯士老，匣中寶劍夜有聲。

詩中同樣指出，國仇未報之前，即使在深夜，匣中寶劍也會躍躍欲試，深盼早日痛殲敵人，可見這種愛國精神，在偉大的詩人心靈中，古今均能相通。

另外，在抗戰期間，日寇直逼南京之前，著名美學家宗白華為免佛像受辱，將佛頭埋於地下。方師聽到之後，有感而發，也曾作詩一首，以表「斷頭不低頭」的「硬頸」精神：

此即〈倭逼京師，宗白華埋佛頭於地下〉：

> 莊嚴兼相好，斷頸不低頭。
> 身受唐人拜，心縈漢域愁。
> 艱難憐往劫，險惡愍來憂。

---

⑫ 同❷，頁三六。

⑬ 同❷，頁四八。

羞聞榑木休，戚戚隱荒邱。⑭

後來，日本賊兵攻陷南京，方師悲痛之餘，也曾特別作詩，痛斥日寇為「域中醜眾類」，難忍他心中「傾巢注海淚」。

此所以他在〈近聞賊兵掠我京廬有感〉中，曾經慨言：

緎余方寸心，騰想塞天地；
萬壑為藏真，千峰與作意；
搖情奮電雷，抱道役行器；
象外托靈蹤，域中醜眾類；
糟糠味六經，著述笑多事；
結宇愛邱山，傾巢注海淚；
玄泉滌古腸，絳雪飄遐思；
人世一微漚，因緣枕上記。⑮

另外，日寇侵占南京之後，繼續轟炸重慶，在隆隆大火中，方師也曾有感而發，特別作詩二首。

第一首為〈行都火毀弔死難同胞〉，詩中強調，即使日寇暴虐，燒毀十萬人家，也擋不住忠魂捍衛自由的壯志，讀之令人感動：

山城欻吐火城霞，
寇虐摧燒十萬家。
死職忠魂綏國難，
塗車香泛自由花。⓰

第二首為〈行都毀於寇火成賦長句〉：

昔日繁華今劫災，殘垣斷瓦倍增哀；
逆胡窮阨燒天闕，葯漢雄豪闢草萊；
城郭摧頹何足惜，山川壯麗必收回；
明年捷奏平蝦島，重建三都我賦來。

⓮ 同❷，頁五四。
⓯ 同❷，頁五八。
⓰ 同❷，頁九二。

縱然在敵軍轟炸砲聲隆隆中，方師仍然充滿信心「抗日必勝」，所以他強調，「城郭摧頹何足惜」，進而指出，「山川壯麗必收回」，並且大發豪情，盼望明年就「捷奏平蝦島」（蝦島即指日本諸島）；很可看出方師在逆境中堅忍不拔、愈挫愈勇的生命精神。

四

這種遠望神州的愛國情操，深盼早日收復河山，在宋代辛棄疾的很多詩作中，都流露得很清楚。例如，他在〈南鄉子〉中便指出：

何處望神州？滿眼風光北固樓。

另外，宋代陸游更有名詩，在晚年作品〈示兒〉中，表達心中對統一的遺願：

死去原知萬事空，但悲不見九州同；
王師北定中原日，家祭勿忘告乃翁。

陸游自覺體衰將死，但生平最大遺願，仍然切盼中國統一，所以叮嚀兒子，在王師北定中原時，別忘了在家祭中，向他靈魂稟告。這種悲壯的豪情，終生未忘統一，而且生死以之，存在於中國所有愛國詩人的血液中，的確令人感動；深值中華兒女共同奮起，發心立志為統一而奮鬥！

中華民族奮勇抗戰期間，空軍迎戰日寇，雖然飛機老舊，但仍以昂揚的志氣與精良的技術，在「八一四」重創日本空軍；方師興奮之餘，曾作〈空戰〉以抒胸中悶氣：

逢逢鼉吼浪，車騎散江千；
服烏迎宵至，神鷹背月搏；
流丸遮鵴路，掃虜上雲端；
飛將行天迴，遊魂賊膽寒。⑰

在本詩中，方師特將空軍健將「掃虜上雲端」的情形，用詩句描繪得栩栩如生，並將空軍纏鬥攻勝的戰況，用「飛將行天迴」形容，再以「遊魂賊膽寒」收尾，極為生動，也極為傳神。他用傳統詩文將現代空戰，結合得天衣無縫，很可看出其中的才情與正氣。

另外，方師透過日軍晝夜不停的轟炸，也曾作詩〈連宵坐愁空襲〉，強調「愁心只自

---

⑰ 同❷，頁一〇九。

知」的悲憤之情：

明月為誰好，
愁心只自知。
中原豺虎鬥，
西蜀鶺鶺欺，
坐想佳兵意，
行吟菀柳詩。
星垂一天闊，
夜夜鬢成絲。⑱

他在敵軍轟炸中，並未灰心喪志，更未困坐愁城，而是奮發圖強，化悲憤為發憤，所以他在抗戰最艱困的時期，特作〈抗日篇〉，以激勵人心。文中呼籲國人，能將滿腔悲憤，化為「掃虜」力量，更以頂天立地的豪氣，呼籲人心振作，此即他所說的，「精忠長貫日，氣象遠涵空」！

這種精神，與邱吉爾在二次大戰時，把德軍轟炸最黑暗的歲月，稱為「最好的歲月」，很有異曲同工之妙。

方師在〈抗日篇〉強調：

登高呼四野，萬里快哉風；
掃虜雄諸將，為心眇一躬；
精忠長貫日，氣象遠涵空；
砥柱中流峙，百川東復東！⓳

方師在此呼籲國人，以中流砥柱的精神，振作精忠報國的情操，培養恢弘開闊的氣象，並且確信「百川東復東」，抗日必能勝利成功！這種雄心宏願與愛國精神，至今仍然深值效法與力行！

唐代杜甫在〈聞官軍收河南河北〉中，也曾提到：

劍外忽傳收薊北，初聞涕淚滿衣裳。

⓲ 同❷，頁一一〇。

⓳ 同❷，頁一一〇。

宋代陸游在〈訴衷情〉中，同樣指出：

胡未滅，鬢先秋，淚空留；
此生誰料心在天山，身老滄州。

可見任何偉大的詩人，都有充滿熱血與熱淚的愛國精神，深深令人欽佩！

另外，方師在〈苦憶京國舊事〉中，也曾提到：

心史愁長在，良圖恥避秦。
可憐花月夜，不是漢家春。⑳

詩中特別強調「避秦」的國恥，令他心中愁長在，雖然在花月夜，卻可憐不是漢家春，充份可見他心中澎湃的民族大義與愛國精神。他稱「漢家春」，是以此作為象徵，其意仍指整體中國的民族精神。他人在大後方，卻仍苦憶南京城陷入敵軍，心中悲憤感嘆之餘，所寫這首詩句，充分流露出憂國憂時的胸懷。

除此之外，方師在離南京三年後透過〈淒涼〉一詩，再次表露出感懷故國的心境：

淒涼故國三年別，惆悵寥天一夢巡。
秋葉春花時濺淚，移情濬哲作詩人。㉑

在這首詩，他引《莊子》所說「寥天一處」，馳騁精神於無窮高遠的宇宙終點，再回盼人生世間，感覺恍如一夢；並引〈舜典〉所述「濬哲文明」，化哲思為詩情。

他以此形容別離南京三年的淒涼心情，面臨這種國家的空前災難，他強忍著淚水，把滿腔悲傷，提神太虛之上，再化為詩人的翅膀，俯覽大地故土；全詩有著杜甫「恨別鳥驚心」的同樣悲慟，卻又更多了一份詩哲的點化功夫，成為身處國難中的精神寄托。

他在重慶期間，經常要躲警報，百般悲憤與無奈之餘，再用作詩排遣憂思，寫成〈山中避難作〉：

休畏強秦百萬兵，逆天違道總無成；
徐福兒孫消逝盡，花源人自得長生。㉒

---

⑳ 同❷，頁一一二。
㉑ 同❷，頁一五四。
㉒ 同❷，頁一七六。

可以想見，他在悲慘的國家苦難中，心中毫不屈服，在隆隆的敵人轟炸中，意志更加堅強，因此仍然強調「休畏強秦百萬兵」，認定日軍的侵略，畢竟是逆天而行，違背天道的暴力，終究必定失敗。

他有這種信心，所以引用典故，藉秦始皇派徐福祈求長生的故事，指出就算徐福兒孫消逝全盡，但在中原花源之處，仍有無限生機！象徵中華兒女奮起抗暴，就算犧牲慘重，但中華民族仍然生生不息，源源不盡！

此詩作於山中躲警報的時候，也是頭頂上敵機隆隆的時候，他仍然表現出凜然不屈的民族正氣、與奮然興起的戰鬥意志，更可看出他身處困境中，絕不沮喪、更不灰心，反而更能振奮的抗戰意志，令人非常欽佩。

這種抗戰精神與抗敵意志，深深值得中華兒女世世代代效法，無論在任何逆境中，都要能發揚這種永不屈服的民族精神，那就必能力克強敵，再造民族的復興！

五

方師在抗日戰亂中，有次不幸患病，而且患的是瘧疾，非常嚴重，也非常痛苦；當時國步維艱，醫藥極度缺乏，情況緊急，他竟然仍用寫詩的方式，將痛苦昇華，充分代表了一代大哲臨危不亂、反而以詩明志的胸襟。

他這首詩，名字就叫〈病瘧苦無藥物，請以止之〉：

嚼人白鳥無窮患，毒熱祁寒迸一時；
猛將花卿猶在假，等閑書就少陵詩。㉓

他在病痛緊急之中，仍然以平常心「等閑」視之，並且仍然心懷國家苦難，所以寫成的詩，不是普通的詩，而是「少陵詩」，也就是如同杜甫(少陵)，以憂國憂時為己任，這種先天下之憂而憂的精神，以國家苦難優先的志節，非常難能可貴，令人非常感動。

事實上，方師晚年在台灣，不幸罹患肺癌，即使在最為痛苦的末期，整個軀體已經變形非常瘦弱，甚至萎縮成孩童一般瘦弱，但他仍然以眾生的病為優先，而從未以自己的病為苦。

所以，他在民國六十六年三月，特別在病榻上，寫了一首〈病中示問疾者並謝親友盛意〉，而且署名表示誠意，詩中寫道：

眾生未病吾斯病，我病眾生病亦痊；

㉓ 同❷，頁一七九。

病病唯因真不病，重玄妙法洽天然。

他在這首詩中，用了兩首典故，一是老子所稱「夫唯病病，是以不病」，二是《維摩詰經》中，維摩詰居士借眾菩薩問疾的機會，展現出對眾人的慈悲心。

方師在此詩中，並曾加註兩則：

(1)未病者病，而不知其病也。

(2)天然謂天與自然。

方師在此的附註，是指很多眾生，看似身體沒病，但心靈卻有病，卻又不知其有病。

方師在說明〈生命悲劇之二重奏〉中，曾經以希臘悲劇英雄為例，指出，悲劇英雄登場時，「其所訴述的痛苦，何嘗是他自己的痛苦？」可說正是他本人的寫照。

方師更進一步說，悲劇英雄真情遠流、元氣淋漓，「既宣洩自己的深衷，復直扣眾人的心弦。」而且功力入化、機趣通神，「既發抒自己的孤憤，又把握眾人的情懷」。㉔這也可說正是方師本人心志最好的說明。

另外，方師生前在課堂上，曾經說明維摩詰居士，藉著與問疾者的對話，將病房的斗室，化為無垠妙境，然後天女從上天散花，定力不夠者，見狀紛紛閃避，只有修行高深者，卻不動如山，反見花朵紛紛閃落，不會沾身。

方師以這首詩比喻，只要心中能冷靜沉穩，透過「重玄」的超越心（取自老子「玄之又玄」），以及妙法（佛法）的空靈心，即可融入天與自然，超化各種痛苦。

雖然，這並不代表身體不再痛苦，但他在痛苦中，仍能以精神定力盡量克服痛苦，並仍以眾人的痛苦為念，這種精神境界，代表一代大哲的素養，也代表方師在學佛後的心境，深值重視與效法。

方師生前曾拜訪九十歲的廣欽老和尚，結為善緣，並且允諾皈依佛教，可見他心中的悲願情懷，與佛教很相通。所以此詩意境，才與維摩詰居士的境界，完全能圓融互通。

綜觀方師面臨國難時，仍能振作精神，呼籲國人共同喚醒國魂，在自己面臨病危苦難時，仍以眾生的病為念，呼籲世人以眾生的病為優先，這種精神的確非常感人。

另外，方師在民國六十六年五月四日，辭世前所留詩，表現出「空空」的灑脫：

我自空中來，
還向空中去，
空空何所有，
住心亦無處。

㉔ 方東美，《科學哲學與人生》，台北黎明公司，民六十七年初版，頁二一六。

這種「空空何所有，住心亦無處」的體認，與《金剛經》中的開示，「應無所住而生其心」，可說完全相通。

到五月六日，方師在重病中，再留生平最後一首詩〈夢登獨秀峯〉：

獨尊分與群山峻，
八面清風腳底來，
為問人間千萬士，
可曾作意與余偕。

此詩的氣魄很恢宏，表現「獨立山頭我為峰」的意境，因為獨登峰頂、放曠慧眼，體認八面清風腳底來的境界，很有李白「攬彼造化力，持為我神通」的氣派。至於「為問人間千萬士，可曾作意與余偕」，更是呼籲人間千萬有志之士，都能提神太虛之上，同做逍遙之遊，展現出莊子「御風而行」、「以遊無窮」的超越精神。

綜合而言，此詩很有儒家概然以天下為己任的胸懷，也有道家冥同造化、脫盡塵凡的宇宙性胸襟；加上前述學佛的空靈精神，無形之中，便自然流露出方師生平會通儒道釋三家的特色，很能看出臨終前的高超志節。

四

方師晚年開始講授《中國大乘佛學》，以及《華嚴宗哲學》，但實際上他的佛學根基，很早就已深耕厚植。

方師在抗日期間，每當敵機來襲，要躲警報，他就經常帶著佛經，進入防空洞。外面在轟炸，他就在防空洞內勤讀佛經，一方面以此靜心定心，二方面更藉機研讀佛理，因此培養了深厚的佛教造詣。

但方師那時卻並不多談佛學，只有一次，與熊十力先生以長信討論佛理，才暢談他的學佛心得。

然而他生前仍不願發表此信。我曾問他原因，他說，因為在戰亂中，已經找不到熊先生的來信，他只保留了本身的回信，所以不願片面發表。

後來，經由我與其他門生的慫恿，強調應給後人留紀錄，並且說明從他回信中，也可看出熊先生原來的意見，他才在晚年同意發表。由此小事，也可看出前輩風範與處事原則。

該長信發表後，遠在美國天普大學教書的傅偉勳教授看到，大為吃驚，曾經親口向筆者說，他看到這長信，「才知道我的老師對佛學研究如此深刻」。

這因為他是方師在台大的早期學生，與劉述先教授約為同期，那時方師主要在講西方哲學，所以機緣還未成熟。

等到筆者在台大唸書時，恰逢方師轉教中國哲學；他曾在課堂公開的強調，他是以「贖罪」的心情講授，因為他在書店中，看到坊間講中國哲學的書籍，充滿誤解，甚至污衊，所以痛下決心，晚年改教中國哲學。

筆者甚為幸運，就在那時考上台大哲研所，所以能夠躬逢其盛。

尤其，方師從台大退休後，轉到輔仁大學擔任講座，筆者有幸，每次都擔任接送工作。所以，除了在課堂上能夠聽課，在課外的車上，也能親炙他的風範，單獨請教很多問題，對方師的學問與人格，有更深一層的體認。

方師後來講授佛學，特別注重大乘佛學，也特別強調「煩惱即菩提」的精神，指出「離開煩惱，便無涅槃」，所以一直肯定佛教本有救世救人的悲心志向，並不會傾向遁世與逃避，既不會在時代「開小差」、「做逃兵」，也不會陷入消極與苦悶。

民初大儒熊十力與梁漱溟兩位先生，青年時期都很崇尚佛教，後來因為感於國難緊迫，認為小乘佛教過份消極、無法救國，所以才棄佛從儒，並在學說上也援佛入儒。他們若有機會讀到方師對佛學的體悟，相信仍能肯定大乘佛學，可與儒學會通。

因為，方師所謂大乘佛學，非常注重「悲智雙運」——他稱此為「雙迴向」；一方面因為有大智慧，所以「不住生死」，能從煩惱逆境中超拔其上；但一方面又因大慈悲，所以「不住涅槃」，仍然要返向人間世，拯救眾生痛苦。

所以方師認為，儒、道、釋在最高明處，仍能共同會通。

方師在詩作中，也曾表達類似看法，這可能就是他與熊十力先生（號子貞）論佛學之後的心情。

這首詩名，叫做〈絕句贈熊子貞〉：

驚濤卷石翻沉冤，唬鴃傷春泣斷魂，
物不得平猶洩憤，人非喪志怎忘言？㉕

他在此師所說「沉冤」，可能是對《大乘起信論》的辨偽公案，為《大乘起信論》打抱不平。因為他認為，縱然《大乘起信論》是假托之作，但意境仍然非常高明，不能輕易抹煞；更何況，大乘佛學本來就有救世救人的悲願，怎能對此輕蔑？怎能不加明辯？所以他以此心志為其打抱不平，「人非喪志怎忘言？」

由此也可證明，方師心中常存正義感與使命感，正義感是挺身為公義打抱不平，使命感則是融通中華文化儒道釋三家，形成中華民族的共命慧，不要相互排斥。

今天台獨人士動輒自命真理、排斥他人，以台灣的「主體性」為唯一真理，卻以此分裂中華民族的主體性，並作為矇蔽人民的謬論，明顯是狂邪的「邊見」。

方師在逝世前一個月，於病榻上，曾經勉力寫過一首詩，就是批評「狂邪」的邊見，當時雖然筆跡已經非常顫抖，但仍然充滿凜然正氣。

狂邪趨智慧，所得亦狂邪，
心性融萬類，安得落一邊，
主體不自覺，所覺墮客田，
主客不相即，邊見證狂邪。

他在這首詩中，很有《楞嚴經》中破除各種「陰魔」（狂邪）的氣勢，而其強調「心性融萬類」，「主體不自覺」，更有華嚴宗圓融無礙的氣象。

今天看來，本詩的智慧，若針對台獨人士動輒以「邊見」強調的「主體性」，便很能從根本上破除彼等的「我執」與「法執」；對於自命台獨的狂邪之士，提醒他們「狂邪趨智慧，所得亦狂邪」，只能「邊見證狂邪」，很有當頭棒喝作用，深具啟發性。

六

方師是民六十六年七月十四日，因為癌症，不幸與世長辭。他在過世之前，最後彌留時，斷斷續續所講的話，很多人都不瞭解其中的深意。

㉕ 同㉔，頁八三。

我當時遠在美國波士頓大學攻讀博士，看到報上登出的兩段話，心中立刻就能夠感應，並且馬上熱淚盈眶，久久難以平息心中的激動。

是哪兩段話呢？

方師最後在病痛中，勉力所說的兩句話：

——一是，「中華民族是偉大的……」；

——二是，「中華民國萬萬歲……」！

他陸陸續續說這兩句話的時候，因為聲音細弱，旁人已經無法聽清楚，還是他公子湊近他嘴巴，仔細聽才聽出來。這兩句話，真正可以表達方師心中，如同火一般的民族情感與愛國熱忱，即使在病痛萬分之下，他仍然奮力掙扎，講出對國人的期勉！

當時，我在波士頓的朋友還問我：

> 方老師身為哲學家，怎麼最後留言，卻是講的這兩句話？

可能在他們心目中，身為哲學家，應該講一些雋永的名言，或者留下一些人生的哲理，但我身為他晚年的弟子，有幸長期追隨，親炙風範，更加真切的瞭解，他內心深處最關切的大事，就是振興中華民族，永遠以愛國為第一要務！

事實上，在西方，亞里士多德早就曾經強調：

最大的榮譽，就是保衛祖國的榮譽。㉖

拿破崙講的也很好：

在人類所有的美德中，什麼是最珍貴的品德？就是愛國心！㉗

美國林肯總統更曾指出：

勇敢的愛國者，比黃金更為可貴。㉘

法國哲人盧梭在《政治經濟學》也曾強調：

我們希望人們有道德嗎？讓他們從愛國做起吧。㉙

由此可見，無論東西方都肯定，「愛國」是普世的價值，是人類的最高美德！也是世人最基本的道德！

方師身為中國著名哲學家，一生更是對此身體力行；他的方式，平時是從作詩表達內心的愛國熱情，另外，則從學術文化的著述上，不斷弘揚中國先哲智慧之光，並從國際會議上，不斷的為國爭光。他整體的心志，就是要把中國先哲的光與熱，不斷的發揚光大，據此喚醒中華民族，發心拯救中國的苦難！

所以，早在抗日聖戰剛開始的時候，方師便曾應中央電台邀請，向全國的青年宣講「中國人生哲學」，以此振奮人心，鼓舞意志。

他當時在第一講，就曾指出：

> 中國先哲遭遇民族的大難，總是要發揮偉大深厚的思想，培養溥博沉雄的情緒，促我們振作精神，努力提高品德；他們抵死要為我們推敲生命意義，確定生命價值，使我們在天壤間腳跟站立得住。㉚

方師一生的志向，就在促使中華兒女們，身處國難逆境之中，仍然能夠站穩腳跟、看準

㉖《魅力名人名言》，沈東雲主編，北京金城出版社，二〇〇三年，頁二五一。

㉗同㉖。

㉘同㉖。

㉙《世界名人名言集》，鍾南編，上海世界圖書出版，二〇〇一年，頁六五。

㉚方東美，《中國人生哲學概要》，台北黎明公司，民六十七年初版。

方向，為了中華民族奮發努力，不為勢劫，不為利誘！他用了「抵死」這麼強烈的字眼，正可看出這是他終身不變、始終如一的悲心與宏願！

上述這段名言，後來中央大學校長羅家倫在宣講《新人生觀》的時候，也曾加以引用，可見當時對於振奮民心士氣，發揮了重大功能。

後來歷史證明，凡是走過抗戰的人心，多半都曾看過《新人生觀》與《中國人生哲學概要》這兩本名著，對民族精神的提振，作出了歷史性的貢獻。

可惜到了台灣之後，很多青年已經完全不知道這兩本書；如今在台獨執政之下，青年一代所讀的歷史，又成為被竄改的教科書；觸目所及，全是顛倒黑白的謬論，竟然公開美化日本殖民統治，反而醜化中華文化，甚至不承認自己是中國人！方師在天之靈，若在今天看到此情此景，心中將不知道會多麼悲憤與痛心！

方師生前曾經親自告訴筆者一段故事，非常發人深省。

他在美國擔任客座教授時，有次參加講演，有台獨人士滋事，在場內大發謬論，說「台灣人不是中國人」。結果該校醫學院的台灣留學生們，正好身上帶著針筒，趨前要求驗血，看他們「是不是中國人的血？」聽眾群起呼應，那位台獨人士才悻悻然離席。

方師談到此事，頓感欣慰；他並提到，後來全場由耶魯大學教授饒大衛（David Raw）「浩浩蕩蕩」的論述中華文化優點，全場聽眾都很興奮。

在方師看來，弘揚中華文化就是民族大義，怎能任由外國勢力從中分裂中華民族？怎能再對日本與美國有奴性？

所以，方師晚年應邀參加〈全國在抗日座談會〉時，曾經嚴正批評：

> 幾十年的教育，造就了對日本與美國的兩種奴性！
> 大家只曉得生活享受經濟繁榮，把從抗日以來所具有的憂患意識，拋到九霄雲外！[31]

他當時就大聲的呼籲國人：

> 身為一個偉大民族的國民，我們應該自我反省。
> 我們不僅要站起來，不做日本人的奴隸，同時也不做美國人的奴隸！[32]

他當時已有遠見，預判部份日本人與美國人，會在背後分裂中華民族。

因此，他慷慨激昂的強調：

---

[31] 《方東美演講集》，台北黎明公司，民七十六年初版，頁二九五。

[32] 同[31]，頁二九六。

我們絕對不能屈服，不能受日本小鬼的屈服，我們要站起來堅決抗日！[33]

方師因為這種凜然正氣、民族大義、與火熱的愛國精神，當場作獅子吼，曾贏得全體聽眾熱烈的掌聲！

他在民國六十一年中共文革時，眼看紅衛兵「破四舊」，瘋狂掀起鬥爭運動，摧殘中華文化，曾悲痛的強調，我們有「拯救大陸同胞和延續中國文化的責任」，這種文化使命感，至今仍令人佩服與感動。

雖然方師已逝世多年，但是方師仍有很多弟子，他的學術生命仍有很多傳人，中華兒女的愛國者，更是仍然大有人在！如同陸游〈金錯刀行〉所說：「豈有堂堂中國空無人？」因此，今後怎能任由台獨分裂中華民族得逞？怎能任由中華文化在台灣被摧毀？

筆者雖然不敏，但也有真誠愛國之心，同樣的像火一般熱，同樣的不屈不撓，同樣會奮鬥到底，相信所有血性的中華兒女，都會用行動證明：「中華民族是偉大的」！

根據方師的哲學精神，中華民族的生命，雖然歷經憂患與痛苦，結果反能激發出沉雄深厚的豪情，據以點染生命，更能使生命的狂瀾橫空拓展，入於美妙化境，透露生生不息、酣暢飽滿的氣息。最能代表中華民族這種生命精神的，自然就是梅花！

所以方師的《中國人生哲學概要》，在民國六十三年於台灣重印的時候，曾經於序言加了一首新詩〈詠梅〉。在這詩中，也可看出方師火熱的愛國心：

浩渺晶瑩造化新，無雲無霰亦無塵，

一心璀璨花千樹，六合飄香天地春。

方師在這詩前說明，當年農曆元宵，「風雨如晦，淒寐蒼涼，殘更以後，吾心忽開朗如滿月，瞻望青年與國運之前途」，而得詠梅如上內容。

由此可見，方師即使在「風雨如晦」之中，仍然心中充滿奮鬥意志，並且仍然心中積極開朗，對青年與國運仍充滿信心，相信未來國運，如同梅花，越冷越開花！只要有信心，有決心，便能「一心璀璨花千樹」，帶來無限生機，如同六合飄香、天地皆春！

在作這詩之前，方師曾經感慨：

抗日戰爭勝利後歷時且三十年，吾中華民族全體猶日在煎熬中，食此戰爭之苦果。尚書盤庚曰：「惟汝自生毒，乃敗禍姦宄，以自災於厥身」，慘不忍言矣！

那時，中國大陸正在進行瘋狂的文化大革命，在政治鬥爭與各種「破四舊」運動下，中華文化遭到空前破壞，中華民族也遭受空前的浩劫！全大陸被煎熬，慘遭鬥垮鬥臭的人們，

㉝ 同㉛，頁二九八。

多達數億人口，所以方師悲嘆「慘不忍言」！

然而，方師並不因此灰心，更不因此氣餒。他用古梅比喻中華民族，「吾中華民族之緜延於大宇長宙中，兀如一株古梅，根幹扶疏，花萼茂盛，迄今數千年而始終不變」；只因晚近遭遇外來思想衝擊，內部又不爭氣，所以才導致重大的民族災難。

他形容這種情形：

> 惜乎晚近氣氛突變，出牆紅杏及牆內夭桃，各以頃刻花姿態，淫冶鬥狠，乃競從四面八方呼來蠻風霉雨，冀以摧毀此數千年之神木以為快。

然而，中華民族畢竟不會亡，正如他病危時所說，「中華民族是偉大的」，所以他在當時，就特別強調：

> 庸詎知吾神木植根深遠，是集義所生者，畢竟不可毀。

這段內容充分證明，方師的愛國心，始終如一、從未改變，也證明國家每逢逆境大難時，他仍對中華民族的生命精神充滿信心，因為，中華文化「是集義所生者」，畢竟不可毀！

時到今日，很多有識之士都感慨，中國大陸已從文革的夢魘中甦醒，在認錯、反省與醒悟之後，大魄力的走向改革開放，已經公開強調「復興中華文化」、「振興中華民族」；因而整個大陸開始欣欣向榮、經濟也急速繁榮，呈現了突飛猛進的變化，僅以外匯存底為例，在一九八九年只有四十億美元，到了二〇〇五年底，就已高達八千多億，成長兩百多倍！

但是反觀台灣，當初的「復興中華文化」，自從台獨當政以來，政策一百八十度的逆轉，變成全面的「去中國化」，以反華恨華為能事、以硬拗硬幹為方式，不但大事篡改中國歷史，也企圖廢棄中國文化！《青少年讀物》取消文言文，企圖斬斷對中華文化的臍帶，種種倒行逆施，從「文化台獨」到「法理台獨」，也到了天怒人怨的地步，讓台灣反而進入了黑暗的文革時期；方師今天若仍在世，相信必定同樣悲憤與痛心！

只不過，我們深信，展望未來，中華民族精神為「集義所生者，畢竟不可毀」！尤其台獨人士依附日本軍國主義與美國霸權主義，企圖分裂中華民族，正如方師所說，只是「出牆紅杏及牆內夭桃」；他們逞兇鬥狠，在推行「兩國論」、「廢統論」之餘，近年還在搞「正名運動」、搞「公投制憲」，並對反台獨的愛國之士，企圖鬥垮鬥臭，殊不知他們本身多行不義，必定自取敗亡！

歷史必定證明，邪不勝正！正如方師所說，他們頂多只是「頃刻花」而已，在中華民族凜然正氣與公理道義的光照下，他們絕對不得人心，也絕對不會得逞！

七

方師不僅在抗戰時挺身而出，宣揚中國先哲思想、振作民族精神，他在國際學術會議上，也經常用高雅流利的英文，弘揚中國先哲的智慧光輝，並以此發揚中華民族的國威，因此留下了很多英文鉅作。

他第一本成冊的英文著作，便是以上述《中國人生哲學略要》為基礎，增訂而成，名為《*The Chinese View of Life*》，直譯為《中國人的人生觀》。

記得我在台大唸書時，曾經請教方師，能否自動請纓，譯為中文？方師回答：「這要看你的英文程度，也要看你的中文程度，還要看你有沒有這麼多時間。」

事後證明，方師所說，一點不差。因為，我翻譯這本書的時間，遠遠超過我自己寫作的時間。

我從在台大作研究生時，因為遭逢意外侮辱，被誣衊為「職業學生」、「國民黨打手」，就曾告訴自己，「生氣不如爭氣」，因此立志每年要寫一本書，證明學術能力，至今未敢或忘初衷，經常自我鞭策之餘，如今已出版了近五十本，約千萬言。

然而，其中時間花最多的，卻是翻譯方師這本英文著作，前後足足花了三年，才算定稿交卷，是我自己寫書的三倍時間。

這因為方師不但英文典雅，屬於「維多利亞式的英文」（Victorian English），而且中文也很高雅，屬於桐城派的名家，我自然不能有辱師門，所以只能以勤補拙，全力以赴。

但也正因如此，讓我有更多的機會，深入體認方師的哲學慧心，並且更能瞭解他向全世界宣揚中華文化的宏願與苦心。

他在完成這部英文著作之後，曾經也有一詩，表明他在國際發揚中華文化的心志：

殊語傳深意，終然是夏聲，
八紘申一指，萬類趣全生，
大德新新運，危心局局平，
艱難存懿跡，激濁為揚清。[34]

此中所說的「殊語」，自然是指「英語」，而「終然是夏聲」便是指，雖然用英文著述，但仍然是宣揚中華民族的精神。

他並強調，雖然時局艱難，但他仍要奮筆直書，在歷史留懿跡，為捍衛中華文化留下紀錄。此中心志，正是他所說的「艱難存懿跡，激濁為揚清」。

他是激什麼濁呢？

---

[34] 方東美，《中國人的人生觀》（*The Chinese View of Life*）英文本，一九七五年，香港友聯書局，序言。

他是指國際上，各種對中華文化的污衊；除了政治上的扭曲，還有外國人對中華文化的誤解，由此可以看出，方師是很有國際觀的大哲學家。

早在抗戰時候，一九三九年，印度大哲及故總統拉達克利斯納（S. Radhakrishnan），就曾詢問方師，對於外國所出版的中國哲學著作，「你看是否滿意」？

方師當時回答，很不滿意，因為「太多的誤解與扭曲」。

拉氏立刻追問：「那你為什麼不用英文，寫出正確的中國哲學著作？就像我用英文，在國際上寫印度哲學一樣？」

方師親口告訴我這段故事，說他是「受了這個刺激」，才開始發心用英文寫作，盼望能向全世界弘揚正確的中華文化，並批判外國的誤解與扭曲。此即他所謂的「激濁為揚清」。

這種心願，代表了他的愛國心，也代表了他的正義感，為中華文化打抱不平。

所以他經常在國際會議，用精準的英文、高雅的詞句、以及中西會通比較的手法，引經據典，當場駁倒很多外國著名學者，獲致全場的一致好評。

這也就是何以方師擁有世界性聲望的原因。

例如，英國名教授海耶克，曾經獲諾貝爾經濟獎，便曾經公開肯定方師：

中國當代一位偉大的哲學家。

另如，美國著名哲人韓路易（Louis Hahn），曾經獲「美國哲學名人獎」，並獲「美國哲學會」的終生成就獎，享年九十六歲；他也曾公開稱讚方師，是「我們當代一位偉大的學者兼良師」，並欽佩其風格，可說正是「詩人、先知、聖賢」三位一體的典範。

再如牛津大學中國思想史名教授麥克·摩倫，也曾指出：

真未想到一位東方人，以英語著述，向西方介紹中國哲學思想，其英語之造詣如此優美典雅，求諸當世英美學者，亦不多見！㉟

還有美國夏威夷大學哲學系主任查理·穆爾教授，也是「東西哲學會議」的主要創辦人，他在拜讀了方師英文著作之後，慨然嘆道：

我今日方知，誰才是中國最偉大的哲學家。㊱

方師的學養功力，也很令日本學界折服。

㉟ 方東美，《中國哲學精神及其發展》，英文本孫智燊中譯，黎明公司，民九十四年版，下冊，頁二九五。
㊱ 同㉟，頁二九五。

例如，日本禪學大師鈴木大拙，本身就是世界聞名，也曾在一九六四年參加第四屆東西哲學會議後，稱頌方師論文：

不愧精心結撰，壓卷之作冠絕一時，允稱獨步！㊲

除此之外，曾任日本文部省長（教育部長）與「東方學會會長」的名學者中村元，也曾經稱頌方師之學風，「深深感銘在我心中」：

只有期待將來有機會能顯揚中華學風，而使日本學者也能由此有所反省及學習。㊳

當代新儒學代表人物牟宗三先生，也曾當面向我稱讚，說方先生有兩項特色，「一是讀書很多，學問淵博；二是外語很好，能在國際表達」。他承認這兩項為其所不及，因而很欽佩。

當然，牟先生也曾以春秋責備賢者的心情，對方師提出批評，認為以方先生的資歷與聲望，未能把台大哲學系經營完善，所以有所微詞。不過，他也補了一句，「這可能與他的個性有關」，確實也很中肯。

因為，方先生自己也承認，他一生以學術為主，所以對於系務，從來不與人爭。結果有人就利用他這個性，從中把持，終於導致台大哲學系務長期積弱。他對此雖感嘆，但也感無奈。

因為他對人事紛爭，向來是不爭、不忮、不求，也不會向當局「告狀」，只會更加發心著述，雖然看似退讓、退居書房，但卻留下更多的傳世名作。這也可說是他面臨逆境，化悲憤為發憤的一種方法，只爭千秋，不爭一時。

明顯的例證，是他在民國卅六年就到台大，擔任台灣光復後第一任台大哲學系主任，他當時充實所有哲學圖書，重新整理完畢，對重建台大的哲學圖書，有很大的貢獻。然後，就把系務交給中大時的學生陳康教授（希臘哲學名家），結果卻因當時台大文學院長的杯葛，趁陳康出國開世界哲學會時，扣發聘書，導致陳康後來一直旅居海外。方先生從此更加憤而不再過問系務。

在這之前的例證，便是方師的摯友，名美學家朱光潛先生，也同樣被排斥。

朱光潛與方師同為安徽桐城人，並且一同念桐城中小學，從小感情就極好。民卅八年，方先生已來台，曾經力邀朱光潛到台大任教，朱光潛當時擔任北大文學院長，原則上也同意，但同樣被台大文學院長扣發聘書，並向方師明講：「等他來了，文學院長讓他做好

㊲ 同㉟，頁二九四。

㊳ 同㉟，頁二九四。

了。」

方師當時曾向該院長說：「我與他從小同學，很瞭解他為人，我用人格擔保，他絕對不會爭這位置。」後來時局變化快速，朱先生終於未能來得及赴台。

方師對此一直引以為憾。後來朱光潛在文革中慘遭紅衛兵嚴重迫害，他每看到相關報導，以及朱先生因迫害而瘦削的容貌，更是深以為慟。

民六十二年，當我在台大被排擠以及迫害，並被污衊為「職業學生」，方師也同樣告訴我，系中的紛爭，「有時東風壓倒西風，有時西風壓倒東風」，會因政治風向轉變，因此，「只有自己的著作最重要」。所以他勉勵我，多寫著作，不要捲入政治鬥爭。他當時深邃的眼神，至今都令我記憶猶新。

事後證明，果真如此。所謂「台大哲學系事件」，在台獨執政後，由台獨人士主持的調查報告，表面號稱「平反」，其實另有政治目的，雖然也平反了部分冤屈，但卻製造了另外的冤屈與不平：令人敬佩方師眼光的深遠，也再次證明，只有著作本身，才能在百年之後，留給世人公評。

記得我當時曾向方師表白，並非對政治有興趣，而是因為心存報國。

他當時就舉柏拉圖為例，說明從政要有兩個條件，一是準備降身為奴，才能在現實中生存，二是準備人頭落地，才能直道而行。

以我的個性，當然不可能降身為奴，所以只有選擇後者，「拎著腦袋講真話」；後來因為連續批評李扁兩任總統，成為超級的「欽命要犯」，明知山有虎，偏向虎山行，以致遭逢各種政治報復與迫害，說來也是其來有自，事出有因。

方師當時就曾提醒我，與其投入政治工作，不如多寫幾本不朽的著作，例如柏拉圖《理想國》、《法律篇》等。他這番話，令我終生難忘。

所以後來我曾婉謝經國總統的栽培厚意，並未在他任內專任從政，反而後來因為李扁走台獨路線，我看不下去，才挺身而出、批評時政，意在效法孟子精神，以「正人心、息邪說」為己任，嚴格說來，應屬「論政」，仍然並未「從政」。

今天，我雖飽經政治迫害與打壓，但仍激勵自己，要多寫著作，以報師恩，就是稟承這項心志；只是才疏學淺，寫得不好，仍然有愧先師教誨。

八

方師生平因為肯定「偉大的哲學，即偉大的詩」，因此對於印度詩哲泰戈爾，有份特殊的情感。

當泰戈爾過世時，方師曾經代表中國哲學會，作詩以表心意，題為：「天竺詩哲泰戈爾挽詞」。內容融合了道家的空靈精神，與泰戈爾的詩品特色，並以莊子稱頌老子的用語「博大真人」，贈送泰戈爾，形成惺惺相惜的歷史性美談：

東方道種智，證得依林藪，園丁新月夜，玄覽淨群有；
歸神托性天，博大真人後，燦爛死中生，發心獅子吼；
逝者全其天，榮名常不朽，生人綿博愛，萬古以為壽。㊴

在這輓詞中，方師先推崇泰戈爾，以超越性的慧眼，流眄萬物，俯視大地，「玄覽淨群有」；然後稱頌泰戈爾能夠挺身而出，在衰世喚醒民眾，「發心獅子吼」，進而追念他的博愛精神，肯定他「萬古以為壽」。全詩除了深具高深境界，更能表現其本身高明才華，令人欽佩。

除此之外，方師先後透過〈陳情贊希臘哲人〉、〈生意最可觀〉、〈聖人謠〉、〈讀易〉、〈朕問〉、〈無有歌〉等長詩，融合詩藝與哲學的特性，用詩的形式，表達出宇宙人生的哲理；不但境界深邃，而且寓意高遠，充份展現宇宙人生的盎然生意，並且馳騁玄思、宣暢氣韻生動的宇宙機趣，以其慧心，將萬物都點化成活潑神妙的生香活意。

方師曾經在《科學哲學與人生》的緒論中指出：

高妙的詩人往往以精神寄色相，以色相染精神，蓋深得「物亦具我之情，我亦具物之情」的旨趣。

很多方師寫景睹物的詩品中，都展現出綺麗香澤之態，此即方師將其慧心生意，縈蔓繚繞於物色之上，造成芳潔意境，以及高妙領悟，充分流露「在外者物色，在我者生意」的生命精神。

另外，他在多首長詩中，更展現了他一氣呵成、浩氣磅礡的氣勢；如〈含光老人用太白詩意寫龍舒山水見贈賦此稱謝〉，全詩頌揚永恆而神奇的宇宙生命精神，統攝儒道釋三家的宇宙觀，宣暢雄奇的大化生命，廣大悉備、了無餘蘊；很有李白的氣魄，堪稱生平力作。

尤其，方師很早就在〈生命情調與美感〉中指出：

> 儒道兩家觀察宇宙，皆去迹存象，故能官天地府萬物，而洞見其妙用，準此以言宇宙，則一切窒礙之體隱而弗彰，只餘藝術空靈勝境「照燭三才暉麗萬有」矣。

這種精神妙用，也正是方師在詩品中的神思根源。

另如〈集后山句寄汪辟疆〉，共集三十長句，各有古雅典故，更展現了他驚人的文學功力，與深厚的詩品素養，為中文界公認的稀世之作，深深值得讀者體悟其中妙趣。

難怪大陸的名詩人錢鍾書，曾經讚嘆：

㊴ 同❷，頁二三二。

中國古典詩人，如方先生者，今後絕矣！㊵

方師來台初期，所寫多篇詩作，同樣深具憂時情懷與愛國情操，他所寫的寶島各地風情，如今讀來，更覺親切溫馨。

例如他寫〈省訓團演哲理勗諸君以美有建已博大化人〉，即融會儒家與道家精神，引述莊子稱頌老子「博大真人」，以其「建之以常無有」，他略改為「建之以美有」，由此注入了詩情，並將「真人」改為「化人」，代表能够冥同大化、體悟勁氣充周的宇宙生命精神，境界另是新氣象。

另如〈板橋林氏園〉，〈下日月潭二水赴謝東閔山莊宴，謝君奔走國事十餘載今始歸覲〉，其內容，將本省大老謝前副總統的愛國精神，也表露無遺。

再如〈台南赤崁樓〉、〈安平城樓夜眺〉、〈嘉南大圳〉、〈自屏東度長橋返高雄〉等，均將思古的幽情，化為對寶島的情懷。

另如他曾經稱〈島上地名余最愛暖暖與鶯歌〉，從中更可以體會他的赤子之心，也可以看出他在遍遊台灣島之後，對這片土地投注了同樣的關心，並用詩品表達真誠的心聲。

綜觀方師所寫台灣各地景色，細讀其中內容，不但可看出他對這片土地的熱情，也可再次體認他從寶島遊中，所激發出的愛國精神。

方師生平很少讚許時人，因為他均用高標準評論，但他在詩詞中，仍留下幾首與時人的和詩、或者輓聯。從這些內容，也可看出，他極注重人品，尤其注重風骨與愛國精神。

例如，在抗戰時期，他非常推崇抗日名將的種種英勇行為。其中有篇〈羅卓英將軍寄示上高會戰凱歌四首〉，他便特別稱許羅將軍的戰功，「書此美之」。

從本詩中，很可看出方師滿心分享戰勝的喜悅，同時再次宣揚中華龍虎精神，盼能以此繼續力克「妖氛」，全詩洋溢著活躍進取的奮戰意志：

將軍好武更能文，自填新詞記戰勳，
綵筆游揚龍虎氣，雕戈馳突犬羊群，
驚狂雷電存亡繫，譎幻風雲勝負分，
道路爭傳登畫閣，山川無垢靜妖氛。㊶

另外，他還曾經〈詠拿破崙〉，以壯其開疆拓土與統一的豐功偉業，但也感嘆他的大起大伏，最後仍然歸隱：

㊵ 同㉟，頁二九四。
㊶ 同❷，頁二二五。

暴虐窮兵成拓土，神威養卒為蒸雷；
乾坤反覆山河圻，荒島歸魂鬼一堆。㊷

除此之外，他也以澎湃的愛國精神，「書憤調英倭結約」，將此比喻為海賊的「狐婚」，並引荀子斥「二足而無毛」，怒責日寇毫無人道精神：

身成空寄夢，國破更驚魂；
日月摧頹逝，乾坤殺伐存；
神州憂豕突，海賊論狐婚；
二足無毛者，為人道不尊。㊸

反之，北大校長蔡元培先生，因為生平很注重人格教育與愛國精神，曾經公開強調「愛國要培養完全的人格」，所以方師很欽佩其精神風範，曾作〈蔡子民先生挽詞〉，稱頌其在衰世中「情高介石堅」：

洪柯搖落後，風韻幾千年；
調古空山冷，情高介石堅；

兒孫羅萬樹，咫尺拂長天；

隔霧耽平楚，希言返自然。㊹

另外，他對台大校長傅斯年也極為推崇，稱頌他「生為文虎，歿為人龍」：

淳樸風猷，士之楷模，國之楨幹，

穆清才望，生為文虎，歿為人龍。㊺

他對老朋友左舜生先生，也很敬佩，稱其「史範並兼才學識，軌儀常見讜貞公」。

蔣公過世之後，他也特別肯定蔣公領導抗日聖戰、完成驚天地而泣鬼神的戰功：

少西伯專征有九年指揮

能事迴天地，

㊷ 同❷，頁八四。

㊸ 同❷，頁一〇二。

㊹ 同❷，頁一五五。

㊺ 同❷，頁四六八。

剩軒轅廟算零三戰訓練
強兵泣鬼神。[46]

蔣公過世一年後，他再賦小詩，因蔣公曾兼任中央大學校長，所以他稱其為校長 總統蔣公，並稱「永懷高韻」：

星極南移後，擎天一柱尊；
百年三萬日，薄海仰義軒。[47]

由此可證，無論外界如何對蔣公誹謗與抹黑，但方師仍從大處著眼，從民族的大義與愛國的精神，肯定蔣公的歷史地位與功績。

方師生平一身傲骨、兩袖清風，並且傲岸公卿，從不求人，所以由此詩中，也可看出他對蔣公是由衷的敬重。

事實上，即使在中國大陸，近年也對蔣公領導全面抗戰等功績，趨向正面肯定，稱之為「尊重歷史」；因為，畢竟蔣公領導中國抗戰、廢除了不平等條約，一掃百年國恥，使中國成為世界四強之一，並且同時光復台灣澎湖，這些都是無法否認的歷史事實；尤其蔣公一生堅守民族大義，堅持一個中國原則，也是無法否定的愛國立場。所以如果超越國共恩怨，從大處來看他的歷史地位，肯定功大於過。

展望今後，因為連戰在民國九十四年與次年訪問大陸成功，國共已經進入和解的新局面，兩岸未來能否和解，力量一致對外，共同以「振興中華」為己任，將是民族能否復興的重要關鍵；此時再深入研讀方師作品的民族情操與愛國精神，對後人實有很大的啟發性！

九

方師在憂時憂國中，多以遊山玩水，排遣逆境中的鬱悶，並以音樂欣賞做為重要的消遣。從詩作中，也可看出他寄情山水的風骨。

後來到台灣，他也經常約學生共同爬山，師生成群，共遊近郊青山，此情此景，至今仍然恍如昨日。

但他也有心情低落、託辭懶散而未應邀爬山的時候；此時他就把滿腔孤寂，昇華成為陶鑄眾美的瑰麗詩品。

例如抗戰時期，他的好友朱光潛（號孟實），曾經函邀他到成都同遊省城。他雖稱懶未

㊻ 同❷，頁四八六。

㊼ 同❷，頁四八八。

去，卻因此寄去很好的詩品，令朱光潛大為驚嘆，在回函盛讚稱未料方師作詩也如此優美。

這是因為方師作詩很少示人的原因，直到方師辭世後，才能問世，由此也可看出他的風格與原則，作詩不在求名，而在自娛與書憤。

他寄給朱光潛的作品，題為〈孟實約赴成都同遊青城峨嵋懶散未應卻寄〉：

峨嵋皓月蛾眉態，峭壁青山陗筆苔；
娟娟艷舞千雯褩，粲粲妍簪萬萼梅；
未除玄覽遭狂笑，肯寫文心娛赤孩；
峽外烽煙危客感，鳴鞭怕近望鄉台。[48]

本詩內容，前兩句生動而技巧的形容峨嵋峭壁，用「蛾眉態」比擬「峨嵋皓月」，用「陗筆苔」比擬「峭壁青山」，如此以諧音為詩韻，又能一語雙關，可稱神來之筆，慧心獨具，很自然的流露方師縱橫馳騁的才華，與別具巧心的詩藝。

另外，從詩中「肯寫文心娛赤孩」，可以看出他與朱光潛的感情深厚，也可看出他對朱光潛赤子之心的人格，極為稱讚。

最後一句，他則點出「烽煙」中的憂國心志，而用「怕近望鄉台」，表露他近鄉情怯的故國感傷。

全詩既見巧思，更見才氣，尤見愛國精神，難怪深通《文藝心理學》的美學家朱光潛，都為之讚嘆不已。

另外，方師也曾以〈贈門人程石泉〉，表達戰時在後方重逢的喜悅，並且提醒門生，即使在烽火逆境中，仍應具有弘揚元氣、振奮生機的豪情：

曾向鍾山伴老松，瓊華秀出錦屏峰，
色融麗日晴霞地，香泛希聲密義鐘；
橫溢生機侔造化，搴來元氣與陶鎔，
隨雲舒卷存天壤，縹緲游文喜再逢。㊾

文中所說鍾山是指南京，老松則為中央大學的名勝「六朝松」，代表方師回憶在南京中央大學任教的情景。此時在大後方與門人再逢，劫後餘生，自然欣喜萬分。

程先生曾幫方師筆錄演講稿〈易之邏輯問題〉，所以方師此中寫道：「橫溢生機侔造化，搴來元氣與陶鎔」，便是勉以盡吸天地造化的生機，陶鎔俱化，據以克服戰爭中的逆

㊽　同❷，頁五二。
㊾　同❷，頁三三一。

境。

程先生後來在學術上也造詣深厚，並曾榮獲教育部學術著作獎，他終身對方師虔誠追隨，可稱戰亂中感人的佳話。

同為方師門生的唐君毅先生，從中央大學哲學系畢業，後來新婚之際，方師同樣贈詩以為慶，名為〈君毅新婚為之詠〉：

日月貞明際，乾坤定位時；
百花齊發采，二氣合成奇；
露渥同心苣，香稠對影帷；
娛神開玉匣，妙得無聲詩。㊿

方師在此引易經中的哲理，用「日月貞明」、「乾坤定位」比喻陰陽成婚，二氣合成，並以「同心」相勉，寓意極為深遠。

後來唐先生本身也卓然成家，而且終生伉儷情深，令人羨佩。尤其他夫人對其一生照顧備至，讓唐先生能專心於哲學思考及寫作，成為唐先生不可或缺的生活支柱；她的書法渾厚有力，常為唐先生著作題字，二人真正做到了「同心」。

唐先生後來在香港創辦新亞書院，退休前每次到台灣，必定拜見方師，並在日記中尊稱先生，執禮甚恭。

曾經有一次，方師在台北邀宴唐先生，筆者有幸作陪，親自聽到唐先生稱頌方師，為在台灣哲人的第一人。後來他在所遺的信函中，也明確稱頌方師：「當世能通透東西哲學者，吾師以外亦無第二人。」[51]可看出他由衷的敬意。

方師在重慶時，常與中央大學中文系教授和詩，如汪辟疆、胡小石、李證剛等，均為重要詩友，所以留下多首名作，深值細細品賞。

抗戰勝利後，他也曾作〈次魯實先朱梅四絕韻〉，意境非常深遠；在第一首寫道：

赫奕檀心吐古紅，催詩宜雅亦宜風；
揄揚國命臻無極，元氣淋漓大化中。[52]

這首詩品在弘揚梅花的精神，堅忍不拔，足以宣揚國族生命，更可上承大化生命，把梅花元氣的淋漓盡致，描繪得極為生動。

另外，他在第二首換韻後寫道：

---

[50] 同[2]，頁二七六。
[51] 《唐君毅全集》，台灣學生書局，民國七七年出版，卷二十六，頁三二。
[52] 同[2]，頁三四四。

神根天受自高華，五百年來玉樹花；
活態生香能壽世，似梅人格屬吾家。㊼

文中既稱頌梅花充滿生機、活態生香的精神特色，更讚揚其高潔堅毅的精神人格，也可看成方師的自況之辭。

在第三首，方師描繪紅梅，是用道家的沖虛精神比喻：

妙道無封出太初，深根寧極證沖虛；
紅情縹緲綿天地，散影傳神入綺疏。

第四首，再回到儒家的天人合德，足以羞煞其他萬花。

容顏玉潔更冰清，指似天人意氣盈；
一笑嫣然春奪魂，萬花羞落澤山平。㊾

綜觀上述，方師特別以梅花比喻玉潔冰清的人格，在衰世中更見珍貴，全詩意境高遠，用典深邃，並且渾然天成，再次證明了方師詩品的高明功力，也再次展現了方師作詩的心中動力，仍為火熱的愛國精神。

這種愛國精神，成為方師在逆境中奮發圖強的不二法門，所以能夠愈挫愈勇、不屈不撓；究其源頭，仍是中華文化的民族精神。

正因中華民族有此精神，所以能夠歷經數千年，從來沒有亡過，雖然歷經各種憂患，但始終能在逆境中，更加生生不息、堅忍不拔，成為全世界最足以自豪的特色！

這種民族精神，促成了孫中山先生辛亥革命成功，推翻了滿清專制、建立了民國，也形成台灣很多先賢的抗日精神，如羅福星、蔣渭水、林獻堂、連雅堂、謝東閔等人，均為明確代表，充分證明了兩岸血濃於水，同為中華民族的精神特色！

相信，今後只要兩岸都能再次弘揚這種中華民族精神，勇於挺身而出、伸張正氣，弘揚公義，那就必能再次振興中華，創造揚眉吐氣的新時代！

---

53 同2，頁三四四。

54 同2，頁三四四。

第五章　星雲大師從人間弘佛法

一

民國六十八年，我即有幸與星雲大師結緣，如今回想，深感難得。

民國六十八年八月，我創立東海大學哲學系，榮任首屆系主任，兼人文學科主任，曾向梅可望校長提議，禮聘大師為榮譽講座，在東海大學人文學科，向全校的同學講授「佛教人生哲學」。承蒙大師當時一口答應，並在百忙之中，每週從高雄到台中授課，每次上課，學生都擠滿了最大的課堂，一直是最受同學歡迎的熱門課程。

這種精神，為了青年而不辭辛勞，就是關懷生命的「人間佛教」精神。

因為，以大師的地位與忙碌，竟能只為一個班的同學，願意來回奔波，前後共達六年之久，沒有任何大師架子，的確令人欽佩。我很有幸在二十七年前，即能為此做為見證。

尤其，大師在民國九十四年弘法五十年紀念的《雲水三千》畫冊中，還特別追憶這段往事，並反過來表達對東海梅校長的謝忱，這種重情重義的風範，更加值得效法。

他當時曾向我提到，以一所基督教大學，能邀請佛教法師講學，這種胸襟很不容易。但我反而覺得，他以佛教大師，能夠不分學生的宗教背景，用平等的愛心相待，非常值得敬重。

本來當時校中，也有少數同仁持反對意見，經我溝通之後，他們也能接受。可見大師與人為善的精神，的確有目共睹，令人佩服。

大師在東海任教時，曾經主動向我提到，願提供獎學金，給窮苦的學生。我心中驚喜之餘，立刻遴選一批清寒優秀學生，他(她)們終生都很感念。總計六年期間，大師在東海教課，自己非但未拿一毛錢鐘點費，反而每年貼錢給清苦學生，這種胸襟，至今仍令我感動！

有年冬天，承蒙大師在春節前，送我一只金錶，並且說起，今後想辦一所大學，希望我能相助。我當時深感受寵若驚，心中對他遠見非常敬佩；只是那時新辦大學的機緣還沒有成熟，如今大師已經在海內外創辦多所大學，其精神毅力，也的確令人驚佩！

後來，我曾應邀訪問美國的西來寺，很驚嘆其規模之雄偉、與氣象之恢宏，更深覺大師很有大氣魄、大格局與大胸襟。如今南華大學、與佛光學院等，已經招生多年，我心中更是為他高興。

大師於東海任教期間，有一次聊天時，我曾經向他偶然提到，很多師生感嘆，東海只有山沒有水，因此想要蓋一個「東海湖」，卻又苦於沒有經費。他當時很客氣的說，讓他試試看，結果沒多久，竟然就慷慨捐贈了新台幣一百萬元，在當時是筆大數目，後來終於能在東海農場旁邊，興建了東海湖，成為重要的景點。

大師這種主動助人的熱誠，至今仍令我印象深刻。

東海梅校長為了對大師表達敬意，曾經有一次，在公館邀請大師素宴，並且先把所有鍋子都徹底清洗乾淨。大師知道後很客氣的連說，「不敢當，不敢當！不用這麼麻煩。」謙沖的胸襟令大家如沐春風。當時還有名作家陳曉林、韓韓等作陪，我全家大小也應邀參加。餐後全體並在校長公館庭院留影，此情此景，至今都還歷歷在目。

民國七十三年，是我心中充滿痛苦的一年，因為先室毅虹不幸在三十六歲生病往生。大師聽到後，立刻主動在台北道場為她舉行七七法會，並以盛大的「放焰口」致意，我對大師的深情厚義，至今仍極感動。

當時我在旁讀佛經，看到經中有「火焰化紅蓮」這句，心中極有觸動，深感這正是對毅虹年輕生命的真切形容。

民國九十二年，兩岸發生大規模的非典疫情，大師應大陸邀請，領導兩岸佛教界，在廈門舉行盛大的弘法祈福大會；現場人山人海，很多民眾還花錢購票進場，盛況空前，可見其威望之高隆。

他在法會後，搭機從大陸返台，正好我也應邀率領台灣大學生參訪回來，又能有機緣與他在飛機上相逢。

當時我承大師厚愛，邀約同坐。在空中的旅程，我向他請益了很多問題。包括兩岸前景、振興佛教、提昇人心等等，幾乎無話不談。我能夠在旁聆聽他高見，深感榮幸，對他的弘願、慧見與悲心，更是親身再作一次深刻的見證。

民國九十四年八月二十三日，承蒙大師親自來電，關懷近期我被政治迫害的蒙冤近況，仿佛雪中送炭，在世態炎涼中，更讓我感到像一股暖流般的溫馨。

英國詩人拜倫有句名言，令我一直印象很深：

逆境是通向真理的第一條道路。

尤其，近年我連遭空前逆境，因而勤研佛經，並廣讀中外名人的傳記；我常自問，我生平以服務為己任，做了很多善事，怎麼會反遭冤屈打擊？我也研究古今聖賢，思考他們若是在世，均會如何因應？

我在反覆的閱讀與思考之後，心中更加肯定：逆境是自我成長的動力，逆境更是自我磨練的契機。所以在這段痛苦的時光中，「人間佛教」的理念，給了我很大的溫暖與啟發，我因而更加欽佩星雲大師的智慧、悲慈、與身教。

二

星雲大師當天主動提到，將送我一本近作；隔兩天後，即收到《星雲模式的人間佛教》，內容更有重大的啟發性。

在封面的扉頁上，先有高希均先生的介紹，非常中肯：

> 我們不能把星雲大師的成就，只歸功於機運；不能把他的「事業」，只認為是宗教；更不能把他的影響，侷限於台灣。星雲大師的貢獻，實在已經跨越宗教，超越台灣，飛越時空。❶

在同頁中，還重點介紹了星雲大師的功德，很有代表性：

◎創辦過五十所佛教學校，人間佛教教育第一人。

◎重編藏經、翻譯白話經典，人間佛教現代化第一人。

◎成立出版社、圖書館、佛教電視、廣播、報紙，人間佛教宣揚第一人。

有了這些客觀事蹟之後，很自然的結論，便是封面所用的稱號：

——實踐「人間佛教」第一人！

因此，本書名為《星雲模式的人間佛教》，的確非常名符其實，對於星雲大師如何弘揚

---

❶《星雲模式的人間佛教》，滿義法師著，天下遠見公司，二〇〇五，封面。

「人間佛教」，以及相關的理念，說明的很清晰。

本書在剛打開的內容，有幅星雲大師仰望佛堂的陽光，很有象徵意義；然後有四句謁，也很發人深省：

心懷度眾慈悲願，身似法海不繫舟，
問我平生何功德，佛光普照五大洲。❷

星雲大師在此自述，身似法海中的不繫舟，但仍心懷普度眾生，永持慈悲大願，若問功德何在，則不只在台灣，也不只在亞洲，而是在五大洲！綜觀大師的心血努力，的確如高希均所說，「超越台灣、飛越時空」！

高希均另曾推崇星雲大師，在海內外推動的「人間佛教」，是另一個「台灣奇蹟」、另一次「寧靜革命」、另一場「和平崛起」❸，比喻也很中肯，但也值得進一步補充說明。

因為，「台灣奇蹟」基本上是指經濟面，而星雲大師推動的人間佛教，則擴及了社會面與心靈面。

至於「寧靜革命」，則本為李登輝所提，但並不成功；他靜悄悄的把憲法修改了六次，如今證明形同毀憲，連他自己原先自誇的「可保三十年安定」，現在三年都不保，造成總統有權無責，不受任何監督；影響所及，很多高層貪污腐化橫行，人民怨聲載道，所以兩者無法相提並論。

但從宗教看，星雲大師所推動的人間佛教，對中國與世界的佛教界，的確是一次成功的「寧靜革命」。

他將佛教形象，從出世拉回到入世，從厭世拉回到救世，從空寂拉回到實踐，從痛苦的人生拉回到歡喜的人生，把從前灰暗的佛教，提昇到亮麗的佛教。這種靜悄悄的心靈提昇，才是真正的寧靜革命。

至於「和平崛起」，是指大陸從一九七九年採行「改革開放」政策之後，經濟開始突飛猛進，外匯存底從當年的十五億美元，大幅升到二〇〇五年底的八千多億美元，已經高居世界第一，超過了第二名日本，以及第三名的台灣。全世界都承認，大陸確實在「和平崛起」。

平心而論，這種崛起與台灣的經濟奇蹟很類似，但仍還是先從經濟層面、物質文明崛起，尚未及於社會、文化、與人民素質等精神層面。

因而，就此而言，星雲大師提倡的人間佛教，很能夠提昇人民品質、充實精神文明，今後與經濟發展更能收互補互濟之效。

---

❷ 同❶，內頁照片第一張。

❸ 同❶，頁一。

所以，高希均在此的觀察與判斷，確實非常中肯：

近年來，大師多次受邀訪問大陸，他對中國大陸的愛心，已經播下了友誼的種子，遲早必然會對海峽兩岸有所貢獻，發揮對社會人心淨化的功能。❹

另外，高希均也歸納，大師在文教領域的各種功德，洋洋灑灑如後，可以說是「星雲模式」人間佛教的具體例證：

◎一九六七年創辦佛光山，啟動了「人間佛教」弘法之路。
◎創辦了十六所佛教學院。
◎在美、台創辦了三所大學。
◎在台灣另有八所社區大學，在世界各地有五十所中華學校。
◎重編藏經，翻譯白話經典。
◎成立出版社、圖書館、電台、人間衛視、《人間福報》等。
◎海外已有兩百多個別分院與道場，九個佛光美術館。
◎一年旅程大約繞地球兩圈半，平均每天一百六十公里。
◎在《雲水三千》影像專欄裡，列舉了大師五十年來的「創意」與「第一」，至少有七十一項（如二〇〇四年，國際佛光會世界總會獲得加入聯合國非政府組織（NGO））。

◎個人獲得榮譽（如榮譽博士、勳章、獎狀等），更不計其數。❺

余秋雨見到星雲大師後，印象是「大師形象大、格局大、氣魄大、心胸大、理想大」❻。可說非常有代表性，也可做為「星雲模式人間佛教」特色的最佳註腳。

英國大哲培根有句名言，在此非常發人深省：

歷史能使人賢明，詩歌造就聰明的人，數學使人高尚，哲學令人深奧，道德使人穩重，邏輯和修辭學使人擅於議論。

同樣情形，從大師推廣人間佛教的種種功德中，我們也可以見證：

人間佛教使人慈悲，人間佛教更使人間充滿愛心與光明！

❹同❶，頁一〇。

❺同❶，頁四。

❻同❶，頁一一。

三

事實上，早在十五年前，民國八十年，星雲大師本身傳記，書名即為《人間佛教的星雲》，已有很多重大的啟發性。

該書的標題，直接就提到，星雲大師以倡導「人間佛教」為其特色。固然在大陸上，太虛大師已經提出這概念，但真正發揚光大的實踐者，仍從星雲大師開始，確可稱第一人。如今時隔十五年，星雲大師在美國、在台灣、在大陸，乃至在世界各地的弘法功德，更為蒸蒸日上，普受敬重，均可做為重要的客觀見證。

在星雲大師的傳記中，陸鏗提到一個小故事，也頗有意義。

那是遠在一九八八年，美國世界佛教徒友誼會第十六屆大會，星雲大師成功的化解兩岸名稱之爭，秘訣就在能夠用平等心，讓兩岸相互尊重，都設身處地為對方著想，因而能達到雙贏的結論，可說是他深具智慧心與平等性的具體象徵。

另外，中研院民族所宋光宇研究員，曾經有篇文章，記述星雲大師的禮佛歷程。其中提到他弘揚佛教的兩項特色：「入世」與「樂修」，也可說非常中肯，值得重視。

該文中提及，星雲大師對於佛教的振興，歸結起來有兩個特色：一方面肯定現實生活中，需要先求「入世」，再求出世，也就是超越生死。二方面就是主張「樂修」，而非只講苦修。

這兩項之特別，在於很能夠去除一般人的刻板印象，對佛教建立清明的新形象。難怪很多人稱他為「佛教界的馬丁路德」，可稱非常貼切。

事實上，從前很多人批評佛教，主要也就是這兩點，一是認為對人生只講「苦」、不講「樂」，二是認為對萬事只講「空」、不講「有」。

例如宋代大儒朱熹，便是典型代表。他曾明確批評佛學，出發點只是「怖苦」，並且批評：「釋氏虛，吾儒實。」

如今看來，朱子因其受時代的限制，對佛經未能深入研究，所以會存有成見與邊見。因為，如星雲大師強調的人間佛學，就同樣也講「樂修」，同時也講「妙有」，與「真空」並重。

如今星雲大師的人間佛教，從根本上改革，所以同時強調入世志業，並且透過具體功德，建立人間佛教新形象。其重要性確如西方的馬丁路德，今後的影響必定會很深遠。

所以，星雲大師對初學佛之人，經常強調清靜生活，不必一定入山修行。大師並且主張，學佛應該同時重視人間，不必只求出家，甚至還應有「出出家」的胸懷。如此才能以出世的精神，做入世的事業，也才能真正促進此世的繁榮。這才真是人間佛教的真諦。

大師創立佛光山時，有人批評太商業化。但如今看來，這是在現代必須具備的企業化精神，只要目的符合弘揚佛法、廣種福田，能用現代化的管理，反而更應肯定。

記得民國六十四年，整整三十一年前，佛光山草創沒多久，我陪同原燕京大學校長梅貽寶先生夫婦，以及美國客座教授布希夫婦（即美國在台協會前主席卜睿哲的父母親），從台中轉了好幾道車，到佛光山禮佛。

當時佛光山已初具規模，從大雄寶殿，更可看出金碧輝煌的雄偉特色。因而有人問，佛寺不是應該非常儉樸，看來是苦行僧所住的嗎？當時寺中法師便曾說明，佛國淨土本是黃金鋪地、七寶建屋，並不一定要很寒傖簡陋。

另外，當時接待的法師也引星雲大師所說，學佛不一定要苦修苦行，所謂「人間佛教」，是講生活情趣，講財富豐足的，是慈悲道德的，也是超越悲喜的新境界。令人聞之，大家頓覺得耳目一新。

事實上，星雲大師很早就曾提醒信眾：

阿彌陀佛說的極樂世界，黃金遍地，宮殿樓閣皆為七寶所成，極盡莊嚴堂皇。❼

因此，他進一步強調修佛教法，不一定以窮苦為清高。❽

宋光宇稱之為「隨俗而修，不落苦修」。如此信仰佛教，肯定可以獲得幸福快樂，對於接引現代人的心靈，便很有重要性；對於怕苦、避苦的現代人心，尤具重要的啟發性。

我在大陸上講學，常問年輕同學，心中有什麼信仰？對佛教有什麼看法？他（她）們多半仍停在從前的刻板看法，認為佛教讓人覺得必須要苦行，聽起來很可怕，而且看來都很貧窮，令人敬而遠之。因為時下年輕人都追求快樂，也追求富有，自然對他（她）們缺少號召。由此看來，星雲大師倡導的「人間佛教」，正是針對人心需要而從根本改革，這才真正有吸引力。

德國大哲康德（I. Kant）有段名言，與人間佛教的精神，很有異曲同工之妙：

> 苦惱是活動的原動力，唯有在活動中，我們才會感覺到我們的生命。

根據佛學，苦惱可稱為「逆增上緣」，因為把逆境看成力爭上游的原動力，反而可以形成「逆緣菩薩」，只不過是用相反的方法，促使自己上進而已。所以，真正佛學所看的煩惱，此時已不再是煩惱，而是奮發上進的動力，這更是啟發智慧的契機。

事實上，星雲大師初到台灣時，因為並非國民黨員，「到處遭遇困難，講經不准，說法不准，居住要查戶口。」可說充滿了逆境，那時大師幾乎「每天都被當成是間諜潛伏在台灣一樣」，後來他甚至曾被逮捕，坐了二十三天的牢獄。❾

---

❼ 同❶，頁三九七。

❽ 同❶，頁三九七。

❾ 星雲大師回憶錄，《有情有義》，圓神出版社，一九九七，頁五三三。

然而，星雲大師並未灰心，更未氣餒，反而因為這種逆境，更加奮發努力，養成了堅韌個性，成就了逆增上緣。

正因如此，星雲大師非常重視在別人逆境中，伸出溫暖的援手，真正可說「有情有義」。他在《回憶錄》中提到，多年前，每到花蓮弘法，縣長吳國棟常列席聽講，他對吳國棟的正直，印象非常深刻。⑩

但是，突然有一天，他從報上看到吳國棟涉嫌圖利他人，而被撤職查辦，後來又聽到他父親往生的消息。所以他就摸黑，遠從高雄連夜趕到花蓮拈香致意，當時吳國棟全家大小非常感動，淚流滿面送他出門。⑪

後來，吳國棟歷經多年纏訟，終於在近年才獲得清白，但他已經面無表情，因為，遲來的正義並非正義。

然而，星雲大師有情有義的身教，卻讓所有人為之感動。

我今同樣碰到誣陷冤案，同樣承蒙星雲大師情深義重的關懷，很可為他的有情有義做見證。

另外，民國三十八年，除星雲大師外，當時還有慈航法師等，共三十二位僧人被誣陷入獄。⑫後來吳伯雄父親吳鴻麟省議員幫了不少忙。所以吳老先生往生時，星雲大師也特地從菲律賓趕回國，參加第二天早上的告別式。

吳伯雄因此也多次提到，星雲大師是「有情有義」的人。⑬

星雲大師將心比心的捨身相挺，就是從逆境中磨練出的重大啟發，本身也是一種慈悲的菩薩心，也正是人間佛教的重要精神。

根據大乘佛教：「煩惱即菩提」，「離開煩惱，便無菩提」。我們在此或也可說：

「離開生活中的煩惱，便無佛教」、「離開生活中的情義，便無佛教」。

所以，星雲大師曾經指出：

佛教一旦離開了生活，便不是我們所需要的佛法，不是指導我們人生方向的指針，佛教如果不能充實我們生活的內涵，那麼佛教的存在是沒有意義。

回憶我在東海創辦哲學系時，就有相同感慨，因為「哲學」給人一般刻板的印象，也多是離開了生活，離開了現實，成為空中樓閣，淪為空談無用之學。當時我對德國大哲史懷哲

❿ 同❾，頁五三三。

⓫ 同❶，頁三七八。

⓬ 同❾，頁五三四。

⓭ 同❾，頁五三四。

(Albert Schweitzer)的名言，就很有共鳴：

哲學如果不關心社會，那社會也不會關心哲學。

所以，早從東海哲學系起，我就提倡「應用哲學」，具體而言，亦即「傳統結合現代」、「理論結合實際」，以免空談無益。經國先生當時對此甚為稱許。

民國七十五年，我到中央大學任文學院院長，創辦哲學研究所，也本此特色，以「應用哲學」與「中國哲學之現代詮釋」為兩大特色。就基本心志而言，可說同樣是關心生命、生死與生活，堪稱與人間佛教，為同樣精神。

四

中國近代大儒梁漱溟先生，青少年時很信仰佛教，並曾在北大任教，講授印度佛學，但後來對佛教覺得不滿足，而傾心於儒家。究其主要原因，便是認定佛教觀念中，「人生基本是苦的」⓮，但後來卻發現孔子，是以「悅樂」出發：

全部論語通體不見一「苦」字，相反地，劈頭就出現悅樂字樣，其後樂之一字隨在而見。⑮

因此，他自稱逐漸「糾正過去對人生某些錯誤看法」。⑯

事實上，如果梁先生看到星雲大師對佛教的正解，相信即能瞭解，人間佛教主張樂修，而非苦修，並非一味只強調痛苦，否則當然會嚇跑很多現代人，並非佛陀的究竟真諦。

另外，梁先生在一九六六年寫《儒佛異同論》時，認為儒佛有同有異，相同者均係「對人而說話」，均為生命修養的學問。

但不同者，則是儒家「從不離開人說話」、「以人做為立腳點，再歸結到人」，而佛教則「站在遠高於人的立場，最後歸結於成佛，而不復歸於人」。

其實，梁先生所說不同處，並未深入佛經。因為，佛教修行最後成「佛」，正如同星雲大師所說，乃是「覺悟的人」，也並未脫離人，這就是「人間佛教」的精義。

梁先生在民初所感受的佛教，可能是他從前刻板的印象，以為佛教不顧人間，今後自然有待人間佛教信徒大力改革，才能得到正解。

除此之外，梁先生自述中，強調他從青少年起，心中就關切人生問題以及中國問題。他

---

⑭ 梁漱溟，〈自述早年思想之再轉再變〉，《憶往談舊錄》，北京，中國文史出版社，一九八七，頁三一。

⑮ 同⑭，頁三三。

⑯ 同⑭，頁三三。

因看到軍閥蠻橫、禍國殃民，自己感到「吾曹不出，如蒼生何？」有種緊迫的時代使命感，所以從佛教再歸儒。可見其心目中所認定的佛教，畢竟仍然只是出世，認為儒家才是入世的。

他在《東西文化及其哲學》中，曾明白指出：

> 孔與佛正好相反，一個是專談現世生活，不談現世生活之外的事；一個是專談現世生活以外的事，不談現世生活。這樣，就致佛教在現代沒有多大活動的可能。[17]

然而，如今星雲大師強調，「用出世的精神，做入世的事業」，能夠融合儒佛，就變成非常重要。這也形成「人間佛教」的重大特色。

另外，大師強調，他關心政治，但從不干政，主張「問政不干政」。他也很關心中國問題，有人因為與他立場不同，便誣其為「政治和尚」，但他一貫泰然處之。他曾明白指出：「去中國化」是「開時代倒車的封閉思想，希望當政者應該認清時勢，切莫逆勢而為，這才是人民之幸。」[18]

他並明確主張，兩岸應和平統一，「統一的先決條件必須建立在『平等與尊重』之上」，如此才能「平等共尊，和平共榮」。[19]這是儒家的仁心，也是佛家的悲心。

正因他能有這種改革的理念，才能促進人間更多功德。相信今後唯有如此多弘揚人間佛教，才能促進更多眾生接受佛教！

另一位近代大儒熊十力先生，曾經有部名著《新唯識論》，出版之後，有人批評他「援佛入儒」，甚至「揚儒抑佛」，對其名相與概念多所質疑。其實就此而言，哥倫比亞大學副校長狄百瑞（De Bary），一生研究宋明理學，有段話可說很持平：

> 佛學不只是一個概念系統，同時是一種信仰、一種實踐，如果只在外部做理智的分析，不免隔鞋搔癢。

熊十力先生在《十力語要》中，曾經公開強調：「佛教的道理是偉大的」。[20]因為什麼呢？因為佛教特色在於：

> 智周萬物，故自在無掛礙。悲孕群生，惟大雄無恐怖。（雖悲而無怖於險惡。）仰之莫測其高，俯之莫極其深。[21]

---

⑰ 梁漱溟《東西文化及其哲學》，商務印書館，一九八七年，頁二一〇。

⑱ 同❶，頁三五四。

⑲ 同❶，頁二九七。

⑳ 《中國歷代思想家》熊十力部分，李霜青著，中華文化復興運動總會主編，一九七八年，頁五三。

㉑ 同⑳，頁五三。

然而他很擔心，佛教「豈可遠離人群以為道嗎？」㉒因而就此而言，「人間佛教」才是最好的歸宿，既有悲心與智慧，而且也不會陷入頑空。

先師方東美先生也曾向我提過，熊先生的著作，本來就稱「新」唯識論，所以不必用舊論批評。他並曾對歐陽竟無先生所說，「佛學非哲學、非宗教」，進一步指出，其實「佛學亦哲學，亦宗教」；進而強調，佛學不只是哲學概念，同時更是宗教信仰。

所以，星雲大師如今提倡「人間佛教」，既重視其中哲學理念，也弘揚其中宗教信仰，很能成功的融合儒家哲學與佛學宗教，在中國佛教史上，確有很大的突破創見。

熊十力先生曾強調：

> 中國佛教徒自昔以來，好尊佛法於九天之上，而以排斥固有的學術為能事。他們不知，推至天外，便與人間絕緣。

他並批評當時佛教的風氣，「未來的願望強，現在的興趣弱。」㉓

如今，星雲大師大師所倡「人間佛教」，正是把天外的佛教，再拉回到人世，並落實到現在的人生，所以很能從根本振興與改革佛教。正如同韓愈能「文起八代之衰」，成為文風的改革者，星雲大師可稱「教起八代之衰」，而且比韓愈的「闢佛」，胸襟更加恢弘，真正是振衰起弊的佛教改革者。

事實上，方東美先生很早就曾指出，佛家與儒家在精神上有高度的契合：

> 儒家當下肯定人性的「可使之完美性」，佛家則謂之「佛性」，而肯定為一切眾生所具有者。㉔

所以方師曾進一步強調：

> 佛家思想既是一套哲學系統，又是一派宗教教義。佛教弘法大師都具有先知的知能才性，把目光凝注在人類最後之歸宿處，與未來一切有情眾生之慈航普渡的大解脫上。

就此而言，台灣提倡人間佛教的大師，正是最好例證，星雲大師可稱其中重要的典範。

五

㉒ 同⑳。

㉓ 同⑳，頁五三。

㉔ 方東美，《生生之德》，台北黎明公司，民六七年初版，孫智燊中譯頁二八七。

另外，星雲大師常強調，人間佛教的理念，歸根結柢，其實仍然源自佛陀：

> 釋迦牟尼是人間佛教的創始者，六祖惠能及太虛大師，皆為人間佛教的提倡者。

這正如同儒家中，宋明大儒所提倡的「理學」、「心學」，其實創始者，仍為第一代的孔子。只因漢儒太重教條，形成僵化，所以需要返本開新，以大胸襟進行大改革。

如今大陸與港台學界都公認，「新儒學」中可分三代，以熊十力、梁漱溟等先生為第一代，唐君毅、牟宗三等先生為第二代。方東美先生在大陸，也被稱為廣義的新儒家，他與熊十力先生為同一代朋友，晚年還曾專門講授「中國大乘佛學」與「華嚴宗哲學」，並曾親自拜訪廣欽法師禮佛，可稱對佛學最能深入有正解。

尤其，方東美先生曾在國際學術界，用英文比喻[25]，儒家是一種「時際人（time-man）」，代表能在時間之流中，生生不息，並視世界為一創化而健動不息的大天地；道家則是一種「太空人（space-man）」，崇尚「虛」、「無」、「空靈」，憑藉詩人之眼提神太空、放曠流眄，超化濁世俗塵；而佛家則是「兼時空而並遺」，故尚「不執」與「無住」，離一切相、並度一切苦，其「真空」與「妙有」，可說兼儒道而能會通。這種比較研究，的確很能深入佛學最勝境。

因此，若以同樣方式分期，則大陸時期的太虛大師，或可稱「人間佛教」第一代，星雲大師等人在台所推動的「人間佛教」，或可稱「新佛教第二代」，以行動與實踐，在台灣發揚光大，相信今後在兩岸的歷史中，必能產生重大的影響。

旅美名史學家唐德剛曾引用孟子名言：「五百年必有王者興」，他從宗教上，認為二千五百年前是釋迦牟尼佛，二千年為耶穌，一千五百年前有穆罕默德，一千年前是玄奘、慧能，五百年前是馬丁路德，而現在是星雲大師。㉖這種說法乍聽似乎大膽，但細思之下，確有其道理在。

因為，人間佛教在歷史的定位，猶如宋明的新儒家，為求返本開新，恢復孔孟本來精神，所以產生程朱、陸王等大家。

如今星雲大師推動人間佛教，改革時弊，恢復佛陀本意，在台灣實踐的最早，也最具實效；就事功而言，明顯超過太虛大師；就資歷而言，則明顯超過其他的道場，所以稱其為代表「人間佛教」的實踐第一人，也代表「新佛教」改革力量，的確非常中肯。

法國大哲巴斯噶有段名言：

> 人類只不過是一枝蘆葦，自然中最脆弱的蘆葦。然而，他是一枝會思考的蘆葦。

㉕ 同㉔。

㉖ 同❶，頁三一〇。

因為人類會思考，才能有智慧。然而，只會思考還不夠，另外還要有愛心，才能讓人間有光明。

就此而言，人間佛教強調「悲智雙運」，讓人們能領悟：「以大智故，不住生死；以大悲故，不住涅槃」，因為有大智慧，才不會在俗世滅頂，又因有大慈悲，才不會離人間而避世；這種悲心與智慧，正是今天人類最需要的救人救世良方。人間佛教能夠如此結合人心，結合需要，結合社會，自然是歷史上重大貢獻。

對於佛書為什麼會常遭誤解？熊十力先生曾指出，佛書不容易讀，讀的人，必先準備四個條件，一是抽象力要極高，二是分析力要極強，三是會通力要極大，四是要有廣大心、真實心。㉗

他認為上述四條件，缺一而不可，而第四條尤為根本。

但是持平而論，芸芸眾生之中，要能同時兼備這四種條件，真是談何容易。所以，只有靠「人間佛教」的深入淺出，結合人生，用通俗化、現代化、生活化來弘揚佛學，才能真正普及眾生。

換句話說，今後佛教的形象，既不能變成只是老太婆的宗教，只會背「心經」而不解其義，但也不能變成只是學者的宗教，滿腹經綸，卻與世隔絕。

就此而言，「人間佛教」的社會特色，或可稱為第五項，亦即極廣的「菩薩行」：把一切理解力、分析力、會通力、真實心，都通通落在廣大的「行」上。唯有用菩薩行實踐善知識，才能算是正解正行。否則一切高妙佛理，也只成為空談，形成另外一種清談。

星雲大師在《金剛經》講話中，論述「心應無住而住」，強調有幾點安心之道，很能說明此中精義。

一、酷暑寒冬都美。

二、南北東西都好。

三、高低上下都妙。

四、人我界限都無。

這四項「安心之道」，都是歸於平等心，看起來都無分別，但整體都從正面肯定，「都美」、「都好」、「都妙」。即使第四項講人我界限都無，也是「無分別心」的慈悲精神。這就從金剛經的「空靈」中，突顯出「妙有」的大用，代表菩薩的真空與妙有並重，實有深意在內。

這一種「菩薩行」，與儒家強調的「篤行」、陽明先生的「知行合一」，以及老子所說「上士聞道，勤而行之」的精神，即完全能會通；既結合了中國儒、道、釋，而且人人可

㉗ 同⑳，頁二〇。

行，處處可行，相信也正是「人間佛教」最能發光發亮之處。

六

中研院研究員宋光宇曾分析星雲大師的佛教改革，也非常具有啟發性。

文中提及，佛教在民初以前，已經走上消極避世的途徑，慈禧太后雖然信佛念佛，但卻與國運及時代完全脫節；所以到民國初期，太虛大師便發起振興佛教的呼籲，但一直到了星雲大師，才能真正實踐力行。

星雲大師很早在《佛光學》中就曾指出：

> 能改，是進步的動力；甚至戒律也可以修正，不能修改的就另定制度，如白丈禪師另定叢林清規。㉘

他很早也提到，佛教不一定要裝窮，不一定要修苦行。因為，佛法是要帶給人歡喜的，有歡喜才會有法喜。

因此，星雲大師指出：「現代化」是弘揚人間佛教很重要的理念。他強調，現代化的佛教，應以解決人生問題為宗旨，是以人文思想為本位的宗教，而不是虛幻不實的清談。

所以，針對「如何建設現代佛教」，他主張要有人間進取的精神，要有樂觀喜悅的說理，要有資生利眾的事業，要有悲智願行的性格。㉙

換句話說，星雲大師講的很重要：

> 佛教不但要與時代結合，而且要對國家社會有所貢獻，才有存在的價值，否則一定會遭到社會淘汰。㉚

因此，星雲大師強調，真正的人間佛教：

> 現實重於玄談，大眾重於個人，社會重於山林，利他重於自利。㉛

其特色即在指出：「生活即佛法，佛法即生活」；佛法不離開生活，更不離開人生。

星雲大師並曾引《華嚴經》中所說：「但願眾生均離苦，不為自己求安樂。」認為這就

㉘ 同❶，頁一五三。
㉙ 同❶，頁一五八。
㉚ 同❶，頁一五八。
㉛ 同❶，頁三七。

是人間佛教的基本思想。[32]

因此，他主張「淨土即現代此岸」[33]，這才是人間佛教特色。歐洲日報因此譽他為「宗教思想史上最具革命性的變革。」[34]

大師在日記中，更曾明白提到，「佛教要改革，才能振衰起弊。佛教要弘揚，才能對人間有所利益」。他從事實證明，他種種的苦心，均為改革佛教，可稱真正以佛教改革為己任。

大師在解讀《金剛經》中「不住於相」的真諦時，曾經舉個例子，非常生動感人。[35]有一個商人，平時信佛，但生氣起來對母親態度很不好，經常嫌棄母親。有一天到寺廟，看到觀音菩薩形象莊嚴美好，便問住持，「怎樣才能見到觀音菩薩呢？」住持法師回答：「你回家去，如果看到衣服穿反了、鞋子套錯邊的那個人，就是觀世音菩薩，她是有求必應。」

商人高興的回家去，但一路上張望，沒有看到觀音菩薩，心中開始生悶氣。等回到家門，就大聲的敲門。結果，他母親聽到急促的敲門，趕緊出來應門，以致衣服、鞋子都穿反了。

商人看到母親的樣子，猛然想起，這不就是法師所說的觀音菩薩嗎？母親不就是對他「有求必應」嗎？

從此他心生省悟，並幡然懺悔，一改他從前作風，非常孝順母親。

這個故事說明，觀音菩薩可能不在天邊，也不在衣服鑲金邊，而就在自己身邊，只要心中猛省，恢復本性善根，就見到觀音菩薩了。

所以，成佛不在外求，而在內求；不在天空，而在人間；不在身後，就在生活。

此所以星雲大師曾引述一首詩偈，非常發人深省：

> 佛在靈山莫遠求，靈山只在汝心頭；
> 人人有個靈山塔，好向靈山塔下修。㊱

當然，所有的改革者，剛開始都會被認為冒犯，甚至冒瀆，因而飽受批評與責難。馬丁路德的改革，當年便被教廷認為冒瀆神明，歷經各種辛酸痛苦。這正如大文豪蕭伯納所說：「所有偉大的真理，一開始都被認為是冒瀆的語言。」

所以愈在這時，愈需要有精神毅力，堅定信心、愈挫愈勇！

㉜ 同❶，頁三二七。
㉝ 同❶，頁三二九。
㉞ 同❶，頁三二九。
㉟ 《金剛經講話》，頁七三。
㊱ 同㉟，頁七二。

美國人權領袖金恩博士在此有段名言，很能發人深省：

對一個人的終極評價，不是看他身處順境的安逸時刻，而是看他身處逆境和面臨挑戰的時刻。

星雲大師來台之後，因為主張人間佛教，歷經了很多逆境與挑戰，但他都能用信心與精神毅力一一克服，如今終於功德廣被，普受眾人愛戴。他這種處逆境之中，仍能堅持改革的毅力與信念，更加值得欽佩與效法。

星雲大師在日記中曾經強調：

佛教要改革，才能振衰起敝，佛教要弘揚，才能對人間有所利益。㊲

星雲大師所做的佛教改革，根據相關文獻，可從三個重點分述：㊳

第一，要「教制改革」。亦即把散漫的僧侶，加以組織訓練，成為弘法的老師教員，這種做法能從根本去除只修個人的舊習。另外，他又將信徒訓練成廣大的社會慈善家與宣傳者，這種改革，先從提升佛教神職人員的品質作起，對擴大佛教當然有極重要的功用。

只是在大陸時，因為時局動亂，未能充分實踐，反倒來了台灣，星雲大師從宜蘭做起，一步一腳印，五十年來，果然能夠遍地開花結果，形成另一種珍貴的「星雲經驗」，足為大陸佛教界、甚至全球佛教界的重要參考。

第二、則是「教理改革」。亦即揚棄從前陳舊形象，以為佛教只做廟會、念經拜懺，成為農村愚夫愚婦們的宗教。他大力提倡，應正視人生積極面，用正當的觀念與健康的態度，去面對人生，而不再陷溺於「生命即痛苦」的宿命論中。

這點非常重要，因為像美國一般人心，都以「享受人生」(enjoy life)與「家庭親情」為價值觀，如果讓人們誤以為佛教是厭棄人生、毀棄親情，自然會引起很大誤解，無法吸引民心。因此，要能從正解的態度與工作中，去實踐佛法，先要形成健朗進取的人生觀，才能促進個人有成就、國家也能繁榮。

否則，如果佛教本身不思改革進步，只等宿命輪迴，當然就無從促進經濟繁榮。結果變成人窮、國家也窮，顯然並非幸福之道。試觀東南亞地區有些佛教，就因囿於人生即痛苦的舊觀念，並且只講厭世出世，只等來世輪迴，不思上進改革，當然無法促成個人與國家的進步。

第三，則是「教產改革」，這部份是強調，應打破「靠教吃教」的態度，[39]倡導依靠自

---

37 同1，頁一〇四。

38 《人間佛教的星雲》，天下文化公司，民八〇年，宋光宇文。

39 同38。

己勞力，依靠自己的學識德性，來養活自己。而且寺院都屬教會所有，並非某某和尚的私產。

星雲大師在此做的很成功，而且很徹底。他可說是最早禪讓、並建立接班制度的大師；從親手創立的佛光山，讓位給接班人，再於美國多處創建多處寺廟，他都從未引為私有，為社會各界都樹立了極好的典範。

一般人對接班問題，口頭講起來很容易，但要真正做到卻很困難，因為人心通常都會戀棧、私心自用。但大師能夠以身作則，從教產管理、到接班制度，都做了很好的改革榜樣，的確深值大家敬佩。

綜合而言，台灣的佛教界，從星雲大師推動實踐人間佛教、大力改革以來，另外還有證嚴上人的慈濟功德會、聖嚴大師的法鼓山、中台禪寺的惟覺老和尚、以及靈鷲山的心道大師，各道場都從各方面，大力弘揚同樣的精神，為眾生、為佛教，做了無數功德，因而共同形成蓬勃發展的「台灣佛教經驗」。

這種經驗，源自慈悲心，形成大功德，目前已贏得大陸宗教界、佛教界，甚至全世界佛教界的敬重。今後若能因緣成熟，再將此成功經驗回饋到大陸，相信對這全球最大福田，必能產生無量的功德！

當然，從另一方面看，因為星雲大師最早主張改革，並且力行改革，所以在過程中，自然會碰到很多阻力、甚至污衊。他在成名後，更受到許多誹謗。有次在東海大學、他向我提到，有人跟他說，應對誹謗者依法控告，但他只笑一笑，並未採取行動。

這也令我想起，今天很多佛教界的上人、大師，均曾經歷官司纏身，或經各種誣陷，包括星雲大師、證嚴上人、心道大師、惟覺老和尚等，均曾因為不同原因蒙冤、受辱、遭謗，甚至挨告！但他（她）們均不約而同能泰然處之，一笑置之。這種胸襟與修持，實在深值我們凡夫效法與力行！

這令我想到，俄國大文豪契訶夫的名言：

要是命運狠心地欺負您與我，那就不必跟它求情、對它叩頭，而要用笑面對它，要不然它就會笑您。

這種「笑看命運」的心胸，比起「笑傲江湖」，更為謙和，更為自信，並且更為恢宏，正是今後我們應多學習之處！

七

民國九十四年一月，我曾率台灣傑出青年團，從北京到南京，當時應江蘇省書記李源潮的邀請面談，席間我曾特別提議，南京特色為六朝古都，如作《梁皇寶懺》的梁武帝等，在南京締建了很多佛教名寺，今後值得弘揚光大，做為城市特色。

另外我更建議，那年是抗戰六十週年勝利紀念，回憶南京當年發生大屠殺，死難同胞三十多萬人，如今也已六十多年，但亡魂一直未能超度，深值兩岸佛教界共同合作，為他（她）們超度祈福，以示兩岸同心，並示永懷苦難的同胞。

這個提議，當時即很受有關領導人士重視。在我返台之後，南京相關部門還來電詢問，應該如何進行。我心中即想到，應該邀請星雲大師率團前往。因為大陸非常敬重星雲大師，而且他早年十二歲，就從南京棲霞寺剃度，很有因緣與地緣，所以我即電請大師惠允，並請大師指導企劃。

大師當時人在美國，後來又去海南，並再到北京。承他後來電話告知，北京國家宗教局與南京相關部門，均已表贊同。

他提議辦兩場，一為宗教法會，二為紀念音樂會。我對他的慈悲熱心與劍及履及精神，深表敬佩，隨即向他說明，我因政治打壓，冤案纏身，甚至還被士林地院檢察官與法官違法限制出境，形成台灣司法史上的空前惡例，恐怕無法共襄盛舉，心中深感痛惜與遺憾。

他很關心我的情形，電話中還詢問了許多近況，並定於八月二十七日，在台北會晤。

在八月二十七日的會晤中，星雲大師先約我在台北道場見面，以其悲心與慧見，談到很多重要問題，約一個小時，令我印象很深刻。

首先，他慰問我蒙冤的心情，並殷切的致意。這是我自忍辱含冤以來，很少碰到的溫情與關心，所以心中如同寒冬遇到暖流，深覺溫馨與感動。

他並主動提到，在政治鬥爭中，經常「欲加之罪，何患無辭」，所以根本無需我多說明辯解，這就更讓我感到被信任與尊重，非常的貼心。

另外他又強調，很多事情「不辯自明」，無須多花唇舌回應，根本不必理它。然後他引佛經說法，如同狂狗咬人，難道也要回應嗎？的確一針見血，發人深省。

星雲大師曾在弘法中，講述兩則避免鬥爭的故事，很有啟發性。

其中之一，大迦葉有天對佛陀稟報：[40]

「佛陀，有兩位比丘，心性剛強，一位是阿難的弟子難荼，一位是目犍連的弟子阿毘浮，兩人時起爭論，相互爭誦經唄。明日約定一次勝負，比賽誰論出的經唄最多，誰說的法最勝！」

佛陀立刻找來兩人，詢問他們：「你們有聽過我的教誨中，有教導人彼此鬥爭，分別勝負高低的經義嗎？」

「我們不曾聽過！」

「真正勝利的人，是止息貪瞋癡的迷亂……，背誦千章萬偈，不明自心，於解脫何

---

[40] 佛經中的《雜阿含經》，見星雲大師《金剛經講話》，頁一四五。

益？」

我因曾經擔任立委問政，很多時候面對部分官員硬拗狡辯，難免態度強硬，自認理直氣壯，但是反省之後，也覺應該調整態度、理直氣和，不必瞋怒鬥爭，否則於事無益，反而升高對立氣氛。

另外，星雲大師又曾舉佛經故事為例，說明「婢女與羊相爭」，導致兩敗俱傷。[41]該故事中，羊常趁婢女不在時，偷吃豆粉，婢女常被主人責打，因而再拿杖捶打羊。結果有一天，羊看婢女正在生火，手上沒杖，便用角去攻她；婢女又氣又急，便用著火的木柴打羊，結果羊痛得翻滾，身上火苗引起大火，燒盡村人與房舍。

這個故事象徵「火燒功德林」，無論平日功德多大，但若心中瞋怒上火，就會燒盡所有功德。回想我雖受辱，但也不能生氣，對此應多學習。

記得當天大師還問及，我為兩岸青年學生，組織交流參訪的情形。因為他還記得，上次我們坐同班機返台，我正好率學生團一百多人，同坐長談的情景。此外，他也很關心我為兩岸服務的近況。

當我向他進一步說明，我們「兩岸人民服務中心」成立七年以來，服務工作已達七千多件，只是外面很少知道。他相當的驚訝，立刻提到，歡迎將相關事蹟寫出，投到〈人間福報〉，讓更多人知道。

隨即，他立刻請慈容法師進來，向她轉述我們兩岸人民服務中心的業績，並指示今後多聯絡與合作，更讓我感到他劍及履及的風範，以及人溺己溺的愛心。

最後，大師強調，願意親自率團，為南京大屠殺的死難同胞，作法會、慰亡靈，並以音樂會紀念，然後囑我從中繼續協調。經我後來進一步連絡北京與江蘇省相關部門，他們均承諾全力支持，並分工進行，訂於十一月上旬舉行。

因此，這項六十年來，第一次為南京大屠殺亡靈慰問的法會，確定能夠推動，也形成兩岸共同合作的宗教盛會，意義不但重大，而且寓意非常深遠。我對大師的慈悲與仁心，心中充滿欽佩，可說再增添了一次見證。

當天，星雲大師順利率團參加，聽說做法會時，整個天地變色，並下了傾盆大雨，為平日所罕見。很多法師認為，這代表很多冤靈感應，應為殊勝功德。

星雲大師本來邀請我隨團參加，並曾親自向高等法院去函，保證一週之後，我必隨團回來，其俠義精神與慈悲胸懷，令我終身感動。

但是後來，台灣高等法院法官仍然限制我的自由，拒絕讓我出境，甚至理由還說，用「視訊」就可以，憑添台灣司法史上空前怪異的理由。

㊶ 佛經中的《雜寶藏經》，見上書，頁一四四。

八

民國九十四年八月二十八日（星期日），在台北市國父紀念館，星雲大師舉行信眾皈依大典，共有近二千多人共同皈依。

承大師的厚意，他在典禮講話中，特別提到南華大學校長陳淼勝博士伉儷，以及愚夫婦的姓名，我心中很感溫馨。

他講到我的時候，還特別提及從前我當東海大學系主任時，請他去教書的因緣。在大會之後，我向他提到，如今「因緣成熟」，所以能有此次皈依。他也笑著回稱，可見「因緣」的重要。因為很多年前，他就曾向我說明，「因果」，就像電腦一樣精細，我至今都還記得。

典禮結束後，蘋果日報記者跑來訪問，說他看到我很驚訝，問我何以會想到參加皈依大會？我腦中湧起的第一句話，就是「因緣成熟」，所以回答這四個字。然後約略說明從前我與大師的因緣。緊接著，他再問我冤案近來情形。

我回答，從《金剛經》的「忍辱波羅蜜」中，我體會到佛教特性，把今世的蒙冤，看成為前世除業障，這就有其積極意義。另外從儒家看，忍辱也正是一種磨練，更可因此「動心忍性，增益其所不能。」

回顧大師今天在典禮中對「皈依三寶」的開示，也很發人深省。

他在說明「皈依佛」時強調，「佛是覺悟的人，人是尚未覺悟的佛。」簡單的兩句話，就把「眾生皆有佛性」說得非常深刻，很有畫龍點睛之妙，對「人間佛教」更有一針見血之功。

在今天會場中，他首先要大眾念出「我是佛」，要大眾將佛與自己本心結合起來，強調「心裡有佛」就不一樣，確實很有喚醒人心的功用。

其次，針對「皈依法」，他也指出，真正佛法核心，就是兩個字：「緣起」，也就是明瞭因緣與因果。他指出，這有平等性、必然性、與普遍性，就是一種真理。如同人餓要吃，人生後必會死。舉的例子都很通俗易懂。

他特別以「瓜子」為例，指出因緣成熟之後，又可再生西瓜；說明生生死死，綿延不絕。他將深奧的生死問題，用深入淺出方式表達，很有啟發性。

再其次，針對「皈依僧」，他也提及，這就是種福田，由心田中發心，皈依法僧。

他並指出，「佛如光，法如水，僧如田。」用很生動的比喻，形容佛如同心中的電力公司，是種光源；法如同水力公司，法水長流，可以洗滌罪業。這種比喻，可說人人能懂。

最後他也提及，盼望大眾今後在「信佛、拜佛、求佛」後，還能「行佛」，化為行動。

全場在莊嚴氣氛中，由大師一一為信眾灑淨而圓滿結束。

在當天皈依大典中，其他師兄師姐，還有大學校長、中研院研究員、企業家、新聞媒體人、醫師、工程師、會計師等人，很多都有高學歷博士、碩士。大學畢業約占四成，高中畢業佔四成。青年（二十—四十歲）也約佔四成，二十歲以下佔二成，總計青少年有六成，真不容易。另外，女性佔百分之六十四，男性百分之三十六。本省籍更佔多數，再次證明宗教力量廣大無邊。我深信，今後只有宗教的愛心，才能真正超越族群、超越統獨、超越仇恨，建立全民的平等心與慈悲心，從而促進台灣的光明，以及兩岸的和平。

內人當天榮獲法名「普德」，小兒法名「自悟」，內人告訴他，是「自我覺悟」，要覺悟「能早起」。他頑皮的回答，是孫悟空的「悟」。他每次都會搞笑，也是天生本性。

坐我旁邊的陳校長，法名「普智」，其夫人為「普慧」，正好合成「智慧」，很可看出大師的細心。尤其每份證書，還中英文兼備，另有信封鄭重套好，上寫姓名，從小看大，也可看出佛光山認真嚴謹的精神。

尤其，大師還在現場發給信眾，人手一冊《皈依三寶的意義》。封底特別指出，「皈依的最深意義，最終目的，乃是皈向自己的自心、自性。」這句特別精闢，也特別需要身體力行。

因為，這話正代表了人間佛教真諦，一切仍歸向本心自有的佛性，代表仍要自助，才能有他助；同時也說明了真正救人救世的真理：唯有先自救，才能有人救；唯有先自助，才能有天助！

所以，星雲大師曾強調「佛光不以經懺為職業」[42]，他將經懺佛事當成「和信徒結緣的方式之一，不可用為商業行為。」[43]

針對「人間佛教」的特性，星雲大師也曾指出：

> 人間佛教就是佛陀本來的教示，佛陀本來的教化就是人間佛教，佛陀當初說法四十九年，不是對鬼神傳教，也沒有對畜生、地獄說法，完全是針對人間而說，對人所說的佛法，當然叫做人間佛教。[44]

這也類似西方哲學大師柏拉圖（Plato）的精神，他其實也強調，哲學真正目的，就在拯救現象世界，也就是要能拯救人間。他的哲學內容，也正是針對人間種種問題，所講的廣大智慧，因此英美近代大哲懷海德（A.N. White Head）曾稱：「西方兩千年的哲學，其實都只是柏拉圖的註腳。」正是對柏拉圖此種精神的稱頌。

然而，柏拉圖思想的後人，卻有些未能體悟此中苦心與悲心，以致經常流於空泛論辯，並且輕視現實人間，終於造成亞里士多德（Aristotle）挺身而出，強調應重視人間與倫理。法國大藝術家拉斐爾深悟此心，所以才在梵蒂岡教宗博物館的壁畫上，畫了柏拉圖與亞

---

42 同1，頁一〇四。

43 同1，頁一〇四。

44 同1，頁九。

里士多德師徒二人；柏氏手指上天，手持「宇宙論」（Timaeos），而亞氏則手按地面，手持《倫理學》（*Ethics*）。代表亞氏心志，盼能將柏拉圖從天上拉回人間，也等於在強調「人間哲學」，深具象徵意義。

此所以西方基督教，雖然很多都以「他力」宗教為主，如哥德式教堂的尖頂高聳入天，象徵寄望天國，但真正令人感動的，仍在強調「人間天堂」（Heaven on Earth）的情操，這正如同「人間佛教」強調「人間淨土」，精神完全相通。

這也令我想起柏拉圖的名言：

> 國家和人沒什麼兩樣，因為國家和人都是由各種性格所組成。

根據柏拉圖所說，人由「金、銀、銅」三種組成，亦即「理智、氣概、欲望」，國家也相同，因而需要智慧提昇境界，也需要仁心普愛眾生。

就此而言，政治本應稟承理智，才有理想性，但現實政治中，卻充斥了各種私心欲望，變成既無智慧、也無慈悲，當然很難做到。所以此時仍然亟須宗教力量，從根本提升靈性，尤其像人間佛教的慧心與愛心，值得多多提倡，才能真正救人、救國、與救世！

九

筆者先師方東美先生，晚年熱心宣講中國大乘佛學，尤其特重華嚴宗；星雲大師所推崇的，也以杜順大師的華嚴宗為主。佛光山金碧輝煌的建築，也近乎華嚴宗所稱的金色華嚴世界。回顧我在青年時期有幸得方師教誨，受益良多，中年後因緣成熟，又有幸從星雲大師領會人間佛教，對此中因緣很感榮幸。

尤其，方師所講佛學，常引華嚴宗所提的「上下雙迴向」，對我影響很大。上迴向是指，將人的精神靈性向上提昇；下迴向，則指人的心志悲願向下紮根。究其根本，正與「人間佛教」精神完全相通。

事實上，中國儒釋兩家的基本精神，在此也可說很相近。因為儒家強調「下學而上達」，孔子「登泰山而小天下」，但同樣也要迴向人間，促進己立而立人、己達而達人。道家莊子固然深具超越精神，馳情入幻、洗盡塵凡，如大鵬鳥般能上迴向，與造物者同遊，縱橫馳騁、逍遙翱翔，但同樣強調「人間世」，要返回人間，強調平等心與「齊物論」。

由此可見，「人間佛教」的精神，正是儒、道、釋的共通精神，也是生命境界在提昇超拔之後，再迴向人間的悲憫仁心；能有這種恢弘胸襟，自能超越門戶之見、融會各家之言，這才能真正有大格局與大功德。

陽明先生為公認大儒，對佛教用功也很深，他曾在《傳習錄》中引《金剛經》：「應無所住而生其心」，並稱佛陀所講，「本來面目即吾聖門所稱良知」；另外特別強調「行」的重要，指出要在「事上磨練」㊺，才算真功夫。凡此種種，均與人間佛教著重實踐等特色，完全相通。

然而，以陽明先生如此大儒，卻也對佛教仍有誤解。所以他曾經說：

吾儒養心，未嘗離卻事物；只順其天則自然，就是功夫。釋氏卻要盡絕事物，把心看成幻相，漸入虛寂去了。與世間若無些交涉，所以不可以治天下。

但事實上，人間佛教正是強調「未嘗離卻人間事物」，「度生重於度死」。而且，連成吉思汗都篤信佛教，卻能橫跨歐亞、大治天下，並盛讚佛教能治心；另外清代盛世如康熙、雍正、乾隆均信佛，宮中很多佛堂，怎麼會「不可以治天下」？所以哲學界前輩陳榮捷院士曾評論，陽明先生對佛學禪宗：

只攻其出世，而忽視其聖俗並重，及於佛家之心說，亦欠了解。

這確實也是持平之論。

另外，熊十力先生也曾指出：

> 儒家論學，開始就要立志。佛家論學，開始要發心願。志趣不正，心願不宏，縱然勤於世智辯聰，終不過成為一個細人。㊻

可見在他心目中，儒家與佛家也有相通之處，對世道人心都很有幫助。

除此之外，他也強調，儒家與佛法可以互補互濟，很有卓見：

> 儒家的窮神，而不能深深的體察到寂然處，便會發生滯有的缺陷。佛法歸寂，而過份比喻於幻化，反會有耽空的拖累。

所以，唯有兩者互通有無、互相會通，形成「真空」「妙有」並重，才是真正的大道。準此而論，可以證明，「人間佛教」便是最理想的結合。要能融合佛學與儒學的特色，如同華嚴所稱「六相圓融」，這才是真正的大智慧與大慈悲，也可稱為中華民族真正的共命慧。

另外，在中國文壇中，蘇東坡為一代大文豪，也可稱為會通儒、道、釋精神的典範人

㊺ 王陽明《傳習錄》。

㊻ 同⑳，頁二一。

物。

他在青年時候，於進士應考時，所寫「刑賞忠厚之至論」，明顯源自儒家仁學，等他到後來被奸人誣陷、屢遭冤屈時候，經常吟詩自娛，自稱「東坡居士」，又明顯源自佛教精神。他那首聞名的〈赤壁賦〉寫於被逐之中，很可看出心胸的恢宏。

他先壁立萬仞、放曠慧眼，感嘆三國時代，一世之雄，「而今安在哉？」然後領悟，「且夫天地之間，物各有主，苟非吾之所有，雖一毫而莫取。」但江上之清風，與山間之明月，卻取之無盡，用之不竭，「是造物者之無盡藏也」，從而體會治心的重要。這很可稱為會通儒、道、釋的重要代表作品。

另外，他也曾舉大詩人白居易為例，不但「自稱香山居士」，並且強調生平，「以儒教飾其身，佛教治其心，道教養其壽。」很有推崇之意，足證其胸襟遼闊、境界深遠，很能融合儒道釋的共同精神。

重要的是，星雲大師能將佛教高深的學問，化成通俗語言或故事，結合生活開示，所以貢獻與功能，比很多學者要大得多。

例如，很多人在苦難或憂愁中，經常失眠，或睡不安穩，大師便曾結合佛法與安穩眠，引述《大般若涅槃經》的梵行品，非常發人深省：

身無諸惡業，口離於四過，心無有疑網，乃得安穩眠。

身心無熱惱，安住寂靜處，獲致無上樂，乃得安穩眠。
心無有取著，遠離諸怨仇，常和無諍訟，乃得安穩眠。
若不造惡業，心常懷慚愧，信惡有果報，乃得安穩眠。
敬養於父母，不害一生命，不盜他財物，乃得安穩眠。
調伏於諸根，親近善知識，破壞四魔眾，乃得安穩眠。[47]

的確，一個人能否睡得安穩，已成為現代社會的共同問題，固然醫藥可以略為幫助，但更重要的，仍在「調伏諸根」、調整心靈，不把心中煩惱執著帶到睡眠；如此白天不造惡業、心中常懷慚愧，不作虧心事、心中坦蕩蕩，自然就能得到安穩睡眠。

由此可見，「人間佛教」的特色，就在結合人間生活，針對普遍通病，教人自省，去除痛苦，非常具體可行，深值共同體悟。

十

綜合而言，「人間佛教」理念，在佛教經典中早已存在，如佛經的《增一阿含經》，很

[47] 星雲大師《金剛經講話》，頁一五二。

早就指出，「三世諸佛，不在天界，不在他處，皆於人間成佛。」亦即「諸佛皆出人間，終不在天上成佛也。」

中國禪宗六祖大師也提醒，「佛法在世間，不離世間覺」，近代太虛大師更強調：「仰止唯佛陀，完成在人格。」只是很多人未能領悟，以致誤認為佛教趨向「斷滅空」，而且只重出世，忽視人間。

此時，「人間佛教」便如同及時雨，很能濟焦潤枯，重新將佛教注入新生命。

回顧從前歷史，佛教的「中國化」，已由歷代大德逐次完成，所以能夠集合眾多精英，撰成無數經典；然而，今後佛教的「人間化」與「生活化」仍待繼續弘揚，而佛教的「現代化」，更是今後能否弘法成功的重大關鍵。

由此看來，星雲大師推動的人間佛教，真正能夠承先啟後、繼往開來，其重大功德，對大陸的福田，乃至世界的福田，都是很重要的希望所在。

星雲大師曾對「人間佛教」定義其內容：

> 佛說的、人要的、淨化的、善美的；凡是有助於幸福人生之增進的佛法，都是人間佛教。

簡單的說，人間佛教主要內涵，就是「關懷生命」。

大師對此說得很中肯：

> 人間佛教包括生命、生死、生活。生命是人間佛教的體，生死就是人間佛教的相，生活是人間佛教的用，乃至人間萬有環環相扣的關係，就是人間佛教。

換句話說，人間佛教以人間為核心，以「生」字為樞紐，扣緊「生命」、「生死」、與「生活」等人人關心的問題，再擴及人間萬有環環相扣的關係，形成圓融通達的人生觀與宇宙觀。

因此，人間佛教的最高境界，根據大師所述《佛光教科書佛光學》，就是「自他一如，同體共生，法界圓融，通達無礙。」

這也可說，正是中國儒、道、釋的共同通性。

先師方東美先生經常用英文，向世界弘揚中國哲學，他經常以「廣大和諧」(Comprehensive harmony)，表達中國哲學儒、道、釋的共同通性，並以「生生之德」(Creative creativity)表達中華文化的精神特色，也正是深值世人效法的人間佛教精神。

尤其，方師深諳華嚴要義，其「六相圓融」，在於融合宇宙間萬法一切差別境界，重點「意在闡示人人內具聖德，是以自發佛性，頓悟圓成，自在無礙。」更重要的是：

此一真法界，不離人世間，端賴人人澈悟如何身體力行，依智慧行，參佛本智耳。㊽

這種一真法界，「不離人世間」，正是人間佛教的精神，從人間推廣平等心，在人間激勵菩提心，也正是要推行廣大和諧的生命世界，堪稱儒道釋的最勝境。

只不過，在儒道釋三家之中，佛教的「因果論」，為其獨到特色，對於人生解厄、忍辱、精進，有其重大特殊貢獻，值得特別論述。

例如，星雲大師曾經提出，即使「覺悟的佛陀」，仍免不了有九種罪報：

一、孫陀利女惡言嗔罵；

二、旃遮女譏嫌清淨；

三、提婆推石害佛；

四、木樁傷石；

五、釋迦族被滅，頭痛三日；

六、食用馬麥；

七、背脊疼痛；

八、苦行六年；

九、空缽而返。㊾

以佛陀當世的清寒刻苦，當然沒有任何罪業，但他仍然遭受上述九種罪報，證明《金剛經》所說非常正確：

> 若為人輕賤，是人先世罪業應墮惡道，以今世人輕賤故，先世罪業即為消滅。

就一般凡人而言，在當世的果報，可能在某事上犯錯，並未得果報，因而在另外事上，蒙冤受難，看似不公平，然整體看來，仍為公平。

這是從當世的平面橫向來看，若是從前世的立體縱向來看，則一個人如果在當世所作均為善事，卻仍被輕賤，就那如同《金剛經》所述，是為前世先人消除業障，這種犧牲精神就更為可貴。

有位政大教授向我提到，在英國留學時，聽到有位英國教練，說身心障礙者是前世罪業所致，引起很大誤解，因而被迫辭職。其實此中重點，應在於身心障礙者，是為前世清除業障，從這種正面意義理解，或許能得正解。

當然，或許有人批評，這豈不厚誣先人？但在此所指先世，代表無始以來歷代先人，並

㊾ 同❶，頁二七七。

㊽ 同㉔，頁三一一。

非特定的先人。在那麼多的歷代先人中，若稱曾有罪業，應算合乎情理。

然而，退一萬步而言，即使歷代先人都沒有任何罪業，從佛教因果看來，此世的努力，仍然可為今後子孫儲存果報。如果有人在此世無辜受輕賤，並非為前世化除業障，那也可視為替後世子孫預先受苦，提前去除子孫罪業，同樣有其偉大可貴的犧牲精神。

所以，弘一大師曾經針對重病的人，從因果論述，即此同樣精神：

若痛苦時，痛苦長劇者，切勿驚惶，因此痛苦乃宿世業障，或亦是轉未來三途惡道之苦，於今生輕受，以速了償也。

也就是說，重病的人，在痛苦很嚴重時，可看成為前世消除業障，或為後世預償業障，而在今世重罪輕受；如此犧牲自己，照亮他人，精神非常可貴。

由此可見，佛教的三世觀，從縱的方向，能綜合計算歷世人生的功過，確實更能解釋很多現世不平之處，也更能激發人心，在逆境中更加奮發，不致灰心喪志。

因為，只要心中能領悟，自己受苦受難，可以幫先人消災解厄，或可以幫後代預先去災，並能福留子孫，無論哪一種，均代表犧牲奉獻的情操。如此一來，不必動輒與人鬥爭，更不必採用恐怖暴力，形成冤冤相報，那就更能邁向和平和諧的社會。這種佛教因果輪迴的重要特色，很有撫慰個人心靈、推動人際和平的重大功能。

哈佛名學者杭廷頓（Huntington）在論述世界未來時，曾經指出，未來世紀有三大文明鼎足而立，一是基督教文明，二是回教文明，三是儒家文明。

他認為，前兩者必定會彼此爭戰，生靈塗炭，這個預言如今不幸已經成真。

但他顯然獨漏佛教，並對「人間佛教」缺乏瞭解，因而未能聽聞佛教「因果論」對世界和平，可以有重大貢獻。

星雲大師曾經在《金剛經講話》中，強調發心的重要性：

> 學道容易入道難，入道容易守道難；
> 守道容易悟道難，悟道容易發心難。㊿

所以，今後深值世人共同發心，弘揚儒、道、釋的共命慧與菩薩行，共同推廣人間佛教的善行，才能以和平勝戰爭、以智慧勝愚昧、並以慈悲勝凶狠。

展望未來，人間佛教如同灯塔，可以提供光明；人間佛教如同羅盤，可以指引人心；人間佛教更如同電廠，可以激發動能。

今後如果更多仁人志士、善男善女，都能根據人間佛教的言教身教，以弘揚慈悲智慧為

㊿ 同㉗，頁二四九。

己任、以世界和平為目標，則其功德廣大、佛光普照之餘，何只是台灣與大陸共同之幸，更將是整體人類與眾生共同之福了！

第六章　聖嚴法師從逆緣中修行

一

民國九十四年三月二十九日青年節，我突然接到聖嚴法師的親筆信，心中感到格外的驚喜。

因為那段日子，是我人生中非常晦暗的歲月，也是我正遭冤案纏身，心境最低落的日子。

當我看到信封，是法鼓山寄來的時候，還覺得奇怪，等到拆開一看，是很方正的信紙，沒有折疊，也沒有任何皺紋，上面是聖嚴法師的親筆字跡。

這令我想起來，民國九十三年三月廿一日，我到北投農禪寺，參加聖嚴法師皈依法會的故事。

那時，先是九歲小兒安華，有一天回到家中，正色詢問內人與我。他說：

「我有個嚴肅的事情。」

我們一聽，馬上正襟危坐，以為在學校發生什麼「嚴重」的事情。

結果小兒是說：

「我想皈依。」

我們聽了先是鬆了一口氣，然後內人回答：「很好呀，那我也想一起皈依。」他（她）所說的皈依，是聖嚴法師在三月份的法會，因為小兒同學母親董筱英，經常跟小兒說佛教故事，所以他小小心靈，心嚮往之，就回來問我們。

然後小兒與內人同時問我，「你要不要皈依？」

我當時正處風暴之中，雖然告訴自己要堅強挺立，但心中也有很多疑惑，最重要的是為什麼我平日做很多好事，卻會被誣告，得到惡報？因此也想從佛學探討原因。

只是，皈依確實是很嚴肅的事情，必須多瞭解才行。所以我說，等我先看完聖嚴法師著作之後，再作決定。

當我讀完聖嚴法師《學佛群疑》，看到他提及「魔考」的概念，心中為之一動，便決定也參加。

因為所謂「魔考」，就是修行者快成佛之際，特別會碰到「天魔」的考驗，從中干擾、橫加打擊，此時必須更堅定信念，才能通過嚴酷的磨練，進入更高境界。

我不敢說自己是修行成佛，但這段話很能觸動我的心情。因為我橫遭誣告，很多衝擊緊接而來，對我很不公平，但若看成是天魔考驗，反而對我是種激勵。所以我心中覺得與聖嚴法師有某種因緣，從此開始大量的閱讀佛經及他的著作，並且決定準時皈依。

當天因為人多，沒有深談，只在水池旁問候致意。中國時報、蘋果日報、ＴＶＢＳ新聞記者都曾問我，怎麼會想參加皈依？我也據實說明。

當天我並沒有機會請益，所以，突然接到聖嚴法師來信，心中自然感到很驚訝。

另外，我因為曾經在台大教過「藝術哲學」，對於書法很有興趣，深信唐太宗李世民所說的「字如其人」，所以當看到聖嚴法師的墨寶，俊秀中帶蒼勁，就彷彿看到他本人，歷經風霜、在逆境中堅忍又忠厚的人格特性，心中很感親切。

在我的印象中，弘一大師書法也很俊秀，但似內斂有餘，蒼勁不足，這也可能與他修行的特色有關。因為他注重內修，還沒有機緣對外開展公益慈善事業，這也可能與時代限制有關。

但聖嚴法師的書法，除了令人感到歷經滄桑，其背後卻仍然非常平易親切，而且很有一種化小我為大我的雄渾氣魄，不只是內修，還能把慈悲心，推廣於外，己立而立人。

若用儒家的的話來說，這不只是「內聖」，還能夠「外王」。只不過他的外王，當然不是政治上的意義，而是弘法上利益眾生的意義。

他生平提倡「提昇人的品質，建設人間淨土」。前一句在促進內聖，後一句「建設人間淨土」，就是屬於宗教意義的「外王」了。

他在信中提到，看了我的拙作《中西生死哲學》，承其謬賞，說可見我「耕讀之勤而層面深廣」，並稱我「確是一位多產而有深度的讀書人」，然後很含蓄客氣的說：「只緣一向是鋒芒畢露的崢嶸之士，反而學養層面被掩蓋了。」

然後他說，近來我從政局似乎退到了台後，所以歡迎我去看他，談談學佛心得。

我看完之後，深感他的觀察非常中肯，真可說是深獲我心。

因為，其實我本一介書生，心中最大樂趣，就在讀書、教書，志向也在學術文化報國，只是生平心儀孟子精神，以「正人心、息邪說」為己任，又有挺身而出、「捨我其誰」的使命感，所以經常批評台獨，為國為民，打抱不平，自然引發很多爭議。但心中也常有孟子同樣感慨：「予豈好辯哉?予不得已也。」

如今聖嚴法師能一針見血，看出我的本性，令我心中備感溫馨。

尤其他在信中，對我很多勉勵，在我當時冰冷的苦難困境中，猶如一道暖流，深入我的心中，對我及家人，均是很大的溫暖！

二

因為我當時正要到北大講學，所以立刻回電連絡，然後約在四月一日拜見聖嚴法師。

當天是到台北縣金山的法鼓山大學，聖嚴法師身體很虛弱，近距離面對面的談話，他還需用麥克風，令人看到很不忍。

聖嚴法師首先問我官司近況，我簡要的說明，因為與陳水扁早有恩怨，廿年前曾經控訴他誹謗罪，他敗訴後，被關了八個月，種下後來政治報復的遠因。

後來我又因批判李登輝搞台獨與黑金、質詢曾文惠運美金疑案，而被判刑四個月，種下政治報復的近因。更因為經常幫助兩岸台商，堅定主張統一，被看成統派的指標人物，成為殺雞儆猴的對象。

另外我也說明，導火線則是因民國九十三年初，我協助台諜案的家屬們，幫他（她）們召開記者會，控訴陳水扁公開透露大陸飛彈數字，危害情報員，事後又置之不理。高層執政人士怕影響總統選情，所以利用菲傭誣告案栽贓，企圖對我打壓封口。

我也簡單提到，在菲傭誣告的時間點，我根本都在通電話，除了有通聯紀錄的物證，另外陳鵬仁教授也出面證明，就在那個時間點上，他與我正在通電話。還有調查局鑑定證明，也根本沒有可能。此外，菲傭返國之後，因為良心發現，公開承認被人利用，所以說謊，對我誣陷，並有菲律賓總統府、外交部與法院公證背書，但士林地方法院檢察官與法官等人，卻早有成見，根本不採，所以形成冤案。

然後我提到，因為小兒接引，才有機會參加皈依。

他聽了這一段，很驚訝，眼睛張大的問，「是你兒子提的？」我點頭說是，他又再問一遍，好像覺得很意外。

事實上，很多人聽了都感覺意外。記得中國時報還以「九歲小兒接引」為新聞標題。另外有一次，我有幸拜會證嚴上人時，談到這一段，她也很驚訝，當時回應一句，「你兒子是來渡你的」，讓我印象很深刻。

後來，我再進一步研讀聖嚴法師著作時，看到他提及，「魔考」即「佛試」，亦即天魔的考驗，另有教化深意在，也可看成是佛在試煉，更令我受益良多。

聖嚴法師是在《維摩詰經六講》中，提出「魔考」即「佛試」的重要觀念。維摩詰曾告訴大迦葉：

> 仁者，十萬無量阿僧祇世界中做魔王者，多是位不可思議解脫菩薩，以方便力，教化眾生，現作魔王。

菩薩此時用心，在於堅定人們信心，在各種苦難中，都要堅強屹立。所以經中又說：

> 十萬無量菩薩，或有人從乞手、足、耳、鼻、頭、目、髓、腦、血、肉、皮骨、聚落，城邑、妻子、奴婢、象、馬、車乘、金銀……如此乞者，多是住不可思議解脫菩薩，以方便力而往試之，令其堅固。

我蒙冤之後，心中感慨，平日幫人很多，尤其對兩岸的人道工作，都盡量熱心去做，可算做了很多好事，怎麼會受這種屈辱？

因此當天，我以此向聖嚴法師請教。並說明在這之前，我拜讀過他著作，對他所說「魔考」之說，印象非常深刻，受益很大。

事實上，聖嚴法師也曾提及，丁守中委員兒子的故事。有一次，他幫同學清理游泳池，結果自己反而腳被吸進抽水孔中，因而受傷。守中兄也想到，為什麼他常幫助人，反而受此傷害？

尤其，此次我被誣指的罪名，更為令人難堪。在這以前，我因反對台獨旗幟鮮明，經常被抹黑為「急統」，或被抹紅為「中共同路人」，成為家常便飯，如今竟被抹黃，以「性侵」為誣告罪名；李敖大師稱這是「抹大便」，用語雖粗俗，卻非常傳神。

因為，這不但是想把我鬥垮，還根本想把我鬥臭。這種罪名，不但陷我於空前困境，還連累家人老中小三代，都受到很大的傷害；恐怕連蘇東坡、王陽明或曾文正公，都是平生未曾遭遇的羞辱。

我後來遍讀群經中，發現《聖經》中的約瑟，與宋代歐陽修，遭遇的罪名略為相同。另如《紅樓夢》中的賈寶玉，也曾經被誣告性侵女傭，但未告入官府，情形未盡相同。

至於蘇東坡等，他們或因直諫而被誣陷，或因工作被人嫉恨，起碼眾人一看就知是政治迫害，然而我的罪名，卻很尷尬。明明背後是政治迫害，但卻做的更為技巧。

甚至後來，我還因此被限制出境，形成台灣司法史上，空前迫害人權的案例。另外我又被台獨的教育部長杜正勝多次函令學校，要求開會解聘；種種非法濫權情形，明顯證明有政治力干預司法，但表面上卻用了更卑劣、更難忍的罪名。

在這之前，我嘗想孟子若再世，碰到這情形，大概還會再加一句，「天將降大任於斯人也」，除了「苦其心志、勞其筋骨」等等，更為嚴酷的磨練，則是「告其性侵」！因為，這種罪名的煎熬與折磨，遠超過一般的罪名。

當我忍受這種最難堪的屈辱時，李敖大師曾明確指出，「強暴？哪有那麼容易」！他並公開向新聞媒體表示，「滬祥絕對不會」，而且用獨特的風趣方式說明：「他一定會手忙腳亂」，令我心中很感溫暖。

因此，當李敖大師說，他們是對我「抹大便」時，令我想到，《維摩詰經》所說，蓮花不在空中生長，也不在溫室生長，而是長在卑下污泥之地，「卑濕淤泥，乃生此花」，甚至長在糞壤之地，「糞壤之地，乃能茂滋」。並且，如果沒有深入煩惱的大海，就無法得到深刻的智慧：「如是不入煩惱大海，則不能得一切智寶」。

這句話對我來說，是很重要的啟發。

記得當時，我向聖嚴法師說明並請教時，他用沉穩的口吻，一字一句的向我引述《金剛經》的開示：

> 若為人輕賤，是人先世罪業，應墮惡道，以今世人輕賤故，先世罪業即為消滅。❶

我聽了這段之後，心中非常受用；雖然我初看《金剛經》時，對這段便有特殊感應，但聽大師親口當面說出，心中仍然很有共鳴。

另外，聖嚴法師也曾提到，他生平很感激反對他的人，例如他要到日本念博士，很多人反對，結果反而刺激他更加用功。所以他強調：「反對你的人，幫你進步，是你的朋友」。對我也影響很深。

大師令我印象最深刻的，就是經常把逆境看成「逆增上緣」，稱之逆行菩薩。而且，逆緣愈多，代表能除業障愈重，所以愈應感恩。這種逆向思考，看似異類，卻很能發人深省。

三

聖嚴法師曾在《金山有鑛》中提到：

> 只要堅定信念，勿在阻撓的困難之前跪地求饒，而以努力及毅力來促進因緣成熟，滴

❶《金剛經》，功德業障冰消分。

水能穿石，凡夫得成佛。

這種精神毅力，自立自強，不屈不撓，可說正是促進因緣、克服逆境的最佳動力！

另外，當天我也向他請教，自從冤案發生之後，家中出現很多靈異現象，例如大女兒所養的風水魚，突然在我被誣告的當天，全部暴斃；然後隔了約十個月，在我被起訴的當天，又再次全部暴斃。二女兒在北京養的龍魚，也在被我誣告的同一時期暴斃。

另外，我內人有天在深夜，突然呼吸急促，全身呈現休克現象，送醫急救，才保住一命。還有小兒也在到校路中，突遭車禍，家中及岳家三位老人家，更相繼摔跤、生病住院……種種怪現象，未免太巧合。因此有朋友稱，我可能被幾路人馬，用惡人養小鬼的方式，對我暗中「作邪法」。

所以，我請教聖嚴法師，佛教中是否也有「驅邪」的說法。

他明確點頭，回答說「有」。然後同樣建議我，多看《金剛經》。根據他的講法，《金剛經》注重「空」，一切皆空，所謂「一切有為法，如夢幻泡影」❷，因此對邪法，也能將其空之。

這是從心靈修行的方法，超越外來磨難與打擊，並不只重外力法會經懺，很能符合正信佛教為「自力宗教」的特色，也很能突顯大師本身，注重以思想義理解脫的特色，可說非常高明。

事實上，天主教與基督徒，都有專門「驅邪」的訓練與過程，電影「大法師」與「康士坦丁」都是典型例證。只是那些強調的，是外力的神職人員驅邪，屬於「他力宗教」的特色，與佛教追求本心自力解脫，兩者有所不同。

另外，聖嚴法師也曾強調，「邪不勝正」，因此只要皈依三寶，「這些邪靈，自會斂跡」❸，他並舉《灌頂三皈五戒帶佩護身咒經》中說，皈依三寶之後，即有三十六位鬼神之王，隨逐護助。這與陽明先生所說，只要心中有正氣，自然不必怕鬼，可說完全相通。

此外，聖嚴法師也針對很多人心中的疑問，「佛子能拜鬼神嗎」？提出很中肯的見解。他根據《優婆塞戒經》，強調：

> 在家的佛弟子們，為了護持含宅與身命，可以祭祀諸神，如果為了恭敬，供養禮拜，也是可以的，並也可以禮拜世間國王，長者、貴人、老者，有德之人，但那僅為恭敬，而非皈依。❹

中華民族可說宗教最開明的民族，從來未因宗教而打過仗；同樣情形，台灣民眾可說宗

❷ 同❶，〈受持演說勝無住行施分〉，第三十二品。
❸ 聖嚴法師，《佛教入門》，法鼓文化公司出版，二〇〇四年，頁二一四。
❹ 同❸，頁二一四。

教最開放的民族，經常家中同時恭敬禮拜孔子、老子、佛陀、觀音、關公、與祖先等，聖嚴法師強調「為了恭敬，供養禮拜，也是可以，但非皈依」，在開明中有其原則，深值大家重視。

但是，無論如何向外供養禮拜，最根本的，仍需回到內在本身的心念。這正如同達摩祖師所稱：「除此心外，見佛終不得也。」而且，「佛是自心所得，因何離此心外覓佛？」

所以達摩祖師強調：

前佛後佛只言其心，心即是佛、佛即是心，心外無佛、佛外無心。❺

聖嚴法師曾引《大智度論》中名句，闡論「脫離魔網之道」，非常重要：

有念墮魔網，無念則得出，心動則非道，不動是法印。

他並說明，一有念注，就墮魔網，只有無念、不動心，才不會被魔束縛。然後他進一步指出，如能借力使力，也可將干擾變為訓練，那就不是天魔，天魔成為考驗，本身便是訓練官，而不是魔了。

因此他強調：

在正念之時，外魔已奈何你不得，到了無念的境地，魔根本找不到你了，因為無心可棧，無念可著，完全解脫自在。❺

此即《金剛經》所說：「離一切相」，很有深意在內。

當時我緊接著請教，從前有位旅美佛法大師宣化上人，曾經在多年前，以其神通向我預言，那一年我個人會發生的重大事情，後來證明果真正確。因此我曾請教宣化上人，今後兩岸情形會如何？

當時宣化上人，回答我兩句話：

「四海之內皆赤色，白骨成丘滿岡陵。」

我聽了之後，很吃驚，立刻問：

「這是有戰爭嗎？」

他點點頭，臉色凝重。

我再問：

❺《達摩祖師論集》，〈血脈論〉，中台山佛教基金會印，一九九七年，頁一一。

「那以後呢？」

他回答：「打完以後就好了，就統一了。」

我向聖嚴法師引述這段，然後請教他的看法。他聽得很認真，然後跟我很鄭重的說：「講神通，我也有點神通，心道法師也有點神通，惟覺老和尚也有點神通……。」

但是，他仍強調，今後對神通的事，最好不用多提。

他意思在指出，凡事仍應靠自己的努力化解，不必多談神通的事情。因為，根據佛經的看法，對於前世、今生、與來世，均應從「因果」來看，並從自己的反省與努力去化解；「神通不及業力」，因而不必多提神通。

此亦佛教所稱：

> 欲知前世因，今生所受是，
> 欲知來世果，今生所做是。

換句話說，假若有人好奇，想知道「前世」的事情，就看「今生」所受的果，便知道了；假若想知道「來世」的事情，就看「今生」所種的因，也就清楚了。

根據這種論點，兩岸未來是否會打仗，就看今天大家所種的「因」；有什麼因，就有什麼果。這是佛教的看法，一切回到本身努力，但求盡心盡力，很有深意內在。

四

我向聖嚴法師請益之後，他還送我一本新著《找回自己》，其中很多名言，字字珠璣，非常發人深省。

例如，在〈人生的目的、意義、價值〉中，他明確的指出：

以佛教的觀點來看，人生的目的，凡夫是來受教還債，佛菩薩則是來還願，如果知道人身難得，能夠知善知惡，人生就有了意義，如果又能進一步積極奉獻，自利利人，這就是人生的價值。❻

另外，他也有一篇〈放下真理，真自由〉，提醒世人，要能放下我執、不要執著，不要自命真理，反而能真自由，很有啟發性。

他並呼籲人們「活在當下的積極」，因為，人生無常，只有把握當下，盡心努力，如果想要積極而不緊張，或是沒有壓力，唯一的解法，就是「得失心少一些」。❼

❻ 聖嚴法師，《找回自己》，法鼓文化公司出版，二〇〇五年，頁三二。
❼ 同❻，頁八一。

他也更進一步指出，「少一些得失心的意思，並不是不進取，而是只問耕耘，不問收穫」。

這對當今社會，很多壓力太大的人們，非常重要，對於因為壓力而產生憂鬱症的人們，更有拯救心靈的重大功能。

另外，在〈心與物的調和〉中，他比較儒道釋三家，也很簡明扼要，抓住了核心：

> 在我的理解中，儒家是人文主義者，道家是自然主義，而佛教則是因緣主義者。[8]

尤其，他提到儒道釋三家，對於「心」的看法雖然不同——儒家指「仁」，道家指「道」，佛家則指「因緣而成」，如果能轉煩惱心為智慧心，就不是業，而是菩提道——然而三者目標與出發點，「則都是希望能轉變人的氣質，把人從物性轉為人性，然後超越物性與人性的對立」。

所以他用通俗的說法，分析三家異同，很有深入淺出的功力。尤其他的結論很重要：

> 這種超凡入聖的過程，佛教稱之為解脫，道家叫做「回歸於自然」，儒家就叫做「成聖成仁」。[9]

由此看來，各家雖然名稱不一，終極目標不同，但對心的重視，卻是相同的。

他從會通處與「無分別心」綜觀三家，本身就很有器度與智慧，也完全符合三家最高境界。由此也可看出，他在為學方法上，也很注重比較研究的方法。

事實上，儒家最高理想可稱「成聖」，正如同道家所說「成道」，以及佛家所說「成佛」，在最勝境均可相通。

另外，他在「化『私我』為『無我』」中，更明顯指出，「菩薩道精神」的涵義，第一要上求佛道，第二要下化眾生。

這種「上下雙迴向」的精神，在《華嚴經》講得最為透徹，唯有向上提昇與向下救生共同並進，才能悲智雙運，形成圓融無礙的人生觀，同時也是充滿佛法的華嚴世界，深值人們共同體認與學習！

儒道釋在修行中，都強調「靜坐」，蘇東坡、王陽明、曾文正公等先賢，生平也都對靜坐很有心得。聖嚴法師在靜坐方面的功夫很深，稱之為「禪觀的方法」，從「身、息、心」切入，尤其值得重視：

❽ 同❻，頁九八。
❾ 同❻，頁九九。

禪觀的方法一定不離三個原則，那就是調身的姿勢，調息的呼吸，調心的專注。

更重要的，他指出「正確的專注，則以只顧方法不問得失為原則。」⓫

他並強調：

如果企圖心強，急功好利的心旺盛，便會為你帶來魔境的困擾，必須要有佛來斬佛，魔來斬魔的心理準備，才會安全。⓬

此中的拿捏，完全讓心中寧靜，超乎一切功利得失之上，對於逆境中的修行，確有很大功能。

有關靈驗之事，聖嚴法師著作中，也曾提過幾段，值得重視。最著名的，是他在《金山有鑛》中，提到建設法鼓山的過程，土地問題遲遲不能解決，他就率眾，共同誦念《大悲咒》與觀世音菩薩，後來果真迎刃而解。

另外，現在法鼓山的標誌，根據聖嚴法師所說，也曾在他夢中出現，幾乎一模一樣，事實上卻是後來大家開會過後，由名雕塑家楊英風所設計。

因此，他曾向一位外國朋友明講，對於宗教的神祕經驗：

我當然信，我自己也有這樣的經驗，沒有金錢時，無可告援時，我會念觀世音菩薩聖號，即使有很多困難的問題，多半都能解決。雖然禱告上帝和觀世音不同，宗教信仰的力量，應當有其相同之處。

事實上，方東美先生在一九六九年，美國第五屆東西方哲學家會議中，曾經明確指出：

偉大的宗教家，都是真正的神秘主義者。他們能夠通過重重難關而躍入「存有」的終極根源，那便是神明。在人對神性生命的終極關懷中，他才能覺知自身的存有，以及宇宙萬物原為一體之存有。⓭

此處所說「種種難關」，正如各種天魔考驗，透過這種魔考，才能成佛，也才能躍入「存有的終極根源——神。」

方東美先生並曾引述柏格森，說明這種宗教經驗的特性：

⓫ 同❻，頁二九五。

⓬ 同❻，頁二九五。

⓭ 方東美，《生生之德》，台北黎明公司，民六七年初版，孫智燊中譯，頁三二四。

真正的神秘主義者，只是讓他們的靈魂向連緜不絕的浪潮開放。他們對於自己的作為深具信心，因為他們在自身內感覺某物優於自己，他們的行動偉大超凡，使那些藐視神秘主義為神魂癡迷與虛幻假象的人士為之驚訝不已。他們讓流入自身的活泉，透過他們的接引，而流注於同胞的心靈。

簡單的說，這也正如觀音菩薩的慈悲心，不但可以提昇每個人心靈，同時也能透過彼此接引，而讓更多同胞心中注入活泉、共登佛境，那就能真正在此世建設「人間淨土」。所以對這種神秘經驗，不能輕易否定。

另外，聖嚴法師提到他與其師父東初老人的感情，也很令人感動。尤其，他在剛聽到東初老人往生時，人在美國，似乎冥冥之中有種感應，這種心靈相通的真實故事，相信很多人都有經驗，也代表宇宙之中，確有神祕經驗存在。

筆者記得，早在民國六十六年，我在美國波士頓大學攻讀博士時，驚聞方東美老師罹患癌症，我正要訂購機票兼程返國，清晨卻夢到方老師，通室發光，恢復平日容光煥發的相貌，慈祥的看著我的雙胞胎女兒玩耍。

當時，我還以為是方師服中藥已好轉，後來才知道，他就是在那時候往生的。

根據佛學論點，靈魂可以穿牆透壁，而且意念所及，無遠弗屆，立刻就能到達。我從那次經驗，便開始有興趣研究靈魂學。後來先室蕭毅虹，很年輕時，不幸也因病過世，更加深我對生死問題與靈魂問題的研究動力。

如今，歲月匆匆，我也年近六十，本身曾經兩次面臨生死大關，近兩年多，更逢生平空前的冤屈，每當午夜深思，更增加對前世、今生與來世的探討心志，因而經常閱讀相關宗教著作，並做比較研究。

聖嚴法師在他著作中，也曾提到，在美國拜訪宣化上人時，宣化上人也曾有意無意向他展現神通。

根據宣化上人所說，如果神通有助弘法，偶爾顯顯，也未嘗不可。可見他重點仍在弘法救人，視神通為行方便的工具，並不是目的。

聖嚴法師在《七十年譜》曾經提到，年輕時在上海靜安寺，經常對《禪門口誦》記不住，而被師父認為「業障很深，應發大心願去懺悔」。

聖嚴法師自述，他到六歲才會講話，九歲才開蒙讀書，十三歲出家。出家之後，師父所講的第一個故事，就是宋朝永明延壽禪師，修法華懺法二十一天，夢見觀世音菩薩用甘露灌其口，後來便得無碍辯才，並著有《宗鏡錄》一百卷及《萬善同歸集》，成為佛教史的不朽名著。

所以他發大心，每天晚上，向觀世音菩薩拜五百拜，誠心誦念觀世音菩薩法號，三個月後，果然頭腦變得豁然開朗，記性忽然增強，輕易就能背誦。連他自己都很吃驚。

從此深信觀音菩薩的慈悲，更重要的是，在心底引生了某種承擔佛法的責任感。

這令我想起，我在忍辱蒙冤期間，每天勤讀各種佛經，經常坐擁書城，可說夜以繼日、廢寢忘食，然後勤寫日記，每天把學佛的心得，用日記體寫出。經常每天能寫好幾千字，此時文思如泉湧般，非常順暢。

後來，久而久之，竟然有天晚上，我夢到觀世音菩薩正在巡行，胸前掛著「觀自在」大字，昂首闊步，呈將軍的形象，而且臉孔黝黑，非常威武。

我醒後很納悶，便翻閱佛經，看到聖嚴法師提及，《華嚴經》八十卷內，第六十八卷曾說，「觀自在菩薩」即呈「勇猛大力士」形象，令我心中很驚訝。

因為，我在青年時期，受先師方東美先生講課影響，特別喜歡《華嚴經》。方師還曾將其方外弟子悟空法師所贈的《華嚴經》，轉送一套給我，令我受益很多。如今夢中能見華嚴經所形容的觀音菩薩，真是很神奇。

另外，《法華經》普門品也曾經強調，「應以天大將軍得度者，即現天大將軍身而為說法」，我今夢到觀音菩薩，以大將軍形象出現，或許暗示今後我也應以大將軍的心志，勇猛精進，努力安邦定國，或許這正是上天給我的重大使命。

後來，我有幸應邀到靈鷲山道場，竟然遠遠看到，山頂上有一尊「黑面觀世音」——與我夢中所見一模一樣！據當地法師說，祂有「鎮邪作用」，令我更增驚異。莫非冥冥中，今後確有需我鎮邪之處？又莫非我因此而受苦難、藉以磨練心性？

聖嚴法師又曾提到，在江蘇南通狼山的寺廟中，當地有位大實業家張謇（號季直，一八五三—一九六二），本來並不信佛，但他夫人前往狼山觀音巖求子，果然晚年如願，所以也大力支持贊助。凡此均可證明，神蹟靈驗之說，並非純屬迷信。

五

說到通靈，也與拜懺有關。聖嚴法師在此立場，明顯是「執兩用中」的理性態度，也就是說，既不只以趕懺法會為主，但也並不抹煞它的功能。

事實上，聖嚴法師本身青少年時期，從狼山出家，便經常誦經懺、作法會，但他當時認為「不相信佛法就是這樣」。因為那時民生經濟困窘，所以寺廟多半忙於法會，先求生存，以致容易造成知識份子的誤解。

很多人在當時，認為佛教偏重消極出世，無法入世拯救國難，所以棄佛入儒。尤其以為寺廟只靠誦經拜懺，而忽略了內心修行，容易讓人誤以為佛教忽略知性的努力。

事實上，這些批評也促成太虛大師呼籲「人生佛教」，認為要把佛教拉到人生之中。他並稱，這本來是佛陀原意，也是佛教範圍內事，應把「度死奉事鬼神，改資生服務人群」。

此所以聖嚴法師在《法鼓山的方向》中強調：

釋迦牟尼和中國歷代高僧大德們，都不是靠經懺弘揚佛法，而是用佛教教義中的義理來指導社會攝受信眾，普化人間。

這段話很重要，對知識份子，尤有重大意義。因此，聖嚴法師經常強調，佛教應以大智慧超度人心，而不要只以誦經渡亡為主。

所以聖嚴法師很重視佛教的學術研究，一再強調應培養高等人才：

希望有更多的人，能夠重視佛教的高等教育，造就更多的高級佛教人才，以具有碩士、博士的人才來從事於佛教的文化、教育、或學術研究。

這是很有眼光、也很有遠見的看法。事實上，他本身就是台灣第一位獲得博士學位的佛學大師，因此，他身兼學問家與宗教家，成為重要特色。

然而，聖嚴法師並不因此就主張廢棄拜懺法會。相反的，對於拜懺法會，他在《律制生活》中強調，談修正則可，但「萬萬不可廢」。因為：

宗教徒之能夠由一己之信心，而感通諸佛菩薩，或上帝或鬼神的靈驗，往往也是導因於宗教儀式的實踐，例如祈禱、禮拜、持誦，觀想等媒介。

更何況，誦經禮懺並非佛教特色，基督教、伊斯蘭教也有。

尤其，一般人對於深奧的佛學，不一定瞭解，但對生死大事、生活煩惱、親人亡靈，則均懷有切身之痛；就此而言，拜懺法會也有其必要性。所以他主張：

應將經懺佛事，當作我人通向成佛之道的橋樑，體認成佛之道的種種方法，不得視為營生的工具。

這就如同佛陀講法，普渡眾生，既向利根、也向鈍根；有如太陽，先照高山，但也要照低谷，所以成佛講法，不能一成不變。

因此，佛教才需整合集結，由阿難尊者用「如是我聞」做發語詞，成為正字標記；然後再透過「判教」，從更高的層次，與更大的格局，統攝全部、消除矛盾，進而旁通統貫，形成圓融無礙的偉大體系。

佛陀本身可說是位高明的教育心理家，如同孔子一樣，對學生相同的問題，一個回答「進之」，一個回答「退之」，完全因才施教。

聖嚴法師也很得此中真諦，所以很能隨緣而教，並且深入淺出，很能與人生與現代結合起來。

他並曾強調，佛教活動有「一大使命」，推動「三大教育」，也就是「大學院教育」、

「大善化教育」，以及「大關懷教育」，就是蘊涵這種深意。

歸根結柢來說，太虛大師提倡「人生佛教」，印順大師與星雲大師進一步闡述「人間佛教」，聖嚴法師的師父東初老人創辦《人生月刊》，他本人進一步提倡「建設人間淨土」，均是一脈相承的強調，成佛並不是另外在他世，而是就在此世、就在人間、就在當下人生之中！

因此，他很能瞭解人心的需要，也很能結合社會脈動。對所有靈修最重要的關鍵，均強調要回到佛陀根本精神。

所以，他常引述佛陀度化五比丘後，五人各自分頭，走向人間，各化一方。⓮他認為這種「人間化」佛教，「就是佛教的根本精神」。⓯

另外，他也參考《阿含經》內容，寫了《正統的宗教》，強調人間化的佛教，「諸佛皆出人間，絕不在天上成佛。」應以解決人間問題為己任。

他並指出，這就是「佛陀的本懷」，而且強調「近數年來，台灣佛教的復興，乃基於人間化的關係。」⓰這種精神特色，也造就了台灣佛教在世界上的重要地位。

同時，他也強調永明延壽禪師《宗鏡錄》的「一念成佛論」：

⓮ 《聖嚴法師思想行誼》，法鼓文化公司出版，二〇〇四年，頁三五五。
⓯ 同⓮，頁三五五。
⓰ 同⓮，頁三五五。

一念相應一念佛，念念相應念念佛。

這種精神，類似「放下屠刀，立地成佛」，只要心中一念向佛，便能立刻扭轉惡業，很有社會教育意義，深值世人重視與力行。

六

聖嚴法師對於人人都會碰到的逆境，常用「四句教」，簡明扼要的提示：「面對它、接受它、處理它、放下它。」對社會人心非常有用。

首先，「面對它」，代表不要逃避，不要消極。今天太多人心，碰到問題，或裝做不存在，或日復一日的拖延，結果問題更嚴重。這種「面對它」的當頭棒喝，很能喚醒人心，採用負責任的態度，正面解決。

「接受它」，這是從更宏觀的角度分析問題，從各方面反省與檢討，然後心平氣和的接受。如果一時難以接受，心中有所不甘，便可想到這次所受的不公，或是消除前世先人或其他的業障，如此退一步想，便能海闊天空，並且坦然接受。

「處理它」，更是在找出癥結後，具體加以處理，而不是只停在空言，也不是只會抱怨，而能列舉各種方案，評估各種利弊，然後拿出行動解決。

更重要的，是解決之後，便要「放下它」。否則，餘氣未消、或者餘悸猶存，甚至悔恨不已，經常自責，便永遠有煩惱。

很多人常在事後悔恨，認為「早知道」便好，因此心中總放不下。殊不知，「有錢難買早知道」，任何問題，事出必有因，因緣和合之後，成為問題，便需用理性態度冷靜解決。尤其，問題既已發生，任何後悔都已沒用。根據佛教所述，必須視為因緣業障，或是冤親債主所致，因此只能加倍修行努力，所以不必自怨自嘆、更不能自暴自棄。

聖嚴法師上述的「四句教」，與王陽明的四句教，很有異曲同工之妙。只不過，陽明先生四句教，重點在深入心理底層，針對「良知」，探討善惡本原；而聖嚴法師的四句教，則在面對人生現象，針對「問題」，探討如何解決，在用世上更有實效功能。

聖嚴法師在「佛學」上造詣深厚，很有學養，曾獲「國家文化獎」，並且經常參加國際性學術會議，有其國際學術地位。

另外他同時在「佛教」上也很有愛心，全力推廣社會教育、淨化人心。為了要在人間造淨土，推行很多公益活動，所以曾獲「國家公益獎」。在公元二千年，並應邀出席「聯合國世界宗教精神領袖高峰會議」，為全球五十五位宗教領袖之一。

他對學術論著，能夠深入深出，對於公益弘法，則能深入淺出，均為難得的功夫。

因此，聖嚴法師除了經常出版嚴謹的學術著作，如《印度哲學史》等，也經常用生活化的故事、通俗化的口吻，出版各種著作、遊記、甚至小品。

聖嚴法師的老師東初老人曾經提醒他，不要只做一般「宗教學者」，而忘了「宗教法師」，他可說確實做到了兩者兼顧，而且都顧得很好，對護法護教都極有貢獻。

事實上，東初老人在民國卅五年間，於鎮江任住持時，為了寺產山下萬餘畝田，即曾經被人誣告「與日寇汪偽交往深切」，而有牢獄之災，形成某種教難。

在他之前，太虛大師也曾指出，國民政府在光復接收時，有諸多不當之處，常因爭奪廟產而陷害僧人；如邀請太虛大師到靜安寺的密迦，因為寺產問題，被人誣為「漢奸和尚」，竟被下獄。凡此種種，都是令人沉痛的教難逆境。

另如星雲大師初期來台，也曾因為弘法受到誣告；惟覺老和尚因為寺廟用地，也曾蒙冤被告；心道法師甚至曾被八卦雜誌誹謗。這些種種辛酸逆境，幸因大師們能悲智雙運，視為修行而磨練心性，愈挫愈勇；此中的智慧與慈悲，深值世人效法與力行。

事實上，如果更往前推，太虛大師的戒和尚，亦即民初「中華佛教總會」會長陀寄禪，因與袁世凱的官員溝通時，杜姓官員意圖佔領寺產，態度強橫、出言恐嚇，寄老憤然離去，心情憤悶之餘，胸口劇痛，次日即告圓寂。可稱是民國初即殉難的佛教大師。

所以，太虛大師在「中華佛教總會」的本部上海靜安寺，曾於追悼會上強調三種革命，「佛教家革命有三，一組織革命，二財產革命，三學理革命」。

雖然，「中華佛教總會」在民國四年，也遭北洋政府撤銷，但更激發了太虛大師的毅力，以及振興佛教的宏願。從他以後，再隔海傳到了台灣，很多大德傳承這種心志，終於形成印順、星雲、聖嚴、證嚴等大師，不斷的開花結果。

另如，從墓地修行的心道法師，以及在衰世中作獅子吼的惟覺老和尚，他們分別在台灣東北角「靈鷲山道場」，與南投的中台禪寺，普度眾生，護法護教，同樣廣受信眾信仰。

這些佛教大師們，分別在台灣各地建立了雄偉道場，並且共同以人間佛教為通性，終於開創了台灣佛教蓬勃的新氣象，真正可稱為宗教上傲世的「台灣奇蹟」！

七

聖嚴法師精印的各集小冊，內容言簡意賅，編排非常精美，而且連題目都能一針見血，很適合現代人需要。

在《別怕人生變化球》中，副標題為「恐懼無常，Stop！」，其中的各篇小標題也都很發人深省。例如「逆境也是無常的」、「應該做的趕快做」、「沒有永遠的美女」，都很能令人心生警惕，很有教育意義。

在《溝通萬事通》中，副標題為「各說各話，Stop！」，他的表達方式，也很有新奇的創意。

在各篇小標題中，特別有幾篇很有啟發性，首先就是「戒掉壞話」、然後強調「不要加油添醋」、「先打破僵局」、「奉承話不要當真」、「流言止於智者」，並且指出「讚美不是說謊」、不要「朋友變成敵人」。凡此種種重點，都是溝通中極重要的自我警惕方法。

在《愈挫愈勇》中，副標題為「失意人生，Stop」！就很能用別出心裁的內容，令人會心一笑。

義大利有句名言：

勝利有一百個父親，而失敗只是個孤兒。

事實上，人在勝利時候，千萬人頭鑽動加以歡呼，何止只有一百個父親？但人在失意時，滿目蒼涼，即使是個孤兒，也是被嫌棄的孤兒。

所以，這時感嘆世態炎涼，一點用也沒有；感傷人心無常，也一點用也沒有，只有咬緊牙根，以打落牙和血吞的精神，拚了！

這種「拚了」！不是跟別人拚了，而是跟灰心的自己拚了、跟不爭氣的自己拚了！有了這種體認，才能化生氣為爭氣，化壓力為動力，用忍辱負重的精神，愈挫而愈勇，再創新成功！

所以在小標題中，聖嚴法師強調「沒有永遠的失敗」、「從跌倒的地方站起來」、「天無絕人之路」，並且指出，「每個人都會遇到困難」、「不要自己咒自己」，並呼籲能「感謝批評」，尤其重視「逆行菩薩」的磨練，都很值得參考。

在「逆行菩薩」中，聖嚴法師特別指出：菩薩有一種逆行的法門，凡是打擊你、壓迫你、刺激你、欺負你、侮辱你的人、使你爬不起來的人，佛教都視之為「逆行菩薩」。「逆行」，仍然被視為「菩薩」，可說一語道盡此中的奧妙。

聖嚴法師並提到，連佛陀本身，都有提婆羅多生生世世與他為敵，就是「逆行菩薩」的例子。佛陀之所以能成佛陀，就因提婆羅多經常給他製造各種困擾，所以他在《法華經》中說，提婆羅多在未來世，也必定成佛，佛陀甚至還感謝他的逆行磨練。

因此，《大方便佛報恩經》中提到：「我以提婆羅多故，速德成佛，念其恩故，常重慈愍。」

佛陀這種能將「仇人」當成「恩人」的胸襟，非常令人欽佩，究其原因，也非常發人深省。

然而，要能達到這種境界，首先自己要能爭氣、要能勇猛精進，等自己能站立起來後，才有資格去感謝仇人。此中的奮鬥過程，要能愈挫愈勇、咬緊牙根、努力精進，才是關鍵所在！

因此在佛陀心目中，「忍辱」的功德，比「戒持」、「苦行」還要大。

這正如同，佛陀也要在成佛後，對宿敵才會「念其恩」。如果灰心喪志，那只有讓敵人更輕視，被敵人更侮辱，那裡還有能力度化敵人？

因此佛陀在《遺教經》中，便曾強調，「能行忍者，乃可名有力大人」。代表真能力行「忍辱」的人，才是真正有大能力的人。因為，一切潛力，均由「忍辱」激發出來；一切毅力，也由「忍辱」鍛鍊出來；一切耐力，更由「忍辱」砥礪出來！

聖嚴法師曾經在〈忍耐不忍氣〉中問道：「為什麼而忍」？

他進一步指出：

忍不是沒有理由，沒有原則的事事退讓，而是在前進的原則下，可以暫時先退，在努力向上的原則下，可暫時先忍。

所以其結論是：

我們不做爛好人，沒有原則的鄉愿，雖然不爭功諉過，但是要讓他知道我們的感受。

換句話說，忍耐是將屈辱看成考驗，對於不公不義，只是暫時忍耐，但最後目標仍在於改革向善。所以，忍辱是爲了負重，是為了成功，絕不是恐懼退縮，更不是心存姑息；此中關鍵很值得重視。此即聖嚴法師所說：

忍一時之氣，是為了要以階段性的退讓，換來無限光明的前運，絕對不是無目標的一味退縮。

因此，聖嚴法師所說「忍」的方法，便很重要：

忍也不是逆來順受，完全沒有反應，而是先瞭解發生了什麼事，不做衝動的決定，能在恰當的時機，做出恰到好處的反應，才是最圓滿的，也才是真正的忍辱。

唯有如此，盧梭的名言，才顯得很中肯：

忍耐是艱苦的，但它的果實卻是甜蜜的！

換句話說，忍耐要有目標，忍耐要有原則，最後目的，仍在伸張公道，獲得勝利！

所以，若問為什麼而忍？或可以說「為最後勝利而忍，為最後成功而忍！」

八

《何必氣炸自己》，是聖嚴法師二〇〇三年五月新出的掌中型精美小品，另外還附贈心經音樂，設計別出心裁，構想也很新穎。其中有篇「動不動就生氣」，很有啟發性。

聖嚴法師提到：

> 有一種人動不動就生氣，脾氣很難改，你叫他不要生氣，他也知道生氣不好，他也不想生氣，可是偏偏他就是不能不生氣。

在此時聖嚴法師就教他，把注意力放在呼吸上，心裡想，「我能夠呼吸實在很幸運」，這麼做，情緒就會慢慢穩住。

控制情緒，已經是現代人共同的重要課題，無論在家中、或在機關、或在公司，很多人都會有這種需要。因此，如能先把呼吸控制住，再警惕自己不要失態，確是很重要的功夫。

本書封面，並以「怒火沖沖，Stop！」為副題，與主題「何必氣炸自己」呼應，很有啟發意義。

希臘大哲亞理士多德（Aristotle, 384-322 B.C.）曾經很中肯的指出：

> 每一個人都會憤怒，這很容易，但要做到合適的方式和程度，在適合的時間，為適當的目的，向合適的人表達憤怒，卻不是一件容易的事情。

此中最重要的，在於要能自我控制，用理性駕馭憤怒，形成能自制的忿怒，不論是為國家立場而憤怒，或為個人氣節而憤怒，均能達到怒而有理、怒而能成的結果，不致自亂分寸，甚至情緒失控。此即孫子兵法所說「善戰者不怒」，或孟子所說：文王一怒而天下定。

美國總統傑佛遜（Thomas Jefferson）曾經提醒世人：

如果感到生氣，開口前先數到十；如果非常生氣，就數到一百。

唯有如此，才能真正以理師氣，而不會被氣亂理。

《金剛經》中記載，佛陀修行忍辱仙人時，一直遭受歌利王挑釁，甚至被其節節肢解，但他卻一點也不動怒，甚至後來成佛時，還優先度化歌利王。

這種仙人境界，在凡人自然很難作到，但其象徵意義，在提醒人們要絕對冷靜、自我克制，勿受外界影響本心。應如是「生清淨心，不應住色生心，不應住聲香味觸味生心，應無所住而生其心。」⑰的確非常發人深省。

尤其，聖嚴法師有句話很重要，要能心想，「我能夠呼吸，實在已很幸運」。也就是說，想到自己還能活著，真好，氣就可能消了一半！再想，自己身心沒有障礙、沒有斷手斷腳，又多幸運，氣可能又消了一半！再想想，自己沒有生病，沒有慘兮兮的，值得多珍惜自己健康，氣就可能更消許多！

換句話說，如果能想到，比上不足，比下有餘，從自己擁有的想起，而不去想那些所沒有的，人生就會快樂很多！

因此，美國詩人惠特曼（Walt Whitman, 1819-1892）曾經語重心長的指出：

> 我不希求幸福，因為，我自己便是幸福。

另外，法國文豪羅曼羅蘭（Romain Rolland）也講得很中肯：

> 一無所有的人是有福的，因為他們將獲得一切。

如果世人心中都能如此，放空自己內心，退一步想，那真是海闊天空，天天活在幸運之中。

達摩祖師曾經指出：

> 夫道者，以寂滅為體；修者，以離相為宗。⑱

---

⑰ 同❶，〈莊嚴佛土無有住相分〉。

⑱ 同❺，頁三三。

因此，只要心中能夠修行，「離一切諸相」，去除一切執著，就能到達覺悟，境界就已成佛。

美國詩人愛默生（Ralph Emerson）對人生，有段發人深省的名言：

即使斷了一條弦，其餘的幾條弦還是要繼續演奏，這就是人生。

很多美國民眾在碰到無奈的變故時，多半用簡單的一句話表達心情，「這就是人生」，看似無奈，卻能在無奈中，用平常心對待；若能把一切痛苦看成空，然後儘快走出陰霾，重新出發，這就很值得欽佩。

聖嚴法師曾著《如何化解仇恨》，對於應如何化解族群仇恨，如何消弭兩岸政治對立，都很有重要啟發，深值政治人物人手一本，從根本的心態反省改革做起。

就此而言，達摩祖師論述非常精闢，他舉「覓佛」為例，強調一定要能明心見性，否則「若不見性，終日茫茫，向外馳求，覓佛之來不得。」⑲代表只靠念佛、誦經、齋戒，並沒有真正功用：

若能覓佛，須是見性，見性即是佛。若不見性，念佛誦經持齋持戒亦無益處。⑳

聖嚴法師在這本掌中書，同時附贈大悲咒音樂，代表要結合大悲心與菩薩願，更加寓意深遠；值得所有權勢中人，共同虛心反省，並且發願力行。

在《如何化解仇恨》中，聖嚴法師有篇好文章，「同歸於盡，值得嗎」？更應由政治人物研讀。

美國曾披露「攻打三峽大壩」計劃，首次公開係由台灣的軍政領導人提出。他們明明知道，這種嚇阻沒用，反而授人以柄，會逼大陸提前動手，但仍然有人津津樂道的大談特談。何以故呢？

連民進黨立委都已承認，這是「同歸於盡」的想法。問題是，值得嗎？難道沒有別的路嗎？一定要互相毀滅嗎？

美蘇對抗時代，相互用核子彈瞄準對方，就是一種「恐怖平衡」、「同歸於盡」的作法，幸由雷根與戈巴契共同化解，居功甚大。如今全球早已走出冷戰冰凍時期，兩岸是同文同種，何以竟要走回頭路，重新冷戰，甚至同歸於盡？有這種必要嗎？

尤其，在台灣而言，領導人並不會同歸於盡，而是要別人的孩子同歸於盡，正如同李登輝自己所說，如果中共來了，他當然要「趕快逃往海外」，那更令人感慨，別人因他而死，值

⓳ 同❺，頁一二。

⓴ 同❺，頁一二。

得嗎？

今天台獨領袖經常自命最愛台灣，認為自己是唯一真理，並以此扣人帽子、鬥爭別人，而且，順我者昌，逆我者亡，如此疏於明心見性，只知分化挑撥，卻又自命救世主，正如同達摩祖師所說：「盡是魔說」。㉑

在此民粹偏鋒之下，自然會造成各種非理性的風氣，也正如達摩祖師所說：「師是魔王，弟子是魔民，迷人任它指揮，不覺墮生死海。」㉒屆時必會引導眾生走向災難，台灣人民怎能不警惕呢？

聖嚴法師在《如何化解仇恨》中，還有一篇文章，名為「恩將仇報」，同樣很有啟發性。

聖嚴法師指出，如果遇到恩將仇報的事情，應怎麼處理？「如何歡喜的起來呢？」他回答：

這時要想，受我幫助的人反咬我一下，這是要成就我的忍辱心、精進心、智慧心、慈悲心，是要成就我的無我、無漏、無相的心，所以他是大菩薩的化現，既然遇到大菩薩，怎麼會不歡喜呢？

這句話很有氣度，也很有胸襟，只是一般人很難做到，但仍需勉力而為，在自己能站起來的時候，的確應多從這角度設想，才能早日忘掉煩惱，並且更加提昇靈性。

由此看來，從前菲傭在我們家，其實我待她很寬厚，但竟然還被其誣陷，反咬一口，很令人心中感慨。但我今後也應原諒她，是被別人慫恿利用，不必深究責備。

所以本書用「舊仇新恨，Stop！」為副題，很能與主題「如何化解仇恨」呼應，並深具慧心與苦心。

九

聖嚴法師另外還有本掌中書《溝通萬事講》，其中特別有篇「口出刀劍」，很有警世作用。

「佛經裡常形容惡毒的言詞為「口出刀劍」，因為惡言是殺人不見血的刀劍斧頭，殺傷力極強。

㉑ 同❺，頁一三。

㉒ 同❺，頁一三。

聖嚴導師指出，惡言有幾種類別：㈠說謊、欺騙。㈡惡口、罵人。㈢挑撥離間。㈣無意義的、挑逗的、唆使人做壞事的話。

從這種定義看，今天台灣充斥惡言最多的地方，首先當屬政治人物。

今天台灣政壇，經常在口舌上刀光劍影，充斥著口水戰，很多人以意識形態掛帥，只問立場，不問是非；因此，總是自命真理，自己絕不反省，更不肯接受批評者指正。

古羅馬哲學家西塞祿有句名言，在此非常重要，他強調：

愚蠢的本質，是只看到別人的過失，而忘記自己的錯誤。㉓

因此，真正有智慧的人，必定先能反省自己錯誤，並且設身處地，體諒別人立場、包容別人錯誤、尊重別人想法，這才是真正能溝通順利的關鍵。

這也正如同歌德所說：

我們都是如此見識短淺，以致總以為自己是正確的，因此我們可以設想一個非常了不起的人，他不但犯錯誤，而且是聞過則喜。㉔

法國文豪莫里哀也強調：

在批評別人之前，我們應當仔細地長久地審視自己。㉕

印度聖雄甘地更曾指出：

我始終相信，只有我們用放大鏡來看自己的錯誤，而用相反的方法，來對待別人的錯誤，才能對於自己和別人的錯誤，有一個比較公正的評價。㉖

只可惜，這樣的人物，今天如同鳳毛麟角，甚為難得稀少；只有深盼領導者，能從自己反省做起，千萬不要作錯誤示範，動輒興訟，貽害政風與社會風氣，那種罪過就更大！

本書在封面，以「各說各話，Stop！」為副題，呼應「溝通萬事通」的主題，別具一番趣味。

另外，聖嚴法師在《早原諒、早開心》的掌中書內，強調「心中無敵」，很有創意，也很有智慧。他強調：

㉓《世界名人名言錄》，上海世界書局，二〇〇一年，頁三四八。
㉔同㉓，頁三四七。
㉕同㉓，頁三四七。
㉖同㉓，頁三五〇。

無敵就是心中沒有敵人，沒有過去的宿仇，也沒有現在的怨家，更不製造未來的對頭。

所以，這並不是仗著權勢而稱無敵，也不是靠財力而稱無敵，更不是靠武力打敗別人，而稱無敵，而是以慈悲心照顧、原諒一切仇人，所以才是仁者無敵。

聖嚴法師並指出：

世界上沒有人能夠當面受人批評，即使佛陀也不例外。

事實上，孔子號稱聖人，有時都會被批評，所以聖嚴法師說的很對：

你不必介意人家如何，你自己要沒有敵人。

本書封面以「記恨在心，Stop！」呼應「早原諒，早開心」的主題，很有慧見與深義。孟子曾稱，「仁者無敵」，在此新解，倒可稱為「慈悲無敵」，也就是聖嚴法師所稱「慈悲沒有敵人」的精義。

聖嚴法師在《別再執著了》掌中書中，有篇「要來的一定會來」，很有啟發性。他在文中指出：

> 要來的一定是會來，要去的終究會去。唯有凡事都能面對它、接受它、處理它、放下它，才能獲得解脫。

法國文豪雨果（Hugo）有句名言：

> 遇有大悲傷時，必以勇氣面對它；遇有小悲傷時，必以忍耐應付它。

換句話說，無論大悲傷或小悲傷，首先都要能「面對它」，只是面對的方法不同。這種正面迎戰的精神，與聖嚴法師此地心意，可說完全相通。

法國文豪大仲馬在《基督山恩仇錄》中曾指出：

> 開發人類智力礦藏，少不了要由患難來促成，要使火藥發火，就需要壓力。㉗

㉗《名人名言錄》，上海新華書店，一九八一年，頁三八四。

因此，面對逆境壓力，面對憂患苦難，最好的辦法，就是勇敢的面對它！你不怕它，它就怕你；你要能面對它，它才能為你服務，壓力才能變成動力，患難也才能變成磨煉。

名詩人鄭板橋也曾強調：

咬定青山不放松，立根原在破岩中；
千磨萬難還堅勁，任你東西南北風。

這種堅忍精神，任憑東西南北風，四面圍剿，仍然挺拔，屹立不搖，就是面對一切橫逆的成功保證！

所以聖嚴法師在《突破工作瓶頸》中，曾經強調，「工作危機就是轉機」。他在此指出，應注意「別做一行怨一行」、「放下身段大有好處」、「化阻力為助力」、「把自己放空一下」、「以平常心面對工作」、以及「感謝逆境」等等，均能將佛學與生活結合，適時指點迷津，非常發人深省。

本書的副題是「挫折失意，Stop！」極可以與主題「突破工作瓶頸」呼應，並能用現代方法表現，的確令人欽佩。

貝多芬有句名言，在此非常中肯：

最優秀的人物，通過痛苦才得歡樂。㉘

因此，一切挫折失意，痛苦失望，在真正優秀的人物前，都會就此止步的！最重要的，面對挫折失意，必須有勇氣、夠勇敢，那一切逆境，反能化為成功的必經之路！

魯迅在《生命的路》中強調：

什麼是路？就是從沒路的地方踐踏出來的；從只有荊棘的地方開闢出來的。㉙

這種披荊斬棘的精神，就是在工作中修行的精神，愈痛苦的工作後，才愈能歡樂。

法國文豪羅曼羅蘭（Romain Rolland）曾經指出：「每個創傷，都標誌著向前進的一步。」於此也很能呼應。

聖嚴法師鼓勵大家用「平常心面對工作」，曾經特別強調，「平常心」和「無心」相應，也和「本來面貌」的心相近，非常具有慧見。他並指出：

㉘ 同㉗，頁三八〇。

㉙ 同㉗，頁三七四。

平常心就是對任何事的處理、應對，不以得失多少、成敗做考量，而只考慮能不能做、該不該做、可不可以做，做了之後，當有問題發生時，也都能履險如夷，從容處置了。

因此，平常心，就是去除得失心、去除恐懼心、也去除貪念心，如果對工作都能如此盡其在我、不問結果，那才真正有胸襟，也有功德。

聖嚴法師曾經呼籲大家，「藉機多修功德」，非常具有啟發性。他指出：

不要老是計較工作量多少，想著自己工作多，錢也沒多拿，又升遷無望，為什麼要做的比別人多？這樣就會煩惱不已，無心工作。

因此，他強調，「可以把工作當作修行來看」，「當我們把工作當作修行的機會，就會做的很愉快」。

很多人笑我傻，在兩岸工作上，做了那麼多事，每年平均一千多件，至今累積七年，共有七千多件，卻均不收經費。我都笑著回答，「當做修行來看，就不傻了」。今天社會如果都能如聖嚴法師所說，把工作當作修行，相信社會一定更和諧、更進步。

十

聖嚴法師曾有專文指出，「轉變命運的方向」，也很有其慧見。他特別從因果觀點指出：

現在的命運都是過去所造，未來的命運則是現在所做。現在的命運已成事實，無法改變，但是透過智慧，可以改善未來發展，轉變命運的方法。

重要的是，對現在的命運，若無法改變，那也應先知道，然後儘量行善，趨吉避凶，此亦孔子所稱「不知命，無以為君子」。

易經也曾強調「樂天知命」，很重視趨吉避凶的變易之道。道教認為，「一命、二運、三風水、四積陰德、五讀書」，亦即對於命運，認為多少還是可以改變，所以仍然應瞭解轉變命運的方法。

由此可見，成功最重要的因素，要能勇於面對命運、勇於接受挑戰，毅然將其扭轉！這也是一種重要的修行。

英國達爾文，在研究各種進化現象後，得到一個結論：

我必須承認，幸運喜歡照顧勇敢的人。㉚

另外，俄國文豪陀思妥耶夫斯基也曾指出：

勇者，是到處有路可走的。㉛

因此，真正勇者，絕不被動的接受命運擺佈，一定勇於挺身而出，創造新的命運！

法國文豪紀德並曾進一步比喻：

如果沒有勇氣遠離海岸線，長時間在海上孤寂地漂流，那麼你絕不可能發現新大陸。㉜

英國文豪莎士比亞更曾強調：

真正勇敢的人，應當能夠智慧地忍受最難堪的屈辱。㉝

就此而言，勇者就是忍者，是最有偉大毅力與耐力的人，這與《金剛經》所說「忍辱波羅密」完全相通。

總的來說，聖嚴法師來台孑然一身，卻能愈挫愈勇、不屈不撓，開創法鼓山，以提昇人間的品質為己任，其堅忍勇毅的精神，深深令人欽佩。

他在上九華山金地藏寶殿後，看到每一石級，都雕刻蓮花圖案，曾經用「火焰化紅蓮」形容，盼望把這種精神落實在人生，使生活處處是蓮台，步步有蓮花㉞，這也正是他所標舉的「人間淨土」。其精神毅力與悲心宏願，可說正如同地藏菩薩般偉大恢宏。

另外，他在〈法鼓山四眾佛共勉語〉中，寫出心中的理念與理想，也深值世人體認與力行，值得謹記於後，以供世人省思：

信佛學法敬僧，三寶萬事明燈，
提昇人的品質，建設人間淨土。
知恩報恩為先，利人便是利己，
盡心盡力第一，不爭你我多少，

㉚ 同㉓，頁三三七。
㉛ 同㉓，頁三三〇。
㉜ 同㉓，頁三三六。
㉝ 同㉓，頁三三七。
㉞ 同⑭，頁二九九。

慈悲沒有敵人，智慧不起煩惱，
忙人時間最多，勤勞健康最好，
為了廣種福田，哪怕任勞任怨，
施捨的人有福，行善的人快樂，
時時心有法喜，念念不離禪悅，
處處觀音菩薩，聲聲阿彌陀佛。㉟

聖嚴法師所說慈悲與智慧，最重要的就是有平等心。事實上，無分貧賤富貴、他都用平等心對待，無分政黨族群，他也都用平等心相待。

大家印象很深的畫面，便是在法鼓山大學的開幕典禮上，他同時拉著陳水扁與馬英九兩人的手，共同祈福的鏡頭。這象徵著他的悲心，明知不可為而為之，希望政治人物能超越一切紛爭，共同為國為民。

這令我想起達摩祖師曾經強調：「平等法者，唯有大菩薩與諸佛如來行也。」㊱

為什麼呢？

因為，只有他們的法眼慧眼，才能看出生死平等、動靜平等，否則「若見生異於死，動異於靜，皆名不平等。」㊲

因此，他特別提醒世人：

不見煩惱異於涅槃，是名平等。㊳

為什麼呢？因為，「煩惱與涅槃，同一性空故」。㊴

所以，小乘的人才會妄斷煩惱、妄入涅槃，為涅槃所滯。但大乘的菩薩，則明白煩惱性空，即不離空，所以才能常住涅槃。

因此達摩祖師強調，涅槃即是空心，諸佛入涅槃者，「為在無妄想處」，菩薩入道場者，「即是無煩惱處。」㊵

如果人人都能發揮這種本有的佛心與菩薩心，則一切煩惱都反而是道場，正可以磨練修行，陽明先生所稱「在事上磨練」，於此可說完全相通。可見聖哲不約而同、殊途同歸之處。

另外，達摩祖師也曾指出，「佛不自成，皆由眾生成故」，這也就是從星雲大師到聖嚴法師，所說「人間佛教」的精神。

㉟ 同⑭，頁三六七。
㊱ 同❺，頁三五。
㊲ 同❺，頁三五。
㊳ 同❺，頁三六。
㊴ 同❺，頁三五。
㊵ 同❺，頁三五。

達摩祖師並進一步強調：「諸佛以無名為父，貪愛為母，無名貪愛，皆是眾生別名也。」

由此看來，佛教最具民主精神，因為以一切眾生為父母，由眾生處成佛，正如同由人民產生政治領袖。更重要的是，佛來自眾生，又必回到眾生，這種親民愛民的風格，應給政治人物很大啟發。

德國文豪歌德有句名言，非常發人深省：

只有使自己的心神解脫一切的妄念，才能獲得精神上的真正快樂。

有了這種「精神上的真正快樂」，才算真正的自由自在；如果心靈充滿憂慮，愁雲密佈，那看似行動自由，其實並非真正自由。

由此來看，佛教才是最具自由精神，因為不只看到身體上的自由，更能深入看到精神的自由。

另外，法國大哲笛卡兒也早就強調過：

害怕危險的心理，比危險本身還要可怕一萬倍。

我在本次蒙冤之中，遭遇各種圍剿，排山倒海而來，企圖把我鬥垮鬥臭，我曾勸內人說，如果心中害怕，本身就會先垮。因為，敵人的攻擊並不可怕，了不起就算一死，還可成為統派烈士，「人生自古誰無死？留取丹心照汗青！」最怕的是自己心理上先垮了，終日擔心害怕，那才會精神崩潰，令親者痛、而仇者快。

內人因為受到重大打擊，經常覺得撐不下去，心中忐忑不安，怦怦在跳，所以形成「憂鬱症」、甚至「恐慌症」。我只有經常向她引述名人奮鬥的故事。她很能領悟，但也真難為她，令我感到非常心疼。

聖嚴法師在講述《無量壽經》中，曾經用很通俗的標題「四十八個願望」，表達阿彌陀佛修行的大願，這種慈悲心願，很值得世人今後效法。

方東美先生在綜論〈從宗教、哲學，與哲學人性論看人的疏離〉中，最後結論也曾指出：

> 偉大的宗教家，對於人類由「神—人」墮落為「獸—人」，深感痛心疾首。[41]

他並進一步指出：

---

[41] 同[13]，頁三五六—三五七。

兇手在上弒天父與下弒地母的暴行之後，繼續以別的方式逞凶。㊷

他提到，如政治上霸權控制、經濟上爭奪利益、社會上奴役人民……；以致「任何瞭解目前人類處境的人，都能看到烏雲密佈、暴風逼近、肅殺恐怖的氣氛充塞四野。」㊸

因此，這時候，「良知應該挺身而出，扮演救援的角色了。」㊹而且，「中國的無罪文化中，年代悠遠的智慧，應該有助人類，重新成為神的原始形象。」㊺

就此而言，佛教呼籲世人明心見性，回到本有的良知，便深具救人救世的功能，它不但以往是中國年代悠久的智慧，今後也能成為世界共同的藥方。

聖嚴法師曾提及，他心中常感到某種「承擔佛法的責任感」，這種責任感，正是一種菩提心，也是一種拯救世人的悲心大願，深深值得大家共同學習與力行！

另外，我曾經由名律師劉緒倫引見，拜訪民間信仰天帝教首席使者李子弋教授，承他開示許多，心中非常感念，深感各大宗教均有其相通之處。

緒倫兄後來並曾贈我《天人日誦奮鬥真經》，其中最後提到「我當發願」的內容，也很發人深省：

願行奮鬥道，願發奮鬥心，

願得金剛體，願為永劫身，

願如大火炬，如電洞微塵，
願如嶺上柏，萬載時常青，
願如旋風威，體運無休定，
願得真常道，不昧本來性，
願得大平等，協調凡與聖。
世云有盡，我願無窮，
常奮常鬥，無始無終。

在看過這些偉大的慈悲心願後，我深深自覺，應在忍辱之中，發大心、立悲願，藉著本次的蒙冤，作為修行的精神動力；把一切的屈辱，看成天魔的考試，以此更加鍛鍊自己心性，並矢志為兩岸的眾生，做出更多貢獻！

或許，這就是上天讓我蒙冤忍辱的重要深意，我應好好珍惜此次磨練，並應感謝上天美意才行！

㊷同⓭。
㊸同⓭。
㊹同⓭。
㊺同⓭。

第七章　證嚴上人立志不吃氣

一

我對證嚴上人創辦的慈濟功德會，救人無數、功德無量，很早就很敬佩，但印象最深的一次，仍是民國九十三年五月一日，在關渡慈濟園區的請益。

那陣子，我因為飽受風風雨雨的冤案鬥爭，心中雖坦蕩蕩，但卻很少外出，以免別人尷尬；尤其當天大雨，本來不太想參加那場弘法大會。然而，冥冥之中，似乎有種聲音，在呼喚我，「應該去、應該去！」所以，我仍然帶著小兒，臨時叫車，前去聽講。

聽講完之後，承慈濟的師兄姐不棄，引我拜見證嚴上人，能親炙其風範，心中很感榮幸。尤其聽她回答問題，更是受益很多。

記得當時，我首先請教她，因近日受冤案困擾，心中很感悲憤，請教她如果碰到屈辱逆境，如何「忍辱」？

她很輕鬆的挪了挪身體，然後說，她沒有「忍辱」的感覺。她能把「辱」當成不是「辱」，而是一種動力，正是《金剛經》的重要啟發，境界非常高明。

然後，她還風趣的說，「我也被告過啊！」引起房內哄堂大笑。

緊接著，她用親切的口吻跟我講，「黑就是黑，白就是白，心中坦然，就不要去想」。

她並簡明扼要的說：「退一步想，海闊天空」，用語雖然簡短，卻令我心中立刻有所感觸。因為這也代表，只要去除心中執著，一切都可豁然開朗，的確很有啟發性。

她所說「也被告過」，是指「一灘血」的故事，因為她曾提到有家醫院，沒有照顧一位原住民的孕婦，那名孕婦沒有錢，只好轉院，在地上留了一灘血，令她看了心痛萬分。

她講了這則故事後，竟然被醫院的後人控告誹謗，初審法庭又居然判她有罪，引起輿論很大矚目。

社會上很多人對她同情，盼她繼續上訴，但她選擇了放棄上訴，表現了宗教家的寬容精神。

我對這段故事略有所聞，所以聽她講了之後，很能從旁體會她的心情與開示。

後來，我再請教她，根據從前宣化上人十二年前的預言，今後兩岸緊張，很可能有戰爭，而且很慘烈，令人憂心，應該如何防止戰爭危機？

她明確的回答：只有用更多的愛心。

她當時說，戰爭與和平，「好像在拔河」，要好人多一點，善的力量夠大，就有和平的希望。

她的比喻很通俗，但內涵很深刻，很值得共同省思。

然後我再請教，台灣正被「省籍情結」分化與撕裂，我聽她的演講內容，很有平等愛心，而且國語台語並用，完全超越了省籍。我請教她，今後應如何克服省籍分裂？

她回答，「還是要用愛心」，需要用愛心化除仇恨、用愛心化除分裂。也可說一針見血，極有深刻的啟發性。

她上述的談話，令我印象很深。後來在二〇〇四年出版的《納履足跡》中，對於當天她答覆我如何預防戰爭的部分，曾經特別刊登：

> 開示畢，上樓後，有位人士來訪，言及曾聽聞未來將有戰事之預言，故心懷憂慮，不知如何能防患？
>
> 上人表示，杜絕戰爭、爭端與衝突之良方，唯有——愛！「慈濟本著佛教生命平等之人道精神，不論種族、國界與宗教，無所分別地從事救難志業，出入於戰爭之邦如亞塞拜然、車臣、科索沃等，以及天災之地如土耳其與今之多明尼加、海地等，總計至今已救援五十九個國家。慈濟人以誠懇之心去付出，慈悲沒有敵人，也不與人對立，唯認為欲世界和平，就要先付出愛。」

「佛教說眾生共業，如何淨化人心？就是得呼籲人人走出一條人道精神之路。世界之安危如黑白拔河，戰爭與和平在拉鋸，少數人擋不住大災禍，要多提倡愛，好人多一些，善的力量大，就有和平的希望。反之，若人人自私自利，好與人爭，則惡的力量大，難免就會起爭端。莫談未來會發生什麼事，多談只恐使人心惶惶。法無定法，就看人心歸向何方。眾人為善是造福業，則世界和平；眾人作惡是造惡業，則干戈四起。」

上人強調，天下無災難，人人有責，必須更多人去感化人心向善造福。「但是所說的『感化』，不只是去感化別人，重要的是要先從感化自己，要先做好，才能去教化別人。如慈濟人學習生活規矩與行止威儀，資深的人要教導新來的人，使浩蕩長的隊伍整齊而美，如此才能在社會上有好的影響與帶動。」❶

另外，她當天弘法時也強調：「多一個慈濟人，就少一個問題人。」而且「不求萬事如意，只求毅力勇氣」，確實發人深省，很能振作人心民氣。

從那天以後，我將證嚴上人的所有著作，幾乎都買全了，每天仔細研讀，心中很感充實；尤其看到她很擅長用真實的小故事，弘揚佛法，深入淺出，並能將愛心化為行動，在全世界救人，心中很感敬佩。

二

證嚴上人在《衲履足跡》中，曾經談到「莫為金錢損及人格」，非常發人深省。上人提到，慈濟醫院建設初期，籌募基金不易，當時有位日本人，願以二億美金的款項，直接資助建院，卻被上人婉拒。這種風骨與氣魄，真是非常難得。

上人當時強調：

我認為人要有志氣，既是在台灣蓋的醫院，應由台灣人來創造自己的奇蹟。

就是這句話——由台灣人自己蓋醫院，用自力更生的精神自求多福，終能在艱苦中建成了醫院。

這份志氣，真可稱為「正氣」，的確是很多大男人都做不到的事情！

試想，若有二億美金放在眼前，可以省掉很多精神與心血，多少人能夠不動心？但上人以一位身材弱小的女子，卻能正氣凜然，有所取、有所不取，確實非常令人欽佩！

另外，上人也提出更深一層原因：

❶ 證嚴上人，《衲履足跡》，台北慈濟文化公司，二〇〇四年，夏之卷，頁五六七—五六八。

雖然勸募困難，但若沒有那段過程，那來今日如此多的委員與熱誠！

她說：

雖然也有人為了我婉謝這筆二億美金的捐款，深感惋惜，但我一點也不後悔，覺得應該要這樣做才對。

這種正氣與志氣，正是孟子所說的「浩然正氣」，同時也正是孟子所說「貧賤不能移」的「大丈夫」精神，就此看來，上人的確可稱女中英豪，深具大丈夫的精神！

除此之外，證嚴上人的愛心，還表現在排除萬難、興建慈濟醫院。並且，她還對慈濟醫院實習的醫生們，經常勉勵，要能做「有幸有福的大醫生」，寓意非常深遠。

上人當時提到，大家投注了許多時間求學，好不容易成為醫師，若只做個會看病的醫師，光有知識和技能，實在非常可惜；因此她期勉大家，唯有發揮良知、愛心，做一個「良醫」，人生才有意義。她並強調：

佛陀本懷是慈悲濟世，慈濟即是以佛陀之慈悲為「經」，以慈濟人身體力行為「緯」，將佛陀所講的經典教義當作路來走，所以成就慈濟四大志業。

因此，她還進一步指出：

佛陀慈悲的教育，若光說不做，無濟於事，唯有身體力行，才能真正拔除眾生苦難。

佛陀曾經有個「箭喻」，比喻人生痛苦，如同中了箭傷，必需先能拔除痛苦，才是真正慈悲。但若慈悲二字，只在口頭上講，光說不做，便會淪成空語。上人發心蓋醫院，勉勵醫生們以「拔除苦難」為志業，的確把握了「良醫」的特性。

在慈濟上人授袍開示的場合中，多位準醫生對大家分享心得，楊登棋醫師即引述孫思邈「藥王」的名言，很有啟發性。

唐朝孫思邈因為既有醫術、也有醫德，後代尊稱為「藥王」。他在《千金要方．大醫精誠》中指出：

凡大醫治病，必當安神安志，無欲無求，先發大慈惻隱之心，誓願善救眾靈之苦，若有疾厄來求救者，不得問其貴賤、貧富、長幼、怨親、善友、華夷，愚智，普同一等，皆如至親之想。

這段重點，在於醫生要發「大慈惻隱之心」，並且「誓願普救眾靈之苦」，用平等心看病人，無論貧人、富人、冤家、親家、愚人、智人，都要一視同仁，這種偉大胸襟，的確深值大家體悟與力行！

孫思邈另外也強調，做為大醫治病；

亦不得瞻前顧後、自慮吉凶、護諸身命。見彼苦惱，若己有之，深心悽愴，勿怕險惡，晝夜寒暑，飢渴疲勞，一心赴救，無作功夫行跡人心。如此可謂蒼生大醫，反此則是眾靈巨賊。

換句話說，他提醒大家，不能為私人顧慮太多，對於病人的苦惱，要能看成自己苦惱。無論自己多辛勞，也要一心營救，不要怕險惡。

要能做到如此，才算蒼生大醫，反之，就只是含靈的巨賊。

這段內容非常發人深省。慈濟的醫生，既有醫術、也有醫德，可稱良好榜樣。今後我若奔走營救兩岸同胞，也應以此為鏡，不怕險惡、不怕抹黑，全心營救才行！

另外，慈大方菊雄校長則贈送三錦囊：一要細細的看、用心觀察，二要好好問、好好想，三要傻傻的做，做別人不做、以及高難度的事，才能養成做事的承擔力。

這三項中，第三項「傻傻做」，最難，但也最重要。

我因為創立「兩岸人民服務中心」，幫助兩岸同胞服務，其中很多是中南部人，並且是本省人，經常就有朋友問我，「你怎麼這麼傻，他們都不是你選民，你幫他們又沒有票，為什麼還要幫？」我當時只笑笑，心中想的，就是「傻傻做」就好！

令人痛心的是，我因為在民國九十三年初幫助台諜案家屬——當時陳水扁的大嘴巴，在總統大選前，透露大陸四九六顆飛彈的詳細地點與數量，導致台商陸續被捕，他們家屬前來「中心」求援——我們中心當然全力以赴，為他們連絡大陸探訪親人事宜，他（她）們就在電視公開哭訴，認為陳水扁政府罔顧人命，這就讓台獨人士對我更加嫉恨。

那時，我就聽到情治部門權威人士私下善意告訴我，民進黨政府準備在總統大選前，把我抓起來，以免影響總統選情。

後來，果然我碰到空前的污衊栽贓，被人陷害誣告，甚至用此冤案一路把我封口，我在心中的悲憤，與長期的鬱悶，實在無法用語言形容。

在這期間，誣告我的菲傭回國後良心發現，在菲律賓承認說謊，遭人利用，並由菲總統府等認證，但台灣士林地方法院的張惠菁檢察官、王梅英、劉秉鑫、王沛雷法官，竟然罔顧國際慣例，仍然硬扣罪名，甚至後來還對我違法限制出境；教育部長杜正勝，也多次命令中大，企圖對我違法解聘。在一連串政治迫害中，我遭遇了空前的一系列精神煎熬。

這段期間，我的精神支柱，先是聖嚴法師「魔考」之說，把磨難當成天魔在考驗，由此激發我更大的精神動力，後來星雲大師「人間佛教」也給我很多心得，我提醒自己，成佛要在人間，因此本應歷經很多逆境磨練。

另外，證嚴上人的靜思語，對「增上緣」的開示，對我也很有幫助：

逆境在佛教中稱「增上緣」，碰到逆境來，應該心生感激——可遇不可求啊！❷

這話不但很灑脫，而且很睿智，能將一切逆緣，看成增進上緣，而且能視其「可遇不可求」，別人還得不到呢，這是多麼豁達的胸襟！

這種胸襟，這種氣度，的確令人非常欽佩。因此，我告訴自己，我既被認為「統派」的指標性人物，如今橫遭誣陷，台獨政府企圖殺雞儆猴，我也應視此為難得的「增上緣」。若因此能夠成為「統派烈士」，藉此機會修行，也是可遇不可求啊！

證嚴上人在此呼籲大家：「聽到任何是非，皆視為修行之增上緣，萬萬不可堆積在心上，長無明草。」非常值得大家領悟與力行！

三

證嚴上人在《衲履足跡》中，曾經親自說明出家因緣，從「翹家」到懇請母親、到流浪外地、到安定的行程與心路，可說一波三折，充滿辛苦歷程。

其中提到，她與修道法師在花蓮許老居士家時，修道法師發燒，並稱「眼睛一閉上，就會看見許多無頭、無手、無腳的人」，上人當時問，「真有這些東西嗎？」然後她告訴修道法師，不如她來發願，若是病好起來，就為她們講《地藏經》。

修道法師果然這樣發願。到第二天，老菩薩煮了清粥給修道法師吃，不可思議地，她的病就漸漸好起來。

這段是別人為她寫的傳記中，所沒有的內容，在英文版傳記中也沒有。如今由上人親口說出，而且時隔多年（上人講述為民國九十三年五月，而當時是民國五十年十二月），上人仍記得很清楚，可見印象很深。

上人後來提到，她發了願就要還願。但因種種因緣，原來想要去原住民村普明寺，亦即地藏菩薩廟，但那在山地管制站，普通人不能去；而原住民又以信奉天主教或基督教為主，她也無從講經。後來她到康樂村，家家戶戶又靠捕魚維生，對《地藏經》也講不得，所以當時只由修道法師先講一些佛法，然後由上人說故事。

這段經過顯示，如果漁民是靠打漁為生，自然無法勉強他們聽「因果」故事，正如同無法對屠夫講「勿殺生」的故事。

豐子愷在《護生畫集》裏曾經強調，吃素，最重要的是培養「慈悲心」，而不必太極端。否則如果深究下去，連蔬菜、稻米都是生命，甚至開水中都有微生菌，豈不都不能吃？

---

❷《證嚴法師靜思語》，民七八年，九歌出版社，頁八三。

因此，豐子愷強調，要能起「慈悲心」，才是最主要的宗旨。這種說法，能直指人心，很有啟發性。

上人在民國八十四年十月九日，曾經提到，她最早到台東，看到《法華三部》，心中很受吸引，隨手拿起開頭一本《無量義經》，讀了後「眼睛一亮，心頭為之一震」；其中「靜寂清澄，志玄虛漠，守之不動，億百千劫」這一段，更令她歡喜萬分。

由此可見，上人在關渡園區建設慈濟道場時，觀音大殿的牆壁刻上「無量義經」，的確有其深刻意義，其來有自。

上人強調，雖然慈濟以《法華經》做為核心精神，但她真正深入研究的，還是《無量義經》。因為，「經文之每一句話，敘述人人都可以成為菩薩，而不依靠神通變化」；她在二〇〇六年四月出版《過關》，最後一文強調「佛法不遠求」，正是同樣精神。

換句話說，她對「如何可以成為菩薩」，是強調人人都可做到的方法，鼓勵人人可行、處處可行、而且時時可行、事事可行，這種智慧，鼓勵人人行動、劍及履及，深值敬佩。

尤其，上人多次許願成真，證明她對「神通」，也有敏銳的感應能力。這種本能，並非人人能有，但她仍能跳脫這種神通能力，而強調人人從凡夫俗子均可做到的方法，這種平等心，才真正能彰顯菩薩心。

上人在公元二〇〇一年四月十七日，慈濟三十五週年慶時，曾向資深委員回憶：

> 颱風過後，我再回來小木屋時，聽說有人不是很歡迎我住在那裡，所以我立志不吃氣，才又回去許老居士家。

這裡有兩個重點，值得分析。

首先，以上人如此行善慈悲的人，都會有人對她「不是很歡迎」，令我心中深有感觸。

因為，我反省我自己，雖然一直努力奉獻做事，從東海大學當系主任、到中央大學當文學院長，從新黨、到國民大會、立法委員，我都盡心盡力，立志為民眾服務，但總有人對我「不是很歡迎」；甚至有些還不是政敵，反而是自己人，藉口我「有爭議」、「色彩濃」等等，對我百般排斥，令我心中很感慨。

然而，當我看了上人這段內容，心中很有共鳴，因為這提醒我，今後也應同樣「立志不吃氣」，以「爭氣」取代「生氣」才行。

另外，上人所說「立志不吃氣」，還是我第一次看到，她如此明確表示自己的心境，很真誠坦率，令人欽佩。

所謂「立志不吃氣」，就是「立志不受氣」的意思。我心中也向來主張，「爭氣」而不「生氣」，「爭氣」而不「受氣」，與此很有相通之處。

一般人或以為，為了修行，對於一切受氣、或受辱，都應該認了；但如果只是消極的「認了」，恐怕還是錯誤觀念。

因為，真正有志氣的人，包括修行者，固然不必與他人計較，但同時更要發大心立志。唯有如此，才能有大成就，然後在有成就之後，再原諒從前給他氣受的人。

否則，如果生氣之後灰心喪志，或者只知生氣、不知爭氣，那麼當初給他受氣的人，心中會更高興，自己反而永遠無法出這一口氣了。

四

日本有句諺語，值得深思：

如果在一個想讓你哭的人面前流淚，那就是失敗；愈在這個時候，愈是要笑，要頑強的度過人生。

當然，在這時候，「笑」的背後，暫時要「忍」，而且還要「大忍」。這種大忍背後，不是為了報仇、不是怨恨別人，而是要把怨恨化成悲願，自己奮發圖強、重新站起來，堅強再出發，然後希望這種污辱，永遠不會發生在別人身上！

我本次突逢奇恥大辱，並在司法程序中，親身經歷了太多不公不義，但我並不怨恨給我氣受的人，因為他（她）們也只是奉命行事，人在江湖、身不由己。我只盼望，以本次忍辱的經驗，透過大悲願，能夠喚醒民眾與司法界，今後共同改革，讓政治對司法的迫害，永遠不會發生在別人身上！

證嚴上人曾經在強調「慈愛」中，特別指出：

> 為人處事，應不避拒逆境，不企求順境，隨緣處境，能安能受，這全憑由「忍」字發揮慈愛的力量。❸

這種因忍而生的慈愛力量，足以化解仇恨，更足以超越逆境，深深值得大家共同體悟與力行！

民國九十五年的二二八紀念日，我看到很多卑劣政客仍想用「二二八事件」，挑起族群仇恨，謀取政治私利，心中萬分感慨。

為什麼他們不能把仇恨化成悲願？難道他們要繼續冤冤相報嗎？這樣的人生，永遠在仇恨與悲情中生活，充滿陰影、充滿撕裂，是對的嗎？

如果說「二二八」事件中，很多本省人受害，心中怨恨，那麼，初期被害的外省人，又怎麼辦呢？他們後代如果還要承擔原罪，如此恨來恨去，沒完沒了，台灣還會有前途嗎？

---

❸證嚴法師，《生活的智慧》，健行文化出版，民八一年，頁五〇。

後來我聽到施明德強調，「民主需要包容」，希望相互容忍；林義雄也在二二八發表感言，希望不要以「族群不和」與「外來政權」，模糊「二二八」事件；都是很有大格局、大悲心的見解，值得敬佩。

所以，當我聽到證嚴上人答覆，面對族群分裂，最重要的，還是要有「愛心」，要能把怨恨化成大愛，深深感覺，這才是今後台灣最重要的良藥！

尤其，台獨人士若對「二二八事件」經常炒作，何以對日本人侵害台灣，前後殘害台灣人六十五萬之多，卻都不提呢？何以對殘酷的「苗栗事件」、「西來寺事件」、「霧社事件」等，完全不提呢？如此只為私心，沒有真正愛心，能叫「愛台灣」嗎？

證嚴上人在《生活的智慧》中，特別有兩句話，非常發人深省。一是「被辱不瞋真功夫」❹，二是「能受天磨方鐵漢」❺。

問題是，要怎樣才能得到呢？

被辱而能不瞋，那是非常難的，只有一個辦法才能做到，那就是把「被辱」的嗔怒，化為悲心大願，立大志要爭氣，然後在成功之後，再原諒原先加辱的人。這時所存的，就反而是感謝他激勵自己。

如此百折不撓，能受天磨，才是真正鐵漢；因為，心中能領悟上天磨練的宗旨，才能真正愈挫愈勇，終能勝利成功！

歷史上有很多這種鐵漢，證嚴上人可說也是這種女中英豪。

另外證嚴上人很注重「承擔」，她在向慈濟醫學院實習生授袍時，特別將聽筒一一掛在每個人脖子上，並且開示：

> 聽筒掛你們的脖子上，同時，兩肩也應有這一分的感覺吧！這就是承擔，承擔起人世間最尊貴的生命。

上人並勉勵準醫生們：

> 慈濟的教育，不是要你們享受，而是要你們懂得照顧好自己的身體和形象。
>
> 我愛你們，因此希望你們被愛，所以才期待你們能懂得照顧好自己的形象，不只要形象好，同時還要愛自己的內心，要從內心愛起。

上人所說的自愛，從外在形象開始，就是不能邋遢；同時在自己內心，就是要能體認到

---

❹ 同❸，頁一二四。

❺ 同❸，頁二一七。

自己的承擔；要有責任感，要有使命感。

這種方式很特別，卻很有意義。在其他醫學院，很少會有這麼細心又用心的安排。此中的「醫德」教育，尤其令人欽佩。

上人當時並且表示：

聽筒是醫師跟病人的橋樑，是愛的橋樑；你們真正能聽到病人的心聲，這是很崇高的使命。

上人對小小一段聽筒，也能賦予如此美麗又莊嚴的意義，只有真正很有愛心的崇高靈魂，才能如此細心關懷，用心叮嚀。

另外，她又對準醫師們說：

我覺得你們都很有幸，希望你們不要做一個「有幸，卻沒福的人」。

有幸，是因為你們有好的父母栽培你們，是因為你們生在安定富足的台灣社會，可以提供你們豐富的教育資源。

> 你們既然有幸遇到，因此要知福；知福的人，才懂得造福。

先要覺得「有幸」，才能真正知福。

知福，才能惜福，也才能造福。如果一個人，只知享受他人提供的資源，卻不會惜福與造福，就會成為「有幸卻沒有福的人」。

試看今天台灣社會，很多人都有幸，卻沒有福；深盼更多的人，能領悟上人這些慧語，並能真正力行。

證嚴上人在〈一粒米中藏日月〉，特別呼籲國人，「發揮平等大愛，援助大陸水患同胞」❻，令人非常感動。

她特別強調：

> 人不分種族，有愛就沒有怨，有愛就能化解異己的成見；如此寬廣的心胸，才符合佛陀救人的精神。❼

這種精神，正是今後台灣走出分裂、走出仇恨的最大法寶。

她並且進一步指出：

愛你的朋友不稀奇，愛你的敵人才偉大。何況受災受難的，是長期在貧窮、飢餓、災難、痛苦環境中生活的無辜老百姓，尤其他們和我們又有很深的種族因緣——我們的祖先，不也是從那邊來的嗎？這份緣甚深甚厚。所以他們有難，我們不能袖手旁觀，要以「無緣大慈」的心，將愛化為實際行動，真正拔除災民的苦難。❽

這種毅力，能夠排除萬難，將逆境化為悲心，因此更加精進，非常難能可貴，深深值得大家效法，尤其值得台獨人士誠心聆聽。

五

民國九十四年六月八日，我曾特別拜訪慈濟基金會副總王端正先生，印象非常深刻。他原任中央日報總編輯，為上人的在家弟弟，相貌與證嚴上人很像，看起來很年輕。聽說他在中央日報已工作很久，從民國七十年開始轉到慈濟；當天他神情顯得很清朗，眼睛炯炯有神，透露著沉穩、堅毅，與信心。

王副總當時曾談到，慈濟功德會在民國九十一年去大陸救災時，在台灣內部受到很大壓力。當時電話不斷，很多人恐嚇要包圍精舍，甚至說要燒精舍。因此他建議上人，能否放慢腳步，不是不做，而是暫緩一下。

結果上人的回答，令他心中很震撼。上人說：「寧可解散慈濟，對大陸的關懷也不能中斷！」

王副總因此更體認上人的堅定與決心。所以，雖然慈濟功德會歷經很多抹黑，面臨了很多壓力，但仍然無怨無悔的全力去做。

當時，曾經有位博士，雖然學識淵博，卻滿腦子僵硬意識形態，矇蔽了人性，「不能打開心結」，反對上人對大陸救災。反倒有兩位小朋友，省下整年的零用錢，要媽媽代為捐給上人去救災，此中的對比，令上人很感嘆。

她曾經感慨的指出：

> 學識淵博的學者，反對我（到大陸）救災，而五歲、七歲的兒童，卻各拿一萬元來救災，這其中的差異，只因為在稚子單純的心念中，「愛是沒有分別的」。❾

事實上，今天我們看「台灣教授協會」的很多台獨學者，以及「北社」、「南社」很多

❻ 同❸，頁八五。

❼ 同❸，頁八六。

❽ 同❸，頁八七。

❾ 同❸，頁一三九。

成員，都因為意識型態掛帥，矇蔽人性，變成只有知識、缺乏器識，只見仇恨、不見愛心。形成杜威所說「有知識的愚昧人」（Learned ignorant），或莊子所說的「一曲之士」。

如今，更有人在篡改教材，用歷史課本洗腦，叫孩子們反華恨華，並在語文課本去中國化、挑撥仇恨，如此用「分別心」推行台獨教育，把孩子們當犧牲品，實在違背善良的人性，也違背善良的愛心！

因此，對照之下，更令我欽佩上人的精神毅力，也對她的悲慈胸襟，更能體認。尤其對她在飽受污衊的逆境中，仍能沉穩堅定，邁向正確方向，心中更加欽佩！

王副總當天說明很多慈濟在大陸的善行後，在結論中指出，今後願意「為兩岸、為歷史」，繼續推動，因為他心中有種使命感。

這令我想起，當年印順導師交付上人，也是六個字，「為佛教、為眾生」，如今王副總秉承上人這種心願，強調「為兩岸、為歷史」，同樣令人由衷感動。

王副總當時也提到，一九九一年，他第一次代表慈濟去大陸，商談賑災事情，原先並不順利；台灣方面，馬英九那時任陸委會副主任，表示支持，認為民間可以補政府不方便之處。慈濟也盼能合法，得到政府同意，否則會被說成「資匪」。

但到大陸後，因互信仍不足，「兩頭怕怕」，所以先未談成。當他準備回台灣時，閻明復部長來電，願意再談，才有新的轉機。

王副總並強調，慈濟救災，可歸納成「一個目的，兩個原則，三個不為，四個物質，五種協助」，非常令人感動。

「一個目的」，就是純粹賑災。

「兩個原則」，就是「直接」與「重點」，亦即直接到災區，並以最苦、最沒人去的地方為重點。

「三個不為」，就是不介入政治、不傳教、不搞宣傳。

「四個物資」，就是糧食、衣服、藥品、與種籽肥料。

「五個協助」，就是需大陸協助交通工具、陪同人員、受災名冊等。

當初大陸相關人員認為，只要捐錢即可，他們會統籌分配。但王副總則強調，慈濟是「有所為，有所不為」，盼能本身直接發放，所以剛開始沒結論。

王副總並提到，慈濟當時在台灣內部，受到很多人士辱罵，說什麼「拿台灣錢幫大陸買子彈，飛彈要打台灣」等，但上人卻認為，應該「為所當為」、所以「不管他們」。這才從一九九一年起，開始了很多對大陸的慈善工作。

王副總也指出，因為慈濟對大陸的慈善工作，沒有宣傳，所以知道的人不多。我對大陸算很關心，但也是到那天，才有因緣知道慈濟幫助大陸的各種感人事蹟，令人從內心欽佩。

王副總還提到，當時在大陸做善事，有兩句感慨之言：「善門難開、好事多磨」，因為在兩岸，都吃力不討好。在台灣被說成「資匪」，在大陸剛開始也被懷疑，是否有陰謀或陽謀，以致地方幹部經常刁難。

但王副總稱，雖然善門難開，好事多磨，但慈濟「仍要開、仍要磨」。我當時回應，這也算是種考驗。那時王兆國仍為國台辦主任，曾對他說，若有任何需要幫忙，省縣均可配合；但因部分地方幹部心存猜忌，所以仍然相當辛苦。

王副總並說到，王兆國曾問他，去過那些省份？他答以，「要問那些沒去，比較容易回答」，因為只有像黑龍江、西藏等地沒去。

王兆國吃驚的回答，「那你去的地方，比我還多」！

但王副總強調，他到大陸各地，不是觀光旅遊，而是到各地的災區、山區、困區，可說走遍了「窮山惡水」。

王副總並指出，上人多次強調，中國大陸與我們同文、同種、同根生，所以再三強調，要全力推動慈善事業，從教育、醫療、文化等處進行，也一定要尊重當地法律。

他並舉例，如在大陸，無法承認台灣醫生執照，如同台灣不能讓大陸醫生開業。所以慈濟去義診時，就到大陸人民醫院，先由慈濟醫師開方，再由大陸醫師認可後才義診。

除此之外，有關文教工作，王副總提到，希望兩岸年輕人，不要受上一代仇恨波及，今後更沒必要加深仇恨，所以開辦兩岸大專青年交流，促進兩岸青年互動。例如與北大、南京醫科大學，每年都辦。

王副總並引述上人呼籲，希望去大陸當台商的慈濟人，能多回饋當地，不要自命大爺、惡行惡狀，更不要把吃、喝、嫖、毒的惡習帶去，增加大陸對台灣的不良印象。

上人曾經強調，懂得回饋，是種大愛，要讓大陸民眾與領導能知道，台灣人民是愛他們的，心意都很感人。

王副總並提及，骨髓捐贈的例子，更能證明「血濃於水」，特別有意義。他並提到，若能透過直航到大陸，不牽涉政治，而為人道，就更有意義。

因為，其他國家捐贈，「配對率」成功率很低，但中國大陸運來成功的很多。證明兩岸真正的是，「血濃於水」！

我曾經在東北訪問時，親自聽到省長公開讚揚，說慈濟這種捐贈骨髓的工作，太令人感動了，不但救人，而且排除萬難，展現了血濃於水的精神，令很多人都很佩服。證明了上人所說：讓大陸領導知道，「台灣人民是愛他們的」，的確發人深省。

只可惜，兩岸至今仍然未能直航，非常不便。王副總也認為，對政治因素與意識型態，若不排除，今後仍有很大障礙。

他並感慨，大陸不太瞭解台灣，只用大陸思維看台灣；同樣台灣也不瞭解大陸，老是以為還停在文革，以為很貧窮落後。他並提及，現在大陸建設可稱「一日千里、日新月異」，台灣若不自救自強，沒幾年優勢就消失了。

因此，王副總最後指出，台灣有人生氣，說大陸動不動說打台灣。然而他強調，如果你是中共領導人，台灣要獨立，你理不理？而中共領導人也應想，若大陸打台灣，百姓會怎麼想？所以他認為，要能互換立場、為對方著想，否則互相猜忌，結就永遠打不開。

王副總並且強調，在本世紀交替之際，上人就很有遠見，曾經提及：「將來歷史如何看我們？我們是否要向歷史交白卷？」可說語重心長。

我對王副總的印象，認為他很有歷史使命感，也很有愈挫愈勇的精神毅力；同時，還很有文采，出口成章。難怪當年，他能當中央日報總編輯。現在他又以慈悲為動力、以智慧為方法，可稱是慈濟功德幕後的大功臣！

證嚴上人有此賢弟，幫她大力推動慈善事業，也可說是殊勝因緣。

最後，王副總送我一本《不悔大愛兩岸情》，從中間的內容，包羅萬象，慈悲廣濟，充分表現出慈濟奔走兩岸的大愛精神，而且能夠愈挫愈勇、無怨無悔，深深令人敬佩！

展望今後，我也應效法這種在逆境中力爭上游的精神，那才能克服多種磨難，在兩岸中，為中華民族耕耘更多的成果與光明！

六

上人對兩岸關係非常重視，除了深具精神毅力、排除萬難，拯救大陸災區，而且平日對大陸的台商，也有很多期勉。

所以，她對大陸福建慈濟人的開示，很有重要的啟發性。

她引述《無量義經》中所說，期許大家成為一顆實心的種子，「一粒飽滿種子，以衍生無量無數的善種子。」

上人並強調，盼大眾能做到「合心、和氣、互愛、協力」，又介紹台商們，收看大愛電視台，而且時常寫心得，這些都是接引人心上進的好方法。

另外，上人經常能對不同對象、不同背景、而用不同經句，開示不同的接引方法，不但是上等的教育家，也是難得的組織家。

例如，上人叮嚀大陸台商，有心化緣就要結緣，但須謹記要廣結善緣，切莫結黨營私，也莫捲入政治行為。

她曾引述佛教名言：「一粒米大過須彌山。」⑩並且強調，她眼看大陸災民慘狀，更深深體會到，「一粒米中藏日月，半斤鍋裡煮山河」。⑪所以她指出，慈濟在任何地方，都是出於愛心，抱著回饋當地的心情去付出，並無任何一己私心之念，如此才能在當地受人敬重，進而對人有好的帶動與影響。

慈濟人中，有藍營、有綠營，但都和睦相處，以慈悲心超越了藍綠，更以平等心超越了省籍。這種胸襟與原則，形成台灣難能可貴的清流，的確深值政壇人人效法。

上人並對台商寄以厚望：

⑩ 同❸，頁八九。

⑪ 同❸，頁八九。

我很想要做的事，自己卻無法去，你們能代替我去做，我的內心對你們充滿感恩。

我在看到這段後，很盼望上人有空時，能親身到大陸訪問，其中很有重要意義：

一、誠如上人所說，大陸人口為世界第一，佔全球四分之一，是慈濟教化人心的「最大福田」，因此為了眾生，她應該去。

二、中國大陸原為大乘佛教的聖地，有很多重要的名山佛寺，本身也有很多宗教團體。因此，為了「佛教」，也應該去。

印順導師曾經期許上人，今後一生，「要為佛教，為眾生」。因此，為這兩項理由，自然值得排除萬難，親自去訪問。

三、尤其，近期以來，兩岸緊張愈來愈明顯；為了消弭戰爭、促進和平，若能帶著慈悲心去，當然有助和平。所以，為了和平，拯救眾生，免於戰端，更應該去。

證嚴上人在《衲履足跡》中曾經提到，民國九十三年一月十三日，聽取慈濟人到大陸淮河災區發放賑災的心得。

因為前一年六、七月，淮河大水淹沒數省，慈濟人勘災後，擇定安徽及江蘇兩省的五縣，分成四團進行發放，所以在該日返台後，向上人報告。

上人回憶一九九一年，剛踏出大陸賑災的腳步時，心靈總有一種懸在半空中的感覺。她說：

到底在那邊落地後，這一步要怎麼走？而在要起步的這一邊，又要怎麼對人說？那一種心態，到現在仍是記憶猶新。

事實上，上人最可佩的，就是這種「自反而縮，雖千萬人吾往矣」的精神毅力，因為深切反省之後，自知能符合「公理與道義」，所以全力以赴，不怕任何衝擊與誤解。

當我讀到上人自己說明這段心路歷程，更增加對其敬重之心。

因為，上人書中提到，當時有少數反對大陸賑災的台灣民眾，來到台北分會抗議說，「你們如果再繼續做下去，我要拿白旗子抗議」。

但上人卻強調：

我認為只要是對的，做就對。

做對的事情是智慧，做不對的事情是愚蠢，幸好時間印證了我們所做的，是對的事情。

她並指出：

對的事情要去做，而且要用接駁的方式，也就是接力的愛。要一站一站不斷地接下去，人力也同樣要一個一個不斷地牽下去。

那麼，上人何以認為這是對的呢？她說道：

佛陀說來到婆娑世界，就是要救濟苦難眾生，這是每一位佛教徒都有的心願。心願不是只有口頭發願，而是要從內心、從行動，真正地徹底落實。

因此，根據佛陀教誨，根據菩薩心願，上人總算克服各種困難，派遣慈濟，成為第一個團體到大陸賑災，當時還不只是兩岸第一次，更是世界上第一次！

這種氣魄、毅力與宏願，來自於外形這麼弱小的女性，難怪全世界都為之驚嘆佩服，同時也成為台灣能夠自豪的少數奇蹟！

美國小羅斯福總統有句名言，非常重要：

我們唯一要恐懼的，就是恐懼本身。（The only thing we have to fear is fear itself.）

的確，今天很多人因為恐懼被貼標籤、恐懼被戴紅帽、恐懼被人抹黑，對於很多應該做的義舉，都不敢去做。其實這時，更應效法孟子所說「自反而縮，雖千萬人吾往矣」的精神，克服心中恐懼，以大無畏的精神、勇往直前！

證嚴法師當初，面對許多非理性的抗議，仍能昂然直行、無驚無懼，這種精神勇氣，真正令人敬重！

我自奔走兩岸，為民服務以來，也是本此心志，一路走來，始終如一，但風雨交加，也始終如一，如今身上遍體鱗傷，甚至飽經誣陷，但仍應效法證嚴上人的精神毅力，把一切苦難均看成考驗，繼續勇往直前才行！

上人對於「愛台灣」，曾經提到：

> 若論及愛台灣的方法，真正地愛台灣，以教育而言，就是創造愛的大環境……，讓孩子日漸受到好的環境薰陶，假以時日，就能培養出知書達禮的好學生。

我們以此對照，今天有些台獨人士，經常用恨的動機與表情，臉孔猙獰地痛罵反對人士，民進黨更動輒用粗暴的語言及行動，在立院上演各種鬧劇，令人深感痛心。

請問，這叫愛台灣嗎？用恨、用罵，甚至用打人，也叫愛台灣嗎？竄改台灣歷史，對孩子們洗腦，摧殘小主人翁，斬斷文言文，扼殺小孩語文能力，這叫愛台灣嗎？

相形之下，上人所說的愛台灣方法，卻非常深刻、非常務實，那就是從教育上，糾正孩子錯誤的想法和做法開始。

但台獨人士所稱的「愛台灣」，剛好相反，是假教改之名、行洗腦之實，假「愛台灣」之名，行恨中華之實，如此教孩子們充滿仇恨，教孩子們仇恨中國，以愛之名、行恨之實，甚至教孩子們不承認自己是中國人，反而去歌頌日本人，怎能叫「愛台灣」呢？

凡此種種，是非不清、黑白混淆，真很像《楞嚴經》中所說的魔王及其眷屬，經常打著菩薩名相、卻做魔王志業，民眾怎能不慎？

上人曾經強調：

又如慈濟之國際賑災，本著「人傷我痛，人苦我悲」的心，不分宗教、種族、因果，去救濟一切人，不論慈濟人到那裡，都說來自「台灣慈濟」，這份無私的大愛，感動無數人心，使得台灣在世界上建立美好的形象，這也就是真正的在愛台灣！

總的來說，上人的愛台灣，是用無分別心、用平等心愛台灣；是用行動，真正救人救世，既不會罵別人，也不會恨別人，更不會打別人。

但李扁「愛台灣」，卻是用充滿分別的心，是用歧視的心；而且，只用嘴巴在愛，對意見不同的人，全部排斥，用抹黑、用抹紅、用抹黃，甚至用圍毆，去「愛台灣」！

歷來在武俠小說中，最令人警惕的，便是假正派仁義之名，卻行欺世盜名之實，更行仇恨殺伐之實。李扁很像這類角色，今後若引起血光兵災，那更是罪上加罪。

管理大師彼得杜拉克（Peter Dureker）曾經很中肯的指出：

什麼是主要問題？從根本上來說，就是對於「效果」和「效率」的混淆。

沒有什麼比以極高的效率、做根本不應該做的事情，更無益了！

今天台灣真正問題，就在於真的「愛台灣」，與假的「愛台灣」，經常變成混淆。

真的愛台灣，如同證嚴上人，能用平等愛心，做正確的事情，也把事情做好，對內讓台灣充滿愛心，對外讓台灣有良好國際形象。

但假的愛台灣，如同台獨人士，卻是用極高的效率、極大的精力，去做不應該做的分化撕裂工作，這只有更加浪費社會成本，更加製造仇恨！

七

證嚴上人在《琉璃同心圓》中提到：

《阿彌陀經》談及世間有「五濁」，劫濁、見濁、煩惱濁、眾生濁、命濁，而今正充塞於現世社會，人心不和、種族衝突、階級鬥爭，國際糾紛，甚至宇宙災難……。⓬

然而，人心自性淨如琉璃，卻能光照所有這些五濁。

所以，她引宋代茶陵郁禪師的千古名偈：

我有明珠一顆，久被塵勞封鎖；
今朝塵盡光生，照破山河萬朵。⓭

她先指出，「人間有濁，全球似乎瀰漫絕望」，然後立刻進一步強調：

然而，也因人間有「淨」，世界仍是希望昭然。⓮

這就是證嚴上人的可貴處，永遠在黑暗中綻發出光明，永遠在逆境中充滿希望。

她曾經以大林鄉下一對老夫妻為例，每天在捆蔥賺工錢，卻發願捐救護車，結果經由大家共同幫助，居然能完成購買兩部救護車。

證嚴上人因此強調：

這不正是為我們的社會鋪陳琉璃質地？⑮

她並期許慈濟志工，「以琉璃之圓，轉動人間之圈」⑯。因為，「每一個人心中都有一顆明珠」，「如果每一個人都能將自我生命淨化，調適內心，超越一切困境」⑰，就能克服「命濁」，並且擴而充之，克服「眾生濁」、「命中濁」、「見濁」、「劫濁」等。

這正如陽明先生所說「人人心中有仲尼」，若能由內而外，精緻開展，從修身、齊家、治國，而後平天下，同樣可以在逆境中更加奮發精進，儒釋在此可說完全相通，深值共同推進！

上人在《衲履足跡》中，民國九十四年一月廿日說到，「有教育即有希望」。她並以慈濟在貴州為例，指出貴州是大陸最窮困的地方，但是：

---

⑫ 證嚴法師，《琉璃同心圓》，台北天下遠見公司，二〇〇四年初版，頁二。
⑬ 同⑫，頁二。
⑭ 同⑫，頁二。
⑮ 同⑫，頁三。
⑯ 同⑫，頁四。
⑰ 同⑫，頁四。

有心就不難，我們為住在最沒有生活機會的那些人，找一個交通方便之處，建設村落，然後將他們從山上遷下來，讓他們有機會打工，可以改善他們的生活。

造村之外，我們接下來要幫他們蓋學校，從孩子的教育著手，才真正是未來的希望。

這種不求回饋、不求私利的教育工作，才是真正愛心。上人因此提到：

看到這麼多苦難人重燃起人生的希望，由不得我不向慈濟人說感恩。他們猶如人類心靈的導師，是真正在成長人生的慧命，真正在耕耘一畝畝人的心地，讓每個人的心地中，長出希望之花。

這種心靈農夫與教育農夫，是真正只有愛、沒有恨的工作。我也應從中多加效法、多加努力才行。

民國九十四年農曆一月六日，證嚴上人到慈濟醫院舉行團科，包括慈濟大學方校長，技術學院洪校長，慈中曾校長，慈小楊校長均參加。

上人開示時指出，她欣聞慈大方校長發願，帶領教育志業同仁，期許慈大成為全球一百大名校的一流大學，只要能有這份「和心、和氣、互愛、協力」的精神，必然指日可待。

在近百年的中國教育史上，同時辦大學與中、小學的很少，在大陸早期，有天津的南開大學，兼辦南開中學，周恩來即為中學畢業生，當時他以演話劇「一塊錢」，反串女角而聞名。南開大學的校長張伯苓更為著名教育學家，他很重視人格教育，如南開校友梅貽寶先生直到晚年，都很懷念並敬重他。

梅先生後來曾經代理燕京大學校長，燕京校園即今天的北京大學。他晚年到東海大學擔任客座教授，我很幸運，能有機緣親炙他風範，請益很多。他的公子，即中央研究院院士梅祖麟博士。

在台灣這土地，同時創辦大、中、小學，甚至幼稚園，大概首推東海，而且都同在美麗的校園中，的確是很難得的治學與住家環境。

如今，慈濟大學有此宏願，非常可貴，深值敬佩。

當然，要成為全球百大名校，談何容易，因為全球一百多個國家，平均每國的第一名，才能列入。或許，有些落後國家還不一定列得進。但如美國，起碼有十個常春藤大學，或東西岸的名校，加起來就占了十名。

從兩岸來看，根據英國評鑑，台大至今仍在一百五十名，若兩岸各選一名，大陸北大、清華各有千秋，台灣的台大、清華也互見長短。因此，起碼要比台大清華強，才有可能進入全球前一百名。

固然，各大學的評鑑，還應分門別類，不能過分簡化，但大體上，名校的整體師資與校風，都要非常優秀，這就很難一蹴可成，需要長期的耕耘與努力。因此，在眾多大學中，若要出人頭地，需要先發展出「特色」才行。

尤其，教育界有句名言：「與其蓋大廈，不如請大師。」慈濟大學若跟隨上人的教育理念，將人文精神融入辦學理想，那要對人文的大師，能夠優先延攬，才能形成重要特色，進而迎頭趕上。

另外，隨著醫療、文化、慈善國際化的腳步，也要在各領域，都能請到重要大師，才有可能成為全球知名的一流大學。

這令我想起，先師方東美先生曾經告訴我的一段故事。在抗戰時期，中央大學遷到重慶，校長顧孟餘很有宏願與決心，要把中大辦成一流大學。他拜訪方師時說，要辦一流大學，先要辦好一流的文學院，而要辦好一流的文學院，先要辦好一流的哲學系。所以他請教方老師，如何辦好一流的哲學系？

方師當時回答他，「談何容易？」首先要有很強的師資，但在抗戰艱苦歲月，經費困難，很難做到。顧先生立刻回答：「經費問題是我的事，你不用愁。」請方師儘管開名單，方師於是姑且提了名單。

本來方師以為，顧先生只是說說而已。未料第二天到辦公室，看到辦公桌上，顧校長留了封信，上面說，對方師所提的名師，已經請中央銀行匯出經費，經額很大，包括安家費、生活費、交通費等，令他印象相當深刻。

雖然，後來因為主客觀因素，並未請到很多名師，但經由這種精神與鍥而不捨的努力，後來中大果然「氣象一新」，被公認為全國學術重鎮。

因為顧校長領導有方，極受學生歡迎；方先生稱，中大學生對他簡直是瘋狂的「崇拜」；所以當顧校長離職後，中大學生拒絕任何其他人當校長，最後只有請當時全國最有聲望的名人——蔣委員長擔任，學生才肯接受。由此也可見顧校長的魅力與精神感召。

蔣公曾經身兼很多軍警學校校長，但對文科大學，除了中央政治學校，只有兼任中央大學校長；中大在當時，也引為殊榮。

令人感慨的是，因為近年台獨氣氛高漲，中大圖書館前，原有蔣公坐姿雕像，上面刻「前校長」，竟被偏激人士整個破壞，至今沒有恢復。我每次經過那個位置，心中就很感悵然。

因為，這正如同中共文革時期，紅衛兵任意破壞文物古蹟，絲毫不知尊重歷史。即使台獨人士從政治立場反對蔣公，但他曾經兼任中大校長，卻是不爭的歷史事實。有人連這都不能容，那與文革時期的紅衛兵有何不同？

近期報載，總統府又口頭命令國防部，拆除軍中蔣公銅像，如此不尊重歷史，又罔顧民生疾苦，只知用仇恨心，挑撥分化內部，那裡是愛台灣的正道呢？

或許台獨人士心目中，硬把蔣公看成是「二二八」的元兇，但很多史料也證明，蔣公曾三令五申禁止報復，怎能任意自行醜化？他雖然有行政責任，但稱「元兇」，實在有失公平。

尤其，「二二八事件」，並不只是「外省人殺本省人」，前期主要是「本省人殺外省人」，後期「清鄉時期」因為地方恩怨，還有很多是本省人之間挾怨報復，形成「本省人殺本省人」，怎能不分青紅皂白，全部歸罪蔣先生呢？

實際上，很多本省菁英，如羅福星、蔣渭水等人，均早在中國國民黨的「同盟會」時期，就成為秘密會員，他們認同中山先生理念，肯定同盟會當時代表的中華民族精神，哪裡是什麼「外來政權」？

反觀日本殖民統治者，才是真正的「外族政權」，他們的殖民統治，用殘暴手法，殺戮更為嚴重，統治台灣五十年，從北到南，即殺害了六十五萬台灣人！[18]

相形之下，「二二八事件」的死難（含失蹤）人數，經過前後戶口比對，約為八百五十八人，與領取補償金（每人六十萬元）的人數吻合，證明絕非台獨人士所誇大的二萬人！

奇怪的是，台獨人士，卻對此裝作不知道，甚至還篡改教科書，大為頌揚日本統治。李登輝竟還說日本給台灣人「帶來幸福」！他們對同文同種的外省人，口口聲聲說有原罪，不能原諒，但對日本異族殘酷的屠殺更多台灣人，卻充滿讚揚，這不是太奇怪了嗎？

尤其，台灣共和國偽國旗，更是「八瓣菊花旗」，明顯是日本天皇家徽十六瓣的一半，代表甘做日本奴民。如同當年偽滿州國一樣，國徽也是八瓣菊花旗。凡真正愛台灣的仁人志士，能容許這樣媚日賣台嗎？這樣對得起台灣先烈菁英嗎？

八

慈大方校長曾提出未來四大願景：「交流國際化」、「研究卓越化」、「人文慈濟化」、「教育評鑑化」，很有遠見。

我個人認為，在這四項中，若要做到人文能「慈濟化」，首應加強宗教與哲學的研究，至少對佛學的研究應領先群倫，並且應將教學融入服務，將學生帶進慈濟救苦救難的團隊中，同時修福與修慧，才能真正表現出慈濟的特色。

上人曾經提到，佛教界有人以為，慈濟給予貧窮人家救濟，是「修福不修慧」，但上人有獨到看法。她認為，先修福，與人結下好緣後，才能讓他人將你所說的話聽進去，這才能幫助他人同時修行。

慈濟在「人間佛教」方面做的很成功，在「為眾生」方面更有特色。若今後要在「為佛教」上展現同樣成就，可能在學術性上需要再精進。

換句話說，慈濟已把佛教充份的「生活化」，今後如何同時也能「學術化」，並且能「國際化」，或值得做為慈大的努力方向。

就此而言，上人提倡「做就對了」的哲學，在今天很有警世作用。

---

⑱ 陳三井，《國民革命與台灣》，台北近代中國出版社，民國六九年，頁一九。

她曾表示，所謂「宗教」，「宗」乃是「人生的宗旨」，「教」則是「生活的教育」，可說既通俗又深刻，尤能扣緊人生、結合生活，很有重要啟發性。她強調：

設若常常談論大道理，卻不見得是能走得通的理，那就只是一個「理想」罷了。

而慈濟人是做就對了，「做就對」，能為時代作見證，也可以為人類走一條歷史。

因此她特別指出，如環保老菩薩（指環保義工中的老人家），每一句話都很有智慧，因為他（她）們是從生活中，真正體會到人生的真理。

這種「生活中見佛理，生活中見智慧」的開示方式，是證嚴上人的重要特色。相信這個特色，只要其弟子能認真傳承發揚，普及各地，就真正能「為時代作見證」，也為人類走出一條溫馨歷史。

除此之外，上人提到一段故事，有關大愛劇場中的「後山姐妹」，可說正是這種精神的見證。當時在慈濟草創期，她們已經五、六十歲，如今慈濟過了近四十年，令她回憶起來，深感因緣殊勝。

上人憶起，當初她在東部勸募醫院，很不容易，但她們二人說，「我們不要太聰明，師父怎麼說，我們怎麼做就對了」。

因此上人感嘆，「這是大智若愚啊」：

> 在這麼無常的苦難人生過程中，我們要好好把握，要大智若愚，只要認為對就做，做了就不要停歇，這就是人生生命的價值。假如太聰明，也許就會半途而廢了。

先師方東美先生也曾感慨，中國人的民族性，可能「太聰明」，結果經常造成不團結。因為很多人自以為是、彼此爭辯不休，結果只在空洞理論上爭執空轉，但誰也不服誰，到頭來聰明反被聰明誤。

反觀日本人，從小訓練，有高度團結性與紀律感，反而更能有競爭力與成果。

從生活上的例子看，很多人都觀察到，日本人去旅行，都能跟隨領隊的小旗子，像「鴨子」隨隊一般，井然有序，很守規矩；但中國人外出旅行，卻經常出現「鐵公雞」，很多人自行其是，不能合群，形成鮮明對照。擴而充之，中國人在全世界各地，幾乎都有「不團結」的問題，更經常可見內鬨內鬥，自我分化，自我抵銷，最後親痛仇快，功敗垂成！

在近代史上，中國人受了日本人的很多氣，但就更應「以敵為師」，痛切檢討，何以日本人能團結、會強盛？何以中國人卻不團結、搞內鬥？今後真需從教育徹底改進才行！

談到教育工作，上人提到，「故事性的教育」，更能深入人心，非常中肯。她表示，此即所謂「以事啟理」，只說理論不易見效，要用真人真事做為故事，才更有輔導的效果，這是很懂教育心理的慧見。

上人在談到教育時，曾經結論，當今可說是：

清流總是靜默地流；濁流卻是洶湧澎湃。

要使清流盛於濁流，必須從社會各層面普遍來影響。

因此她強調：

很期待要從社區鄰里積極去做，唯有號召更多的人多行好事，才能共成美善的愛的大環境。

她並且指出：

這令我回想起，她在回應我提「族群分裂」的問題時，也是強調，唯有用「更多的愛」才能化解，的確很能發人深省。

如今撕裂族群的聲音，仍像濁流，洶湧澎湃的在流，而呼籲族群融合的清流，卻仍然只是默默在流。但是我相信，人性本善、各有善根，只要人心不死、良心未泯，默默的清流終能有一天，勝過泯滅人性的濁流！

相信，這也正是佛教所說，在末法時代中，人人更應奮起精進。因此，今後真是應該共同發菩薩心的重要時機了！

二十世紀中葉，法國出現了一位著名的女權主義者西蒙波娃（Simone de Beauvoir），她以《第二性》鉅作聞名於世，其中最重要的論點，就是指出「女人不是天生的，而是變成的」(One is not born a woman, one became one）。

西蒙波娃強調，女性被歧視，是因大男人主義的教育，充斥各地，因而明明平等的兩性，卻成為「男性優先」、「男性第一」的錯誤謬論。

今天台灣的省籍歧視也很類似，明明各省籍應該平等，但在「台灣優先」、「台灣第一」的咒語下，變成「台灣人優先」、「台灣人第一」，以致很多外省人、客家人、原住民，都成了「原罪」下的犧牲品。

這種省籍歧視，如同性別歧視一樣，也是後天造成，因為省籍分化的濁流到處橫行，今後實應更多仁人志士，用平等心、用大愛心共同化解才行。

九

旅美名作家雲香，替證嚴上人寫了本英文的小傳《*Master of Love and Mercy: Cheng Yen*》，中文譯名為《千手佛心——證嚴法師》，原著的遣詞用語都很優美，並能用真實故事證明上人的求佛過程，很自然的帶出慧語慈心，所以很受各界好評。

這本書出版商克先生的夫人，因病暫時失明，克先生帶她去夏威夷養病，把英文原稿念給她聽，她聽後流淚，又說：「兩眼微黑，卻在證嚴法師的慧語中見到光明。」她並指出：「夏威夷的太陽只照暖了我的身子，證嚴法師的智慧卻照亮了我的心。」

出版之後，在眾多讀者中，有位先生叫克里斯·諾貝爾（Cleas Nobel），即創立諾貝爾獎的家族成員，他認為全世界的人都該看這本書，因為全世界的人，都該效法證嚴法師的憫愛精神。他又強調，證嚴法師率眾所做的一切功德，正是諾貝爾家族世代所支持的志業。

這些感人的真實故事，都透過本書作者的生花妙筆，讓更多的世人能夠看到，進而引發更多感動。

我個人認為，以證嚴法師對世界的愛心與義行，到全球各地救災救難，真應該得到諾貝爾和平獎，因其功德，絕不亞於曾得過和平獎的德瑞莎修女。

中天電視在民國九十五年四月廿九日，曾經引述 Discovery 頻道內容，並稱上人為「亞洲的德瑞莎」；但德瑞莎基本上為一人的努力，證嚴上人卻是創立了整個慈濟功德會，努力救苦救難，如同千手千眼觀音菩薩，更為難能可貴。

猶記民國七十五年，我應美國母校波士頓大學之邀，擔任客座教授半年，講授「宗教哲學」、「政治與社會哲學」，以及「中西比較哲學」，學生含大學部、碩士班、與博士班；當時辦公室就在波士頓中心的查理士河畔大樓上，從窗外可以看到河上風光與城市景觀，非常美麗動人。從冬天結冰情景，到春夏綠意盎然，都能一望無際，令人心曠神怡。

那是我生平很充實而喜悅的一段時光，能夠得美國英才而教之，心中很感高興。

當時美國已有評鑑制度，由學生們評鑑老師，一學期過後，我所教的學生對我評鑑均極佳，平均都在A以上，很多評語與他們所講的心得，也很令我感動。

我之提到這段經過，是因為那一年，我除了在波士頓大學教書，心中很有成就感外，還有一件事，也很有成就感，卻從未對外提過。

那就是，我同時幫助了波士頓大學的韋塞爾（Elie Wiesel）教授，申請到諾貝爾和平獎。

當時，我是應波士頓大學校長席爾伯教授（John Silber）之邀而寫推薦信。我在看完韋塞爾教授作品後，很欽佩書中的人道關懷與悲憫精神。尤其這位教授以描寫二次大戰集中營猶太人的苦難而著稱，文筆生動細膩，充滿人道精神，很令人感動。

我寫這推薦信時，雖然覺得他很夠資格，但也沒有太大把握，因為畢竟全球很多人在申請。沒想到，後來消息傳來，竟然他得了獎！

當然我不能居功自誇，說因為我寫信有效，但我以一個中國教授，稱許他的人道關懷，或許另有特色，有些作用也說不定。

後來波士頓大學校長還特別給我謝函，其中即強調，這位教授能脫穎而出，我推薦的那封信很重要。

得獎的韋塞爾教授，也曾熱忱的邀請我，到他在紐約的寓所，當面表達謝意。我本在台灣教書，那年擔任美國客座教授，適逢其會，居然能幫上忙，可見因緣成熟也很重要。

十

在《千手佛心》書中的折頁，有一段文字很美，也很有智慧，很能彰顯上人及慈濟功德會的貢獻，值得引述：

傳說中，循聲救苦救難的千手千眼觀音，有一千隻觀看的眼，和一千隻救援的手；在台灣，證嚴法師以其清淨大愛，號召佛教慈濟功德會的諸位感員，力行苦薩道，期望以佛心為己心，一眼觀時千眼觀，一手動時千手動，聞聲救苦即時解難，只因生命本是一段旅程，我們自出生時便已登上一列火車，朝必然的死亡終點前去。車窗外的景物一去不回，唯一有意義的事，是對同車的旅人布施慈悲。

順便值得一提的是，本書中文譯者有蔡芳回、吳佳綺、廖雪雲，他(她)們中譯的文筆很流暢，內容很嚴謹，譯一本書需這麼多人，可見認真的態度，也很值得肯定。

在《千手佛心》中，訪問了很多位上人的追隨者，其中也有很多感人故事。例如有位成功的企業家王明德夫婦，他（她）們敘述心中感動與修行的故事，很有代表性，也有啟發性。

王太太說，有一天，她跟一群名流太太小姐們，在一起插花，當其他人互相炫耀華服珠寶時，她心念一動，愈聽愈不順耳，覺得「人生必有比這更有意義的事可做」。

等回到家，她懷著一股強烈的預感等待，「有什麼事將會發生，改變我的生活，指引我生命的真諦」。

果真，幾天之後，有位陌生女士敲門，自我介紹是慈濟的委員，向她募捐。她捐了，因為數目不大，就說不用收據。但那委員堅持要開，說「慈濟功德會做的每件事，都必須按照規矩，清楚交代」。

她印象很深，就決定要去拜見上人，然後再到花蓮拜訪本會。

> 因為證嚴法師的緣故，我的人生為之改觀，不再做無益的事。我積極參與各種慈善工作，為發展功德會而努力，例如捐助興建學校、醫院，並力行各種善良的行為。

這是個千千萬萬因心中感動而改變人生的故事，積少成多，合心協力，就成就今天慈濟偉大的功業。

這種精神風範，很值得今天爭名奪利的政客反省，更值得很多抱怨中的心靈領悟。因為，與其空嘆抱怨，何不奮起爭氣，何不積極振作、參與各種慈善工作？

有關王先生的故事，本書講的也很精彩。

王先生先引述上人說，「願有多大，力有多大。因此人應該自求多福，不指望倚賴任何人」。

他特別提到，他曾遇到事業上的重大挫折，也曾失去鎮靜，那時可能會損失一大片土地，甚至會導致破產。

但他去見了上人，做了長談，上人安慰他，叫他無須焦慮，教他去找對方商談土地問題，但須理直氣和。

他說，他按照上人指示去做，因為她的鼓勵，他在會議過程中並不恐懼，而且充滿自信，態度堅定，結果意外成功；雖然小有損失，但對大局沒有重大影響。

因此他強調：「上人救了我，這是真的。」可是她的方法：

並不是要我去寺院做種種功德，然後等待神蹟；她教我莊敬自強，激發我的潛力，使我得以成功地解決問題。

這段話，對很多碰到逆境衝擊、與重大挫折的人，都很有參考價值。一位瀕臨破產的人，能因信佛而堅定自信、自立自強，這是一個很有啟發性的真實故事。

王先生後來搖搖頭，彷彿要把過去甩掉：

> 上人也說，過去的事應該忘掉。否則一個人永遠無法走向未來。如果，一個人右腳跟出一步，左腳還停在原地，那他永遠無法前進。

上人用很通俗的生活化比喻，讓這位企業家領悟，此中的智慧與慈悲，深深值得欽佩。

我近兩年多來，受到嚴重的冤屈與中傷，今後應如何莊敬自強、進而愈挫愈勇，也應深深的效法此中精神。

佛陀在《遺教經》曾強調：「能行忍者，乃可名有力大人。」證嚴上人也曾引此提醒世人：「能忍方能成道業。」她並有句名言：「吃苦了苦。」非常發人深省。⑲

事實上，俄國大文豪屠格涅夫（Ivan Turgenev）也有一段名言，於此很能相通：

> 等待的方法有兩種，一種是什麼也不做地空等，一種是一邊等、一邊把事業向前推動。

⑲ 同❸，頁二一八。

我在本次忍辱的冤案中，心裡最苦惱的，就是如同在漫漫長夜中等待平反，不知何時能見光明，精神上彷彿永無止境的在受折磨。但我也提醒自己，一邊等正義的來臨，一邊仍應把兩岸工作繼續推動，不能因此灰心喪志。所以對此感受特別深刻。

美國詩人惠特曼（Walt Whitmen）有句名言，也很有警惕作用：

不能，別的任何人，都不能替代你去過那條河，你必須自己走去。

的確，我在蒙冤受辱的這條路上，任何人都不能替代，任何人也都不能真正了解我心中痛苦；既然這是上天給我的考驗，我便應決心親身體驗、親自去走，才能真正有心得，也才能真正有成果！

羅曼羅蘭也曾指出：

能在孤獨寂寞中，完成使命的人，即是偉人。

我在本次遭受誣陷之後，很多朋友未再聯絡，真正可說是在孤獨寂寞之中，我雖不敢高攀偉人，但今後仍應咬緊牙關，克服心中的無限悲涼與悲憤，繼續推動兩岸人道工作，完成民間和平交流的使命才行。

上人曾經謙虛的自述，她「也是凡人和大家一樣，不可能沒有煩惱，若有不同的地方，該是，煩惱停留在我的腦海中的時間極其短暫。」⑳

為什麼呢？

上人指出，「不外是憑藉『歡喜、感恩』這股力量，讓煩惱一閃即過」。㉑

所以她提醒大家，人的智慧如同鏡子，「多一分煩惱，就少一分明朗」㉒，「煩惱來臨時，就如霧氣模糊了鏡面，無法照亮外面的境界。」㉓

因此她呼籲大家：

只要能隨時隨處懷抱歡喜、感恩的心念，則不論外境如何橫逆挫折，我們終必能歷經琢磨，益發光亮。㉔

另外，她也曾經強調：「個個阿彌陀，人人觀世音。」㉕

㉔ 同❸，頁二二一。
⑳ 同❸，頁二一九。
㉑ 同❸，頁二一九。
㉒ 同❸，頁二二〇。
㉓ 同❸，頁二二〇。
㉕ 同❸，頁五一。

她在此中深意，是在提醒大家，「佛與一切眾生的心都是平等的，只有一項差別，那就是佛保持『人之初，性本善』的清靜本性。」㉖

因此，只要人人仍保持心中善良的本性，就能覺悟成佛，就能掃除一切掛碍，心中充滿歡喜與感恩。這種智慧與慈悲，非常值得推廣與弘揚。

所以上人曾經引述《無量義經》，指出「你我都是活菩薩」㉗，非常發人深省。

她強調：菩薩從那裡來？往何處去？又住在那裡呢？㉘

答案很清楚，「菩薩從內心宮宅來」，意味每個人都有一個仁心仁宅㉙，這也就是佛心。㉚

然後，「菩薩要去使眾生發菩薩心」㉛。因此她指出，「菩薩就在人人心中」㉜。只要人人都能明心見性，恢復本有的菩薩心腸，就能從根本拯救世道，大放光明！

上人這種慧見，深入淺出，非常值得人人深思與身體力行！

在《千手佛心》這本書，有幾篇「慈母的回憶」，談到對上人在家母親的訪問，對於天下父母心的關切與擔憂，描述得很深刻：對於上人母親逐漸瞭解她的心志後，開始領悟、支持，並同樣追尋學佛的歷程，講的也很感人。如果對照上人《父母恩重難報經》中的弘法，強調「人生無常，唯親情不變」，更可看出她的孝心，非常令人敬佩。

尤其，在十七章，敘述上人未出家前，心中暗立大願，非常感人：

> 佛陀，我會效法你的勇氣；觀世音菩薩，我會模仿你的耐力；地藏王菩薩，我會學習你大無畏的精神。

這三段內容，非常傳神的說明了上人當初的心願，也印證她後來種種功德，均由此發大心、立大願而成。

方東美先生在形容「希臘悲劇智慧的最上乘」時，曾經指出：「希臘人深嚐人世苦痛之後，積健為雄，發抒創造天才，征服萬種困難，使生命精神鋪張揚厲，酣暢飽滿，漸臻至善。」

今天證嚴上人創辦慈濟的精神，同樣可說，在深悟人生無常的痛苦之後，同樣積健為雄，奮發堅忍，所以能克服萬種困難，使慈濟的生命精神悲智雙運，漸臻至善！不同的是，希臘文化以藝術精神為動力，而慈濟文化則以宗教情操為動力。

㉖ 同❸，頁五一。

㉗ 同❸，頁二一一。

㉘ 同❸，頁二一二。

㉙ 同❸，頁二一二。

㉚ 同❸，頁二一二。

㉛ 同❸，頁二一二。

㉜ 同❸，頁二一二。

綜合而論，上人的慈濟功德會，用行動證明了，她確實有佛陀的勇氣、觀世音菩薩的耐力，與地藏王菩薩大無畏的精神，共同創造了偉大的功德。一言以蔽之，她用堅忍自強的毅力，開拓了罕見的慈悲功德，不只是佛教界之光，也是台灣在世界之光，同時也是時代之光！

事實上，她很早就曾呼籲世人，要能「勇於面對困境」。[33]她並曾以孔子為例，說明孔子被誤認為壞人陽虎的故事。然後指出，孔子有種「安然勇毅」的心態，並且進一步申論「聖人之勇」：[34]

> 人若能遇到危機而不恐懼，處處盡本分，盡自己的功能，其他則聽天由命安排，不卑不亢，這是聖人之勇，是真正的勇敢。[35]

上人的生命特色，除了能結合眾佛菩薩的勇氣、耐力、與大無畏精神，還能領悟孔子臨危不亂的定力與聖人之勇，難怪她在大陸救災工作中，面對很多污衊與威脅，都能冷靜鎮定，而有智慧的處置。

更重要的是，上人本身能夠以身作則，真正證明「工廠即道場」的重要哲理[36]，這種把「善知識」與「菩薩行」結合的典範，深深值得大家欽佩！

尤其她曾比喻，「有願放在心裡沒有身體力行，正如耕田而不播種子，皆是空過因緣。」㊲很生動的提醒世人，必須身體力行、知行合一，心願才能化為福田。

難怪，她在工作這道場中，碰過無數的挫折與失敗，但都能夠愈挫愈勇，百折不撓，終能開創舉世聞名的慈濟功德會，真正可做世人的重要楷模！

她的成功故事，提醒世人，「信心、毅力、勇氣」三者缺一不可。

所以她曾經強調：

> 信心、毅力、勇氣，三者具備，則天下沒有做不成的事。㊳

而且她很務實的提供她的工作態度：

> 盡人事，聽天命，不要把「難」放在心裡，人要克服難，不要被難克服了。㊴

㉝ 同❸，頁一五七。
㉞ 同❸，頁一五八。
㉟ 同❸，頁一五八。
㊱ 證嚴法師《靜思語》，同❷，頁一六〇。
㊲ 同㊱，頁一七五。
㊳ 同㊱，頁一六〇。
㊴ 同㊱，頁一六一。

另外，她更把自己屢仆屢起，屢失敗、屢奮鬥的人生過程，濃縮成一句經典名言：

人生最大的成就，是從失敗中站起來。㊵

凡此種種，都提醒在逆境與失敗中的人們，要能化壓力為動力、轉苦難為悲願，才能從失敗中站起來，而且更堅定堅強的站起來！

這種精神啟發，不是空話、不是誇大，而是證嚴上人自己從無數挫敗中，奮發圖強的例證；一言以蔽之，正因她「立志不吃氣」，所以才能化生氣為爭氣，進而化失敗為勝利，這種精神毅力與悲心大願，的確深深值得世人領悟力行！

㊵ 同㊱，頁一六一。

第八章 《紅樓夢》從空靈化痴情

一

很多人都知道，紅樓夢是部偉大的文學作品，但很少人領悟，它也是部偉大的哲學作品，只不過用文學手法表達空靈哲學，更為耐人尋味，也更為發人深省。

這正如同，很多人都知道《浮士德》是部偉大的文學作品，卻很少人領悟，它也是部偉大的哲學作品。

只不過，歌德是透過學問淵博的浮士德，表達靈與欲的掙扎衝突，通過上帝與魔鬼的較勁，象徵精神文明與物質慾望的衝突，最後跨越時空宇宙，而由天使接引上界。

此即歌德所比喻：

乾坤渺無痕，

生世渾如寄，
晏息向君懷，
馳情入幻意。❶

在《紅樓夢》，則是透過深具靈性的賈寶玉，表達超俗與世俗的掙扎衝突，通過人間的悲歡離合與辛酸癡情，最後橫絕蒼冥、洗盡塵凡，由僧道接往太虛幻境。

此即曹雪芹最後壓卷的詩境：

說到辛酸處，荒唐愈可悲，由來同一夢，休笑世人痴。

兩者相同的是，胸襟與格局，都是宇宙的、宗教的、靈性的，上天下菷，縱橫馳情。

這正如同史賓諾莎（Sponoza）所說的意境：

奉獻這所大學於宇宙之中。

《紅樓夢》與《浮士德》，則可說是：「奉獻這部作品於宇宙之中！」

不同的是，《浮士德》背景是基督宗教，是尊天卑人，最後仍回歸上天。

而《紅樓夢》，則是佛道兼修，重視空空，最後仍然返入空靈。

此所以上海師大孫遜教授在《紅樓夢探究》中認為，「《紅樓夢》還存在一個哲學的最高層次主題，這是《紅樓夢》之所以偉大深刻之處，也是我國其他小說難以望其項背之處。」他並認同俞平伯先生所說：今後要加強從哲學上對《紅樓夢》進行研究。

大陸社科院文學研究所前所長劉再復教授，曾在台灣中央大學哲學研究所討論《紅樓夢》哲學時，用「存在論」分析，的確更貼切，因其能夠深入探討：「人活著為什麼」？為功名嗎？還是為真情？人死了去哪裡？都消逝嗎？還是回到天上靈界？

這些很像「存在主義」(Existentialism) 的議題，確實更為入木三分。

然而，如果只講人生的「存在論」，仍然不足概括《紅樓夢》的廣大哲學境界，因為，除了人的「存在論」，《紅樓夢》更探討了宇宙人生更根本的問題。

那就是「太虛幻境」大門的兩句話：

假作真時真亦假，無為有時有還無。

---

❶ 歌德《浮士德》，第五章，一〇九〇—九，中譯引自方東美先生《科學哲學與人生》，台北黎明公司，民國六七年出版，頁九一。

前一句所說的真假問題，屬於「存在」問題，包括人生是否無常、情感是否為真，塵世是否為假；但是第二句，「無」與「有」的問題，卻是更深入的「存有」問題。

這正如存在主義作家沙特（J. P. Sartre）的名著：《存有與虛無》（*Being and Nothingness*），在他認為，存有幾乎等於虛無。

《紅樓夢》在〈好了歌〉中，則強調世上萬般，「好」便是「了」，「了」便是「好」，代表了「存有」就是「空無」；或者「色」即是「空」，「空」即是「色」。

書中道士所拿的風月寶鑑，正面是骷髏，後面是王熙鳳，看似情欲對象，其實只是空無一場，正代表一體之兩面。

只是，《紅樓夢》用細膩委婉、生動纏綿的文學手法，將此種空無，表現得更加引人入勝。

這正如同沙特，當他另外用小說手法，發表《嘔吐》時，他所呈現的虛無感，更令人印象深刻。

不同的是，沙特除了寫小說、寫文學，還得了諾貝爾文學獎；另外，他還專門寫哲學著作，其中邏輯細密，推論嚴謹，可以說，左手寫存在主義小說，右手寫存在主義哲學；因為體是體、用是用。

而曹雪芹，則專寫紅樓夢，寓空靈哲學於小說之中，體用不二，即體顯用。

二

所以綜合而論，《紅樓夢》當然並不是言情小說，更不是閨房文學，而有超拔世俗的宇宙觀在內，正如同勞倫斯著名《查泰萊夫人的情人》，看似在寫情人，在寫閨中之樂，其實還有更深沉的抗議文學，只是境界還未高遠到宇宙觀的空靈而已。

很多人誤以為，賈寶玉只是玩世不恭的紈絝子弟，甚至是玩弄感情的花花公子，其實在他心中，還有更深沉高遠的空靈境界。

這正如同《紅樓夢》第二回所記，賈寶玉雖然說：「女兒是水做的骨肉，男人是泥做的骨肉，我見了女兒便清楚，見了男人便覺濁臭逼人！」子興認為，非常好笑，「將來色鬼無疑了」，但是賈雨村卻厲色糾正：

> 非也，可惜你們不知道這個人來歷。大約政老前輩也錯以淫魔色鬼看待了。若非多讀書識事，加以致知格物之功，悟道參元之力者，不能知也。

子興見他說得這樣重大，連忙請教其故。

雨村便從整個宇宙的觀點談起：

天地生人，除大仁大惡，餘者皆無大異；若大仁者，則應運而生，大惡者，則應劫而生。❷

所以，根據雨村看法，重大仁惡皆在天上先有定數，然後才在地下世間遊走一回。這與希臘荷馬所做《史詩》的宇宙觀，可說完全相通。

賈雨村又提到：

清明靈秀，天地之正氣，仁者之所秉也；殘忍乖僻，天地之邪氣，惡者所秉也。

然後他指出：

正不容邪，邪復妒正，兩不相下，如風水雷電，地中既遇，既不能消，又不能讓，必致搏擊掀發後始盡。❸

這種「正邪並存」的宇宙人生觀，如同希臘所說的「神魔同體」(God-Lucifer)，有其深沉領會，更如同歌德所寫的《浮士德》，同時接受神與魔的意旨，經常天人交戰，歷經各種劫數，最後才「發洩一盡始散」。

此即賈雨村所說：「其氣亦必賦人，發洩盡始散。」

他進一步指出：

> 使男女偶秉此氣而生者，上則不能為仁人君子，下亦不能為大凶大惡，……若生於公侯富貴之家，則為情痴情種，若生於詩書清貧之族，則為逸士高人。❹

換句話說，賈寶玉天生有其靈秀之氣，來自天地之正氣，所以不屑虛偽矯情，但又適逢「一斯半縷」乖邪之氣，從深溝大壑之中逸出，兩者結合，形成賈寶玉的元神。看似玩世不恭，其實另有隱衷。

賈雨村還刊舉了歷史上很多名人的元神，作為佐證。例如從前的陶淵明，阮籍、嵇康、唐明皇、宋徽宗，秦少遊，當時的唐伯虎、紅拂、崔鶯鶯等奇人，「比皆易地則同之人也。」

雨村在此，等於分析了寶玉在天上靈界的背景，然後才展開一場情僧纏綿人生的悲喜劇。

❷《紅樓夢》，曹雪芹著，饒彬校注，台北三民書局印行，二〇〇五年三版，頁一九。

❸同❷，頁一九。

❹同❷，頁二〇。

由此可知，寶玉絕非一般浮淺的紈絝子弟。他具有陶淵明的才氣、宋徽宗的清逸，唐伯虎的灑脫，怎麼會是浮淺的人呢？他只是秉氣不受塵世束縛，所以從凡俗看來，就會有些癡呆，甚至怪異了。

這正如同方東美先生所引述的浮士德心聲，從大宇長宙的高空，俯看大千世界，就能看到天地的自然生機，但也同時感到，心中熱情會變成心魔的痛苦：

內心那股豐富熱情，曾使我深潤涵養於大自然生機之中，而擩愉快，恍如身臨樂土；現在竟又變成一種永遠追隨我迫害我的魔鬼，陷我於不可忍受之痛苦。[5]

浮士德提到，從精神高空觀察大自然，欣欣向榮，充滿生意：

我往常曾高踞危巖，隔岸凝望，遙峰送碧，幽谷敷榮，自覺泱漭生機，彌天迸注……這一切都顯露出大自然中欣欣向榮的神聖生命，觸發我心中無窮妙趣。

浮士德進一步強調，他浹化宇宙靈氣、深感契合之後的心聲：

這洋溢富贍的氣氛頓令我興奮，翹首仰望真宰，期與之契合於寥天高處，而且無窮宇

宙中之光榮景象，又令我心凝神會！❻

然而，當浮士德的心靈，馳騁宇宙之後，再回到世俗凡間，卻又頓時覺得「對於現在之慘痛，深感不能忍受。」

這正如同《紅樓夢》中，寶玉雖然天生聰慧、很有靈性，但為癡情所陷，在種種孽障、種種憂忿之中，經常痛苦不能忍受。

尤其，寶玉歷經種種生離死別的悲劇，遭遇金釧、晴雯、黛玉等人的枉死，加上眾姊妹的悲情人生，可說瀝血滴髓，痛苦萬分，都讓他深深領悟，塵世一切癡情，轉頭皆成空，所以最後終於遁入空門，棄世為僧。

同樣情形，浮士德也曾經無限感嘆：

當一切都在消逝中——當時間像狂風驟雨挾一切以俱去——並且，我們暫時的生存已被驚濤駭浪捲去，不是慘遭滅頂之禍，便自衝擊危崖以粉身碎骨，我們還能有什麼事物可以保存麼？❼

---

❺ 同❶，引自方東美先生《生生之德》，台北黎明公司，民國六十七年出版，頁二四九。

❻ 同❶，頁二四九。

❼ 同❶，頁二五〇。

俞平伯先生曾經指出，「《紅樓夢》的主要觀念是色空」，孫遜教授進一步申論，引用空空道人「因空見色，由色生情，傳情入色，自色悟空。」認為在「色」與「空」中，還有個大寫的「情」字❽，的確很有慧見；正代表曹雪芹能用空靈化癡情的意境。

此即《好了歌》中所指：「若要好，便是了」，與浮士德的心境很相通：

啊！使我震驚的……那蘊藏於大宇長宙中每一角落的毀滅力量，真使我喪心奪魄。自然所形成的一切，無不消滅它自己，何況周遭的別物？如是在大地之長空，以及一切活躍力量還攻之下，我挾帶傷心，躑躅世途，自覺整個的宇宙，只是一種可怕的怪物，永遠吞噬它自己的後裔。

所以，方東美先生以此比喻，語重心長的在結論指出：

關於宇宙的未來和人生的命運，前面安排著兩種路向，一是和諧創造的坦途，一是矛盾毀滅的邪徑。我們在思想及行動上究竟何去何從，需憑高度的智慧才能抉擇！❾

《浮士德》的抉擇，最後仍由天上的神，派天使迎接他的靈魂，向上提昇。《紅樓夢》的結局，最後仍由一僧一道，接引賈寶玉，回到天上太虛幻境。

近兩年多以來，我也面臨狂風驟雨般的衝擊，在驚濤駭浪中，我也應效法此中的超越精神，用更高的宇宙性空靈，超越眼前毀滅性的風浪，進而提昇自我、自強不息；那才能將現在困境，點化成為更加上進的動力，透過前所未有的逆境，反而更加努力，發揮前所未有的潛力，並以雍容的和諧精神，創造更多的貢獻！

三

劉再復教授說得很中肯，讀紅樓夢，不能只是「論紅樓夢」，形成硬梆梆的論文，更不能只是「辯紅樓夢」，淪為死沉沉的考證，而是要能活潑潑地「悟紅樓夢」。

因為，紅樓夢本身就是一場「大悟」，所以要能「以悟讀悟」。更好的方法，則是「以悟觀悟」。

因為紅樓夢本來就發生在「大觀園」，用道家的超越心靈，壁立千仞、放曠慧眼；曹雪芹看似俯覽大觀園的起伏，從榮華富貴，抄家衰落、到重新再起；其實更深沉的意義，在流眄大千世界的悲歡離合，體悟一切萬有的最後本質；這不正是無比大的「大觀」嗎？

❽ 孫遜，《紅樓夢探究》，大安出版社，民八十年出版，頁五七。

❾ 同❶，頁二五一。

劉再復教授稱「大觀」，是一種宇宙的視角，如同《金剛經》，也是用宇宙的視角，比喻非常傳神。

這正如同法國哲人德日進（Chardin），他的視角，也如莊子精神，自提其神於太虛之上，不斷向上提昇，最後到達宇宙終點，無以名之，他用希臘最後一個字母——「奧米茄點」（Ω point）代表，也是同樣胸襟。

事實上，他很崇拜莊子，他的中文名字「德日進」，就是來自莊子，而這宇宙終點，莊子即稱為「寥天一處」。❿

在聖經的〈啟示錄〉，稱神為「奧米茄」，同時也是「阿爾法」（α），代表既是宇宙最終點，也是最始點，同樣很有深意在內。

《紅樓夢》中，很多地方都引述莊子，可見很欣賞道家的空靈精神，所以能用超拔的精神看穿一切、看破一切，點化萬象，形成空靈世界，看清「空」才是宇宙人生的本體；並連空也要空之，形成「空空道人」的慧眼與法眼。

所以，空空道人在《紅樓夢》一開始，就唸出一串看破紅塵的「好了歌」：

世人都曉神仙好，只有功名忘不了。

古今將相在何方，荒塚一堆草沒了。

世人都曉神仙好，只有金銀忘不了。

終朝只恨聚無多，及到多時眼閉了。
世人都曉神仙好，只有嬌妻忘不了。
君生日日說恩情，君死又隨人去了。
世人都曉神仙好，只有兒孫忘不了。
痴心父母古來多，孝順兒孫誰見了。⓫

〈好了歌〉中，對一切功名、利祿、愛情、恩情、甚至親情，都提醒世人，要能用天眼「大觀」，然後才能從執著中超拔出來，體悟世上的萬般「好」、其實都會「了」。「了便是好」，若不了，便不好；若要好，便須了。

李白在《江山吟》，曾經提到同樣的大觀與結論：

功名富貴若長在，漢水亦應西北流。

人人知道，漢水是向東流，不可能西北流。

❿《莊子》，〈大宗師〉。

⓫ 同❷，頁一二。

所以這話提醒世人：功名也罷、富貴也罷，都不可能長久存在。當你認為「好」的時候，也就是走向「了」的時候。

《金剛經》的四句偈，正是同樣哲理：

一切有為法，如夢幻泡影；
如露亦如電，應作如是觀。

根據《金剛經》，正因有如此的「大觀」，無所住而生其心，所以才能做到大無畏、無恐怖的寧靜世界；因為有大空靈，所以有大寧靜。

空空道人，在此「自色悟空」、「因空見色」，與《心經》中所說，「色即是空」、「空即是色」，可說完全相通。

當甄士隱聽完〈好了歌〉，也作了解讀，被空空上人稱讚為「解得切，解得切」，內容非常發人深省，也耐人深思。

他是如何解的？

甄士隱所解的內容，很有重要的啟發性：

陋室空堂，當年笏滿床；

衰草枯楊，曾為歌舞場；

蛛絲兒結滿雕樑，綠紗今又在蓬窗上。

說什麼脂正濃，粉正香！如何兩鬢又成霜？

昨日黃土隴頭送白骨，今宵紅綃帳底臥鴛鴦；

金滿箱，銀滿箱，轉眼乞丐人皆謗。

正嘆他人命不長，那知自己歸來喪？

訓有方，保不定日後作強梁；

擇膏粱，誰承望流落在煙花巷！

因嫌紗帽小，致使鎖枷扛；

昨憐破襖寒，今嫌紫蟒長。

亂烘烘，你方唱罷我登場，

反認他鄉是故鄉。

甚荒唐，到頭來都是為他人作嫁衣裳！⑫

這段內容，很生動的用人生各種例證，說明了人生本質，一言以蔽之，便是「人生無

⑫ 同❷，頁一二。

常」，到頭來，一切盡歸空！

換句話講，我們可以進一步的說明——

正因人生無常，所以現在看來空空的陋房，當年卻是很多大官的朝笏放滿床！

正因人生無常，所以現在看來很多雜草枯楊，當年卻是紅極一時的歌舞場！

正因人生無常，所以蜘蛛絲結滿在雕樑，綠紗今日又在蓬窗之上！

正因人生無常，看來如花似玉、粉香多脂濃的美人，轉眼兩鬢斑白已成霜！

正因人生無常，昨天才辦喪事，埋白骨，今天又辦喜事，娶新娘！

正因人生無常，本來金飽滿箱的大戶人家，轉眼竟成乞丐，人人都在誹謗！

正因人生無常，本來還感嘆朋友壽命不長，怎麼回家後自己就命也喪？

正因人生無常，即使家訓有方，也說不定後代成為強盜流氓！

正因人生無常，現在看來富豪人家，誰想到後代會淪落在煙花巷？

正因人生無常，有人嫌官位小，結果貪污腐化，反而頭上把鎖枷扛！

正因人生無常，昨天還可憐破綿被太冷，今天就已穿上紫色蟒袍，而且還嫌它太長！

正因人生無常，在走馬燈，亂烘烘中，你們唱完，我又登場，其實卻是誤認他鄉為故鄉！

正因人生無常，所以心中真感荒唐，走這一趟，卻是為別人而活，只是到頭來為人作嫁衣裳！

另外，紅樓夢在第五回中，提到〈恨無常〉的調曲，同樣表現了這種領悟：

喜榮華正好，恨無常又到；
眼睜睜，把萬事全拋。
蕩悠悠，芳魂消耗；
望家鄉，路遠山高，故向爹娘夢裡相尋告；
兒命已入黃泉，天倫呵，須要退步抽身早！⓭

上述這段內容，聽起來很悲慘、很悽涼、也很蒼茫，卻有更深刻的警世作用；它提醒世人，不要只看到眼前的榮華富貴，因為轉眼可能萬般皆空，屆時被迫萬事全拋，只有托夢給爹娘，告知已經命入黃泉。因此，若要盡心盡力，一切都要趁早！非常發人深省！

清朝民風對佛法的崇拜很盛，當時甚至可稱「國教」；曹雪芹的《紅樓夢》，多處可見佛理，在文學內容外，經常透露出深刻的佛理。

事實上，清朝雍正皇帝本生就篤信佛法，他當上皇帝之後，原來的太子殿，即改成《雍和宮》，其中以藏傳密宗為主，至今仍然人氣鼎盛。

⓭ 同❷，頁五六。

他曾有一首〈三十五麼〉，分五段，每段七行，共三十五行，也深深透露對人生無常的體會，與《紅樓夢》的空靈哲學，很可以相互輝映。

其中第一段說：

一生都是命安排，求什麼？
今日不知明日事，愁什麼？
不禮爹娘禮世尊，敬什麼？
弟兄姐妹皆同氣，爭什麼？
兒孫自有兒孫福，憂什麼？
奴僕也是父娘生，凌什麼？
當官若不行方便，做什麼？[14]

此文開宗明義，就認為命由天定，「分離聚合皆前定」、「一生都是命安排」，與儒家「死生有命，富貴在天」很能相通，與莊子所說「莫非命也」，也很接近。正如同《紅樓夢》第五回中所說：「自古窮通皆有定，離合豈無緣？」

既然如此，人生際遇，各有因緣前定，屬於自己的，誰也爭不走，不屬於自己的，爭也爭不到；那又何必強求呢？

另外文中指出，當官應行方便，更屬便民之意，切記不可一朝有權，便以官僚心態仗勢欺人；即使到了今天，仍然很有啟發性。

第二段則是說：

公門裏面好修行，充什麼？
刀筆殺人終自殺，刁什麼？
舉頭三尺有神明，欺什麼？
文章自古無憑據，誇什麼？
富貴榮華眼前花，傲什麼？
他家富貴前生定，妒什麼？
前世不收今生苦，怨什麼？⑮

本段明白指出，在公家當公務員，便應藉機修行，當作功德，怎能藉機凶狠欺民呢？尤其，身為司法人員，更應深知，刀筆固然能夠殺人，但如果不公正，日後終遭報應，

⑭ 雍正，「三五麼」，引自向斯著，《皇帝的佛緣》，北京紫禁城出版社，二〇〇四年。

⑮ 同⑭，頁一五六。

害到自己、並且害到後代，至今仍然很有警惕作用。

文中並提到，榮華富貴不過明日黃花，不必因此驕傲；對別人家的富貴，也不必羨慕，因為是其前世做了很多善事。對今世的辛苦，也不必怨嘆，因為來自前世業障。這種因果律，的確深深值得警惕。至於今後如何，則看今世自己所作所為，這些均將直接影響後世子孫。

第三段則說：

豈可人無得運時，急什麼？
人世難逢開口笑，苦什麼？
補破遮寒暖即休，擺什麼？
才過三寸成何物，饞什麼？
死後一文帶不去，慳什麼？
前人田地後人收，占什麼？
得便宜處失便宜，貪什麼？[16]

相傳凱薩大帝臨死前告訴部屬，要把他兩手擺在棺木外面，讓眾人瞻仰。為什麼呢？因為他要讓世人看到，即使是凱撒大帝，死後也是兩手空空，「死後一文帶不走！」所以，生前又何必再爭權奪利呢？

在第四段，他則強調：

> 聰明反被聰明誤，巧什麼？
> 虛言折盡平生福，謊什麼？
> 是非到底自分明，辯什麼？
> 暗裏催君骨髓枯，淫什麼？
> 嫖賭之人沒下稍，要什麼？
> 治家勤儉勝求人，奢什麼？
> 人爭閑氣一場空，惱什麼？⑰

同樣情形，《紅樓夢》第五回〈聰明果〉也提到：

> 機關算盡太聰明，反算了卿卿性命；

---

⑯ 同⑭，頁一五六。

⑰ 同⑭，頁一五六。

生前心已碎，死後性空靈；
家富人寧，終有個家亡人散各奔騰。

這兩者均在提醒世人，不要自作聰明，欺人太甚，結果反折了自己厚富，空留無限悲痛。

另外第五段，他則說明：

惡人自有惡人磨，憎什麼？
怨怨相報幾時休，結什麼？
人生何處不相逢，狠什麼？
世事真如一局棋，算什麼？
誰人保得常無事，誚什麼？
穴在人心不在山，謀什麼？
欺人是禍，饒人是福，卜什麼？⑱

雍正明白提醒世人，不要冤冤相報，不要斤斤計較；尤其，得饒人處且饒人。因為，人生無常，誰知道今後世事變化如何呢？

諷刺的是，雍正寫作這詩的時候，已經製造了很多冤獄，增加了很多罪業；其中之一，便是對曹雪芹的父親抄家，造成曹府中衰，曹雪芹從小就飽受苦難。

當然，從另一角度看，正因曹雪芹幼童時期就嘗盡人間冷暖，所以更訓練成敏銳聰慧的心靈，終能完成曠世巨作。問題在於，這只能算是歪打正著，對雍正來說，仍有很多應反省懺悔之處。

因此，這一首〈三十五麼〉，也可算是雍正領悟人生無常後的懺悔詩。

事實上，《紅樓夢》在第五回，賈寶玉神遊太虛境中，一面看《紅樓夢》、一面聽《紅樓夢》調曲，開宗明義的「引子」，也表達了這種情懷與惆悵：

> 開闢鴻濛，誰為情種？都只為風月情濃；奈何天，傷懷日，寂寥時，試遣愚衷：因此，上演這悲金悼玉的《紅樓夢》。⑲

這種對「人生無常」之體認，代表飽經閱歷的智慧，與紅樓夢的「好了歌」很有異曲同工之妙，都很有重大的醒世作用。

---

⑱ 同⑭，頁一五八。

⑲ 同②，頁五五。

五

紅樓夢在第廿二回中，提到薛寶釵的生日會，薛寶釵聽曲中，特別點了一齣〈魯智深醉鬧五台山〉，並且親自告訴賈寶玉，有一支〈寄生草〉，意境與辭藻都「極妙」，逗的賈寶玉聽了，「喜的拍膝頭，稱賞不已」。

這一首〈寄生草〉，到底內容如何，竟讓賈寶玉如何稱頌？原來其中很有人生禪機：

> 縵搵英雄淚，相離處士家，謝慈悲，剃度在蓮台下。沒緣法，轉眼分離乍。赤條條，來去無牽掛。那裡討煙簑雨笠捲單行？一任俺芒鞋破缽隨緣化！⑳

這首詞說明英雄淚，寄生佛法，剃度在蓮花下，此中蘊含了不知多少的英雄無奈與感慨，卻由一位妙齡美女心生讚嘆，隱隱然已可看出寶釵的心境，身如女中英豪，命卻非常單薄。

尤其，詞中短短數語，卻已談到生離（轉眼分離乍），以及死別（赤條條，來去無牽掛），更令人深感唏噓與惆悵。

賈寶玉因為天生有慧根，所以很能領悟，但此語出自如花似玉的薛寶釵，卻已埋下後來命薄的伏筆；尤其她在生日中，引述這一段影射悲歡離合的詞句，已可看出人生無常的癥兆。

後來，酒過三巡，大伙共同猜謎，薛寶釵作的謎面，竟又充滿離情：

有眼無珠腹內空，荷花出水喜相逢；
梧桐葉落分離別，恩愛夫妻不到冬。㉑

以致賈政看完，心中都在嘀咕：

此物還倒有限，只是小小年紀，作此等言語，便覺不祥。看來皆非福壽之輩……

想到此處，賈政「甚覺煩悶，大有悲戚之狀，只是垂頭沉思。」

薛寶釵所寫的謎底，原是指一種同心枕頭，通常由整個竹筒做成，因為中空，所以叫「有眼無珠腹內空」；因為竹筒多在夏天使用，取其涼性，有時還可抱著取涼，所以又稱

⑳ 同❷，頁二二九。
㉑ 同❷，頁二三七。

「竹夫人」。只不過，冬天用不著，故稱「恩愛夫妻不到冬」。

這種「竹夫人」很有限，虧得薛寶釵想得出來，還成為謎面；但其內容明確並非吉兆；念由心生，有此一念，也可證明確實小小年紀，卻已經想到分離滄桑。

但賈寶玉對這詞卻喜歡，心中也很感戚戚焉。所以他當天為小事生悶氣，回房睡覺前，寫了首偈，就是填了這首〈寄生草〉以自況。

賈寶玉的偈是這樣寫的：

你證我證，心證意證。
是無有證，斯可云證。
無可云證，是立足境。㉒

他的本意在自艾自憐，認為自己無處可立，所以說「無可云證，是立足境」。

林黛玉看了，知道是賈寶玉一時感忿而作，不覺又可笑、又可嘆。第二天給薛寶釵看了寶玉所寫的〈寄生草〉：

無我原非你，從他不解伊，肆行無碍憑來去。茫茫著甚悲愁喜？紛紛說甚親疏密？從前碌碌卻因何？到如今，回顧試想真無趣！

薛寶釵此時自責說，「這是我的不是了」，因為她生日一首曲子，引起賈寶玉無病呻吟，起了莫名的憂心，突顯心中的我執。她稱自己「成了個罪魁了」，所以叫丫頭快燒了。

此時，林黛玉卻很有慧心，她笑道：「不該撕了，等我問他。你們跟我來，包管叫他收了這個癡心。」

等到她們見了寶玉，黛玉先笑著問道：

> 寶玉我問你：至貴者寶，至堅者玉，爾有何貴？爾有何堅？㉓

林黛玉語調雖溫柔，但內容卻如獅子吼，看似分析寶玉的名字，其實在直指他的人心。結果，「寶玉竟不能答」。

二人便笑道：「這樣愚鈍，還參禪呢！」

林黛玉這時便進一步開導，說寶玉講「無可言證，是立足境」，固然好了，但據她看來，還未盡善，還應再續兩句：「無立足境，方是乾淨。」㉔

這句話點的很高明，她看出寶玉癡心來自我執，所以要去我執，便說「無立足境」，很

㉒ 同❷，頁二三二。
㉓ 同❷，頁二三三。
㉔ 同❷，頁二三三。

有《金剛經》中，「應無所住而生其心」的境界。

寶釵也不簡單，她也緊接道，「實在這方悟徹」。她並分別舉神秀與慧能的偈為例。

身是菩提樹，心如明鏡台；
時時勤拂拭，莫使惹塵埃。

慧能並不識字，但以其慧根，便知「了則未了」，所以自念一偈：

菩提本非樹，明鏡亦非台；
本來無一物，何處惹塵埃？

寶釵向寶玉解釋，五祖弘忍因此便將衣缽傳給了慧能，並指出「今兒這偈語，亦同此意了。」可見她的慧根也很深。

賈寶玉看他二人比自己知覺還在先，只好含糊笑說，「誰又參禪，不過是一時的說話而罷了」。

但此中的周折，卻很能表現出曹雪芹對人生的體認，以及對佛學空靈的領悟，不能輕忽。

六

在《紅樓夢》中第卅三回，賈寶玉遭遇了一生最重大的冤屈，就是被人誣告對女傭金釧性侵害，害得金釧跳井而枉死。

這位女傭金釧，是寶玉母親王夫人貼身丫環，其實根本沒有性侵害這件事，她只是與寶玉談話沒分寸，被王夫人怒摑了一巴掌，並揚言要遣送她回老家。這位女傭羞憤之餘，竟然投井自殺。㉕

結果，寶玉的哥哥賈環，竟然從中造謠挑撥，向寶玉的父親賈政，誣告寶玉強暴女傭，才害得女傭去投井自殺。

賈政當下勃然大怒，把寶玉叫去，關起門來痛打，把寶玉打得皮開肉綻，心中有無限的委屈。

這段情節，與我所受冤屈，也有類似之處。內人因為責備菲傭做事不力，揚言遣送她回菲律賓，結果她就被人利用，提出誣告；所不同的是，她並未自殺，反而恐嚇取財，倒敲一筆。後來雖然她也悔悟，承認是在說謊，但台獨政府仍利用這設計的冤案，拼命對我醜化與打壓，這比寶玉所受皮肉之苦，來得更加嚴重。

㉕ 同❷，頁三五四。

所以，我的冤案比起賈寶玉，影響也更嚴重。寶玉雖被父親痛打，但畢竟未到官府，然我卻是被政敵全面圍剿，利用官府做政治迫害，必欲把我鬥垮、鬥臭而後快！

事實上，曹雪芹本人，也有同樣經歷，飽受誣陷與羞辱。

曹雪芹原來曾祖父一代，在南京任江寧織造，連續興旺半個多世紀，但雍正上任後，成為整肅對象，一七二六年除夕之前，曹府慘被抄家，曹雪芹當時才三歲，便飽經患難。後來乾隆繼位之後，又因曹家與廢太子關係密切，再度被政治連累，又遭到抄家問罪。曹雪芹只好到處流浪，經常三餐不繼，忍辱受氣。

後來，他經朋友介紹，到一富貴人家作「師爺」，因為看不慣主人虐待侍女與丫環，挺身打抱不平，竟被主人誣稱與丫環通姦，而被趕出，只好再度流浪，貧困交迫。

後來，幸經曹雪芹發揮堅強的毅力，忍受悽慘的環境，化悲憤為力量，「滴淚為墨，研血成字」㉖，歷經十年之久，易稿五次之多，終於完成了曠世的偉大作品。

我在近期碰到誣告無妄之災後，深知怨嘆沒用，生氣也沒用，只有視此為上天的考驗，咬緊牙根、奮發圖強；因此曹雪芹忍辱寫作的精神，對我很有啟發。今後我應進而發大心、立大願，以痛苦經歷中的磨練，幫助更多逆境中煎熬的心靈。

紅樓夢中的甲戌本（一七五四年），曾經開宗明義指出，對人生的體驗：

浮生看甚苦奔忙，

聖席華筵終散場；
悲善千般同幻渺，
古今一夢盡荒唐；
漫言紅袖啼痕重，
更有情癡抱恨長；
字字看來皆是血，
十年辛苦不尋常。

本文以林黛玉代表「漫言紅袖啼痕重」，又以賈寶玉代表「更有情癡抱恨長」；以通靈的天上石頭開始，原稱《石頭記》，通篇自色由情悟空，所以後來改名《情僧錄》。正因「字字看來皆是血」，如同尼采所說，是他在一切作品中，最愛的「用血寫成的書」；旁人在驚歎、唏噓、惋惜之餘，也都在眼淚中洗滌了靈魂。

此即《紅樓夢》中第一回所說：

滿紙荒唐言，一把辛酸淚；

㉖ 蕭世民著，《中國豪傑逆境奮鬥史》，台北漢欣文化公司，民八四年出版，頁二一七—二二二。

都云作者癡，誰解其中味？

真正的「其中味」，就是曹雪芹藉著癡情的生活，體悟一切本為空的佛理。所以他藉著「風月寶鏡」，警示世人，只能看背面，而不能看正面，因為正面是風姿撩人的王熙鳳，令人無法把持自己，只有傷害身體，但背面出現的美人，卻只呈骷髏形，非常恐怖。這一美一醜，都是一體的兩面，需要超乎其上，才能把握人生無常的本質。

這種啟示，才是《紅樓夢》語重心長的心聲。

此亦書中范成大所說：

縱有千年鐵門檻，
終須一個土饅頭。

這話代表，無論興盛多久的豪門大宅，人人終須走向死亡一路。

這也正如同海德格所說，「人是邁向死亡的存有」，人被拋擲在時間之流中，一出生，就註定邁向死亡。

所以，如何在這宇宙時間之流中，自我定位，並瞭解宇宙本質，就是重要的課題。

在海德格來說，他提出「責任的哲學」，主張要在世上善盡責任，自己對行為負責。

但在《紅樓夢》看來，功名利祿都是庸俗之事，在賈寶玉心中，覺得很虛偽，還不如真情來的永恆而有靈性。

從某種角度看，賈寶玉似乎沉迷在風花雪月，好像沒有出息，甚至不求上進，但他在靈性的追求上，卻是用功的學生；他歷經滄桑後，仍然復歸空門，代表向來並未把世俗的「有」看在眼中，而一心執著的，只是「真」情。

七

紅樓夢第九十一回，提到賈寶玉與林黛玉的對話，很有禪機，也很有佛理，很能代表曹雪芹的空靈觀。

寶玉因心中想到薛寶釵可能不和他好，所以把眉一皺，把腳一踹，道：「我想這個人，生他做什麼，天地間沒有了我，倒也乾淨。」

黛玉回道：

> 原是有了我，便有了人，有了人，便有無數的煩惱、恐怖、顛倒、夢想，更有許多纏凝。剛才我說的，都是玩話，你不過是看見姨媽沒精打彩，如何便疑到寶姐姐身上去？姨媽過來原為他的官司事情，心緒不寧，哪裡還來應酬你？卻是你自己心上胡思

亂想，鑽入魔道裡去了。㉗

她在這裡，用生活的瑣事，點出人的煩惱，如果一味胡思亂想，等於「鑽入魔道」。因為有了「貪嗔癡」的魔念，才會引起各種恐怖、顛倒夢想、甚至許多掛碍纏身。這些都是佛學的基本教義。

林黛玉看似弱女子，卻能以小見大，隨機化度寶玉，真有很難得的性靈。寶玉也很聰明，一點就通，所以豁然開朗笑道：

很是很是。你的性靈，竟比我強遠了。怨不得我前年生氣的時候，你和我，說過幾句禪話，我實在對不出來，我雖丈六金身，還藉你一莖所化。

林黛玉此時更把握好機會，進一步的點化，向寶玉問道：

寶姐姐和你好，你怎麼樣？寶姐姐不和你好，你怎麼樣？寶姐姐前兒和你好，如今不和你好，你怎麼樣？今兒和你好，後來不和你好，你怎麼樣？㉘

林黛玉一口氣問了四個問題，把各種狀況都提了出來，分析能力非常之強。看起來纖弱的身子，卻有一類細膩周到的心靈。

結果寶玉默了半晌，忽然大笑，回答：「任憑弱水三千，我只取一瓢飲。」

黛玉再問：「瓢之漂水，奈何？」

寶玉道：「非瓢飄水，水自流，瓢自漂耳。」

黛玉又問：「水止沉珠，奈何？」

寶玉回答：「禪心已作沾泥絮，未向春風舞鷓鴣。」

黛玉說：「禪門第一戒是不打誑語的。」

寶玉此時回答：「有如三寶。」

黛玉低頭不語，只聽見簷外老鴉呱呱的叫了幾聲。寶玉道：「不知主何吉凶？」

黛玉回答：「人有吉凶事，不在鳥音中。」㉙

寶玉在此，先藉著心中有意向佛，指出雖然有佛六丈金身，但仍需黛玉這蓮花（一莖）所化，寓意深遠，而且一語雙關，展現了機鋒，可見確有慧根。

㉗ 同❷，頁一〇七二。

㉘ 同❷，頁一〇七二。

㉙ 同❷，頁一〇七三。

黛玉則立刻把握機會，連續提出各種可能性，讓寶玉隨機而化。

寶玉回答：「任憑弱水三千，只取一瓢飲」，代表他的真情誠心。

然而，兩情發展結果，並非只看一方的專情。客觀的世界無常，更非主觀的一方心意，所能改變。

所以，黛玉緊接著，再用各種情境指出：如果瓢隨水漂去了，怎麼辦？

寶玉仍不死心，回答不是瓢隨水漂，而是瓢自己漂走。

黛玉便又再問，如果水停止了，珠沉入了，怎麼辦？

寶玉這時回答，禪定的心，已如被泥沾住的飛絮一樣，靜止不動，不會再飄到春風中，也就是不會再另外尋春。

此時黛玉看他嘴硬，便警告他，禪門第一戒，就是不打誑語，不能說假話。

寶玉的回答：則是他心中已向三寶，亦即一心向佛、法、僧，隱約透露了往後皈依佛門的命運。

對話到此，已經絕斷，黛玉只有「低頭不語」。

這時，突然有老烏鴉咕咕叫了幾聲，驚醒了兩人馳騁機鋒的禪語，也讓寶玉心思重新回到俗世，問起「不知主何吉凶」。

如果寶玉那時心中，已經完全歸佛，自然一切都如如不動，無須再問吉凶。所以黛玉回答：「人有吉凶事，不在鳥聲中。」

這個回答，可說對，也可說不對。

對的一面，是指人的吉凶，自然應由本身負責；根據佛學義理，無始以來的各業障，均因心中貪、瞋、癡引起，經由身語意所造，所以吉凶自然與鳥聲無關。

不對的一面，則因整個天地宇宙，為一個有機體，環環相扣、因緣相生，很多事情看似無關，其實都有因緣；天人既能感應，自然界的烏鴉若有感應，也並非沒道理。

事後證明，寶玉果真一語成讖，在歷經情海辛酸後，最後遁入空門。這也正應了他所說的：「有如三寶」。此中有文學的伏筆，更有佛學的因緣呼應，在在顯示了，曹雪芹整本《紅樓夢》的哲學，就是經過空靈、領悟人生，再由人生，印證空靈。

偉大的文學作品背後，不能沒有偉大的哲學，《紅樓夢》清楚證明了這一點。

只是，曹雪芹若再世，他會在乎這一點嗎？他很可能只以無言代表他的回應，也就是，以不回應，代表禪宗的最高境界。

八

賈寶玉在第二十八回中，特別唱了首曲，用委婉溫情的語調、纏綿無盡的思愁，訴說心中濃濃的真情。

滴不盡相思血淚拋紅豆，
開不完春柳春花滿畫樓，
睡不穩紗窗風雨黃昏後；
忘不了新愁與舊愁，
嚥不下玉粒金波噎滿喉，
照不盡菱花鏡裡形容瘦。
展不開的眉頭，
捱不明的更漏；
呀，恰便似遮不住的青山隱隱，
流不斷的綠水悠悠。[30]

看了這種化不開的濃情蜜意，再對照〈好了歌〉的警世名偈，更可襯托出《紅樓夢》所要表達的，是解明的對比：一方面，是難以自拔的真情；另一方面，則是無可奈何、萬緣歸寂的靈空；留給後人的，則是無窮的嘆惜、追念、與省思。這種餘韻無窮，才是其中最精彩之處。

綜觀整部《紅樓夢》，從「一僧一道」說起，再由「一僧一道」飄然而去終結，象徵佛道的哲學真諦，貫串全書，盡在其中。

佛道哲學，用一言以蔽之，即在「真空」、「妙有」能並重，其方法則是《華嚴經》所說的「上下雙迴向」。

所以，書中不只講「自色悟空」，還講「因空見色」，強調不能只是離世、出世、厭世，還要入世、淑世、愛世。

此即大乘佛學所說，「煩惱即菩提」，「離開煩惱，便無涅槃」。

亦即《維摩詰經》所說，蓮花不生於清水，污泥與糞壤中所生長的蓮花，更為茂盛。

事實上，這也正是人間佛教的真諦，「用出世的精神，做入世的事業」。因為，成佛畢竟不成於空中，所以仍要返回人間、關心世人。

同樣情形，老子強調「無之以為用，有之以為利」。莊子更深刻的說明，老子哲學特色，在於「建之以常無有，主之以太一……空虛以不毀萬物為實。」亦即建之以「常無」與「常有」，上下雙迴向的運行，雖講空靈，但並不否定萬物，更不否定真情。

而「主之以太一」，這太一，在黑格爾稱為「絕對精神」，在中國哲學，因為是「萬物含生論」，則可稱為「生生」——以生生之德統攝宇宙、瀰漫萬有，形成生生不息的大化世界，再將空靈的大千世界，點化成真力瀰漫的生命世界。

這也就是說，既要能超越塵世、提神太虛，但仍要回到大地，光照人間。

㉚ 同❷，頁三〇三。

尼采的超人在《查拉圖斯特拉如是說》中，剛開始就面對太陽詢問：

太陽、太陽，人們都說你偉大，但如果沒有你所照耀的地球，沒有你所溫暖的人間，你有什麼偉大？

所以，超人仍要回到地面，回到人間；上山修道之後，仍要下山行道。

海德格在《存在與時間》（*Zein und Zeit*）中，認為「存有」即等於「時間」；他認為，人是在時間之流中，被拋擲的存有，一生下就註定要死，所以是種「邁向死亡的存有」（Zein zum Tode），因此只能盡其在我、善盡責任。這在無奈中，也有積極性，只是畢竟少了些空靈性。

但《紅樓夢》在卅六回，藉著襲人與寶玉討論「死」的問題，卻突顯出寶玉有更深沉與更高遠的空靈，證明他絕不是金玉其外、敗絮其內，而是真正金玉其外、空靈其內。

所以當襲人說：「人活百歲，橫豎要死。這口氣沒了，聽不見、看不見，也就罷了。」

寶玉緊接著用輕鬆的口吻回應：

人誰不死？只要死的好。㉛

他這口吻，活像蘇格拉底所說，「哲學是練習死亡之學。」

當然，寶玉並非從理性的哲學切入，剛好相反，他從逆向思考，從道家式的反面切入。

所以，他接著說：

> 那些鬚眉濁物只就見「文死諫」、「武死戰」這二死是大丈夫的名節，便只管胡鬧起來。哪裡知道，有昏君，方有死諫之臣，只顧他邀名，猛拚一死，將來置君父於何地？㉜

另外，他也舉武將為例：

> 必定有刀兵，方有死戰，他只顧圖汗馬之功，猛拚一死，將來置國於何地？

襲人從中打斷，跟他說：

> 古時候兒這些人，也因出於不得已，他才死啊！

㉛ 同❷，頁三九五。

㉜ 同❷，頁三九五。

寶玉怎麼回答呢？

那武將要是疏謀少略的，他自己無能，白送了性命，這難道也是不得已麼？那文官更不比武官了，他念兩句書，記在心理，若朝廷少有瑕疵，他就胡彈亂諫，邀忠烈之名，倘有不合，濁氣一湧，即時拚死，這難道也是不得已？[33]

賈寶玉在此，顯然不是儒家式思考，而如道家老子所說「大道廢，有仁義」，以及莊子所說「聖人不死，大道不止」。這種深沉省思，屬於老子所講：「反者道之動」，絕非隨便一個俗人所能想到。

寶玉緊接著，說了一段淒美的死法：

比如我此時若果有造化，趁著你們都在眼前，我就死了，再能夠你們哭我的眼淚流成大河，把我的屍首漂起來，送到那鴉雀不到的幽僻去處，隨風化了，自此，再不拖生為人，這就是我死的得時了。[34]

所以，寶玉心中的死法，絕不是文天祥式的，也不是王陽明式的，而是莊子式的，屬於空靈式的。

但《紅樓夢》中，最終強調的，仍是「謀事在人，成事在天」，既能在人生過程中體認「無常」的真諦，但更重視真情、至情至性，所以在平凡中仍見脫俗。

此即寶玉「後悟人生情緣各有分定」，但又每每暗傷，「不知將來葬我洒淚者為誰？」

這正如同法國存在主義文豪卡謬（Carmus），在〈西西佛神話〉（The Myth of Sisyphus），肯定過程即為實在。也如同英國大哲懷海德（A. N. Whitehead），在《歷程與實在》（*Process and Reality*）中，肯定歷程即實在，歷程中的努力，就能使心中充滿實在。

換句話說，正因有平常心，才能有平等心，肯定眾生平等，無分貴賤。

這是孔子的胸襟，仁者愛人，有教無類。

這也是老莊的境界，在逍遙於九萬里的高空之上，俯視萬類，頓悟一切平等，萬物皆齊，所有榮辱、貴賤，生死均如一。

這更是佛教的大悲心，看一切眾生，無論動物、植物、礦物，有生命者、無生命，均一律平等。

《紅樓夢》中，便是肯定一切眾生，均為平等。寶玉看一切丫環，皆平等，皆可貴；而且他肯定，一切萬物均有生命，更有靈性，連「頑石」都有靈，所以稱為「寶玉」。

㉝ 同❷，頁三九六。

㉞ 同❷，頁三九六。

一言以蔽之，紅樓夢的世界觀，是個有情有靈的世界。

九

劉再復教授曾認為，賈寶玉能向小鳥說話，向魚說話，向星星說話，是打破人與生物的「隔」。

這在華嚴宗，就稱為「無碍」。

因為在佛眼中，不但理無碍、事無碍，而且理事無碍、事事無碍，形成六相圓融、廣大和諧的金色世界。

在寶玉心中，這正是他心目中的理想世界，真正大放光明，所以沒有歧視、沒有虛假、沒有俗套，是永恆大發光彩的華嚴世界。

劉再復教授又認為，黛玉葬花的詩句，代表一種「空境」，不像其他詩詞所表達的「淒美」、「孤寒」，而是一種「空寂」。

林黛玉自嘆身世如花，今天她葬花，他日誰葬她？這種怨嘆，屬於人情之常，也是真情之常，只不過，畢竟仍然有隔有碍；只是一種「頑空」或「斷絕空」，而非「真空」。

說到底，寶玉歷經滄桑後，最後遁入空門，其實也還是一種「頑空」，還沒有到「空空」的「真空」。

所以，如果只看到結尾，以為人生一切都成了空，就是紅樓夢的最後境界，那就還是「隔」了一層。

真正紅樓夢的境界，需要前後貫穿、頭尾呼應來看。

這正如《易經》六十四卦，如果看最後一卦，以為是「未濟」，不知所之，就沒看出，《易經》肯定的是宇宙生生不息之理。

這時就還要回到第一個卦「乾元」，才能前後貫串起來，領悟《易經》開創無窮的深刻哲理。

同樣情形，看《紅樓夢》，不能只看到賈寶玉從人間銷聲匿跡，令人掩卷嘆息；更要前後貫串，回到前面開卷，瞭解第一回《石頭記》的緣起。

根據第一回，《紅樓夢》開宗明義就指出，「寶玉」來自天上女媧補天的石頭，剩了一塊未用，但是靈性已通，所以逍遙自在，各處遊玩。

有一天，他來到靈幻仙子處，常在靈河岸上行走，看到有棵絳珠仙草，「十分嬌娜可愛」，所以常用甘露灌溉；久而久之，居然讓這「絳珠草」久延歲月，並且脫了草木之胎，幻做人形。[35]

從佛教因果看，這個通靈石頭，就是賈寶玉的前世，而這經他悉心照顧的「絳珠草」，

---

35 同2，頁四。

就是林黛玉。

所以，當兩人初次相會，彼此都覺得眼熟，都覺得好像前世看過。紅樓夢第三回提到，「黛玉見了寶玉，大吃一驚，心中想到：『好生奇怪！倒像在那裡見過一般？何等眼熟……？』」㊱

另外一邊，寶玉看到黛玉，笑道：「這個妹妹，我曾見過的。」

賈母笑道：「可又胡說了，你何曾見過他？」

寶玉笑道：

雖然未曾見過，卻看著面善，心理倒像是舊相識，只恍如遠別重逢一般。

這種情景，似曾相識，正如耶魯大學教授魏斯（Weiss）在《前世今生》（*Many Lifes, Many Fates*）中所說的輪迴生命。也正如同《似曾相識》電影中的浪漫情節，可見東西方心靈共同在此會通。

林黛玉因為還未酬報灌溉之德，所以心中常鬱結一股纏綿不盡之意，常說：

自己受了他雨露之恩，我並無此水可還；他若下世為人，我也同去一遭，但把我一生所有的眼淚還他，也還得過了。㊲

就因這段神緣，所以「勾出多少風流冤家都要下凡，造歷幻緣」。

然後，等塵緣已盡時，兩人紛紛再回天上仙界。但並不是就此終寂、歸為虛無，而是迴向上天之後，在太虛幻境中，仍然孕育著無盡的可能，可以重新開展無窮的生命。

此時，如同空空道人所說，只是「因往太虛幻境銷號」，代表人間的一生情，彷彿天上的一段戲，此時只是銷號而已。但此中的生意，仍然循環不盡，綿延無窮，正如孫遜教授所說，「形成首尾呼應、大開大合、圓如轉環的宏偉結構。」㊳

柏拉圖的宇宙論為二分法，在其上界的精神世界，高標「至善」做為人間萬有的泉源，也是一切真善美的本源，如同太陽是宇宙的光源，而人間一切存在與價值都是它的餘緒。在下界一切萬有與價值，都會凋零消失，歸於空寂，但上界的精神世界與至善，卻如同永恆的太陽，永遠都會存在。

《紅樓夢》中，也是如此，上界的太虛幻境，永遠都存在，而人間濁世所呈現的各種塵相，只是從上界下凡的餘緒。在人間雖然演完這齣戲，並不代表在上界同樣消逝了。

這正如同莎士比亞所說，「人生如一齣戲，眾人都是演員」。在天上的太虛幻境，仍有無限的陶然情意、無窮的盎然生意，仍然孕育待發，代表生生不息的宇宙精神，仍然運轉而

㊱同❷，頁三三。

㊲同❷，頁四—五。

㊳同❽，頁六一。

無盡，死了再生，生了再死，然後再生……

在《阿彌陀佛經》中所說的「極樂世界」，不但「眾生無有眾苦，但受諸樂」，而且國土都由四寶周匝圍繞，境內「常作天樂，黃金為地」，並且有七寶池、八功德水，均以金沙為地，四邊階道均為金銀琉璃玻璃合建，上有樓閣，也都是金銀琉璃赤珠瑪瑙等珍寶，池中蓮花大如車輪，或青色青光、或黃色黃光、或赤色赤光、或白色白光。在彼佛國，便沒有「三惡道」，顯然超乎輪迴之上，成為永恆而獨立存在的樂土。

這個極樂世界，相當於基督教說的「天堂」，永恆存在，沒有痛苦，只有喜樂。並且代表在那上界，仍然有「無量光」與「無量壽」的阿彌陀佛，以及眾弟子、眾菩薩存在，因而永遠不會虛空。

這個極樂世界，也相當於《紅樓夢》中的太虛幻境；因為太虛幻境內，除了早已定好塵間的凡緣，而且同樣是黃金為地、寶玉作宮，「畫棟雕簷，珠簾繡幕，更見仙花馥郁，異香芬芳，真個好所在也」！此即第五回「賈寶玉神遊太虛境」所說的仙境：正是「光搖朱戶金鋪地，雪照瓊窗玉作宮」。

兩者不同的是，世間認為的「極樂世界」，總是人間壽盡以後，才能往生之地，但在《紅樓夢》裡，賈寶玉並非「陽壽已盡」，而是「俗緣已盡」，所以他回太虛幻境，只是在此生劇本已演完，所以回到劇本根源處，但在太虛境內，仍有無量無邊的生命與光明。

方東美先生曾指出，「佛家思想精神通透『常』與『無常』兩界：自生滅變化之現象界觀之，是謂『無常界』，然自永恆佛性或法界觀之，是謂『常界』。」[39]

這個常界，亦即大乘佛學所說「上法界」與「法滿境界」。至此境界，「生滅變化中之生命悲劇感遂為永恆之極樂所替代」，可說也正是《紅樓夢》中的太虛幻境。在那個極樂幻境之中，因佛家的解脫精神，而渾忘一切生滅變化的生命悲劇感，成為永恆的光明界。

只不過，在此生的劇本情節，卻是早已前定。所以在今生最重要的是，如何演好角色，沒有枉來這一回人生。

俞大維先生為前國防部長，哈佛博士、學貫中西，但我親自聽他提過，「人生如一場戲，劇本已經寫好」。所以他強調，人生不必強求功名，但求努力演好自己角色。這話出自一位飽經憂患的高級知識份子，非常發人深省。

另外，前經濟部長趙耀東，也曾親自向我提到他的人生經驗：「謀事在人，成事在天。」由此均可看出，凡是歷經滄桑之士，對於人生多有共同體認。這就與《紅樓夢》的最高空靈境界相通，看似萬物都是空，但又不陷入頑「空」，更能超越其上，形成「空空」，並且返回「太虛幻境」。看似太虛，然而仍有幻境，看似「真空」，其實另寓「妙有」。

在那境界中，「假作真時真亦假，無為有時有還無」，便分不清是莊子夢蝴蝶，或蝴蝶夢莊子，一切盡在不言中，進入不可思議、超乎論辯的境地。

---

[39] 方東美，《生生之德》，同[5]，頁三〇五。

這也正如同佛學中所說，「真諦」與「俗諦」其實不二，從俗諦才能襯托真諦，沒有俗諦，也就沒有真諦，如同沒有逆境，也就沒有順境；沒有失敗，也就沒有成功。

所以俗話所說，「失敗為成功之母」，代表失敗與成功相倚相存，其實也是不二，成功有失敗的因子，但失敗中也有成功的因子。

《紅樓夢》在最後一回記道，寶玉在船上，向其父親賈政遙遙跪拜，當時已經光頭，打著赤腳。賈政見狀大驚，忙問「如何這樣打扮，跑到這裡來？」寶玉未及回答，只見船頭上來了兩人，一僧一道，夾住寶玉說道：「俗緣已畢，還不快去。」說著，三個人飄然登岸而去，只留歌一曲：

我所居兮，青埂之峰；
我所遊兮，鴻濛太空；
誰與我逝兮，吾誰與從？
渺渺茫茫兮，歸彼大荒！

賈政看了之後，只能感嘆萬千，淚流滿面，將賈寶玉出生就啣了寶玉的情景，一一向家人說明，「現在才明白寶玉是下凡歷劫的」，留給後人無限的嘆息。

事實上，賈寶玉在幾次討論世俗與清高中，就已顯露出，他有更高層的靈性歸向。先是

「賈」(假)寶玉與「甄」(真)寶玉碰面，原來以為容貌身材都是相同，是個知己，結果「賈」寶玉卻見「甄」寶玉是隨波逐流、尋求功名之輩，他認為只是個「祿蠹」，不知「明心見性」、只知「文章經濟」。兩人話不投機，卻透露出世間經常真假顛倒的弔詭。

此即第一〇三回中，道人所說：「什麼真？什麼假？要知道，『真』即是『假』、『假』即是『真』。」

另外，在一一八回中，賈寶玉看〈秋水〉篇，細細體會莊子精神，卻被妻子薛寶釵認為，只知「出世離群」，所以要賈寶玉注意「自古聖賢，以人品根柢為重」。

但是，賈寶玉卻以孟子的話頂回去，「大人者不失其赤子之心」；然後指出：

> 那赤子有什麼好處？不過是無知、無識、無貪、無忌。我們生來已陷溺在貪、嗔、癲、愛中，猶如污泥一般，怎麼能跳出這段塵網？如今才曉得「聚散浮生」四字。

總括《紅樓夢》的人生哲學，就是這四個字：「聚散浮生。」

所以，綜合而論，全書以佛道兩家的提昇精神為依歸，看似最後遁入空門，其實更在提醒世人，宇宙有更高的屬靈上界存在；因此，世人需要提昇自己靈性，從紅塵中修行，徹底看破聚散浮生，才是不虛此行。

這種超越精神，對污濁的現世，有很大的洗滌作用，對人生的品質，更有極大的提昇作用。

方東美先生曾經評論柏拉圖在《共和國》所展現的宇宙觀，「一是感覺所緣的形象世界，一是理智所慮的理性世界。」前者感覺所緣，「幻與不幻，都是塵濁，污染心靈，結果只助庸俗之人養成曲說私見而已。」㊵

所以方師指出，「他（柏拉圖）厭棄污濁的塵相，獨自往來於精神世界」㊶，這種精神世界，純是一種詩的意境。就此而言，與《紅樓夢》的精神世界便完全相通。

我們可以說，《紅樓夢》所表達的上層空靈世界，正是柏拉圖所表達的上層法象世界。只是《紅樓夢》用文學小說為方法，柏拉圖則用哲學對話為方法，但兩人在精神境界，可說完全心心相印。

因此總的來說，《紅樓夢》的空靈上界，直可旁通柏拉圖的精神上界，兩者都能歷久永恆，而且均為純美至善的價值世界。就此而言，曹雪芹可稱為文學中的柏拉圖，柏拉圖則可稱為哲學中的曹雪芹。

方師曾經形容柏拉圖的宇宙觀：

> 哲人的生活就是要與物質的形象絕緣，游心於精神世界，鑑賞純美，止於至善。㊷

對此而言，這不正是活生生的賈寶玉心靈歸宿嗎？

所以，《紅樓夢》的空靈世界，與柏拉圖同樣，具有雄奇偉大的宇宙觀，其中對純美的領悟，正如同柏拉圖在〈筵話〉中所說：

> 美之為美，凝獨無偶，純一無疵，巍然長存，無成與毀，注焉而不滿，酌焉而不竭，周比萬物，悉得其宜，雕琢眾形，咸資造化，以美觀物，而萬物之應備矣。㊸

這正是《紅樓夢》中所描述的太虛幻境，足以令人浸潤於此無涯美海，並於其中盡吸無窮智慧，進而點化人生無邊苦海中的困厄與逆境。

當今英美第一大哲懷海德曾經形容柏拉圖的氣魄偉大，「西方兩千年來哲學，都只是柏拉圖的註腳。」

我們或許也可以說，柏拉圖的精神化身，到了中國即成為曠世罕見的《紅樓夢》精神世界，卓然超拔於濁世之上，從空靈中印證真情的純美與至善，並由此證成真情的永恆價值。這正是人們在污濁塵相中，所能領悟的最大啟發，足以提昇靈性、洗盡虛榮，從而激發

㊵ 方東美，《科學哲學與人生》，同❶，頁七一。
㊶ 同❶，頁七二。
㊷ 同❶，頁七四。
㊸ 同❶，頁七四。

心中的至情至性，表現人格的有情有義，深深值得世人體會與力行！

然而，從宏觀來看，《紅樓夢》的宇宙觀，仍有三點與柏拉圖不同：

第一，柏拉圖畢竟是二元論者，其宇宙觀分成兩截，上下並不互通，柏拉圖甚至還鄙視下界，但《紅樓夢》中，賈寶玉則是「任憑弱水三千，只取一瓢」，此時三千即一、一即三千，充分展現了佛學中「體即是用」、「用即是體」的特色，形成「即體顯用」、「體用不二」的一真法界，空靈中顯真情，這就並非柏拉圖所能及。

第二，在賈寶玉眼中，天上的星星、地下的小花，樹上的小鳥，水中的小魚，都是生命，他都能對話；因此千山萬水均是有情世界，這個有情世界，首先肯定萬物皆含生命，除了動物、植物，即使石頭也有生命，並有靈性——此其所以稱為「寶玉」，這種「萬物含生論」、與「萬物含靈論」，正是佛家所說「眾生平等」的佛法世界，這也並非柏拉圖認為下界只是乾枯的物質世界所能及。

第三，柏拉圖因為其老師蘇格拉底蒙冤而死，認為此生不如來世，另一個世界可能更好；紅樓夢固然也認為人生無常，此世一切均會成空，但仍在此世至情至性，以誠相待，所以在多處〈詠菊〉與〈詠蓮〉中，都表現「出污泥而不染」的慧見，並且很能領悟，沒有污泥，怎能襯托蓮花的可貴？沒有俗諦，怎見真諦？這種人間佛教的精神，也非柏拉圖的離世出世所能比擬。

所以總括而論，紅樓夢的宇宙觀比起柏拉圖，可稱更勝一籌、更高一層、更進一步，我們或可說，柏拉圖加上莊子，才形成了曹雪芹的空靈世界。

就此而言，經過比較研究，更可烘托出《紅樓夢》的空靈精神，有其世界性的地位，對提昇此世的人心，具有極重要的啟發，深值東西方有識之士，多多研究與弘揚。

方東美先生在民國六十二年台北第二屆「世界詩人大會」中，曾應邀以「詩與生命」為題致辭，他引述桑塔雅納而強調：

> 偉大的宗教境界，即是詩之降凡人間。[44]

就此而言，《紅樓夢》的詩境，描述種種人間真情與生命機趣，其背後的精神，正是偉大宗教（佛與道）的境界，通過賈寶玉降凡人間而展現。

方師當時並曾指出：

> 說到世界各大文化體系，我們就可以看出來：宗教、哲學、與詩，在精神內涵上是一脈相通的，三者同具崇高性，而必藉生命創造的奇蹟才能宣洩發揮出來。[45]

---

[44] 方東美，《生生之德》，台北黎明公司，民六七年出版，頁三九四；桑塔雅那部分，為方師引自其《釋詩與宗教》，頁八六—八九。

[45] 同[44]。

此中最好例證，筆者認為，就是《紅樓夢》，全書既有宗教情操，也有哲學智慧，同時也有詩情畫意，三者經過曹雪芹的天才融和，藉其生命創造的奇蹟，才充分宣洩發揮出來。

因此，這段對世界偉大文化體系的說明，正好也是對《紅樓夢》這部偉大文學作品的最好註解。

對這樣一部天才橫溢而又境界脫俗的文學作品，再多文字也難分析透徹，最好的辦法，還是用詩解詩，用詩悟詩。

方師曾經用司空圖的兩首詩，分別代表道家心靈與大乘佛學精神，很能印證《紅樓夢》的空靈世界。

就道家而言，「高超的詩人，內合於道，提其神於太虛，再回降到熙熙攘攘的人間濁世，冀齊昇萬物，致力於精神自由之靈台。臻此勝境，飽受種種悲歡離合，辛酸苦楚等束縛之人生始能得救。」[46]

這種歷經滄桑後的心境，這種飽嚐悲歡後的空靈，不正是活生生在講《紅樓夢》嗎？所以，我們對道家的「雄渾」詩境，值得深入體認：

大用外腓，真體內充。
返虛入渾，積健為雄。
具備萬物，橫絕太空。

荒荒油雲，寥寥長風。

超以象外，得其環中。

持之匪強，來之無窮。㊼

另外，從大乘佛家來看，「詩人之慧眼，幫助我們超脫度過種種現實中卑陋存在之籓籬，而開拓精神解放之心天地——『證大自在、大解脫』」。㊽這不正是賈寶玉超脫濁世，重返太虛幻境的寫照嗎？

所以，佛家的「流動」語境，也深深值得領悟：

若納水輨，如轉丸珠，

夫豈可道，假體遺愚。

荒荒坤軸，悠悠天樞。

載要其端，載同其符。

超超神明，返返冥無。

㊻ 同㊹，頁三九七—三九八。

㊼ 同㊹，頁三九七，原引自司空圖，《詩品》，「雄渾」。

㊽ 同㊹，頁三九八—三九九。

來往千載，是之謂乎？

畸人乘真，手把芙蓉。

泛彼浩劫，窅然空縱。㊾

此中展現的「空縱」精神，正是大乘佛學的真空境界，也是超越千載、超越天地的宇宙樞紐，這不正是紅樓夢從開天闢地說起的大胸襟，以及橫掃一切濁世假象的大氣魄嗎？

由此看來，更可證明《紅樓夢》的空靈，融和會通了道佛兩家的精華，不但深深值得世人讚嘆，更值得從中多多回味與領悟！

㊾ 同㊹，頁三九八，原引自司空圖，《詩品》，「流動」。

第九章　《地藏經》從地獄立悲願

一

星雲大師曾自述其一生，在各種艱困逆境中，都是以忍辱負重的精神渡過，所以有句名言：

我就這樣忍了一生。❶

另外，星雲大師並曾在日記中，引述佛陀的話勉勵學生：

---

❶　星雲大師，《星雲大師談處世》，台北天下遠見公司出版，民九一年，頁二〇三。

一個人若不經歷過百次、千次、萬次的傷害，委屈，毀謗，挫折，是不會成功的。

筆者近兩年初以來，遭受很多突然的「傷害、委屈、毀謗、與挫折」，聽到這段話後，深感是重要的鼓勵，精神為之一振，更加堅定忍辱負重的決心與毅力。

在我忍辱的這段期間，給我心中啟發最大的佛經，一是《金剛經》，一是《地藏經》。金剛經的「忍辱波羅蜜」，讓我心中受益良多，而地藏經的悲心宏願，不畏艱困，更讓我感動良久。

因而，我把研讀《地藏王菩薩本願經》中，有些重要心得，參考星雲大師的慧見，與美國已故宣化上人的詮釋，特此整理重點，敬請各界高明指正。

首先，宣化上人說明「如是我聞」，同時提到佛陀將入涅槃前，答覆阿難的對話，很有哲學意味，也很有啟發意義。

當時阿難看佛陀將入涅槃，心中非常難過，什麼都忘了。幸好有位天眼通的長老提醒他說：你哭泣沒有用，你應該請問後來的事情，該怎麼辦啊？

阿難回答，現在我什麼都不記得了，你叫我問什麼？那位導師就提醒他說：

第一、佛在世的時候，依著佛而住，佛涅槃時，依誰而住？

第二、佛在世時，以佛為師，佛入涅槃，以誰為師？

第三、佛在世時，如有惡性比丘，佛自調服；佛入涅槃，對惡性比丘，如何處理？

第四、佛在世時，說法甚多，佛入涅槃，集結經藏，以何為首？

這四個問題，都很有重要性，幾乎可說是對所有大師往生前，都應問的題目，甚至也是所有重要領導人、或大企業家，在生前都應安排好的問題，所以很有遠見，也很有智慧。比起有些人往生前，絕口迴避身後的安排，以至後來糾紛叢生，殃及後人，這種豁達觀念，非常值得重視。

現在看來，幸虧有此四問，才奠定了佛學與佛教傳承久遠的傳統，如果沒有這四個問題，連佛經都會散失，遑論領導各方僧團與寺廟的標準了。

從前漢武帝時代，曾經向董仲舒「天人三問」，證明漢武帝本身很有哲學智慧，也很有開闊胸襟。只可惜董仲舒本身器宇有限，只回答「道之大，原出於天」，因而認定「天不變，道亦不變」，結果造成僵硬的道統觀，反而箝制了靈活的創造精神；漢朝官方獨尊儒術、罷黜百家的結果，儒家反而淪為僵化的官方教條，枉費了漢武帝很有深度的哲學問題。

阿難問佛陀的情形當然不同，其問題本身便非常關鍵，而佛陀的答覆更為中肯。

針對第一問：佛往世時，一切皆依佛而住，等佛入涅槃時，依誰而住？佛陀回答，「應依四念處而住」。

所謂「四念處」，就是身念處、受念處、心念處、法念處。換言之，就是「觀身不淨」、「觀受是苦」、「觀心無常」、「觀法無我」。

這也就是說，修行的人，不貪舒服、不貪享受，此即「觀身不淨」；另外，領悟到一切境地都是苦，此所即謂「觀受是苦」；此外還要體驗，心是經常轉變無常，此所謂「觀心無常」；並且要了解，一切諸法沒有自性、自我，此所謂「觀法無我」。

這段話，就是佛陀叮嚀弟子，應該放棄一切的表相、執著，依此四念處而住。

第二問，阿難請教佛陀，大家於佛在世時，以佛為師，佛入涅槃時，以誰為師？

這個問題很重要，是問師父往生之後，以誰為師父，才能夠服眾？

佛告訴阿難說，「我入涅槃後，當以戒為師」。

換句話說，佛入涅槃後，並不是以個人為師，而是以戒律制度為師，這才可大可久，也因此奠定了深遠的佛教戒律制度。

在佛教而言，代表出家人心中均應以戒律為師父，受戒之後才能出家，此即所謂「以戒為師」。

第三問，阿難請教佛陀，等佛滅渡之後，怎樣才能調服不守規矩的惡性比丘呢？

這問題也很重要，相當於問，怎樣面對叛師之徒？如何才能清理門戶？

在政黨之中有黨章，在國家之中有國法，但在佛門之中，若太苛刻，會有違佛性慈悲，若太鬆弛，也難以服眾，所以如何拿捏分寸，便很重要。

佛陀回答：對於惡性比丘，及不守規矩的比丘尼，「默而棄之」。換句話說，此時不去理他（她），不跟他（她）講話。這很符合慈悲教義，也很具有教育意義，因為，應讓其本身先靜心悔悟，這也正符合佛說「萬法歸心」的道理。

對照而言，孔子對叛道之士，是「鳴鼓而攻之」，孟子則是挺身而出，「正人心、息邪說」，都是用「有所為」，來表示譴責。而佛陀用的是「默而棄之」，採「有所不為」的方式，看似不同，但也各有功能。

第四問，阿難請教佛陀，對佛所說經典，將來結集經藏時，經典前面應該用什麼文字來開頭呢？

佛回答，當用「如是我聞」這四字，代表「如是方法，是我阿難親自聽到佛陀所說」，這樣才能夠確保真實性。

因為，阿難是佛陀大弟子中「多聞第一」的門生，記性特別好，對於佛陀所說經典，均能博聞強記。所以這四字真訣，便成為後來佛經重要的標記，如同「正字」標記一樣。

西方哲學起源，在「雅典三子」蘇格拉底、柏拉圖與亞里士多德，但蘇氏的著作，均為其弟子柏拉圖所記。以致後來，很多人對於那些是蘇氏思想，那些是柏拉圖假托蘇氏思想，已經混淆不清，形成「蘇氏－柏氏」共同發言的特性。如此看來，佛陀可說更有智慧，用「如是我聞」作為區分，即可清楚，何者為佛陀所說，何者為弟子所講。

如果柏拉圖對話中，也明確記載「如是我聞」，相信後人就不至於像現在無法分清了。

另外，孔子傳世經典，也多是由弟子所記，但每次記載中，均先尊稱「子曰」。用這種專門稱謂，也很能分清楚，那些為孔子所說、那些為弟子所講。由此可見，東西三大聖哲傳承的方法，各有其特色，但仍以儒家與佛家，更為高明。

二

我深讀《地藏經》之後，對地藏王菩薩救一切罪苦的功勞與辛勞，心中深感欽佩，尤其他拯救很多身上有官司的眾生，這些之中有些是無辜，有些是罪犯，他都能發大心、立大願，無窮無盡地奔走度化，這種精神很令人感動。

根據《地藏經》所記載，連觀世音菩薩對他都深感佩服，我們凡人自然更覺敬佩。

我因為近年來，奔走搶救台諜案的很多台商，並幫助他們的家屬探視，親自接觸他們的痛苦，心中深感不忍。後來我本身竟同樣遭受重大冤案纏身，心中更感空前屈辱，所以對訟案纏身的台商心情，更能感同身受，也更能夠體會他們家人的心情。

或許，這正是上天要我蒙冤受苦的原因，讓我更能真切瞭解台商與家屬的痛苦，從而更能發心立願，幫助兩岸救苦救難。

當然，上天讓我受苦受辱，應該不只是叫我領會傷痛，而是要我能自行摸索，重新站起來的方法，然後再同樣幫助台商與家屬，共同重新站起來。所以上天讓我，因忍辱而更能負重。

《金剛經》中，就曾強調，如果有人在今世受到輕巇，要能看成為先人消災，去除業障；而從前的先人，原來因為業障墮入惡道，因為後人本身能夠忍辱受苦，所以先人的罪業才能消除。

這種說法牽涉前世靈界，無論在儒家或道家，都沒有提過，可說是佛教的獨門特色，但很有積極性。因為，這能幫所有蒙冤含辱的心靈，找到受苦的積極意義，心中就能逐漸撫平。

星雲大師曾在民八十一年的日記中，語重心長的指出：

> 其實世間本就一半一半的，對於別人惡意的指責，有時要放下看破，凡事不要要求十全十美。佛也要受魔王干擾，何況是我們凡夫，被誤會、曲解、誹謗，也算是一種消災吧。❷

星雲大師這段內容，很得《金剛經》的精神，將逆境視為消災，也是一種逆增上緣，而《地藏經》更以悲心宏願轉禍為福，超度罪業，這種精神實在深值重視與欽佩。

這令我也想到，盧梭曾經強調：

> 困厄無疑是個很好的老師；然而這個老師索取的學費很高，學生從他那裡所得到的，經常還抵不了所繳的學費。

---

❷《星雲大師日記》，民八十一年元月十二日。

因而在這時候，最好的辦法，就是發掘受苦受難的正面意義，並且延伸延長；如《金剛經》所說，為先人除業障；或如弘一大師所說，為子孫積福德；或如孟子所說，因為「天將降大任於斯人」，所以「動心忍性，增益其所不能」。

無論哪種想法，都能充滿尊嚴意義，從「困厄」這老師得到的代價，就非常值得了。

英國詩人拜倫很明確的指出：

逆境是通向真理的第一條道路。❸

正因為人生有逆境，所以才能從中探討真理。我們可以說，沒有通過逆境，人生就無法成熟，人格也無法成長。

筆者在研讀《地藏王菩薩經》後，深覺充滿很多特性，因此歸納成十項：「因果性、教化性、警世性、益智性、除罪性、戲劇性、啟發性、利益性、救苦性、與提昇性」，除了是很好的哲學和宗教，同時也是很好的文學與劇本。

從中西比較文化來看，《地藏王經》同時綜合了西方名著的特色，如歌德的《浮士德》、奧古斯丁的《懺悔錄》，以及但丁的《神曲》；彷彿多面發光的鑽石，並非任何單一西方鉅作能比，而是多項特色綜合而成的發光體。

首先，《地藏經》從很多精采的對話與問題，展開內容；這也彷彿柏拉圖的《對話錄》。但柏拉圖的哲學體系雖然龐大——以致於懷海德（A.N. Whitehead）認為西方二千多年來的哲學，只是柏拉圖的註腳，但他頂多只將世界二分，劃成現實界與理型界，比起《地藏經》中，有無量的前世與後世，顯然遜色很多。

柏拉圖在其對話錄中曾指出：「人生最重要的事，莫過於提高自己的修養。」因而他力倡提升精神、向上追求理想，其超昇的精神誠然可貴，但只用二分法將理想與現實，切成兩半絕緣體，中間無法融貫，比起《地藏經》中，可以經由發心立願，立刻懺悔、立地超昇，明顯有所不足。

後來其弟子亞理士多德，雖然企圖彌補此中空檔，而用「潛能」與「實現」逐次提昇，但仍缺乏對人心善根的體悟，仍然不及《地藏經》所提的本有佛性。

另外，莎士比亞很多著作，也提到精靈鬼魅以及預言，如《哈姆雷特》、《馬克白》、《凱撒大帝傳》等，但是相形之下，《地藏經》所言，遠比其完備與博大精深，更能提供如何拯救眾生之道。

如果哈姆雷特看過《地藏經》，相信不會在「生與死」之中徘徊，而能充滿決心與魄力，能夠為父盡心盡孝，不至於演變成各種悲劇。

除此之外，聖奧古斯丁的《懺悔錄》固然真誠可感、坦率可嘉，但畢竟只是其個人心中

❸《世界名人名言集》，鍾南編，上海世界圖書公司，二〇〇一年，頁三〇七、三〇九。

告白，缺乏對眾生救苦的悲願與魄力。

但丁名著《神曲》，固然也敘述了地獄、煉獄與天堂的情況，但並未連結動態的三世因果，而且同樣缺乏對眾生救苦救難的完整方法，其悲心與格局都不如《地藏經》。在但丁《神曲》中，靈魂要經過獄中燒煉，才能在歷經痛苦反省後、卓然獨立，昂然上升，這種精神鍾鍊深值重視，只是就思想境界而言，仍遠不如佛經的博大精深。

至於歌德的《浮士德》，情節雖然曲折感人，描繪浮士德向魔鬼出賣靈魂的過程，也很有警示性，最後仍由天使接回天堂，更有啟發性，但比起《地藏經》，在氣魄與悲願上，仍同樣遜色許多。

所以，本文特別從比較研究眼光，探討個人所體認的《地藏經》十項特色，尚請各界高明教正。

三

針對《地藏經》的第一項特色，「因果性」，經中明確提到地藏王的前世背景，這是任何西方經典，包括上述各個名著，都沒有的特性，也形成佛教本身最大的特性。

例如，佛陀在經中告訴文殊菩薩，地藏王菩薩在過去很久很久的年代之前，身為大長者兒子，看到佛相很莊嚴，便問師子奮迅具足萬行佛，如何才能得到如此莊嚴寶相？佛便告訴他，「欲證此身，當須久遠度脫一切受苦眾生」。

所以，那位大長者兒子就發大願，從此以後，要為六道輪迴中的眾生「廣設方便，盡令解脫，而我自身，方成佛道」；若有任何靈魂還在地獄受苦，他就誓不成佛。也就是說，他要拯救地獄中所有眾生，等所有眾生解脫之後，他本身才願成佛。

這就是地藏王的前世之一。他在佛前發願，如果六道眾生還在受苦，他也誓不成佛，這就是有名的誓願：「地獄未空，誓不成佛，眾生度盡，方證菩提。」深具入世救人的慈悲精神。

事實上，整部《地藏經》，說明地藏王菩薩的功德，都是挺身而出、救苦救難，最能象徵「人間佛教」的精神特色；不但能投入人間救苦，更還要投入地獄救人，這哪裡會是出世、離世、逃避呢？

因此，世人若對佛教的人間性與積極性仍然不瞭解，只要深入研讀《地藏經》，便能很清楚了。

法國歐洲日報記者視慰，早在民國八十一年四月二十三日及四月二十四日文中，就曾以「建構淨土于此岸」，說明星雲大師的特性，在於體認：

> 既然人佛本性一樣，只要去迷執性，就能頓悟成佛，那麼淨土也就在此岸、在現代、在人間。這種淨土即現代此岸的教義，是宗教思想上最富革命性的變革。

因此，他提出，「星雲的改革，是兩千五百多年佛教史上，閃耀著星光燦爛的一章」，其觀察力，確實深入而且敏銳。

民國八十一年四月五日清明節，星雲大師在日記中，寫到對「人間佛教」的特色，並敘述人間佛教本是佛義，後來被窄化的經過，很有啟發意義：

> 「人間佛教」這個名詞並非我發明獨創，而是佛教的原始風貌。佛陀時代的佛教本來就是一種「以出世胸懷，做入世事業」的「人間佛教」。只是在佛滅後，佛教徒側重在義理的深入研究，而忽略了佛教的社會性、時代性。幸而主張解行並重的大乘佛教應運而生，挽救了佛教偏槁的危機。大乘佛教是菩薩道思想，就是在實踐人間佛教。及至傳入中國，佛教在唐代時期大放異彩，可惜到了明太祖時，因害怕佛教力量太大，而驅僧尼入山，自此以後，佛教一蹶不振，形成消極避世的「山林佛教」。
>
> 民國初年，戰亂頻仍，民生疾苦，念佛往生西方的思想特別發達，更加深人們對佛教的誤解。孔子曾說：「未知生，焉知死？」死後的世界遙不可及，何不把握當下，將理想落實在現實活中，做自己的主人翁？念佛法門雖好，但須認清：「往生西方並非學佛之終極目標。」❹

所以，地藏王的這種精神，「眾生度盡，方證菩提」，很能印證人間佛教的精神特色，非常值得重視。

這也令我想起，希臘神話中的西西佛（Sisyphus）。祂本來也是神，因為沒有依照約定回到陰間，引起冥王生氣，所以想出一個絕招，要懲罰西西佛。祂既然已經是神，就不能再殺、再關。所以那絕招就是，讓祂在一個大山坡上推石頭，言明哪天石頭推上了山，才可以停止。

然而這山的特性，卻是大石頭推上去之後，就會自動滑下來，所以永遠推不上山。因此，祂也只能永遠地推石頭，日復一日、永無止息。

存在主義作家卡繆（Camus），曾經重新詮釋這則神話。他認為，只要西西佛並不在意「結果」，而只注重「過程」，那麼，雖然祂永遠都在推石頭，但心中仍然是快樂的。因為，在過程中，祂已盡了責任。只要盡了責任，心中就能快活，不必在乎結果。此中也有積極性。

然而，我們若將地藏王菩薩盡心救人的精神，與西西佛做比較研究，便能看出幾點不同。

第一，地藏王菩薩是主動發願，而西西佛是被動受罰。

第二，地藏王發願，是救眾生苦難，而西西佛，則是為了免除自己受苦。

---

❹《星雲大師日記》，民八十一年四月五日。

第三，地藏王度眾生永無止境，西西佛推石頭也永無終止，看起來很相似，但是本質仍然相差很多。

第四，西西佛是因為違背約定而受罰，地藏王卻是因為發心度化眾生，拯救一切痛苦，境界明顯不同。

第五，西西佛被懲罰，是因為冥神生氣，與眾生無關；地藏王在地獄，則是因為發願救眾生，功德無量，得到眾佛菩薩廣泛稱讚。可見佛教的胸襟與器宇，比起希臘神話，明顯恢宏很多。

星雲大師在民國八十一年十一月二十二日於澳洲雪梨弘法，他在當天日記詮釋佛教的「無」，很有重大啟發意義：

無，並不是沒有，而是無限，我們應該要有無限的信心，無限的悲願，無限的熱誠，無限的親切，才能廣度無邊無際的眾生。❺

在眾菩薩之中，能有這種無限慈心、悲願、熱誠、親切的典範，就人間而言，以觀世音菩薩為主，可以救苦救難，就陰間而言，則以地藏王菩薩為主，地獄中若有任何靈魂未度，祂就絕不成佛，所以悲心無限，悲願也無限。這種對「無」的體悟，對佛教改革有莫大的啟發性。

《地藏經》不但組織很完整、論述很明確、內容很精闢，更重要的是，十項特性都有實例可循，每個實例同時又能夠具備幾項特性。猶如鏡中有三稜鏡，鏡中有鏡、相互輝映，更能大放光明。

例如，第一項「因果性」，可以舉的實例，在「神通品」中，就包括了「長者子」、「婆羅門女」等事蹟，若加上「業成品」中的光目女，均在說明因果宿業的佛理，然後從中指出，如何從罪苦中超脫。

在《地藏經》中，佛陀說明婆羅門女的故事，也很生動感人。

婆羅門女是位孝女，「宿福深厚，眾所欽敬」。但她的母親卻信邪道，經常輕視佛、法、僧三寶，所以往生之後，靈魂墮入無間地獄。這位婆羅門女既然是位孝女，所以很憂心母親往生之後的情形，甚至變賣家產，在覺華定自在王佛塔寺內，大舉供養佛、法、僧，等於也為其母親作功德。

有一天，婆羅門女瞻仰佛像之後，垂頭哭泣很久，忽然聽到空中有聲音，要她別悲哀，「我今示汝母之去處」，她合掌問空中，是哪位神明？並說她自從失去母親以來，日夜想念，無人可問，不知道她現在於何方？空中聲音回答：我就是你所瞻仰頂禮的覺華定自在王佛。並囑咐她供養之後，回家專心打坐，想念佛的名號，就能知道母親現在哪裡。

❺ 同❹，民八十一年十一月十二日。

這般過程很像西方電影「似曾相識」（Somewhere in Time），男主角思念女主角，用堅強的定力，極力冥想，並將周圍環境也佈置成復古年代，終於回到以往的情境。可見即使在科學發達的美國，也很重視此中靈界的探討。

結果，婆羅門女在端坐念佛號、一天一夜之後，忽然夢中自覺，到了一個海邊，看到許多惡獸夜叉，形狀各異，在追殺很多男女。她因念佛力，心中無所畏懼。此時有位無毒鬼王前來問訊，並問她是何因緣而到此？孝女問這是何處，鬼王答，這是「大鐵圍山，西面第一重海」；然後孝女問，是否其內有地獄？鬼王說確實有，然後講「若非威神，即須業力」，才能到地獄。

聖女於是說明，因為思母心切，不知母親最後魂歸何處？鬼王問明孝女母親姓名，就合掌對孝女說，請你先回去，因為你用孝心供養敬佛，你母親已經脫離地獄，上天去了；而且，不只是她一個人升天，在同一時間墮入無間地獄的罪人，也都得到這福份，同一天升天了。

這位孝女夢醒之後，便在覺華定自在王如來塔像前，發心立大願，在未來一定要幫所有受罪受苦的眾生解脫，不到成功，絕不中止！

佛陀最後指出，這位婆羅門孝女，就是地藏菩薩前身；而無毒鬼王，就是當今財首菩薩。此中有很明確的「因果性」。

四

針對第二項「教化性」，佛陀在〈閻浮眾生業感品第四〉中，再說明「光目女」的故事，也可稱為重要的例證。

光目女同樣是孝女，在其母親往生後，供養羅漢，想知道母親靈魂何去？羅漢很同情她，幫她入定，觀察結果，發現她母親墮入惡道之中，正受極大的痛苦。

他就問光目女，母親生前做了什麼事情？光目女說，母親習性，好吃魚鱉、並且多吃魚子，或炒或煮，計算起來，殺害生命有千萬以上，所以懇請羅漢營救。

羅漢因為憐憫她，所以替她想出方便法子，勸她用最虔誠的心，念清淨蓮華目如來的名字，再塑畫像。光目女立刻照辦，隨後便產生了很多深具教化性、也兼具因果性的感人故事。

同樣情形，光目女在虔誠塑畫佛像、頂禮供奉之後，有一天，夢到金色佛身，高大如山，並且大放光明。佛在托夢中告訴她，妳的母親不久會投胎到你家，嬰兒時期就會說話。

果然，沒多久後，她家中婢女生了一個小嬰兒，不到三天，就會說話。但那嬰兒悲傷的告訴光目女，「生死業緣，果報自受」；證明她正是其母親，因為生前殺了那麼多生命，所以受此業報，墮入大地獄受苦。因為孝女供佛，才能投生為人，但仍會很短命，只能活十三歲，又會再落到惡道受苦。然後她問孝女，有何辦法，可以免受苦報？

孝女聽到之後，極為難過。她母親又說道，她生前殺害生命與毀罵佛法，受這二種業報，如果沒有女兒修福功德，便無法救度苦難。孝女嚎啕大哭，向空中發重誓，願她母親能永脫地獄，在活十三歲後，也不再墮入惡道；並願在如來像前發心，要度所有受苦眾生，等所有眾生成佛，她才願成佛道。

當孝女發完願，清楚聽到如來告訴她，因為她的大慈大悲，所以母親今後不再受苦，可以長命百歲，而且之後可到極樂國土，並能成佛，再回人間廣度眾生。

佛陀最後也指出，這位光目女，就是地藏菩薩前身。

但丁寫《神曲》，在文體上也是「夢中神遊」，與此很有異曲同工之妙，但他只是敘述詩人在「人生旅程之中途」，遇到各種的奇境，先到地獄，後到煉獄，再到天堂。佛教則強調，「六道輪迴」，不只三界而已，所以更為深遠與博大。

同樣情形，在〈閻浮眾生業感品〉中，佛陀說完了光目女救母的故事後，即強調未來世中，如何行為會有惡報，如何行為又能解脫，可以說兼具了「教化性」與「警世性」。

根據佛陀開示，凡有㈠不行善者，行惡者，㈡不信因果者，㈢邪淫妄語者，㈣兩舌惡口者，㈤毀謗大乘者；如此行為的眾生，必定墮入惡道。❻

然而，若有善知識者，能勸他們，心念一彈指之間，能皈依地藏菩薩，那這些眾生就能解脫惡報。

由此可見，佛陀很重視賞罰分明，惡有惡報，但若皈依地藏王菩薩，心念轉化，惡便能轉成善。這就是既有教化性，也有警世性。

愛默生（Emerson）在〈英雄主義〉中稱：「靈不主宰肉，必當肉的奴隸。」可見西方文明也很強調心靈轉化的重要性。

那麼，心靈如何才能轉化呢？

莎士比亞在《理查三世》中，很中肯的回答了這個問題：

> 什麼都比不上厄運更能磨練人的德性。❼

因此，厄運可說就是轉化心靈、磨練人性、激勵德性的最佳方法。

笛卡爾（Descartes）在《方法論》中，也曾強調：

> 最偉大的心靈，既能行最大的善，也能作最大的惡。

按照笛氏看法，心靈成為「可善可惡」，類似中性力量，可以行善也可以行惡，因此更

---

❻《地藏經》，〈閻浮眾生業感品〉。

❼同❸，頁三一五。

需要根本的光明佛性，加以指導方向，才能由心靈主宰慾望，導向正大光明之途。

星雲大師曾在日記寫道：

世間的是非比不過道理，道理比不過法治，法治比不過權力，權力比不過昭昭的天理——因果，所謂非、理、法、權、天。

他說的每一階段，都很有警世性，而最終歸結於因果，更提醒世人要能種善因，以便結善果，比起很多法治與權力，更具有教化性。

同樣兼具「教化性」與「警世性」的，還有佛陀回應四方天王的問題。

四大天王問：地藏菩薩發如是大願，何以至今「猶度未絕，更發廣大誓言」？❽

佛陀就詳列各種情況，說明地藏王菩薩已經現出「百千萬億方便，而為教化。」然後盼望四大天王等也能「護人護國」，勿令眾生迷惑而作惡業。

佛陀所述，地藏王菩薩對眾生的教化方法，同時就很有警世性，深值重視：

一、若遇殺生者，說「宿殃短命報」，亦即其自己必會短命。

二、若遇竊盜者，說「貧窮苦楚報」，亦即來生又窮又苦。

三、若遇邪淫者，說「雀鴿鴛鴦報」，亦即來世成為孔雀、鴿子、與鴛鴦。

四、若遇惡口者，說「眷屬鬥諍報」，亦即將來自己眷屬，會被人鬥爭。

五、若遇毀謗者，說「無舌瘡口報」，亦即將來成為無舌啞巴，或口上生瘡的報應。

六、若遇瞋怒者，說「醜陋癃殘報」，亦即將來生得很醜，而且身體四肢會有殘障的報應。

七、若遇慳吝者，說「所求違願報」，亦即將來所求都不如願。

八、若遇飲食無度者，說「飢渴咽病報」，亦即會有飢餓口渴、咽喉生病的報應。

九、若遇畋獵恣情者，說「驚狂喪命報」，亦即本身會在驚嚇中恐怖喪命。

十、若遇悖逆父母者，說「天地災殺報」，亦即遭到天誅地滅、或水災天災等報應。

十一、若遇燒山林木者，說「狂迷取死報」，亦即發狂癡迷而死。

十二、若遇前後父母惡毒者，說「返生鞭撻現受報」，亦即將來投生也要受鞭打的報應。

十三、若遇網捕生雛者，說「骨肉分離報」，亦即本身會骨肉分離。

十四、若遇毀謗三寶者，說「盲聾瘖啞報」，亦即來世會成聾啞眼盲。

十五、若遇輕法慢教者，說「永處惡道報」，亦即本身會永遠淪入畜生道、餓鬼道，或地獄。

十六、若遇破用常住者，說「億劫輪迴地獄報」，亦即億劫都淪入地獄。

---

❽《地藏經》，〈閻浮眾生業感品〉。

十七、若遇污梵誣僧者，說「永在畜牲報」，亦即永遠淪為畜生。

十八、若遇湯火斬斫傷生者，說「輪迴遞償報」，亦即輪迴中受同樣報應。

十九、若遇破戒犯齋者，說「禽獸飢餓報」，亦即來世成為禽獸，並且永遠飢餓。

廿、若遇非理毀用者，說「所求闕絕報」，亦即所求都缺，無法如願。

廿一、若遇吾我貢高者，說「卑使下賤報」，亦即來世地位卑微下賤。

廿二、若遇兩舌鬥亂者，說「無舌百舌報」，亦即因為挑撥口舌是非，來世報應便無舌頭。

廿三、若遇邪見者，說「邊地受生報」，亦即因為常做謬論邪說，來世在邊緣地方出生。

在〈警世性〉的代表中，佛母摩耶夫人問，眾生所受報應，其事如何？亦即在〈觀眾生業緣品〉的對話，最有指標作用。

地藏菩薩回答，有後列數種罪，皆當墮入「無間地獄」：❾

一、若有眾生，不孝父母，或至殺害；

二、若有眾生，出佛身血、毀謗三寶、不敬尊經；

三、若有眾生，侵損常住，玷污僧尼；

四、若有眾生，伽藍內恣行淫欲、或殺或害；

五、若有眾生，偽作沙門，心非沙門，破用常住，欺誑白衣，違背戒律；

六、若有眾生，偷竊常住財物、穀米、飲食、衣服，乃至一物不與取者。

佛母又問，為何名為「無間地獄」？

地藏菩薩回答，在大大小小各種地獄中，只有一個地獄，名叫做「無間」，他歷數其中各種恐怖、悲慘、痛苦，並強調沒有間斷，「除非業盡，方得受生，以此連續，故稱無間。」

佛母聽完之後，心中悲憫，為之愁憂，頂禮而退。

這正如同香港的金像獎影片〈無間道〉，片頭引述就是《地藏經》這段文字，強調臥底人士，永遠不見天地，甚至殉職後也不能正名，在生死兩界，痛苦都沒間斷，所以名為「無間」。

正因地藏菩薩深知地獄中的各種痛苦，所以才發大心、立大願，目標為「地獄未空，誓不成佛；眾生度盡，方證菩提」！

在上述的報應過程中，連佛母都聞之愁憂，可見其中確有極高的警世性。

五

❾《地藏經》，〈觀眾生業緣品〉。

實際上，地藏王菩薩前述的地獄概況，除了有「警世性」，同時也有「益智性」，因其同時提供了很多知識，讓眾生對地獄中各種罪器名稱，以及種種刑苦事情，有一定程度的瞭解。

然而，更可稱「益智性」代表的作品，當屬〈地獄名號品第五〉的內容。

因為，這一部份，由普賢菩薩發問，特別請地藏菩薩，為天龍四大天王、及未來現在一切眾生，說明在此世界眾生「所受報處，地獄名號，及惡報等事」，以便「使未來世末法眾生，知是果報」。

很多現代科學與世界宗教，對於往生後的靈魂所向，很感興趣，對死後世界也很好奇，對於靈魂世界更感有必要研究。然而，唯有佛教，能對這些問題提供最完整的答案，給予在世者知性上的滿足，進而能在心靈上給予調伏。

根據地藏菩薩所說，有關地獄的名號，有大地獄，號「極無間」，又有地獄，名「大阿鼻」，在大阿鼻地獄內，另外還有「四角」、「飛刀」、「火箭」、「夾山」、「通槍」、「鐵車」、「鐵床」、「鐵牛」、「鐵衣」、「千刃」、「鐵驢」、「烊銅」、「抱柱」、「流火」、「耕舌」、「剉首」、「燒腳」、「啗眼」、「鐵丸」、「諍論」、「鐵鈇」、「多瞋」等等地獄。❿

根據宣化上人解說，各種地獄功能如後：

1.「四角」地獄：四圍都是燒紅的鐵壁，罪人若奔四角，也會被燒枯。

2.「飛刀」地獄：從空中有極大的刀輪，迴轉落下，一碰身體，即身無完軀。
3.「火箭」地獄：有無數億帶火鋒箭，枝枝皆射入罪人身心，全部割破。
4.「夾山」地獄：兩個山會夾住罪人，變成糜爛肉餅。
5.「通槍」地獄：槍會貫通罪人胸背。
6.「鐵車」地獄：像坦克車一樣，輾壓罪人。
7.「鐵床」地獄：罪人睡上，即被燒焦。
8.「鐵牛」地獄：鐵牛都噴火焰，追逐踐踏罪人。
9.「鐵衣」地獄：燒紅的鐵衣由空中落下，套在罪人身上，整個燒焦。
10.「千刃」地獄：有千把利刀，同時冒出火，燒罪人身體。
11.「鐵驢」地獄：鐵驢專門來踐踏罪人。
12.「烊銅」地獄：將銅鎔化了，再把罪人拋下煮爛，或銅汁灌口。
13.「抱柱」地獄：癡情男女誤以為柱子為情人，往上一抱，即刻被焚焦。
14.「流火」地獄：遍處都是火花，無處可避。
15.「耕舌」地獄：把罪人的舌拉出，如耕牛般去耕犁罪人。
16.「剉首」地獄：把罪人的頭片片剉碎。

---

❿ 同❾，〈地獄名號品〉。

17.「燒腳」地獄：罪人踏上鐵板，立刻被火燒焦。

18.「啗眼」地獄：有鐵鷹專門吃罪人的眼睛。

19.「鐵丸」地獄：用火燒成鐵丸，令罪人吞食，即燒焦口舌及咽喉。

20.「諍論」地獄：罪人到此自然更加瞋恨，身上更生出鐵爪鋒刀，相互搏殺。

21.「鐵鈇」地獄：即是用鐵斧利斧，斬斷人腰。

22.「多瞋」地獄：罪人因瞋怒，而互相殘殺自己。

在上述地獄中，除了各種酷刑，有兩種地獄很像台灣政壇惡鬥，那就是「諍論地獄」與「多瞋地獄」，試看各種分裂對立、撕裂族群，相互仇恨、永無寧日，如此自相殘殺，充滿瞋恨，也真可稱陷台灣入「地獄」了。

除此之外，地藏菩薩指出，還有其後各種地獄：

1.叫喚地獄：將罪人生入油湯中，以致痛楚大叫。

2.扳舌地獄：將罪人舌頭扳出，用鉤鉤住。

3.糞尿地獄：將罪人都丟在糞堆尿河內。

4.銅鎖地獄：將罪人頸部鎖住，令罪人拖負而行。

5.火象地獄：有火象身上出火，追驅罪人。

6.火狗地獄：由火狗吃人，吃盡後等風一吹又活，又再被吃。

7.火馬地獄：火馬身上有火，到處追逐踩人。

8.火牛地獄：火牛身上有火，到處追逐踩人。

9.火山地獄：罪人逃進火山，兩邊夾殺。

10.火石地獄：將罪人丟在火石上，將其燒死。

11.火床地獄：將罪人丟在火床上，將其燒死。

12.火樑地獄：將罪人掛在大樑上，任其焚燒。

13.火鷹地獄：將罪人由火鷹追逐，吃眼而死。

14.鋸牙地獄：將罪人牙齒全部鋸光。

15.剝皮地獄：將罪人皮全部剝光。

16.飲血地獄：將罪人用惡蟲吸其血肉。

17.燒手地獄：將罪人生前宰殺生靈、斷其他手者，自己手被切斷。

18.燒腳地獄：將罪人生前宰殺生靈、斷其他腳者，自己腳被切斷。

19.倒刺地獄：將罪人拖上樹，再由樹刺向上刺其身。

20.火屋地獄：將罪人關在火屋內，縱火燒死。

21.鐵屋地獄：將罪人關在鐵屋內，縱火燒死。

22.火狼地獄：將罪人由火狼追逐而死。

地藏菩薩強調，除此之外，還有各種地獄，因其眾業罪報不同，又如後述：

1.或有地獄，取罪人舌，使牛耕之。

2.或有地獄，取罪人心，夜叉食之。
3.或有地獄，鑊湯盛沸，煮罪人身。
4.或有地獄，赤燒銅柱，使罪人抱。
5.或有地獄，使諸火燒罪人。
6.或有地獄，一向寒冰。
7.或有地獄，無限糞尿。
8.或有地獄，純飛戢鏫。
9.或有地獄，多鑽火槍。
10.或有地獄，唯撞胸背。
11.或有地獄，但燒手足。
12.或有地獄，盤絞鐵蛇。
13.或有地獄，驅逐鐵狗。
14.或有地獄，盡駕鐵騾。

上述內容，洋洋大觀，令人咋舌，誠如地藏菩薩所說，已經「有百千萬種業道之器」，由銅、鐵、石、火造成；若還要廣說地獄罪報等事，「一獄中更有百千種苦楚，何況多獄」，祂還只是略說而已！

六

但丁所寫《神曲》，從公元三〇七年寫到三二一年，歷時十四年，描繪地獄也很精細；文中強調地獄上寬下窄，成漏斗狀，以提斯城為界，再分上下兩層，上層五圈，下層四圈，加上共廊，共十部分。

其中第一圈，還算受到恩寵禮遇，因為很多詩人哲人，如蘇格拉底、柏拉圖、泰利斯、藝諾，或數學家歐幾里得都在。他們都是令人尊敬的靈魂，但竟然也淪落地獄，象徵但丁心中義憤，感到人間不公，連陰間也如此。

第二圈的靈魂，因貪色淫亂，而在空中飄蕩。

第三圈的靈魂，則是因貪吃殺生的靈魂，被冰雹臭雨籠罩。

第四圈的靈魂，是貪財與浪費奢靡的靈魂，被罰推重物。

第五圈的靈魂，是憤怒亂發脾氣的靈魂，彼此在斯提克斯河中鬥爭。

第六圈，是邪教徒在棺材內遭受火刑。

第七圈，是同類相殘、自殘者，在火雨與燙沙中被烤刑。

第八圈中，又有十條壕溝，十種詐欺者受到十種懲戒，包括淫媒及誘姦者被鞭打，阿諛的馬屁精則淹沒在糞便中。買賣聖職者倒插地縫中，妄作預言者頭扭向脊背，貪官污史在熱瀝青中受烤刑。

偽君子穿戴笨重的鉛衣帽，再變成蛇。慫恿作惡者被包在火燄中，挑撥離間者被斬首。偽造者則再患惡疾、寒極病，或鼓脹病。

第九圈則是冰湖，靈魂均為出賣者，均冰凍在冰層中。出賣耶穌的猶大，就在此被撒旦咬住不放。出賣凱撒的布魯多，也被關在此處。

最重要的是，但丁在進入地獄前，看到大門上面寫著：「進入此門，先放棄一切希望！」象徵所謂地獄，就是指沒有任何希望之地。代表人心只要絕望，其實已經在地獄，雖在人間，也如同在地獄！這種警句就深具警世性。

亞里士多德在闡述悲劇的功能時，特別強調其有「警世」的作用；因為觀眾看後，警惕於心，不敢造次，便有極大嚇阻作用。但丁所寫《神曲》，確實也有此警世作用。

然而，從比較研究看，中國所說地獄，雖然民間說「十八層」，但《地藏經》所述，每獄之中還有多獄，各獄中更有千百痛苦，可見遠不只十八層，更可反映警世性。針對世上認定的壞人，均以下地獄為教訓，很能做為世人的重大警惕。

由此看來，無論亞里士多德的悲劇如何悲愴，也沒有地藏王說的地獄悲慘；無論莎士比亞、雨果、大小仲馬等大文豪作品，如何令人警惕悲苦，但比起地藏菩薩所說的地獄，那還是小巫見大巫！

更重要的，是地藏王菩薩所說的地獄，都有本有源，因果報應，絲毫不爽，絕無任何冤獄，更無任何差錯。因而更可讓世人知性大開，瞭解各種大小罪行，會有何種果報，這種

「益智」性兼具「警世」性，便有重大意義。

地藏經的「戲劇性」中，以〈稱佛名號品第九〉，最有指標作用。

因為，世界最大的戲劇性，莫如化悲劇為喜劇，破涕為笑；能在萬般悲苦之中，乍現光明希望，並在千呼萬喚之中，真正能夠逢凶化吉，轉危為安。

地藏菩薩在這品中，就是說明，如何「於生死中，得大利益」，亦及如何從上述的地獄悲苦中，救援一切眾生；這是超乎想像與議論的範圍，所以佛陀稱之為「演不可思議事」。

地藏菩薩於此，主要就是稱頌各種佛號的功能與功德，根本原則，就是皈依三寶（佛、法、僧），即可洗滌一切罪苦，即使再重大的罪業，也可超拔其上，脫離惡道。

地藏菩薩提到的各種佛號，及其轉苦為樂的戲劇性作用，約如後述：⑪

1.「無邊身如來」：若眾生聞是佛名，暫生恭敬，即得超越四十劫生死重罪，更何況能塑畫形象，供養讚嘆。其人獲福無量無邊。

2.「寶性如來」：若眾生聞是佛名，一彈指頃發心皈依，即可於無上道，永不退轉。

3.「波頭摩勝如來」：若眾生聞是佛名，歷於耳根，即能千次返生於六欲天中，何況志心稱念。

4.「師子吼如來」：若眾生聞是佛名，一念皈依，即可得遇無量諸佛摩頂授記。

---

⑪ 同⑨，〈稱佛名號品〉。

5.「拘留孫佛」：若眾生聞是佛名，即能在千佛中，得坐大梵王，得授上記。

6.「毗婆尸佛」：若眾生聞是佛名，即能永不墮於惡道，常生在人間或天上，享受殊勝的妙樂。

7.「寶勝如來」：若眾生聞是佛名，便能永不墮於惡道，常在天上受勝妙樂。

8.「寶相如來」：若眾生聞是佛名，生恭敬心，便能在不久後得到阿羅漢果。

9.「袈裟幢如來」：若眾生聞是佛名，可以超過一百大劫的生死大罪。

10.「大通山王如來」：若眾生聞是佛名，便能遇到恆河沙數同樣多的佛，廣泛為他說法，必成菩提。

另外，還有11.「淨月佛」，12.「山王佛」，13.「智勝佛」，14.「淨名王佛」，15.「智成就佛」，16.「無上佛」，17.「妙聲佛」，18.「滿月佛」，19.「月面佛」等等。眾生若能念這些佛名，「生時死時，自得大利，終不墮惡道。」可見念佛名號，在《地藏經》中很重視，認為這是最為關鍵的轉化重點。即使有人臨終，其家人代念佛的名號，也有不可思議的功能。

七

《地藏菩薩本願功德經》中，除了很多蘊涵戲劇性外，很多更具有「除罪性」。

如上述的〈稱佛名號品第九〉是個典型例證。無論有多大罪惡，甚至有四十劫生死的重罪，相當於可以判四十次死刑的重罪，只要能恭敬誠心念佛名（如「無邊身如來」），在身後便可超越重罪。

在現今世上，無論台灣的「食人魔」，或美國電影中的「女魔王」，乃至「沉默的羔羊」中的魔頭，若根據《地藏經》，只要心中皈依佛法僧，經常誠心念佛號，生前罪業，在身後仍可超渡。

在但丁寫的《神曲》中，從地獄之上，到天堂之前，還有一段「煉獄」，等於佛教中所說的「七七」中陰身，在死後還可以緩衝，是一個淨化除罪的階段性場所。

不同的是，但丁所寫的是場所，是個空間，而佛經所說，是七七，是個時間。

但丁所說，是經由靈魂理性反省，認罪懺悔，因而仍有機會提昇到天國。而佛經所說，是經由親屬朋友或法師，透過作七，念佛懺悔，對往生者靈魂超度。

另外，但丁所說，是對靈魂本身「再給一次機會」，但在現實界中，已無可能，所以純屬比喻。而佛教所說，則是在現實人生中，對往生者助念，是一種信仰，確實相信靈魂在「七七」的四十九天內，能夠經由助念洗刷罪行，不是一種比喻而已。

這與回教中可蘭經，也有相通之處，亦即只要虔誠信仰阿拉，任何罪均能在身後赦免。

在基督教義中，則是以耶穌的寶血，為眾人贖罪；人在世上犯罪，若信仰了上帝，也可在身後得赦免。

此三教相同之處，都肯定身後仍有審判，並肯定只要信神，均可得到赦免。不同的是，佛教將地獄的詳情與罪苦，講得非常清楚，並將罪人與家屬應如何助念、如何除罪，交代非常詳細，這些正是《地藏經》的特色。另外也敘述極樂世界，非常完備。耶教與回教雖然也講天堂地獄，但並未能如此詳盡。

針對「除罪性」，《地藏經》中以〈閻羅王罪讚嘆品第八〉，寫得最傳神，也最有代表性。

閻羅王的存在，以及掌管陰界的種種鬼王，都是耶教與回教中，未及詳載的內容，但在佛教《地藏經》中，都講得很清楚。

英國哲人培根在《隨筆記》中有句名言：

> 只要認真的尋找，你就能找到命運女神，因為雖然她是盲目的，但別人還是能看到她的。

這段名言指出，只要人本身肯努力，夠認真，就仍能找到命運之神，這就給了受苦受難的人們，很大的鼓舞性。雖然他也認為，命運女神是盲目的，分不清好人壞人，但只要自立自強，愈挫愈勇，就仍能主動創造命運。此中寓義，與佛經所講求諸本心反省，懺悔改過，便很能相通。

另外根據宣化上人解說，每個鬼王都有其來歷與特色，這也與其他宗教不同。例如「惡毒鬼王」，是治理諸惡毒鬼的鬼王，用惡毒的法門，制伏一切惡毒眾生，所謂「以毒攻毒」，其實心地善良，乃是菩薩示現眾生的一位鬼王化身。再如「大諍鬼王」，善於爭論；因為鬥爭多從貪嫉而來，貪嫉又由愛憎而生，所以大諍鬼王用大諍法，化人無諍，和睦相處。還有「主食鬼王」、「主財鬼王」，專門監管浪費食物、揮霍財產等人，所謂「頭頂三尺之上有神明」，在身後均有清楚的帳目，可查生前功過。《地藏經》將鬼的世界，分工如此精細，還有嚴密組織，分管各個大小地獄，這也是西方宗教未能詳載之處。

在基督教中，固然也有「撒旦」等魔鬼存在，而且也由天使變來，但其存在並非用來「以毒攻毒」、教化眾生，反倒是引誘眾生、危害眾生，與佛經所說，即使鬼王或閻羅王，也是教化眾生、監督眾生，兩者頗為不同。

在此有個重要的哲學根本問題。何以眾生人性有善有惡？在西方哲學，認為「神魔同體」（God-Lucifer），人性在本來先天之中，就同時具有神性與魔性。

在基督教，認為神按其形象造人，但人後來墮落，所以需要救贖。至於為何會墮落，則有的認為因「原罪」（original sin），從先天帶來，並非人的本身所能克服；所以只有靠外在超越的神，才能完成救贖。

但在中國哲學，則多半主張「人性本善」，並無原罪。例如孟子，認為人有「四端」，社會上所以有壞人，乃是因為未將四端發揚，所以要用教育，善養浩然之氣，不能一曝十寒。

荀子雖認為人性之中，情慾有惡，但經過人為的教化，同樣可以為善。可見兩者都肯定人性的光明面，而且有極大的向善性。

到了佛學，則明白強調，「人人皆有佛性」，惡人的產生，主因起於惡念，所以應該加以調伏。重要的在直指人心，弘揚潛在的佛性善根；並要經常持戒精進、不能懈怠；如果不慎犯罪，則應立刻悔悟，回頭是岸，經由佛力將其除罪。

佛學所不同者，除了是哲學，同時也是宗教，不僅淨化此世的身心，也提昇身後的靈魂，這則是儒家未及之處。

儒家只論「今世」，對「前世」及「來世」，均存而不論，所謂「未知生，焉知死」，但佛教卻將生死大事，看成重要議題，論述完整的身後靈界與除罪方法，確能滿足更多眾生的心靈。

尤其佛學擅長轉禍為福，用「逆增上緣」的智慧，化解很多逆境痛苦，別具特別慧心。

巴爾扎克有句名言：

偉大的人物都是走過了荒沙大漠，才登上光榮的高峰。⓬

這個荒沙大漠，同樣也包括在逆境中的痛苦，藉此更增加自己對人性的閱歷，並提昇人生的智慧。

綜合而論，真正精神堅強的偉大人格，歷經逆境的考驗與訓練，其心性能氣脈幽深，其志向能高潔瑰偉，其胸襟能恢弘開闊，其情蘊能波瀾雄渾。正因透過深刻的蒙冤與忍辱，才能更加領悟人生的哲理與奧秘，進而提昇靈性，悲憫眾生，這與佛教的智慧便完全相通。

八

《地藏經》中，閻羅王請教佛陀一個很深刻的根本問題：地藏如此廣度罪苦眾生，不辭疲倦，何以眾生仍然不依善道，「永取解脫」？其問題既有代表性，又直指根源，不愧是閻羅王所提的問題。

佛陀答覆也很精采。他說，這是因為眾生「其性剛強，難調難伏」。也就是說，眾生固然有其佛性，但也有

⓬ 同❸，頁三〇七。

劣根性難以調伏，有賴地藏「拔出根本業源，而遣宿世之事」。

然而，因為有些人「結惡習重」積重難改，在惡道「旋出旋入」，如同犯罪「大哥」，在監獄經常進入進出，所以才會勞動地藏菩薩，久經劫數，而仍然孜孜不倦的拯救眾生。

亞里士多德曾有句名言：

克服自己慾望的人，比征服敵人的人勇敢；因為最艱難的勝利，是戰勝自我的勝利。

亞氏在此指出，有些惡人積習難返，所以必須自己克服慾望，戰勝自我，於此便很相通，如同尼采所強調的警句：

真正的救助還是自助。⑬

然而，如何自我克服，如何戰勝慾望？他們均未論述清楚。相形之下，《地藏經》所強調的「善知識」與「菩薩行」，便很有重要的指引作用。

佛陀在此有個很中肯的比喻，他說：

> 譬如有人，迷失本家，誤入險道，其險道中，多諸夜叉，及虎狼獅子，蚖蛇蝮蠍，如是迷人，在險道中，須臾之間，即遭諸毒。

所以這時，需要有善知識的人，懂得各種方法，善於制伏這些凶毒猛獸，然後才能將迷路人引出險道。他強調：「自今以後，勿履是道。」並應囑咐別人，勿再誤入這種險路。

但丁在《神曲》中，描寫詩人在人生旅程中，迷失於昏暗的森林中，遭到豹、獅、狼的威脅，在此很有異曲同功之妙。

但丁比喻，昏暗的森林代表罪惡，他迷失其中，代表誤入險道，無法自救；而「豹、獅、狼」則分別象徵逸樂，野心與貪婪，亦即人類中的劣根性。

在但丁看，此時除了內在理性之外，還需要有「神智」引導，才能脫離森林，從地獄提昇到天堂。

若從《地藏經》看，其中同樣強調，既需本身佛性的覺醒、自我克制，也需善知識從旁導引；兩者在此，很有會通之處。

杜思妥也夫斯基也曾強調：

⑬ 同❸，頁三五五。

一般而言，痛苦和煩惱對於有偉大自覺及很深心思的人來說，是經常而必然的。

真正偉大的靈魂，均會經由痛苦和煩惱的煎熬——亦即經過煉獄的磨鍊，才能更加堅韌成熟，也才更能接近至善與至美的天堂，東西方大哲於此就很能相通。

黎巴嫩詩人紀伯倫在《沙與詩》中，對此說的也很中肯：

除了通過黑夜的道路，人們不能到達黎明。⑭

法國封丹同樣指出：

沒有一條通往光榮的道路，是鋪滿鮮花的。⑮

事實上，通往光榮的道路，通常都充滿荊棘、佈滿障礙，因此，只有用精神毅力與忍辱耐心，一一加以克服，才能真正通往光榮。

方東美先生在《生命悲劇之二重奏》中曾指出，希臘人看「悲劇智慧」，有三重的意義：一是宇宙一切甚至生存本身，處處充滿憂患與罪惡，其負荷之重，非任何個人所能擔當得起。二是悲劇英雄仍能挺起心胸、怡然忍受，用剛毅果決的本領度越，「這種精神有亙古不滅的光榮，任何民族都應效法」；其精神在此也很能互通。

這種精神，在希臘是用藝術的心靈，將痛苦點化為美感，此時充滿憂患的世界，反能翻成幻美的境界，一切危機也能翻成更高境界的轉機，而形成真正有智慧的第三義。

地藏王發悲願，立誓要度盡所有痛苦與罪惡的眾生，其生命精神，也正如希臘在此的悲劇英雄，「拏攫世宙一切惡魔，挽回人間萬種浩劫」，所以經常忘掉自己的生命，拋棄小己的利害，而以拯救眾生為己任。

兩者不同的是，地藏王是用菩薩的悲願，普渡痛苦眾生。

這種悲願精神，偉大無邊，也廣闊無邊，深深令人欽佩！我在本次忍辱蒙冤之後，也應發心，多多效法，將小我的痛苦，化為對大我的悲願，然後才能幫助更多痛苦的心靈，共同提昇，創造更多的光明！

那麼，如果罪人一再重犯，終會墮入地獄，應該怎麼辦？

此中解脫除罪之道，在本品中，也說得很清楚，而且，說的方法很特別，不是由佛陀從正面說法，而是惡毒鬼王從負面來反證。

惡毒鬼王提到，很多鬼王在人間「或利益人，或損害人」，但都是根據眾生自己的行為

⓮ 同❸，頁三〇八。

⓯ 同❸，頁三〇七。

業障加以報應，「各各不同，然是業報」；他們在遊走世界時，發現眾生實在是做惡的多，做善的少。

然而，這許多鬼王經過眾生家庭或房舍時，只要看到有人做了一點點好事、或小小的供養佛像及菩薩像，或轉讀各種佛經，乃至燒香供養，甚至誦讀經中一句一謁，那「我等鬼王」，就會敬禮這人，如同敬禮諸佛；並且命令小鬼與土地分神加以護衛，不令各種惡事橫事、惡病橫病，乃至不如意事接近此門，更何況入門呢？

《地藏經》的「除罪性」，在此即明顯表露無遺。亦即只要眾生能做好事，那怕是一點點的好事，也可以消災，同時若能多供養佛，多誦讀佛經，那麼，各種災難壞事就不會進門。

所以，在佛陀讚歎的身後靈界中，不但賞罰分明，而且分工很清楚，上有梵王帝釋，下有閻羅王及鬼王，再基層還有各小鬼，以及「土地分神」。今日民間信仰很多的眾佛神，由此可見其來有自，確有其本。

除了「惡毒鬼王」，從他的經驗，由反面解說如何趨吉避凶，如何除罪，還有一位「主命鬼王」，根據每人業緣，主管生死大事，也向佛陀報告，眾生應該如何轉禍為福，並且轉危為安。

此即「主命鬼王」所說：

> 世尊，我本業緣，主屠浮人命，生時死時，我皆主之。在我本願，甚欲利益。自是眾生不會我意，致令生死俱不得安。

根據主命鬼王說法，他本來也想要利益眾生，只是很多眾生不能體會他心意，做了很多殺生的事，結果好事反成壞事，喜事種下禍因，導致生死都不安寧。

這話怎麼說呢？

主命鬼王解釋，眾生在生產之時，若能做些善事，如在家中供奉佛像，增益家庭，自會令土地神非常歡喜，從而保護其母子，同時也利益眷屬。但已經生產之後，切莫殺生慶祝，也莫殺生進補，更不要用各種飯酒吃肉，歌唱歡樂，否則反會令母子都不得安寧。

為什麼呢？

主命鬼王說明，因為生產之際，「有無數惡鬼及魍魎精魅，欲食腥血」，這些是凡夫肉眼看不到的，但主命鬼王早就會令宅地的神靈保護母子，使他們安寧，因而在安寧後，便應多做善事，來報答諸土地神；結果若並沒有報恩，反而殺生以作樂，這就犯了災殃，成為自作自受。

所以，這段重點在說明，人於「生」產之際，應多做善事積德，以報答土地神及各方善意，切勿殺生慶祝進補，這是除罪之道，也是利益之道；只是一念之間、一線之隔。

本來，對此不知者不罪，但若是信佛者，自應念茲在茲，廣為弘法，才能普渡眾生。

在但丁《神曲》中，人從煉獄上升到天堂之前，在煉獄頂部有「地上樂園」，亦即犯罪靈魂在除罪之後的去處。

根據但丁說明，在園中有兩條清泉，一稱「忘川」，飲之能忘記過去的罪過；二是「記憶」，飲之則能記憶生前所行善事，這兩者都是升入天堂前的準備工作。

所以，但丁曾經指出：

還有什麼比在悲慘中，想起曾經幸福的時光，更加悲傷的呢？

因此，但丁提醒世人，人生即使在悲傷中，也應面對現實、克服困難，才能重見光明，千萬不要虛擲光陰，流連過去幸福的時光。唯有如此，才能更早進入新的光明。

根據《地藏經》，除了「生」之外，就是「死」事，包括將死之際、與既死之後，其本人及家屬，均應知道如何做，才能除罪，並得到利益福報。

「主命鬼王」強調，眾生若有人臨終前，神識已不清楚，其家屬便應對佛菩薩像供養、或轉讀佛經（如讀地藏經）、或念佛菩薩名號，這就能使亡者，依佛菩薩的力量，脫離種種惡道，並且，「諸魔鬼神悉皆退散」。

另外，「主命鬼王」也強調，眾生臨終之前，若能聽到一聲佛的名號、或一聲菩薩的名號，或經典一句謁，重罪就能變轉；對於生前小小惡業，本來會入惡道的，也都能立刻除罪而得到解脫。

後來佛陀告訴地藏菩薩，這位主命的大鬼王，在生死中保護眾生，是一位大力菩薩的悲願，化現為大鬼王身形，其實並不是鬼，在一百七十劫之後，也會成佛。

從這些內容，可以證明，即使有人生前犯了再大罪惡，但只要臨終前能供養佛、念佛號、或由眷屬家人念佛菩薩名號，都可因為佛菩薩的神力，而使其身後免受罪苦，得以解脫。這種信仰深入人心，所以民間很多法事盛行，的確有其根源。

九

地藏經中，有很多內容深具「啟發性」，其中最具有代表性的，當首推〈校量佈施功德緣品第十〉。

因為，其他各品內容，多為佛陀稱讚與說明地藏菩薩的功德，或者是相關的菩薩、鬼王，向地藏王菩薩請問；但本品的內容，卻是地藏菩薩本身詢問佛陀，而且問的是「佈施因緣」，由佛陀親自回答，當然其中更有殊勝的啟發性。

地藏菩薩向佛請教：

世尊，我觀業道眾生，校量佈施，有輕有重，有一生受福，有十生受福，有百生千生

受大福利者。是事云何？唯願世尊為我說之。⓰

地藏菩薩在超渡眾生時，觀察眾生於佈施後，所得福報有輕有重，比較對照之後，發現有的一生受福，有的十生，甚至百生、千生受福，何以會有這種情形？連他也感疑惑，所以請教佛陀。

佛陀就藉此忉利天宮盛會，特別說明眾生功德輕重的原因。一言以蔽之，主要在能否「利他」。凡是功德迴向，能為眾生、為他人，其果報必更大，如果功德迴向只為自己、或為親人，只為「利己」，果報便很有限。佛陀在此勉勵世人，要能有「利他」、「利人」的胸襟，不要只為「自私」、「自利」，非常有啟發性。

根據佛陀所言，在世間無論是那一個國王、宰相、大臣，或者是大長者，有錢王族、或者修行的大婆羅門，如果遇到最低層貧窮的人民，乃至各種殘障人士，能在佈施時，具大慈悲心，放下身段，親手含笑，普遍佈施；或者差遣人佈施，也都能用溫言柔語，加以慰問；那麼，這些國王等人所獲的果報利益，就像佈施了恆河中一萬粒沙的佛數那麼多。⓱主要原因，在於他們對最貧賤的人及身心障礙者，能有真誠的「大慈心」，所以就有大福報；在百千生中，都能常得七寶具足，衣食更是受用不盡。

另外，佛也告訴地藏菩薩，如果有各國王，或者是婆羅門等，遇見佛的塔寺，或佛與菩薩的形像，都能親自供養佈施，就能在三劫中，均為天上的帝釋身（即天主、上帝），享受殊勝的妙樂。

若能將此佈施的福德利益，不據為己有，而迴向眾生，那功德更大；能在十劫之中，常為「大梵天王」。⓲

除此之外，如果國王與婆羅門等，遇見先佛塔廟、或者佛經佛像，已經毀壞剝落，而能發心修補，或者自己辦、或者勸他人、乃至百千人佈施結緣，那這些國王等人，在百千生中就可常做「轉輪聖王」，而其他共同佈施者，則可常做小國王。如果更能在塔廟前，發心迴向眾生，就均可成佛。因為，這種果報是「無量無邊」。⓳

另外，佛又說明，如果國王及婆羅門，見到許多老人、病人及生產的婦人，能在一念間，具大慈心，而佈施醫藥，飲食臥具，使他（她）能安樂，這種福報「最不可思議」。⓴在一萬劫中，可常為「淨居天主」，二萬劫中則為「六欲天主」，最後均能成佛，永遠不墮惡道。

根據佛陀講法，如果能將這類利益佈施迴向眾生，不問多少，最後均可成佛。

⓰ 同❻，〈校量佈施功德緣品〉。

⓱ 同❻，〈校量佈施功德緣品〉。

⓲ 同❻，〈校量佈施功德緣品〉。

⓳ 同❻，〈校量佈施功德緣品〉。

⓴ 同❻，〈校量佈施功德緣品〉。

至於一般眾生，若能在佛法中，種下很少善根，即使小的像根毛髮、沙塵，所受福報，也難以形容；若遇到佛與菩薩的形像，能夠佈施供養，就能常在人天受勝妙樂；若能迴向眾生，則獲福更無量。

同樣情形，若一般民眾，能對佛經敬慕讚歎、佈施供養，或出資印行，迴向眾生，福報也是無盡。若能對佛塔寺與佛經，新的加以供養，舊的或毀壞的加以修補，或勸化人去做，都可以得福報為小國王、或轉輪王。

但是，如果這些功德、迴向，只給「自家眷屬」或「自身利益」，那麼，就只有三生受樂。若能捨了一份，則可獲萬份的果報。

換言之，千言萬語，佛陀在此呼籲世人，要能捨去自身利益，而為眾生迴向，亦即心中常存眾生，而將私心置之度外，如此能捨小我，才能有大果報。

所以，佛陀在最後告訴地藏菩薩，「佈施因緣，其事如是」，要能如上所述，勇於捨去自身私利，迴向眾生公益，才有真正無盡的果報。這在今天充滿私心的時代，非常發人深省，更充滿很多啟發性。

《地藏經》中，除上述各種特性外，更有很多篇章，在闡述「利益性」，亦即做功德的利益。這很切合人性，與儒家表面看略有不同。

孟子明白強調，「王，何必曰利？亦有仁義而已矣！」[21]

這種「利」與「義」之辨，在儒家一直是個重大課題。

其實早在《易經》，就曾指出，兩者可以調和，所謂「元、亨、利、貞」中，「利」者義之和；《易經》肯定的利，就是大我的利益、公眾的利益，就是代表公義的總和。佛教也是如此，所謂利益，均以眾生為對象。佛教表揚對眾生能迴向利益，並不鼓勵把利益迴向給自己。這種立場，本身就是一種「義」，是正義、也是公義，可稱與《易經》很能相通。

哈佛教授羅埃斯（John Rawls）在他名著《論正義》（*A Theory of Justice*）中，其實多次也都在分析利益的調和，在當今被公認為重要經典。㉒

只不過，他的著作有兩大疏漏：一是未討論人對自然應有的正義態度，亦即缺乏尊重自然的環保先進觀念。其書出版於一九七一年，確實有待增補。但早在佛經，就已提到對一切眾生，均應尊重生命；而此眾生，除了人類，還有各種動物、植物、甚至礦物類，代表萬物眾生，比羅埃斯更有進步觀念。

另外第二，羅埃斯未討論男性對女性應有的正義態度，亦即缺乏對兩性的平等平權體認，對女性主義的先進潮流缺乏瞭解。但同樣的，早在佛陀時期卻已有尊重兩性的平等正義觀，這也是羅埃斯所不及，而對佛經值得讚歎之處。

㉑《孟子》，〈梁惠王篇〉。

㉒ John Rawls, *A Theory of Justice*, Harvard University Press, 1971, Chap. 5.

《地藏經》中所談的「利益性」，連續有〈利益存亡品第七〉，〈地神護法品第十一〉，以及〈見聞利益第十二〉，分別從不同切入點，弘揚信仰佛法僧的利益，各有特色，均值得重視與力行。

在〈利益存亡品第七〉中，顧名思義，是論述身死之後，其父母與眷屬，如何為其廣修福德，廣行佈施，以資助其亡靈能到平安善道。這種說明，也是其他哲學或宗教所缺乏的獨特內容，很能慰問生者心情，並且真正超渡亡靈。

尤其，在本品中，地藏菩薩第一次敘述，身死之後的靈魂狀態，以及生者還能做什麼貢獻。這無論在基督教或回教，都是未曾談到的情境。卻是所有眾生世人，在親人過世後，急切想瞭解的知識。《地藏經》在此，明顯能滿足很多人在知性與靈性上的要求，同時兼具「益智性」與「利益性」。

例如，地藏菩薩首先提出，亡者家屬要在其往生之後，七七的四十九天內，「廣造眾善」，就能使其永離惡道，得生人天，受勝妙樂。而眷屬本身也能得到很大利益，只是千萬不能殺生拜祭，否則反而造成惡緣，增加亡者罪業。

根據地藏菩薩，往者往生後，其靈魂「七七日內，如癡如聾，或在諸司，辯論業果，審定之後，據業受生。」㉓在未審定之前，並有千萬愁苦，所以時時刻刻都希望其骨肉眷屬，為其修福行善。

因此，此時眷屬為他所造功德，無論大小，在七分功德之中，亡者得到一分，生存者自己可得利六分。生存者看似為人造福，其實自己更得功德。

這就形成中華民族上千年來，「做七」與「助念」的傳統。因為根據《地藏經》，臨終前若能聽到一位佛名或一位菩薩名，無論生前有罪無罪，都能得到解脫。若在身後七七之內，能為其修福超渡，則能仗此功德、承佛救拔，往生善道，否則就會隨業而受果報，可能就很悲慘。㉓

另外，在〈地神護法品〉中，堅牢地神特別表示，地藏菩薩在各菩薩中，其願力比其祂菩薩更深更重。祂提到，如文殊、普賢、觀音、彌勒，也化萬千身形，超渡六道眾生，但誓願尚有完畢的一天，唯有地藏菩薩所發誓願，如千百億恆河沙之多。

所以地神強調，眾生若能在住宅，向南方安設清潔之地，用土、石、竹、木等原料，做龕室，以地藏菩薩的畫像或雕像放其中，經常燒香供養，便能有十種利益：(1)土地豐穰，(2)家宅永安，(3)亡者升天，(4)現存益壽，(5)所求遂意，(6)無水火災，(7)虛耗辟除，(8)杜絕惡夢，(9)出入神護，(10)多遇聖因。㉔

地神指出，若有眾生如上述供地藏，祂便能「日夜以本神力，衛護是人」、「一切惡事，悉皆銷滅」。

㉓ 同❻，〈利益存亡品〉。

㉔ 同❻，〈利益存亡品〉。

因為，所有大地萬物生命，均由堅牢地神衛護，所以佛陀對其功德與神通特別肯定，認為超過普通地神千百倍；並且特別期盼堅牢地神，能多稱揚地藏菩薩利益之事，多以神力擁護供養地藏菩薩、與誦讀《地藏經》、依《地藏經》修行的眾生，讓眾生能得到利益，這也是為眾生作功德的重要證明。

十

佛陀曾在本經的第六品，〈如來讚嘆品〉，公開而大聲的稱讚地藏菩薩，並且叮嚀諸佛世界一切諸菩薩，在他滅渡後，要「廣作方便，護衛是經，令一切眾生證涅槃樂。」㉕這種叮嚀非常鄭重，也很嚴肅。因為等於臨終遺囑，要求大家共同護衛《地藏經》，一起幫助地藏菩薩超渡眾生。

佛陀為什麼如此稱讚地藏菩薩呢？

主要因為，地藏菩薩能於「十方世界，現大不可思議威神慈悲之力，救護一切罪苦之事。」所以，本品內容，主要可說是針對「救苦性」的經典代表。

本品的內容，從普廣菩薩請益開始，希望佛陀說明地藏菩薩利益人天因果等事，如何救護罪苦？

佛陀首先指出，如果眾生有人聽到地藏菩薩名字，能「合掌者、讚嘆者、作禮者，戀慕

者，是人超越卅劫罪。」㉖

另外，佛陀又指出，若能有善男善女，「或彩畫形像，或土石膠漆，金銀銅鐵，作此菩薩」㉗，或者瞻仰、或者頂禮，是人就能「百返生於卅三天，永不墮於惡道」；即使天福享盡了，下生到人間，也還能做國王，不會失去大利。由此可見地藏菩薩可以救護眾生的神威。

另外，佛陀又指出，若眾生有人供養地藏菩薩像，或勸導他人敬信供養，那在現世及未來均可得到百千鬼神，為其日夜守護，不會聽到各種惡事，更不會碰到各種橫禍。反之，若有人在背後譏笑毀謗，勸人別拜，說沒有用，這些人肯定會下阿鼻地獄，受極重刑。

除此之外，佛陀也強調，若眾生中有人長臥病床，求生不得，求死不能，或夜間夢惡鬼，乃至亡故親人，或夢遊險道，或夢與鬼神共遊，這些都是從前業障，正在陰界審議中，只是男女俗眼，沒法看出而已。

因而，此時便須在佛菩薩像前，大聲念《地藏經》一遍，或在病人面前高聲說，要以他生前喜愛的衣物寶貝或房園，在經像前，表明願意施捨，或供養經像、或造佛菩薩像，或造塔寺、或燃油燈，以種種功德迴向給病人，仗佛心及菩薩力量，就可令他業障早除。

如此在病人面前說三次，讓他聽到。即使病人已經往生，在一日甚至七日之中，也沒關

㉕ 同❻，〈如來讚嘆品〉。

㉖ 同❻，〈如來讚嘆品〉。

㉗ 同❻，〈如來讚嘆品〉。

係。他宿世的罪業，甚至到地獄的重罪，就能永保解脫，並能知其生前宿命。這些都很能滿足家屬心中知的欲望，並能有所遵循，免於倉皇失措，草草了事。

佛陀也提到，眾生如果在夢中，看到種種鬼神乃至諸形，「或悲或啼、或怨或嘆、或恐或怖」，這些都是從前各世的父母、兄弟、夫妻、眷屬，正在惡道受苦。

所以這時，就應由這些眾生，在諸佛菩薩前，誠心親自頌讀《地藏經》，或請人讀，其數目是三遍，或七遍，如此在惡道中的往世親人，就能因地藏菩薩的法力而得解脫。並且在眾生夢中，也不會再出現。

很多民眾都有上述夢中經驗，有些不以為意，有些不知所措，但對這種「託夢」後的回應，本經提供了最好的方法，這也是明顯的「救苦性」。

除此之外，佛陀也說明，對新生嬰兒，無論男女，都可在七天內念此經典，並為其念地藏菩薩名號一萬遍，那麼此嬰兒在前世的所有禍報，都能獲得解脫；以後不但安樂易養，而且壽命增長。如果本來就有福報，更能增長其安樂與壽命。

這種程序，類似基督教中，對嬰兒的受洗，但更能透過誦經，讓父母親人都能同時受益，可說兼具救苦性與利益性。

如果有人說，嬰兒落地哭聲，代表已知此世的痛苦，那麼，誦讀《地藏經》，就是針對這問題的最好解決方法。

另外，很重要的一點，就是佛陀指出，每月（農曆）的一日、八日、十四日、十五日、十八日、廿三日、廿四日、廿八日、廿九日、乃至三十日，都有天兵天將天王，會到人間審查眾生罪業，定其輕重。因此，若能在這「十齋日」中，對著佛菩薩諸聖賢像前，讀此經一遍，就能化解各種災難，在此家庭中，無論老幼均能永離惡道。

佛陀更強調，眾生有人若能每逢這十齋日，都能轉讀本經一遍，那麼這個家庭在東西南北百由旬內，就能免除種種災難與橫病，並且豐衣足食，毫無匱乏。

佛陀這些講的都很具體，深值每個家庭本此信念，共同重視與力行。而這些也正是地藏菩薩顯示其對眾生「救苦性」的神威。

十一

《地藏經》中最後一品，即〈囑累人天品十三〉，充滿了佛陀苦心與悲願，希望能將眾生從惡緣中超渡，一層一層提昇境界，進入天上，「受勝妙樂」，可稱最能代表「提昇性」；因而在結論中，將人性向高處不斷超昇，進而弘揚本有的佛性，然後即能達到天人合一的境地。

佛陀在此叮嚀地藏菩薩，眾生因為「志性無定，習惡者多」㉘，縱然發了善心，也很容

㉘ 同❻，〈囑累人天品〉。

易須臾即退，若是遇到惡緣，反而容易增長；因此佛要分出百千億的身形，隨眾生根性而全力超渡。

佛陀並殷勤的再囑咐地藏菩薩，盼他能以「神力方便」，救拔眾生病苦，並現出無邊的身形，以粉碎種種地獄，遣令眾生上天。這就是整部《地藏經》的宗旨與慈悲大心。

在本品中，虛空藏菩薩特別再向佛陀請教，若眾生有善男善女，聞此經典及地藏名字，或瞻禮形象，能有何種福德利益？佛陀的回答非常重要。

佛陀稱，能有二十八種利益。根據宣化上人解讀，可以分述其提昇性如後：

(1)「天龍護念」，亦即護持誦經的人。

(2)「善果日增」，亦即可以栽培福慧，善果精進。

(3)「集聖上因」，亦即集菩提道心，如印送經典、修塔造廟、修橋鋪路等。

(4)「菩提不退」，亦即能恆常上進，絕不退卻懈怠。

(5)「衣食豐足」，亦即生活不愁匱乏，生活富裕。

(6)「疾病不臨」，亦即沒有病痛，不受瘟疫等苦，身體健康。

(7)「離水火災」，亦即遠離水災火災等禍，即使遇災也有人拯救。

(8)「無盜賊厄」，亦即不會碰到強盜小偷等災惡。

(9)「人見欽敬」，亦即能得眾人欽佩敬重。

(10)「神鬼扶持」，亦即能有神鬼從旁護衛，早成道業。

(11)「女轉男身」，亦即若有厭惡女身者，能從女身中轉為男身。

(12)「為可臣女」，亦即若願為女身者，可投生成王臣女兒，受到敬重。

(13)「端正相好」，亦即無論男女，都長相端正。

(14)「多生天上」，亦即可常投生到天上，享受天樂。

(15)「或為帝王」，亦即可投生人間而為帝王。

(16)「宿智命通」，亦即能通達前世，並知宿業（可見佛教肯定有此神通能力）。

(17)「有求皆從」，亦即凡祈求都能從心所願，滿足希望。

(18)「眷屬歡樂」，亦即家庭和睦相處，彼此歡樂。

(19)「諸橫銷滅」，亦即所有橫禍都能消滅。

(20)「業道永除」，亦即永遠免於墜入惡業苦道。

(21)「去處盡通」，亦即凡去的地方，都能順利，沒有障礙。

(22)「夜夢安樂」，亦即夢中都很安祥，不作惡夢。

(23)「先亡離苦」，亦即先人亡親友也都能遠離痛苦（這點很重要，能安慰追憶亡者的心靈）。

(24)「宿福受生」，亦即對以往已有福者，更能投生天上人間。

(25)「諸聖讚嘆」，亦即各佛菩薩也都稱讚、嘉許。

(26)「聰明利根」，亦即能得聰明的利根。

(27)「饒慈愍心」，亦即心地慈悲，很能容忍原諒別人。

(28)「畢竟成佛」，亦即必定能成佛正果。

另外，佛又針對凡夫天龍鬼神指出，如果現在未來，聞地藏名號，禮拜地藏王形象，或聽到《地藏菩薩本願功德經》，加以讚歎瞻禮，又能得七種利益，可以提昇到更高境地。

根據宣化上人，可以進一步闡釋如後：

(1)速超聖地：亦即能從凡夫或天龍神鬼地位，迅速提升到聖地的果位。

(2)惡業消除：亦即化除從前各種惡業。

(3)諸佛駕臨：亦即十方諸佛，都能降臨保護。

(4)菩提不退：亦即道心堅固，不會灰心氣餒。

(5)增長本力：亦即增長本有的佛性潛力。

(6)宿命接通：亦即能瞭解過去一切前世事情。

(7)畢竟成佛：亦即能真正成佛。

上述提昇性，如同華嚴宗的〈入法界品〉，一層一層從低層而高層、進一步更高層，終於能進入成佛最高層！此中的「提昇精神」與「超越精神」，代表自我反省、自我進步、自我超越，終能自我「完成實現」，亦即心理學上所稱的 perfect self-realization。這正是佛教「自力宗教」的最勝義，能從自省自悟、而自立自強。因此《地藏經》中在本品中所強調的這種特性，深值眾生體認與力行！

十二

綜合而論，佛教相信通過本身佛性，就能充份自力救贖，這與西方基督教極大不同，尤其「人間佛教」，更強調在人間成佛，佛即「覺悟的人」，所以不會外求他力，也不會離開人間談成佛。

但丁所寫《神曲》，與馬丁路德一樣，強調世人可以求得今生的救贖，無需等到來世，也無須經由教會作仲介，從某種意義而言，同樣有「人間佛教」的精神。

但丁所寫的天堂，先把太空分成「月球天、水星天、金星天、日星天、火星天、木星天、土星天、恆星天、水晶天」，共分為「九重天」。㉙從自然界設想比喻，地球好像一個果核，外有諸天包囊，最外還有一層「天府」，共有十層。

根據但丁所寫，天堂各層分別住著各種「好人好事」的靈魂。㉚「恆星天」上面還住著耶穌、瑪利亞、聖保羅等靈魂。水晶天住著「原動者」的九種天使。到第十層，為超越時空的永恆居所，即上帝的居處。㉛

在佛教則六道輪迴中，「天」為第五道，其中也有三十三天，再往上才成佛，永恆不用

㉙ 但丁《神曲》，台北好讀出版社，二〇〇五年，頁二七八。

㉚ 但丁《神曲》，同㉙上，頁一九八。

㉛ 但丁《神曲》，同㉙，頁二一二。

再輪迴。兩者區分雖然有所不同，但都重視自力、自助，卻是很重要的相通處，深值重視及領悟。

民國八十一年教師節，星雲大師在倫敦弘法後，心中很有感觸：

為什麼佛教不能傳遍至世界各地？為什麼佛教的發展不能弘遍全球呢？我問王堯教授和隨團的慧軍法師等人，他們都沉默不言。㉜

最後，星雲大師自問自答說道：

這是因為佛教不重視世間法，缺少了世界觀，更缺少了人間性。在西方國家，人們凡有好的地方，如十字街口都將之讓予教堂，而且建得金碧輝煌、莊嚴美麗。而佛教呢，都注重在山林田野中修持苦行，首先佛教已失去「地利」；僧團間相互輕視，更沒有「人和」，當然也沒有「天時」了。

因此，他有感而發指出：㉝

過去佛法的衰微，良有以也。同樣的，如果我們能夠重視人間、重視信仰、重視生活、重視福樂，這樣佛教才能興隆，大眾才肯接受。[34]

這段省思，很值得佛教界共同參考，更值得從「人間佛教」角度，全力實踐，才能真正化為行動，自助助人。

綜合而言，人間佛教很多學理或說法，都比西方宗教，更近人性與可行性，然而，何以仍然未能傳播到全世界？

根據星雲大師民國八十一年五月九日的日記，有關「宗教勢力大觀」，早在十三年前即已有文章，分析信眾捐助情形：

> 台灣徒眾送來《宗教勢力大觀》一書，其中報導了台灣宗教財富排行版如下：
> 一九九〇年五月至一九九一年四月間，道教的總收入超過百億台幣；佛教、基督教各有六十二億和五十餘億元進帳；排名第四的天主教，為六億七千萬；其餘排名為一貫道、天德教、天理教、軒轅教、理教、天地教、大同教和回教。[35]

---

32 《星雲大師日記》，民八十一年九月二十八日。

33 《星雲大師日記》，民八十一年九月二十八日。

34 《星雲大師日記》，民八十一年九月二十八日。

35 《星雲大師日記》，民八十一年五月九日。

如今情形，時隔十四年多，上述內容肯定會有變動，但從大致排名來看，佛教與道教相加，明顯仍為台灣最大宗教主流，代表從中華文化根源產生的宗教，仍然是影響人心最大的精神力量，今後深深值得多加弘揚，才能化解內部仇恨，用悲願促進兩岸和平。

就此而言，地藏王菩薩的精神與悲心，的確深值大家共同發願效法，全力推行，才能真正將濁世扭轉成淨土，達到心靈淨化的最高理想！

第十章 《梁皇寶懺》從反省得新生

一

中華文化中，最為完整的懺悔經，首推梁武帝的《梁皇寶懺》，我從剛看《梁皇寶懺》之後，即愛不釋手，等深入精讀，並且了解其背景後，更覺得很有感應。

若從比較文化來看，則西方文化最有名、也最為完整的懺悔著作，應該首推中世紀聖奧古斯汀（St. Angustinus）所著的《懺悔錄》。

聖奧古斯汀生於公元三五四年，卒於四三〇年，享年七十六歲。生平著作等身，近一百種之多，但最受矚目的則是《懺悔錄》，因其勇於從深入反省角度，將曾犯或想犯的各種罪行，包括各種隱私，均坦承向上帝剖析，成為傳記式的告解。

其最大的特色，在讓世人瞭解，被稱為「聖人」的奧古斯汀，也有人性同樣的弱點，以及與凡人同樣的過錯、甚至罪行，所以在西方文化一直廣為流傳。在大學中，不但外文系引為經典，因其內容涉及很多哲學問題（包括惡的起源、神的存在問題、宇宙的創造問題），所以哲學系也引為必讀的名著。

聖奧古斯汀的《懺悔錄》，與梁武帝編著的《梁皇寶懺》，在性質上很類似，都是求懺、除罪，但因文化背景不同，呈現不同的人生觀、靈魂論、宇宙觀與本體論。因為佛教強調「因果論」、「輪迴論」，為其重大特色，貫串整部《梁皇寶懺》，形成最大的不同。但若從整體世界宗教的比較研究來看，從其異同之中，很能相互切磋，形成人類文化的共同寶貴遺產。

《梁皇寶懺》背後有段情節淒美、但又很能警世的故事。原來這部寶典，是梁武帝囑咐高僧寶誌禪師等十餘法師所共同完成。最早緣起，是梁武帝為其往生的皇后希夫人發心所作。

希夫人為梁武帝的元配，但因生性善嫉，「動心發口，有如毒蛇」，到三十歲時突然夭亡。她在生前，心中常懷瞋恨，以致死後墮入畜牲道的大蟒蛇，並且身上麟甲還被很多小蟲咬傷，非常痛苦，所以只好用蟒蛇身現形，托夢給梁武帝，希望梁武帝能夠幫她救離困境。梁武帝夢醒後，次日立刻請寶誌禪師等大師，共同依佛經集句，製懺文共十卷，為其夫人懺悔。等眾僧行道禮結束，忽然看見一位天人「容儀端麗」，向武帝稱謝，說她已蒙佛力，從蟒蛇身得以超脫昇天，所以特現本身，做為明驗，講完後即消失不見。

自從這則故事流傳以來，已經有一千多年歷史。以致於到後來，民間凡是有重大冤難的事故，都根據本經虔誠禮懺，據稱均有「陰騭感應」，懺悔功德之大，不可思議。本懺法因而流傳各地，至今仍然廣為遵行。

本懺法共十卷，比《水懺法》的上中下三卷，規模更為宏大，內容更為精細，佛號更為眾多。尤其因為是皇帝親自發心督製，世稱《金山御製梁皇寶懺》，所以比起《水懺法》，更為博大精深。

即以台灣為例，在很多重大災難之後的祈福法會，均用《梁皇寶懺》做為經典。如華航空難，或「九二一」地震大難，凡為撫慰家屬心靈、或超度罹難亡魂，經常請眾僧團，隆重的在海陸法會中頌讀本經祈福，以求殊勝功德。很多人讀到感動處或傷心處，常會不自覺的流淚滿面，可見其中動人心弦之處，感人至深。

本懺經的文字，同樣極為優美，論述佛經有關罪報的因果、與懺悔的內容，架構極為嚴謹，而且層次分明，說理清晰，抒情感人，在世界經典中，均可稱為上上名著。在中華民族的歷史文化中，更為解除眾生苦難、具有指標性的心靈治療寶典。

在西方文明中，很少見到如此氣勢磅礡、而又扣緊生活的救贖經典。西方的《懺悔錄》就此而言，要遜數籌。

只可惜，《梁皇寶懺》迄今缺乏外國譯文，未能介紹給全世界。若有佛教團體能夠發悲心，先用英譯全文，流通到國際上，相信同樣功德無量。

二

根據《梁皇寶懺》所記，梁武帝夫人身後化為蟒蛇，親自細數生前罪孽，因為「生存嫉妒六宮，其性慘毒，怒一發，則火熾矢射，損物害人，死以是罪，謫為蟒耳。」❶

換句話說，她生前因為生性殘毒，每當怒火中燒時，說話尖刻，便如同射出去的毒箭，而且是帶火的毒箭，非常傷人、害人。另外，她又因常暴躁生氣，經常砸壞物品，所以死後報應，成為性毒的蟒蛇。

她所轉世的蟒蛇，也受盡痛苦，沒有東西吃、沒有地方住。「無飲食可實口，無窟穴可庇身，飢窘困迫，力不自勝」；更糟的是，還有病痛折磨，「又一鱗甲，則有多蟲，唼嚙肌肉，痛苦甚劇，若加錐刀」，身上鱗甲，還被多蟲咬傷，如同刀割。因此無奈之餘，只有祈求梁武帝能夠為她多作功德，以拯救其痛苦。

梁皇聽了，感慨萬千，也疼惜萬分。所以夢醒之後，立刻在第二天召集眾僧，詢問如何用最好的方式，幫助她贖罪救苦？

當時國師寶法禪師回答，「需禮佛懺滌，悃欵方可」。所以梁武帝馬上同意，立刻囑令法師們，「搜索佛經，錄佛名號，兼親抒睿思，灑聖翰，撰悔文，共成十卷。皆採摭佛語，削去閑詞為其懺禮。」❷

等到懺禮之後，梁皇突然聞到宮殿內有異香，不知何來；等梁皇向上仰視，才看到一位端莊的美女，即其先室，告訴梁武帝，現在因蒙皇帝的功德，升上了天。

此中過程，很有啟發性；佛教中另外如《地藏經》、《三昧水懺文》等，都同樣很有警世與教化功能。若能有人誠心發願，拍成電影，廣為流傳，相信更能流傳久遠、功德無量。

在《梁皇寶懺》中，共分十卷，可稱專門針對眾罪、宿業與懺悔而贖罪。在西方，「贖罪」也是宗教上的重要大事，但並未能如此串連前世、今生、與來世論述，也沒有鋪陳各種可能的罪行，再行反省；更未經過頂禮眾佛菩薩，而誠心懺悔贖罪。

甚至在中世紀，西方宗教還有些淪入「贖罪券」的交易，更加失去意義，因其心靈本身，並未真誠的省悟懺悔。相形之下，梁皇寶懺在反省本心、從根除罪上，功夫便很徹底。

此所以在元代至元四年，杭州妙覺、智松、柏庭等法師作序時，開宗明義即稱「原夫三界惟心，萬法唯識」，「悟本心之妙理，罪福皆空，迷自識之圓明，善惡俱礙」，所以梁皇博採佛經內容，共成十卷的悔文，總列四十品章，「前為六根三業皈依、斷疑、懺悔、解冤」，「後及六道四恩禮佛、報德返向發願。」

另外，「於其中也，正以露纏結罪，滌過去之惡因，復憑發菩提心，植未來之種智，顯果報彰陽世之造愆，出地獄示幽冥之受報」，可稱上天下地、溯往惕來，均有極深的警世

❶ 梁武帝編，《梁皇寶懺》，〈前言〉。

❷ 同❶。

性。

梁皇夫人生前的業障，主要因為嫉恨，但根據佛教教義，即使有人無端受謗，或是好人蒙冤，也應視為化除累世的業障，以此來消災解業，因此根本無需生氣、也不用埋怨，更不能記恨，甚至還要感恩。

所以，星雲大師有篇文章〈佛陀也會被人毀謗〉，引述《堅意經》中所說：「慈心正意，罪滅福生；邪不入正，萬惡消爛。」強調這是佛陀對治毀謗的良方。他並稱，毀謗提供我們消災的機會，可以提昇自己，很能發人深省：

毀謗可能是由於我們表現得太好。我們應該感謝別人對我們的毀謗，因為如此一來，正好給自己一個反觀自照、消災解怨的機會，讓我們得以在菩提道上步步提升。❸

另外，星雲大師也曾有篇文章〈怨謗隨人〉，其中引述寒山與拾得的對話，很有啟發性。

寒山問拾得：「世人穢我、欺我、辱我、輕我、賤我、惡我、騙我，我應該怎麼辦呢？」

拾得回答：「那只有忍他、由他、避他、耐他、敬他，不要理他，過幾年你且看

他！」❹

這段對話，寓意很深，境界很高，鼓勵人們寧可爭氣、不要生氣，寧可爭千秋、不用爭一時，深值世人重視與力行！

此外，星雲大師也曾深論〈忍的智慧〉：

> 忍，不是懦弱，不是無用。忍，是一種力量，是一種慈悲，是一種智慧，更是一種藝術。忍之一字，是接受，是擔當，是負責，是處理，是化解，是承擔的意思。❺

他並引述佛陀所說：「不能忍受譏諷毀謗，如飲甘露者，不能名為有力大人。」強調要能忍辱，才是真正有力大人。

根據《金剛經》，佛陀自己在修忍辱仙人的時候，被歌利王誣陷，甚至割截身體都不生氣。這種忍的功夫，凡人雖不能及，但仍可盡量修持，形成「難行能行、難忍能忍」的功夫。

---

❸星雲大師，《星雲大師談處世》，台北天下遠見出版公司，民九一年，頁二○二。

❹星雲大師，《星雲大師談智慧》，台北天下遠見出版公司，民九二年，頁二六。

❺同❹，頁一二。

所以，星雲大師講得很中肯：

忍，是佛教認為最大的修行。無邊的罪過，在於一個瞋字，無量的功德，在於一個忍字。❻

由此可見，從梁皇夫人的例證，給世人最大的啟示，就在自我反省，要能去除瞋恨，用忍辱的心情，提昇靈性與格局，才能從根本去除業障。

三

在《梁皇寶懺》序文中，又曾提及，「近世市民，每遇障緣，……以之滅罪，罪滅福生，以此消災，災消吉至。」強調很能靈驗，因而對很多眾生百姓，這部寶懺文深具滅罪除業、生諸吉祥的大用。

另外，對於超渡亡靈者，本寶懺也能夠幫其「永脫苦淪」；對化解怨尤者，本寶懺則能「即離仇對」，因而可稱「真救病之良藥，乃破暗之明燈」。所以，「利及群生，恩沾沙界，論其功德，豈可稱量？」

佛經中很多內容，都曾經提到無量功德、不可思議的功德等，但真正從民間經驗中，能印證功德感應者，以本寶懺為最重要、最著名的一部寶典。也可說是一千多年來，佛學從理論到實踐、真正救苦救難的實例證明，所以至今仍然深受各界重視。

因此，世人若能經常誦讀本經，並且全心推廣，相信對「提升人的品質，建設人間淨土」，必定能有重大的功德。

從整體篇章而言，也可看出本寶懺的規模宏偉，悲願完備。

在第一卷中，所提為「皈依三寶」、「斷疑」與「懺悔」等三品章。

在第二卷中，所提為「發菩提心」、「發願」、「發迴向心」等三品章。

在第三卷中，所提為「顯果報」品章。

在第四卷中，所提為「顯果報」、「出地獄」等品章。

在第五卷中，所提為「解冤釋結」、「解怨釋結」等品章。

在第六卷中，所提為續論「解怨釋結」品章。

上述各品章，均可稱從「破邪」角度切入重點，其後品章，則從頂禮諸佛等「顯正」開展論述。

因此在第七卷中，則有「自慶」，「警緣三寶」、「懺主謝大眾」、「總發大願」、「奉為天道禮佛」、「奉為諸仙禮佛」、「奉梵王禮佛」等品章。

❻ 同❹，頁一二。

到第八卷則有「奉為阿修羅道一切善神禮佛」、「奉為龍王禮佛」、「奉為魔王禮佛」、「奉為國王人道禮佛」、「奉為諸王王子禮佛」、「奉為父母禮佛」、「奉為過去父母禮佛」、「奉為師長禮佛」、「為十方比丘比丘尼禮佛」、「為十方過去比丘比丘尼禮佛」。

到第九卷，則有「為阿鼻地獄禮佛」、「為灰河鐵瓦等地獄禮佛」、「為飲銅炭坑等地獄禮佛」、「為刀兵銅釜等地獄禮佛」、「為火滅刀山等地獄禮佛」、「為餓鬼道禮佛」、「為畜生道禮佛」、「為六道發願」、「警念無常」、「為執勞願力神佛」、「發返向」等品章。

另外在第十卷，則有「菩薩回向」、「發願」、「囑累」等品章。

根據上述內容，共有四十品章，遍及佛經所有眾佛菩薩功德，也包括從人間到地獄一切可能眾苦，然後均發大心、立大願，對前世的罪業，悉皆懺悔，化成功德布施，因而影響至大至廣，效果也可大可久，深值現代民眾共同領悟，盡心力行！

在聖奧古斯汀的《懺悔錄》中，開宗明義第一卷第一段第一句，就是稱頌上帝的偉大：

主，您是偉大的，您應受一切讚美；

您有無上的能力，無限的智慧。❼

《梁皇寶懺》於此可說相同，對於眾佛與菩薩，充滿敬仰與稱頌，精神完全相通。所不同者，整部《懺悔錄》都是只向單一「上帝」稱頌與祈求，但《梁皇寶懺》每一章頂禮對象，卻是集眾佛與菩薩之名，作為懺悔對象，也作為祈求除罪的對象。

另外，《懺悔錄》中，強調的上帝，基本上是超越的外在神，所以強調「我們的心如不安息在您懷中，便不會安寧。」❽但佛經中強調的，則是回歸本性，明心見性，回到本有的佛性，也就是內在的純淨佛性，這是另外一項明顯不同。

此所以《懺悔錄》中明顯指出，「因為追尋主，就會獲得主；獲得主，也就會讚頌主。」換言之，《懺悔錄》中強調的是向外「追尋」，或向上祈求，但佛經中強調的，則是向內「自省」，或向內「見性」。

佛經注重「心」的傳統，很能與中華文化內的孟子「心學」承接，所以能在中國生根，此所以早在孟子即強調，「求其放心」，而非外爍，形成與西方宗教及哲學很大的不同。

就此而言，盧梭的《懺悔錄》，反而能夠從內在反省，很能與中國易經所說「吉凶悔吝」相通：

> 懊悔在我們走好運時，睡去了，但在我們的逆境中，卻使我們更強烈地感覺到它。❾

---

❼ 奧古斯汀（St. Augustini），《懺悔錄》（*Confessionum*），周士良譯，台灣商務印書館，一九九八，頁一。

❽ 同❼。

❾ 盧梭，《懺悔錄》，張秀章等選編，吉林人民出版社，二〇〇三年，頁三五。

佛經既然強調回歸本有的佛性，自然肯定人性本有善根，這也如同孟子所講的人有「四端」，肯定人性為善，或至少向善。但奧古斯汀則不然，認為人很渺小，甚至從嬰兒開始，就有嫉妒心，就帶有原罪。

因此，奧古斯汀認為，「人」只是「受造物中渺小的一份子」，所以用此卑微角色，向天上的神讚頌。

西方哥德式的教堂，即顯示「尊神卑人」的通性，每當進入空曠大堂，就會頓覺自己渺小；而教堂的建築屋頂，也常是尖聳的向天，代表渺小的「人」，對上天嚮往，因此，人不可能成為神。

但佛教建築卻不然，對佛教寶塔，可由層層階梯沿階而上，象徵人們只要有悲心願力，就可以一級一級向上提昇靈性，最後人也可以成佛。甚至，即使一個凶惡罪人，只要放下屠刀，也可「立地成佛」。

名政論家南方朔，在民國九十五年四月三日的中國時報，有篇很精闢的短評，題為〈啊，那顆沉落的靈魂〉，文中指出，「只要人能夠一心未泯，他要得到別人的寬恕，或自我的得救，總是會有機會的。」

然後他緊接著強調，在今天的台灣，民進黨「理應用恢宏謙卑的心，把台灣政治帶往更好的方向，但它沒有。它無法提高政治，甚至連人的品德也一併被拖著向下沉淪。」

因此他沉痛的指出：

阿扁罵同志的那些話，我看到的是一顆繼續下沉的靈魂。

今後，為人民著想，為台灣著想，相信很多民眾都希望民進黨，能真正盡快透過懺悔反省，恢復本有的良心，才能真正的自救、救人、與救台灣！

就人性論而言，佛經的基本理念，肯定人人皆有佛性，與儒道兩家都能相通。此即儒家所稱「人人皆可以為聖賢」，在儒家看來，人性的偉大，更可以頂天立地、與天地一般大。此即《易經》中孔子所說「夫大人者，與天地合其德，與日月合其明，與四時合其序，與鬼神合其吉凶」，也是孟子所稱「所存者神，所過者化，上下與天地同其流」。

在道家，老子也曾強調，「域中有四大，天大、地大、道大、人亦大。」莊子更常以「神人」、「至人」、「真人」，表現廣闊無邊的胸襟與氣宇。

英國大哲羅素，曾經在《閒散頌》中指出：

> 在一切道德品質之中，善良的本性在世界上是最重要的。

這個善良的「本性」，正是佛經說的「佛性」，亦即陽明所說「良知」。根據陽明先生，人的品質，最重要的，就是將此本性充分發揚出來，這也就是「致」良知的功夫。

但在奧古斯汀卻認為，人的原罪，連小嬰兒也不能免。

所以他才會說：「人的罪惡真可恨！」並進一步認為，「嬰兒的純潔不過是肢體的稚弱，而不是本心的無辜」。[10]

他並且還舉例：「我見過也體會到孩子的忌妒：還不會說話，就面如死灰，眼光狠狠盯著一同吃奶的孩子。」

另外，他並引聖經中「詩經」中所註，「我是在罪孽中生成的，我在胚胎中就有了罪。」以表達對「原罪」的認定。

誠然，人性之中，有「嫉妒心」，甚至還可推出「恐懼心」、「名利心」、「自私心」，因而也可成為「不善的四端」，但這些畢竟只是次階性。若從根源來看，人性仍以善的四端為原階，亦即「惻隱之心，善惡之心、辭讓之心、是非之心」。奧古斯汀在此，可說犯了次階與原階混淆的毛病。

固然，人性如同莎士比亞在《終成眷屬》所說，「如同一匹用善惡交織而成的絲布。」代表每個人生歷程之中，人性表現都有善有惡，但那是指行為，是指結果，也就是指次階而言，但真正內心的善根，仍然應屬於第一義。這正如同方東美先生批評荀子，將「性」與「情」混為一談，犯了邏輯上混淆的錯誤。

當然，人性既然根源為善，何以後來又有惡的出現？這也是一項重要的哲學問題，所以孟子主張，人要善養「浩然之氣」，以免被外界污染，荀子雖然認為人性為惡，但經過人為的後天努力，仍然可以為善，二人都在強調「教育」的重要，這也深具啟發性。

四

奥古斯丁自認為罪行的部分，若以人之常情來看，也似有些過頭。例如他說「童年不歡喜讀書，並且恨別人，強迫我讀書」，以此就認為「我年紀雖小，但已罪大惡極，確應受懲罰」。但若是「不歡喜讀書」，就算「罪大惡極」，那麼殺人放火，又算怎樣的罪呢？而且，絕大部分兒童，小時都可說「不歡喜讀書」，是否都算罪大惡極呢？

另外，奥古斯丁又說：「我自小就憎恨讀希臘文，究竟什麼原因，即在今天，我也還是不能明白。」⓫

最後，他問「什麼緣故？」又自己解答說：「當然是隨著罪惡和渺茫的生命而來的。」甚至還引聖經「詩篇」所說，「我是血氣，不過是一陣去而不返的風。」

此外，他又稱，「童年時愛這種荒誕不經的文字，還超過有用的知識，真是罪過。」但他所謂「荒誕不經的文字」，不過是指《木馬屠城記》、《火燒特洛伊》等戲劇小說；這其實也是童年的正常情形，比起吸毒、打架、混黑道，要好太多了。

⓾ 同❼，頁九。

⓫ 同❼，頁一四。

因此，奧古斯汀過份謙卑自抑，成為過猶不及。從儒家觀點看，本應「不卑不亢」，才符中道，但他採取了「過卑」的心情，與中華文化講的中道並不相同，因此顯得有些矯情。

反觀佛陀，從《三昧水懺》到《梁皇寶懺》，並不會把這些列為懺悔內容，而是把「前世」可能犯的各種重大罪業，列為內容，明顯比較合乎情理。

另外，佛教這種溯及前世的因果論與除罪說，也是奧古斯所缺乏的內容。

除此之外，奧古斯汀自我懺悔青年時期的罪行，因為涉及放縱情慾，倒的確有應懺悔之處。

他自己回想：

> 我青年時一度狂熱地渴求以地獄的快樂為滿足，滋長著各式各樣的黑暗戀愛，我的美麗凋謝了，我在您面前不過是腐臭，而我卻沾沾自喜，並力求取悅於人。⑫

他在此所講的「以地獄的快樂為滿足」，主要是指情慾，尤其因為她曾與女朋友同居，育有私生子，然後又拋棄女朋友，另行結婚。婚前又另交新女朋友，所以他對這些深表悔意，如此反覆，確有必要懺悔。

最主要的，是他在神面前，有痛改前非的決心：

> 我願回憶我過去的污穢，和我靈魂的縱情肉慾，並非因為我流連以往，而是為了愛您，我的天主。⑬

同樣情形，盧梭在《懺悔錄》中，也是強調向「萬能的上帝」，把「內心完全暴露出來」。他並指出，如果每一個人都能在神面前，真誠披露自己心靈，就都會自己感到很慚愧，那時，「看看有誰敢說：『我比這個人好！』」

相互對照，《梁皇寶懺》的告罪對象，則為眾佛菩薩，懺悔內容也並非只情慾而已；其中涉及領域更廣，幾乎今天刑法、民法所稱範圍，莫不包含在內；甚至還包括法律規定以外的很多道德領域，這可說為奧古斯汀未及之處。

星雲大師在《降魔》一文中，曾經提到魔的定義，在此很有啟發性：

> 魔，人人害怕，魔在哪裡？
>
> 魔不一定都面露猙獰，醇酒美女、菸槍毒品，都是誘人的姿態。

---

⑫ 同⑦。

⑬ 同⑦，頁二五。

魔，也不一定是外在的，內心裡的瞋恨嫉妒，不也是魔嗎？⓮

因此，他特別提醒世人：

金錢的陷阱是魔，愛情的誘惑是魔，內心的煩惱是魔，凡是障礙我們，讓我們陷於不拔之地的，都是魔的力量。

那麼，如何降魔呢？

星雲大師在此說得很中肯，深值重視：

魔不是我們肉眼凡夫能夠看得清楚的，必須用定力、慧力、信力，才能降魔。

五

奧古斯汀曾經很生動的回憶，其早期叛逆性的故事，然後加以懺悔，在此與《梁皇寶懺》的精神即能相通。

他曾經在年輕時候，深夜把家附近的梨樹果子搖下來，不是因為好吃，而是「因為這勾當是不許可的，純然是為了偷竊，因為我到手就丟掉，僅僅享受我的罪惡」。然後他向神分析原因：

> 讓我的心現在告訴你，當我作惡毫無目的，為作惡而作惡的時候，究竟在想什麼？[15]

他究竟在想什麼呢？後面這話就很嚴重：

> 罪惡是醜陋的，我卻愛她，我愛墮落，我愛我的缺點，不是愛缺點的根源，而是愛缺點本身。
>
> 我這個醜惡的靈魂，掙脫您的扶持而日趨滅亡，不是在恥辱中追求什麼，而是追求恥辱本身。[16]

如果奧古斯丁真正是在「追求恥辱本身」，則其當年所犯罪過，應該遠比「偷竊果子」

⓮ 星雲大師，《星雲大師談幸福》，台北天下遠見出版公司，民九二年，頁一七〇。

⓯ 同❼，頁三〇。

⓰ 同❼，頁三〇。

嚴重，因其屬於根源問題，而不只是「臨時起意」。

所以這一段內容，要不就是聖奧古斯汀再次太自我「卑微化」，將一件小過微罪，無限上綱到根源問題，要不就是真在追求「恥辱」本身，那就形成很特殊的犯罪心理。

奧古斯汀在此的分析，很值得重視。他自問：

這個不堪的我，從那些現在想起還使我面紅耳赤的事件，特別從這次因愛偷竊而幹的偷竊，得到什麼果實呢？什麼也得不到，因為偷竊本身就是虛無，這不過更顯出我的可憐。⑰

他所強調，「偷竊本身就是虛無」，以及相關分析，很能令人深入瞭解青少年犯罪心理學。即使在今天，對於導正與防範犯罪行為，也有很大幫助。此所以他說：

由於我的喜愛不在那些果子，因此是在乎罪惡本身，在乎多人合作的犯罪行為。

因此，他針對這行為自問，「誰能了解罪惡」？確有很深入探討的價值。在《梁皇寶懺》中，對於「如何形成罪業」，多半根據前世因果、以及今世未能修行防惡分析，兩者路數有所不同。

當然，即使在聖奧古斯丁，也是在神面前，才會深入分析、自我剖析。此所以他強調：

> 究竟如何呢？除了驅除陰霾、照耀我心的天主外，誰能指點我？誰促使我追究、分析、思考？⑱

在佛經中，是面對眾佛與菩薩，等於每人面對內心自我，深入分析。所以《梁皇寶懺》中，這種功能非常明顯。尤其內容還溯及從前無數的累世前業，其時間遠超過奧古斯丁的領域。

另外，《梁皇寶懺》還有消災解厄的降伏作用，這涉及靈魂論的神秘經驗，在奧古斯丁著作中，則未能深入探討這些問題。

除此之外，聖奧古斯汀的《懺悔錄》，只看到青少年的心理問題，但在佛陀眼中，卻更看到青年的無限潛力。

所以，星雲大師曾經有篇文章〈小不可輕〉，很有啟發性：

---

⑰ 同❼，頁三四。

⑱ 同❼，頁三四。

一、小小火苗不可以輕忽。

二、幼小的龍不可以輕視。

三、年少王子不可以輕視。

四、小沙彌不可加以輕視。[19]

換句話說，奧古斯汀過份從負面看問題，因而只看到「問題青少年」，而未從悲憫去分析「青少年問題」，更未能從正面闡述青少年的無窮願景，這也突顯心態的不同。

六

有關「時間」觀念，是個重要的哲學問題。奧古斯汀在此的見解，倒有其獨特性。英國大哲羅素曾經強調，能夠了解「時間」的不重要，才能進入智慧之門。其原意在指出，要對永恆的真理追求，不隨時間而變化，才能擁有智慧。

但其同事懷海德（A.N. Whitehead），卻從另一角度來看，認為宇宙人生均在變化過程中，要能在時間之流的過程中，掌握永恆的存在，才是智慧之門。他因此完成《歷程與實在》（*Process and Reality*）這本鉅作。

懷海德的見解，與《易經》很接近，此所以易卦中，經常提到「時之義大矣哉」。

因此，先師方東美先生也曾指出，要能夠了解「時間」的重要，才能真正進入智慧之門。

在奧古斯丁的立場，因為他是從「創造論」出發，所以認為，上帝「創造萬物，包括時間」，以此切入分析。

在他認為：

> 您既然是一切時間的創造者，在您未造時間之前，怎能有無量數的世紀過去？能有不經您建立的時間嗎？既不存在，何謂過去？⑳

另外，他又指出：「您超越一切過去，也超越一切將來，因為將來的，來到後即成為過去。」

所以他的看法為：

> 將來與過去並不存在。說時間分過去、現在、和將來三類，是不確當的。㉑

---

⑲ 同❸，頁二四三。

⑳ 同❼，頁二五三。

㉑ 同❼，頁二六〇。

但是，明明眾所皆知，時間上有這三種。所以，聖奧古斯丁又說，「時間究竟是什麼？沒有人問我，我還清楚，有人問我，我想說明反而茫然不知了。」

由此可見，奧古斯丁太鑽入論辯式的思維，反而脫離生活常識。這誠如他講，「時間並非物體的運動」，類似古希臘的齊諾（Zeno）所說「飛矢不動」，看似有某一些道理，但與生活經驗法則完全脫節，反而讓人不懂。

相形之下，佛經是從生活出發，明確主張「三世」，亦即「前世、今生、來世」，並有「三世佛」代表，對前世與來世均可無量數的延伸，反倒更切合人生，成為「人間佛教」的重要基礎。

尤其，人間佛教的特色，即在避免蹈空論佛，但奧古斯丁分析「時間」的方法，卻幾乎是蹈空論時間，遠離人心經驗，所以遠不及佛經真切。其相關的懺悔內容，自然也不及《梁皇寶懺》，更能打動人心。

星雲大師有篇文章〈船夫與哲學家〉，引述一個故事，涉及「時間」觀念，寓意非常重要。

有一個船夫，在激流中駕駛小船，船上坐著一位哲學家。哲學家問船夫：

「你懂得歷史嗎？」船夫回答：「不懂。」哲學家加以批評：「那你已經失去一半的生命了。」

接著又問：「你研究過數學嗎？」船夫回答：「沒有。」哲學家又批評道：「那你就失去一半以上的生命了。」

話剛說完，一陣狂風巨浪把船打翻了，兩人落入水中，船夫對哲學家大叫：「你會游泳嗎?」哲學家說：「不會。」船夫無限同情地道：「那你現在就要失去整個生命了。」㉒

我個人認為，這個故事提醒我們三個意義：

第一、哲學不能自命真理，尤其不能有知識的傲慢，恃才傲物。(看不起船夫)

第二、哲學如果離開了生活，哲學便成乾枯，甚至是無用的。

第三、人間佛教很重視對現世承擔責任，因此不能只講出世、避世，而應「生在現世」、「活在當下」，重視當下的責任，如此才不致陷溺於空談中。

在這故事中，船夫象徵擺渡者，強調「現在」、「當下」、「生命」，就很有啟發性。

另外，星雲大師曾經有篇文章〈瀟灑面對死亡〉，特別引述佛門〈石灰偈〉，指其深具犧牲的美感：

千錘百鍊出深山，烈火焚燒莫等閒；
粉身碎骨都無怨，留得清白在人間。

㉒ 同❹，頁一七一。

他並指出：「在佛門，對許多禪師大德來說，死亡不是一種結束，也不是一切的終止，更不是消滅；死亡是生的轉換，另一個生命的開始，因此，死亡不足懼。」㉓

另外，他也常舉法國大革命思想先驅盧騷，在臨終前對夫人所說：

可別太傷心難過，你看那天空多透明，我就是要去那裡。

因此，星雲大師特別強調，面對死亡要順其自然，處之泰然。在聖奧古斯汀著作中，並未專論死亡，但在《梁皇寶懺》中，卻常將因果與生死緊密結合，這也是兩者很大不同。

七

除了「時間」之外，對於「空間」，奧古斯丁也嘗試加以分析。

他仍然從「創造論」出發，首先指出：

我笨拙的口舌，向高深莫測的您懺悔，承認您創造了天地，創造了我所目睹的蒼天，創造了我所踐履的土地，我一身泥土所來自的大地，是您創造了這一切。㉔

然而，他也提出疑問：

但詩篇所稱，「天外之天屬於主，至於大地，他賜給人的子孫」，這天外之主在哪裡？這天外天，我們的肉眼看不見，而我們所見的一切，與此相比，不過是塵土，這天究竟在哪裡？㉕

在奧古斯丁分析中，他所指的「天」、「地」，仍以物質性的天地為主，但在中國哲學就明顯不同。

在中華文化中，「時間」、「空間」加起來就是宇宙。因為「宇」代表上下四方，「宙」代表「古往今來」。所以，中華文化中，向來將「時」「空」並稱，從未割裂，並視為精神物質浩然同流的領域，這也是西方文化與奧古斯丁不及之處。

尤其，中國哲學無論儒、道、釋，任何一家的宇宙論，都不是只以物質性看天地，而是視宇宙為生命大化流行的境界，充滿盎然生意，可稱為「萬物含生論」；而且認為形質雖然

㉓ 同❸，頁二三三。

㉔ 同❼，頁二七三。

㉕ 同❼，頁二七四。

有限，但功用卻無窮。此即老子所說，「天地之間，其猶橐籥乎？虛而不屈，動而愈出。」「萬物負陰而抱陽，沖氣以為和。」㉖這些特色，都是西方哲學與奧古斯丁不及之處。

所以奧古斯丁分析「時間」，自己到後來，都覺得不知所云，分析「空間」，也是左支右絀，諸多矛盾。

因此他才會說，

您創造了一切美好：龐大的天和渺小的地。㉗

一個近乎您的天，一個近乎空虛的地；一個上面只有您，另一個下面什麼也沒有。

但從中國大乘佛學看來，上面不只有「您」，不只有天，還有佛境，眾佛還在眾「天」之上。下面更有偉大的眾生，絕非「什麼也沒有」，而是「人間佛境」。因此，不但萬物含生、而且萬物均含神，萬物含有光輝價值，絕非乾枯的物質世界。

星雲大師曾有篇文章，提到〈人生三間〉，很有啟發性。

他指出，在人間的生活當中，三間是最重要的。「三間」如果處理得好，幸福安樂，處理不好，煩惱無邊。

他所謂「三間」是：「時間」、「空間」與「人間」。比聖奧古斯汀還多考量到了「人間」。

所謂「人間」，就是人與人之間。因為，人我之間如果關係良好，相助相成，就是很大的福分，如果相嫉相斥，就會痛苦不堪。

星雲大師強調，對於時間，除了自己守時外，由不得我來掌握。至於空間，每一吋空間都有他的主人，我們也不能不以合法來擁有。因此，他指出：

> 只有人我之間，端視我的智慧、本領、福德因緣。我應該把多少給與人間，才能和諧人間？如果我能圓融人我之間，人間就會回報我以安樂。㉘

這可說也正是「人間佛教」的特性，針對「操之在我」部分，反求諸己、盡其在心，也正是人人可行的成佛之道。

對於「萬物」的看法，聖奧古斯丁固然有其分析，但也有所不及。比起佛經，更明顯困窘。例如他說：

㉖ 老子，《道德經》，第四十二章。

㉗ 同❼，頁二七七。

㉘ 同❸，頁一八七。

我觀察在您座下的萬物，我以為它們既不是絕對「有」，也不是絕對「無」；它們是「有」，因為它們來自您，他們不是「有」，因為他們不是「自有」的，因為真正的「有」，是常在不變的「有」。㉙

奧古斯丁在此的混淆，在於將真正的「有」，與常在不變的「有」，無法分清語意與層次。

但在老子，卻很清楚，「道可道，非常道」。三個道字，有三層涵義。第一個道，是永恆的道；第二個道，是言說之意；第三個道，則是中性的道，需要加上「常」字，才形成第一個永恆之道。

在佛經講般若，也很清楚，在「實相般若」、「方便般若」、「文字般若」之中，只有「實相」般若，才真正代表永恆，超出「文字」、「思維」、「議論」，形成「不可思議」之境。

所以在佛經的〈中論宗〉，強調要「遣四句」，亦即宇宙萬物本質，要離開「非有、非無；非非有、非非無」。奧古斯汀只提到前兩句，境界與層次仍遜一籌，這是因為其認定一神論，與佛經強調「輪迴說」，自然很不相同。

八

然而，奧古斯丁《懺悔錄》中，提到「托夢」的故事，則與《梁皇寶懺》很有異曲同工之妙。

奧古斯丁首先指出，他從十九歲到二十八歲，「陷溺於種種惡業之中，自惑惑人，自欺欺人」，「在垢污的深坑中，在錯誤的黑暗中打滾，大約有九年之久」。

後來因為母親的祈求，「主，您應允她的祈禱，您應允她，並沒有輕視她在各處祈禱時留下的眼淚，您應允她的祈禱。」所以才讓奧古斯汀重新站起來，並能走出黑暗。

> 她夢中見她自己站在一條木尺上，又見一位容光煥發的青年含笑走到她面前。這時她，痛不自禁。那位青年詢問她，何故悲傷，天天哭泣？她回答說，是痛心於我的喪亡（指精神墮落），那位青年請她放心，叫她留心看。她仔細看，看見我在她身旁，站在同一木尺上。[30]

然後奧古斯丁指出，這明顯是上帝托夢：

---

[29] 同[7]，頁一三一。

[30] 同[7]。

這夢是哪裡來的呢？一定是您傾聽她的心聲，全能的好天主啊！您照顧著每一個人，彷彿只照顧一個人，您照顧全人類，猶如照顧一人。

奧古斯汀認為，上帝化身為「容光煥發」的青年，在勸導其母親，並明白說，「妳在哪裡，他也將在哪裡」，代表奧古斯汀今後仍會回到母親身邊。

這段令人感動的夢境，類似觀音靈驗的托夢故事；而且因為奧古斯汀母親，天天探望兒子回頭是岸、重新做人，所以神現形為「容光煥發」的青年，與其兒子同齡，更令其感動；如此能隨行而度化，更與觀音特色很相通！

當然，奧古斯汀在此所提，畢竟仍然還是外在的神，仍是外力宗教，但佛教強調回歸本身佛性，成為自力宗教，便非常重要。

所以星雲大師曾強調：

我常說，唸觀音、拜觀音，不如自己做觀音；同樣的，我們唸藥師如來，拜藥師如來，希望大家作藥師如來，施人以笑容、愛語、茶水、食物、歡喜、鼓勵……，把一切不好的毛病都治癒，這就是藥師如來的佛心。

很多人稱星雲大師像彌勒佛，不但肚量大、氣派大、魄力大，長相也很像；實際上，他經常用慈悲心化解對立，用恢宏心化解毀謗，相信「有佛法就有辦法」，這種精神，很值得人人效法，也以彌勒佛精神為己任，帶給人間更多歡笑與光明！

九

最後值得指出，奧古斯丁明確強調，他「非常憎恨齷齪的邪術」，可見在他那時期，就已有邪術害人的事情。

他提到，有一次參加詩劇比賽，有個巫師問他，願為他做法，如果贏得勝利，他給多少金錢作為報酬？他回答：

> 即使能贏得一只不朽的金冠，我也不願為我的勝利而殺一隻蒼蠅。因為這巫師殺生祭魔鬼。㉛

由此可見他很有善根，不願殺生、濫害無辜。

另外，他也提到原先對「占星術」很著迷，但後來卻質疑的過程。

㉛ 同❼。

他首先提及，有位長者告訴他，對星相之學不要耗精神，「我問他，為什麼星相預言會靈驗？」

那位長者回答：「這是散佈在自然界的偶然力量。」但奧古斯汀認為：

這顯然不能說服我，使我放棄這種術數。

此外，還有朋友跟他說，其父親酷愛星相之學，後來懷他時，家中女奴也有孕，結果兩個孩子，同年、同月、同日、同時辰生；但長大之後，仍然命運懸殊。一為富貴順利，一個仍當奴隸。所以他開始質疑星相學。

後來，他又開始注意雙胞胎的命運，有些遭遇也截然不同。因此他認為，「預言的應驗，不憑學問，而是出於偶然。」㉜

但我個人以為，其結論恐稍嫌粗糙，斷論也恐太早。

因為，他所聽到主僕所生的後代，雖然時辰相同，但出生地點並不同，照中國命理術數看，若命格中缺水的人，能在水邊生，缺木的人，能在森林旁生，自然與其他地方出生，效果就大不相同。換句話說，他只看到「時間」因素，沒有看到「空間」的因素，是一項重大疏漏。

至於雙胞胎的命運，也要看是否同一時辰。因為有些就算只差幾分鐘，但卻橫跨兩個時辰，命運就大不同。這從中國宋代星相學家陳希夷「紫微斗數」中，就很清楚可證。

我因本身有雙胞胎的女兒，曾認真比對過雙胞胎發展，並親自請教過很多例證。如許翼雲教授，他曾任行政院原子能委員會主委，其哥哥為名史學家許倬雲教授。兩人均為教授、均為博士，均很有成就，這是相同之處。但許倬雲有肢體障礙，許翼雲卻完全沒有，我詢問的結果，原來兩人並非同一「時辰」，或許這是原因。

另外，章孝慈與蔣孝嚴，也是雙胞胎，但前者不幸早逝，後者仍有前途，我也曾詢問孝慈兩人出生的時間，也是橫跨兩個不同時辰。

十

個人淺見認為，星相之學，在中國如「紫微斗數」、「子平八字」、「鐵板神術」，多仍有其靈驗之處，並非「偶然」靈驗。奧古斯汀在此論述，也並未完全說服我，但可看出他生平也關心「星相算命」的問題。可見這是無分東西古今，很多思想家共同關心的問題，不能輕易抹煞其中重要性。

當然，奧古斯丁也問，若星相算命都會準，「我的自由意志在哪裡？」這很有啟發性。

㉜ 同❼，頁一二五。

個人認為，人生大事多半確有定數，如儒家所說「死生有命，富貴在天」，孟子所說「夭壽不貳」。但平日的生活小事，仍有很多空間，可有自由意志。只不過，即使命定的一些大事，仍可化逆緣為善緣，將壞事變好事。佛教中更明確說：「欲知前世因，今生受者是；欲知來世果，今生做者是。」代表今生所作所為，仍然能有本身的自由意志，只是其影響效果，要到來世才顯現。至於今世的「果」，雖受到前世種種的「因」所制約，但仍可經修行、功德、心轉而除罪，這就仍然肯定了「自由意志」的重要性。

歸根結柢，此即「人助才能天助」之理，對天命與人力，均未偏廢，恐怕這才是更完整的論述。

星雲大師針對神通問題，也曾強調「不求神通」的道理：

> 神通除非是諸佛菩薩，他們因為有定力、戒力、能力，可以用作度眾的方便，否則，凡夫俗子還是不要有神通的好，免得成為可怕的神通。㉝

他也舉例證明：

> 過去的祖師，不少人都有大神通，然而所謂「打死會拳的，淹死會游的。」會神通

的，死於神通。例如提婆被外道刺死，目鍵連被外道壓死，可見神通抵不過業力，神通並不究竟。㉞

因此他強調，「學佛更應該重視道德、慈悲，不要貪圖神通。」亦即應以反省本心、自助自立，才是真正自救救人之道。

星雲大師曾說，影響他一生的十句話，很能發人深省：

一、不作焦芽敗種。

二、你可以沒有學問，但不能不會做人。

三、懂得感恩者，才會富貴。

四、不要問別人要求什麼，要問自己能給別人什麼。

五、皆大歡喜。

六、心甘情願。

七、凡事不要生氣，但要爭氣。

㉝ 同⑭，頁一一七。

㉞ 同⑭，頁一一七。

八、你可以不信佛祖，但不能不信因果。

九、你什麼都可以失去，但不能失去慈悲。

十、我可以什麼都沒有，但不能沒有信仰。㉟

這十句話，共同的最大特點，就是都能操之在己，能由本身做起。相信，這也正是「人間佛教」最大特色：不假外求、不需外力，而從本身努力做起；因為，有了自助，才能有人助、乃至天助，所以人人可行、處處可行、時時可行，深值大家效法與力行！

十一

中國人很多信命理、風水、神通；從佛學來看，另有其理性高明的論述。證嚴上人對此有很精闢的分析。

在《靜思語》中，提到有些人常問：「算命有用嗎？」㊱

證嚴上人回答：

命理是有的，但不能迷信。一般人所說的命運，或是運氣，也就是佛教中所說的業力；既然相信業力，自然就會有命理。

這段話很持平；因為，佛教既然相信因果所生的業力，自然肯定會有命理。

只不過，佛教認為今世的命運，由前世所種的因所定；所以其重點不在探尋今世命運，也不在怨嘆今世命苦，而是努力在今世繼續做好事、種善因。因為，今世努力的因，即是後世所得的果。

如此一來，佛教既不會陷入宿命論、抹煞了自由意志，陷入迷信，也不會只探索今世命運「是什麼」（what），而能提高層次，進一步瞭解「為什麼」（why），以及「應如何」（how）操縱支配自己的命運。

所以證嚴上人曾進一步說明：

> 佛教中有句話說：「一切唯心造。」凡夫受命運的操縱，而聖人卻能操縱支配自己的命運。㊲

有位旅居國外的女士，曾專程回台問證嚴上人：「母親常去算命、問運氣。」上人回答：

㉟ 同❸，頁一七八。

㊱ 《證嚴法師靜思語》，台北九歌出版社，民國七八年，頁二九六。

㊲ 《證嚴法師靜思語》，台北九歌出版社，民國七八年，頁二九七。

有一分正信、正念，本身可以轉命運。㊳

這裡說的「正信」、「正念」，就是從「端正人心」、「端正理念」做起，其效果就算不能改變今生命運，卻也可以創造後世好運。

所以，證嚴上人說的很正確：

只有凡夫才會被命運「業力」安排，聖人自能安排命運的。如何安排命運呢？必須用信心、志願及智慧力，堅毅地去破除煩惱的惡念，則智慧生，而業力隨轉！一切即能解脫自在。㊴

更何況，只要正心誠意、真正懺悔，一念之間，都可成佛，怎麼就不能改變今生的命運呢？

正因為「一切唯心造」，這種「心」的功夫，需從反省作起，而反省必來自勇於懺悔的心。這也成為整部《梁皇寶懺》的核心精神。

所以證嚴上人強調，道德人心的第一課，就是「靜思懺悔」。並且強調：

懺悔是心靈的告白，也可以說是精神污染的大掃除。㊵

這就與聖奧古斯丁的《懺悔錄》完全相通。

在《梁皇寶懺》中，因為誠心向佛懺悔，證明連陰間的業障都可以改變，皇帝夫人可以從蟒蛇升到天人，更何況在陽世的命運呢？

事實上，此即中國最古老的經典——《易經》所說，「吉凶悔吝」循環消長的道理。

根據《易經》，一個人如果命運碰到凶險逆境，在「凶」之後，必需真誠反省懺「悔」，虛心自我檢討，然後才能針對自己缺點，誠心改進。唯有如此，才能進一步回復元氣，進入順利的「吉」境。

所以《易經》的「易」，本來就含有趨吉避凶的「變易」之意，但其根本動因，則在本身謙虛檢討。因此「謙卦」的特色，即在「六爻皆吉」，就是這個道理；甚至對「謙」也要謙掉，形成「謙謙」，這才是真正改運的良方。

由此可見，儒家與佛學在此很有相通之處，都不崇尚迷信，但都強調知命以及自省。此所以孔子曾強調，「不知命，無以為君子。」

孟子也指出，要善養「浩然之氣」；到文天祥更認為「天地有正氣」，在上為日星，在下為河嶽，「於人曰浩然，沛乎塞蒼冥」。

㊳ 同㊲。
㊴ 同㊲，頁二九五。
㊵ 同㊲，頁一二四、一二七。

也就是說，一個人只要心中正氣長存，那麼日日月月都是吉祥時，處處方位都是吉祥地。

這也正是證嚴上人從佛學所說的同樣理念。

所以，當有人為了算命之言，篤信而依行，唯恐犯忌，證嚴上人回答：

> 佛門中不忌這些，佛教談精神超然，立即氣盛。在佛門中，日日月月都是吉祥時。

事實上，這與儒家的「正氣觀」完全相通，其精神超然於萬物之上，既能上下與天地同其流，又能將萬物皆備於我。所以，有正氣處，都是吉祥處。

另外，常有人為事業不順，身體不好，而懷疑家中神位不對，或有所沖犯。證嚴上人回答：

> 佛門講定業因果，只要心安，處處皆安，心安即理得。在佛教中，任何方位都是好位子。[41]

這就是「一切唯心造」的道理；只要心安，每個地方都是寶地；如果自心不安，便會信心動搖。加上很多風水師的理論，經常彼此相沖、相互衝突，更加容易造成人心惶惶，此時應該一切返本歸心，才能將命運操之在己。

曾有某居士問證嚴上人：

一般民眾所信仰的法術神通，與佛教相關嗎？

證嚴上人回答：

法術是鬼道，不是佛教，亦非道教。㊷

這話可說一針見血之論。

因為中國歷史上，從漢代就有「蠱禍之亂」，一直到清代，都有邪術鬼道之說。康熙年代還因查出太子用法術而罷黜，可見心術不正的人，常用法術害人，民間所說「養小鬼」害人，確實有其事。但那只是鬼道、是邪教，除了危害自己，更會墮入惡道。

更何況，邪不勝正，是千古不變的真理；重要的，仍要自己「養心」與「養氣」，而絕

㊶ 同㊲，頁二九八。

㊷ 同㊲，頁二九九。

不在「養鬼」。

因此，證嚴上人指出：

有人以為只要念經，佛就會保佑他，為他消災，這是錯誤的觀念，要知道眾生渾沌，時常迷失而誤入歧途。佛陀講經說法，即是要指導我們人生的去向。㊸

證嚴上人在此再次強調，在迷惘中，要用智慧回到本性自心，而不是專靠他力或神通，非常發人深省。

所以，證嚴上人對於「神通」，有其很精闢的論述。

有人問，打坐後聽到有人在耳邊講話，聽到一些別人聽不到的聲音，以為這就是「天耳通」。

證嚴上人回答：

真正的天耳通，是遠離一切煩惱雜念，和不清靜的語言；不但不聽是非，而且能把是非轉為佛法，當作教育，所聽的全是清靜法音，這才是真正的天耳通。㊹

這種開示，去除了「天耳通」的神秘色彩，而歸之於理性的「非禮勿聽」、「是非勿聽」，並能將是非煩惱轉為修練道場，也就是把不同爭論共同提昇，化為無分別心，這就很有積極的教化功能。

另外，有關「天眼通」，有些人以為修行，能修到眼見仙佛鬼神，就是「天眼神」。證嚴上人明言，這是錯誤的：

> 只要能把世間之事、物，樣樣看得開，不去計較爭執，就是真正的天眼通了。㊺

這同樣是一種理性主義的態度，藉由修行善心，看開一切萬物，看穿一切俗務；這種眼，是慧眼、是法眼、是佛眼，自然就是天眼。

如此同樣去除神秘的面紗，去除人人覺得「天眼」遙不可及的印象，變成人人都可修行，也正是人間成佛的重要精神。

除此之外，有關「神足通」，有很多人以為這樣的人，能日行十萬八千里，顯然是不可能的事。

㊸ 同㊲，頁二九一。

㊹ 同㊲，頁三〇七。

㊺ 同㊲，頁三〇八。

所以證嚴上人解析得很好：

真正的神足通，是世間的路我來走條條皆通。只要我們能秉持光明正大的心理，抱著誠正的態度待人接物，則天下無難事；既然天下無難事，當然也就道道皆行得通了。㊻

證嚴上人在此看法，屬於「詮釋學」中所賦予的新意義；能夠結合現代人心，接近現代生活，如此指出「條條皆通」就是「神足通」，不但很有創意，更很有慧心，足可指點很多迷津。

另外，有關「他心通」，是真正知道別人在想什麼嗎？證嚴上人也有明確說明：

只要我們能抱著坦誠的心意，體諒他人，事事為別人設想，那麼別人對我們就無任何隱瞞，如此我們又怎會不了解他的心思呢？㊼

所以，這一項最重要的，是指「體諒他人，為他人設想」，也就是將心比心的意思。這種精神，與儒家的「恕」道完全相通，的確能做到真正的「他心通」。

還有關於「宿命通」，就是洞悉過去，瞭解現在，預知未來。

證嚴上人指出：

> 我們想要知道過去未來，其實現在就已經一清二楚了。有句話說：「欲知前世因，今生受者是，欲知來世果，今生做者是。」這豈不是明顯的告訴我們過來和未來嗎？㊽

證嚴上人在此，很清楚地將因果律嵌入命理中，此時就絕不會淪入「宿命論」，而能透過新的因果，開創新的福報，更有積極的意義內在。

最後，有關「無漏通」，證嚴上人強調：

> 最重要的是要能把煩惱斷盡，在接受佛法之後，能身體力行，能發揮菩薩的精神，這種「無漏通」才是真正我們要求的。假如能修到無漏通，自然也就能心通，能心通，當然萬事皆通，那又何必盲目地去追求神通呢？㊾

㊻ 同㊲，頁三〇九。

㊼ 同㊲，頁三〇九。

㊽ 同㊲，頁三一〇。

㊾ 同㊲，頁三一一。

總結而論，證嚴上人這種「無漏通」的修行，仍然強調萬法歸心，仍然強調操之在己，如此一切命運確實存乎一心，自然不必再去外求神通。

這種精神特色，與孟子所說的「求其放心」，把向外渙散與向下沉淪的心靈，重新振作，成為向內反省、向上提昇，可說完全相通；與整部《梁皇寶懺》的核心精神，更是完全相符，深值世人重視與力行！

第十一章《水懺法》從懺悔再出發

一

筆者近兩年多遭受空前冤案以來，很多大德建議，誦讀《慈悲三昧水懺法》，我在詳細閱讀之後，深感其文字高雅、組織嚴謹、條理分明，內容更能弘揚地藏王菩薩的慈悲精神。尤其，《水懺法》很能深入每個人心中的宿業，用完全真誠坦白的心情自我反省。即使在今世未犯錯，也用謙卑的心，承認前世可能犯錯，因而用最柔軟的心，儘量懺悔。

在這種心境之下，每個人自然都能降伏心中頑劣的性情，面對前世、今生、甚至來世，把可能犯的錯，一併共同懺悔。

人人若能如此「有則改之，無則加勉」，相信社會必能祥和，人性必定高貴，真正形成人間淨土，儘量提升人的品質。

本文之作，即在闡述《水懺法》中的重要啟發，並從中西比較研究中，論述其中相通之處，以供世人參考。

事實上，《慈悲三昧水懺法》的背後，有個傳奇故事，很具因果性、警世性，更具啟發性。

唐朝懿宗有位悟達國師，原來法號知玄，在沒有顯達時，曾與一位僧人在京師相識。那位僧人患了迦磨羅疾，其他人都嫌惡而遠離，只有知玄常去探望。僧人受其俠義之風感動，與他分手的時候說，以後你若有難，可以到西蜀九隴山找我，進山中有兩棵大松，可以視為記號。

後來知玄大師為皇上說法，很受敬重，尊其為國師，住在安國寺。但後來生活漸漸奢華，心中開始傲慢，有天，身上忽然長了一種人面瘡，非常可怕。

這種人面瘡非常特別，很像人的模樣；眼睛、毛髮、口齒都有，而且若用食物餵它，它還會開口爭食，根本與人無異。所有名醫對此，都不知原因，也束手無策。

這時，悟達法師想到從前僧人朋友的話，便長途跋涉，到四川九隴山尋找故友。因為天色已晚，正在徬徨的時候，看到煙雲之中，山口有兩棵大松樹，知道不假。

入山之後，發現有一間金碧輝煌的廟宇，那位僧友竟然已經預知他會來臨，正在門口迎接。當晚悟達告訴他痛苦之處，僧人說沒問題，山底下有泉水，明早去就可以治好。

等到第二天早上，兩人到泉水邊，正要洗瘡時，忽然聽到人面瘡發出聲音，大叫：「不可洗，不可洗！」令兩人很驚訝！

然後，人面瘡開口。問悟達法師，還記得西漢懿帝時，袁盎與晁錯同朝為官的故事嗎？

悟達法師回答，讀過他們的傳記。

人面瘡再說，當初袁盎向皇帝參奏晁錯，害得晁錯被誤斬於東市，晁錯就是今天的人面瘡，而袁盎就是現今的悟達法師。

人面瘡進一步說明，晁錯被斬於東市後，一直想要找袁盎申冤報仇，討回公道，但因為袁盎累世都為高僧，自律森嚴，所以無處下手。等到現在，因為他受寵於皇上，有了名利之心，對功德有虧損，所以才能藉機對其加害。

人面瘡後來再說：「今天既蒙迦諾迦尊者，用『三昧法』水洗，以後就不會再找袁盎報復對抗。」

悟達法師聽了這一段之後，魂不附體，簡直嚇壞了。趕快再用水潑洗，隨即痛得昏倒在地。

等到悟達法師醒來時，人面瘡已經不見，回頭再找大廟，竟然也已消失。他便就地建庵，並在深思反省之餘，真誠懺悔、寫出心得，留給後世，這就是《水懺法》的由來。悟達法師所建的庵，皇帝後來賜名「至德禪寺」。

這經過很有傳奇性，也很有戲劇性、更有啟發性。所以從唐宋以來，歷代皇帝與佛教界，均極重視；永樂十四年的農曆七月一號，皇帝並賜〈水懺序〉，強調：

如來廣慈悲之念，啟懺悔之門，苟能精向一心，懺悔為善，則積累罪業一旦冰釋，譬諸水也。

從今天的社會來看，《慈悲水懺》內容，最大的啟發有二：一是人要相信因果；二是永遠不能驕傲。

在《水懺法》中，唐朝國師的罪業，竟然可以追溯到西漢，可見因果律的森嚴，神聖不可忽視。

另外，悟達本為高僧，修行絕佳，只因擔任國師，稍有驕傲自大之心，立刻被宿罪趁虛而入，痛苦不堪，可見防止驕傲，時時刻刻都不能懈怠；而且，愈是得意時，愈要謙虛。

在《水懺法》中同樣指出，只要他從前因貪瞋癡而起的業障——無論今世或前世所犯者，都能在佛前誠心懺悔，便能重新再生，邁向光明。

有關懺悔的功能，在西方同樣重視。此所以莎士比亞在《約翰王》中，曾經特別強調：

能夠懺悔的人，無論天上人間，都可以既往不咎。❶

莎士比亞在《特洛伊維斯與克瑞西達》中，也曾提醒世人：

一個驕傲的人，結果總先在驕傲裡毀滅了自己。❷

可見東西方的智者，在此見解完全可以相通。

因此，皇帝在《水懺法》指出，水能洗身，也能去污，並能淨器，然而，「心者身之神明，所為善則善應，所為惡則惡應」，但看一心之轉念。所以本書宗旨，就在令人起懺悔心，功德非常博大。

本書內容全文以佛教的因果律為經，以《地藏經》的果報觀為緯，寓佛理於生活，弘戒律於人心，比起西方聖奧古斯丁《懺悔錄》只以個人經驗為主，可說更有深度、高度與廣度。

尤其，懺悔心，其實是一種良心的覺醒，也是面對天地之心、最真誠的自我反省。正如法國大文豪雨果在《悲慘世界》所說：

良心的覺醒，就是靈魂的偉大。

另外，德國哲人海涅在《德意志的宗教和哲學》中也強調：

---

❶《世界名人名言集》，鍾南編，上海世界圖書出版公司，二〇〇一年出版，頁三五四。

❷同❶，頁二二三。

引導生命於迷途的唯一手杖，就是良心。

良心，既代表靈魂深處的覺醒，也代表指引生命迷津的唯一手杖，更是將思緒撥亂反正的最大關鍵。因此，本書從喚醒良心做起，懺悔領悟，很能從根本啟發除罪之道。

二

先師方東美先生經常讚嘆，中國歷代很多一流的知識分子，默默奉獻精力心血在傳揚佛教上，除了翻譯佛教的功力深厚，在思想上更能貫通中國本身的儒家道家，所以才能接引佛家，在中國生根。

以《三昧水懺法》的文字與佛理為例，悟達法師以國師身分，還能遠到四川，隱居撰述，此中精神毅力就很值得欽佩。他因為生驕傲心而生人面瘡，能夠立刻懺悔，並且沉潛發心，撰此名著，也是一種「逆增上緣」的重要例證。

希臘大哲柏拉圖在《法律篇》有段名言，便非常發人深省：

有一種勝利和失敗——最輝煌的勝利和最悲慘的失敗，不是掌握在別人手中，而是操縱在自己手裡。

這就充分表示，柏拉圖也認為，真正的勝敗關鍵，仍然操之在己，先要能夠自助，然後才有他助，乃至天助。

此所以哥德在《浮士德》中也強調：「凡是自強不息者，終能自救。」

另外，德國大哲尼采在《快樂的科學》中，更明白指出：

> 真正的救助，還是自助，只有勝過自己，能夠自助的人，才是「超人」。

這些東西方大哲，相通之處都在指出，成功之道無他，主要仍在自己，仍在先戰勝自己，才能戰勝外在逆境。

那麼，自己弱點由何而來呢？人性到底根本上是善是惡呢？

在《水懺法》中，首先指出罪的根源。這是一個很重要的哲學問題。

如同西方基督教，很多教派肯定人有「原罪」（Original Sin），希臘哲學則認為，人心原是「善惡同體」（God-Lucifer）。莎士比亞很多著作，更以描述人性的各種善惡交織，為其背景。他在《終成眷屬》中，有句名言，很能代表對人性的看法：

> 人生就像一匹用善惡的織線交織的布。❸

---

❸《名言妙語大全》，天人主編，內蒙古文化出版社，二〇〇三年，頁三二。

東西方聖哲，對人性的看法雖然不盡相同，但均強調要用理性教育，去除惡念、振興善心，則完全相通。

這與孟荀的情形類似。孟子強調「性善」，荀子強調「性惡」，兩者看似不同，但均強調教育的功能，則是完全一致。

在孟子來說，應透過教育，求其放心、善養浩然之氣。在荀子來說，人性雖惡，但可透過人為努力，行善求仁。兩者均重視教育的大用。

美國哲人洛克（John Locke）在《教育漫話》中有句名言，在此也均相通：

> 人類之所以千差萬別，便是由於教育之故。❹

《水懺法》則是根據佛法教義，將罪何以來、何以去，次第鋪陳，有很完整的說明，並能進一步論述滅罪之道，很值得世人深入領悟，可稱是絕佳的「人性化教育」寶典。

例如，《水懺法》首先強調：

> 無始以來，在凡夫地，莫問貴賤，罪相無量。

這段在說明，人間世的凡夫地，不論貴賤與否，身上均有各種罪過。為什麼呢？

> 或因三業而生罪，或從六根而起過，或以內心自邪思維，或藉外境起諸染者。

換句話說，或因前世、或因本身；或因內心、或因外誘。種類雖多，然不出三種，謂之「三障」，亦即成聖成佛的三種障礙。

這種三障，一是煩惱，二是造業，三是果報。

針對這種三障，諸佛與菩薩才會以各種方法教化除罪，要能將此三障滅絕，各種苦罪才能清淨。

那麼，應該用何種心境滅除這三障呢？

根據《水懺法》，即用七種心，以為方便，「然後此障，乃可得滅」。

這七種心，就是：

> 一者慚愧，二者恐怖，三者厭離，四者發菩提心，五者怨親平等，六者念報佛恩，七者觀罪性空。

有了這七種心，才能使心靈真正煥然一新。綜合來說，亦即心生懺悔而反省，心生恐怖

---

❹《金言集》，雍冠生編，台北吉根出版社，二〇〇三年，頁三二。

而畏罪、心生厭離而遠罪、或生菩提心而滅罪、或生怨親平等心、去除分別心而化罪，或生念報佛恩心、廣度眾生而降服罪念，或生觀罪性空心、洗心懺悔而除罪行。

另外，在本《水懺法》中，也提到「六道果報，種種不同」，都是「業力所作」。因而提出一項很多人關心的問題：為什麼有些好人做了很多功德，卻受辛苦惡報？反之，為什麼有些壞人，明明作惡多端，卻大肆享福？

近代在很多工作職場中，很多人感嘆，有人「東混西混，一帆風順」，有人卻「苦幹實幹，撤職查辦」，這是什麼緣故？

在本法中也根據佛理，有很多精闢完整的說明。

本法先指出，「業有三種」，一為「現報」、二為「生報」、三為「後報」。

換句話說，所謂「現報業者」，代表如果現在作惡，今生現世就會受報。「生報業者」，代表此生作惡作善者，等到來生才會受報。

「後報業者」，則代表過去各生中，所做各種善惡，到今生或是未來世中，才會受報。

因而，根據此說，有些人明明是惡人，今生做了很多惡，卻仍能享受榮華富貴，這是因為過去生報的善業成熟，所以現在有此樂果。並非因為他現在做各種惡事，卻還有好報。

同樣情形，如果有人明明是好人，做了很多好事，但現在卻受到苦罪，這是因為從前的宿業，惡報成熟了，而現在的善根力量還弱，不足以排除宿業，所以得此苦報。並非現在行善，卻得到惡報。

法國大文豪福樓拜（Gustave Flaubert, 1821-1880）曾經強調：

> 人的一生中，最輝煌的時刻，並非是功成名就之日，而是在沮喪與絕望中，昇騰出對人生挑戰的意志，和對未來充滿希望之時。❺

這段名言，提醒我們，真正人生的光明，不在勝利成功之時，而在失敗逆境中，仍然能愈挫愈勇、不屈不撓；即使面對無始以來的各種業障，仍能咬緊牙根、力爭上游，才能得到最後的勝利！

這種人生的意志力與上進力，才是真正的動力，也才能激發內心的潛力。凡此種種力量來源，一言以蔽之，均來自心的功能。有了這種心的功能，才能真正克服業障、勇往向前！

三

本書最重要的中心思想，即在因果報應。

---

❺《外國名人雋語一百則》，盧思源主編，一九九八年，台灣商務印書館，頁三九。

有關因果報應之說，英國大文豪莎士比亞也很肯定。他因為擅長描述人生各種悲歡離合，所以歸納中間一項真理，在《亨利六世》有句名言，很能警惕世人：

> 以卑劣手段得到的東西，必定帶來惡的報應。❻

這種報應，不一定在本身此世來臨，也可能在來世，這與佛理很能相通。

《文昌帝君陰騭文》是一部專論因果的經典，後來清代昆山周安士，綜合儒道釋三教的共通處，闡揚論述，寫成著名的《安士全書》，影響很深遠，對《水懺法》很能呼應，並且弘揚光大。

印光大師稱之為「善世第一奇書」，並認為安士居士為菩薩化身。他曾在序中說明：

> 其震聾發聵之情，有更切於拯溺救焚之勢，誠可以建天地、質鬼神，羽翼六經、扶持名教，允為善世第一奇書，與尋常善書不可同日而語。不謂之菩薩乘本願輪，現居士身，說法度生者，吾不信也。❼

在此名著中，對「因果論」的分析論辯，非常深入，很能發人深省：

> 人若無有後世，不受輪迴，則世間便有多少不平事，即聖賢議論，亦有無徵不信者矣。

根據文昌帝君所稱，如果人生沒有後世，世上就有很多不公平的事，例如壞人在此世得好報，好人卻在此世得壞報，那麼即使聖賢出來，也令人無法相信世上還有公道。

他並進一步舉例闡論：

> 且如孔子言仁者壽，力稱顏子之仁，而顏反夭矣。極惡盜跖之不仁，而跖偏壽矣。君子枉自為君子，小人樂得為小人，何以成其為造物？❽

他所舉的例證，首先就是孔子所說的內容。孔子認為仁者必壽，但他最稱讚的學生顏回，卻最為早逝，這又怎麼說呢？

另外，正好相反，形成鮮明對比，就是罪大惡極的盜跖，明明不仁不義，是個大壞人，但卻能享長壽，這又怎麼回事？

❻ 同❹，頁五七。

❼ 《安士全書》，台北華藏淨空學會印，二〇〇四年，頁五。

❽ 同❼，頁一六。

若從純粹儒家看，的確令人覺得上天不公平。孔子對顏回早逝，便曾感嘆：「天喪予！天喪予！」對伯牛有惡疾也曾感傷：「命矣夫！斯人也而有斯疾也！」❾如果只談此世而對前世與後世，均存而不論，便有此世不公平的問題。

如此一來，作君子與作小人，其獎懲卻是相反的結果，那難怪很多人會問，「何必辛苦的作君子？作小人又何樂而不為？」上天造物，怎能如此不公不仁呢？假如真是如此，祂又怎能稱為造物者呢？

這也是很多人所感受的共同問題。

因此，文昌帝君特別指出，必需前世後世加起來，一起核算，才能對行善有所嘉勉，對行惡有所懲罰。此即他所說：

唯有前世後世以為銷算，而後善有所勸，惡有所懲。❿

這種論述正是《金剛經》所說，如人在今世受到輕蠛，很可能因為先人罪業，如今墜於惡道，所以由今人承擔抵銷，讓其重罪輕受。因為今人承擔，而幫先人清除前業。

就此而言，對逆境中蒙冤的很多人心，就能從根本處振作精神，恢復生命活力，也恢復對天道的信心。

弘一法師也曾舉例，如病人在劇痛之中，可將病痛看成化除前世業障，甚至可看成幫後人預除罪業，如此不但可以稍減痛苦，更有感人的高貴性。

文昌帝君強調，唯有通過前世、今世、來世的因果輪迴，才算真正公平；如此一來，上帝才不會被人質疑，蒙受「混帳」之名，孔子也不會被世人誹謗。此即他所說：

> 上帝不受混帳之名，孔子以免無稽之謗。⓫

因此他特別的推崇：

> 大矣哉，一十七之說也。⓬

所謂「一十七之說」，就是輪迴十七世之說。

文昌帝君俗稱「文曲星」，被認為主宰人間文運科名，他在陰騭文中，自述一十七世，遠從周朝到唐明皇，均為士大夫身。因為在四川顯靈，保護唐明皇免於兵亂，所以國難平定

---

❾《論語》，〈雍也篇〉。

❿ 同❼，頁一七。

⓫ 同❼，頁一七。

⓬ 同❼，頁一七。

之後，被封晉王，後人再尊稱其為帝，以表尊敬，很受儒生崇拜。至今很多學生在考前，還會前往膜拜。

祂除了被認為是道教系統的重要神明，也被認為是佛教的菩薩行者。在《文昌化書》中，即記載祂曾遇佛授記。無論是否後人所編，但在中國民間信仰，祂已成三教合一的象徵，其所表達的哲理，也已經在歷史深入人心，所以深值重視。

從文昌帝君看來，前世後世因果之說，本來就存在，就像昨天和明天一樣。而且，此說並非佛家創造，只不過由佛家講出。此其所稱：

> 前世後世，猶之昨日來朝，吾生合下自有，並非佛家造出，譬如五臟六腑，本在病人自己腹中。奈何因其出諸醫人之口，竟視為藥籠中物乎！⑬

事實上，孔子也曾強調「始作俑者，其無後乎？」中間也有因果論在。固然這可能是孔子激憤之言，但也可以看出，即使孔子，看到明顯過份、不公不義的情形，也都認為會有報應。「沒有後代」，在古代算是嚴重的報應，可見孔子對冥冥中的天理報應，並未完全排斥，只是沒有深談，因而沒有形成完整理論。

但在佛學，則是首次提出因果輪迴的完整理論，固然從文明歷史來看，這是佛教首創之說，但根據文昌帝君看法，這種因果輪迴的情形，本來就存在，只不過由佛教首先發現。

文昌帝君認為，這好比五臟六腑本在人體之中，只是病人自己看不到，而需醫生指出。事實上，這正如同科學家「發現」宇宙的各種奧秘，而不是自行去「發明」。

文昌帝君文中又說：

> 虛無寂滅之學。非吾儒所痛恨乎？既已恨之，不可身自蹈之。今之述佛理以勸世者，必曰作善得福、作惡得禍。明有因果，幽有鬼神。⑭

所以他指出，世上某些人批評佛教「虛無寂滅」，其實並不公平。因為佛經強調因果，肯定善有善報，惡有惡報，根據輪迴理論，不是不報，只是時候未到；因而步步很有根據，事事都有證據，怎能說是虛無寂滅？

此即他書中所說：

> 已往者是前生，未來者為後世，步步據實，試問虛無二字，如何可加？⑮

---

⑬ 同❼，頁一六

⑭ 同❼，頁一八。

⑮ 同❼，頁一八。

另外，他又認為，有些「謗佛者」認為，「地獄天堂為荒誕，前世後世為渺茫，謂此身來無消息、去無蹤影」，然而這正好是他們批評的「虛無」。他強調，根據學佛者信念，「肉軀雖有敗壞，真性原無生死」[16]，所以身死之後，靈魂並不會真正歸入虛無。

文中又反駁，謗佛者經常所說的「無有前世，無復後世」。因為，如果真是如此，「捨一身不復受一身」，那麼一個人死亡後，便一切沒有了，「則是一寂而長寂，一滅而眾滅矣」，那才是真正的「寂滅」。

但若從學佛者來看，因為相信因果與輪迴，所以「捨一身復受一身，則是隨寂而不寂，雖滅而不滅也。」[17]看似身體生命寂滅，其實靈魂投胎到另一身體，進行另外一世的生命，所以並沒有真正寂滅。

因此，文中結論很重要：

> 試問，寂滅二字，畢竟誰當受之？[18]

四

文昌帝君文中，為了釐清佛學中的因果與輪迴，所以將眼光短淺、只看這一世的儒生，視為「侏儒」，強調：「身若侏儒，而反譏防風氏為短小，亦已過矣！」

荀子曾經分析儒家有三種，「大儒、雅儒、俗儒」⓳，批評只以世俗功名為念的儒生，為「俗儒」；文昌帝君在此則批評只看到此世、未看到前世與後世的儒生，為「侏儒」；其用字雖然有些嚴厲，但卻有其警世作用。

其實，真正的大儒能夠頂天立地、通天地人，此《易經》所說：「夫大人者，與天地合其德。」而天地之大德即曰「生」，「生生之謂易」。陽明先生也說，「人與天地一般大，只是自小耳」；要能發揚這種生生不息的大德，才不會成為「侏儒」。也才如同張載所說，真正做到「為天地立心，為生民立命」，並且能夠「為往聖繼絕學，為萬世開太平」。

所以，真正大儒同樣眼光遠大，既能看到前世往聖的絕學，也能關心後代萬世的太平。

只不過，儒家關心的，仍是人文精神的承繼與發展，而不是個人前世與來世在靈魂上的轉世。重點雖然不同，但是精神仍有會通之處。

文昌帝君在此，主要是讓人不要否認後世的存在，不能「斷人慧命」，否則這比「以刀殺人」更為嚴重。所以文中指出：

⓰ 同❼，頁一八。

⓱ 同❼，頁一九。

⓲ 同❼，頁一九。

⓳ 荀子，《儒效篇》。

以刀殺人，不過斬人肉軀；若言無有後世，直是斷人慧命。斬肉軀者，害此一生。斷慧命者，殺及世世。故知勸人改惡修善，猶是第二層功夫。先須辯明既有今世，必有來生，方是根本切要語。⑳

文昌帝君甚至指出，如果「無後世」這種話，出自於兇惡小人，大家還不會重視，好像放毒品在臭食中，肯吃的人很少，為害還淺，但若是「出之正人君子，人必尊而信之」。在文昌帝君看來，這就像把砒霜放到美食之中，吃的人很多，反而為害很深。

由此可見，文昌帝君非常重視因果與輪迴，這對無神論的知識分子，不相信來世果報，並且以此影響人心，有很大的警惕性。

根據文昌帝君，人若肯定前世後世之說，起碼有五項得益。㉑

第一、從前不知有「後世」，所以屈指算來，覺得人生苦短，但如今若知道身體雖死，靈魂卻能傳承不亡，便知原來人生天長地久，「能易短命為長壽」㉒，就自然能將生死看開。

第二、以往不知有「前生」，所以看到歷史上的天帝天仙、帝王卿相，都覺自己很渺小，但現在知道有六道輪迴，互有高下，便知從前對於富貴，也曾經歷過，「宿生何有不歷」？如此「等貧賤於富貴」，心中自然對貧富淡然。㉓

第三、從前不知因果，所以每逢失意，不免怨天尤人，但自知道前世之後，瞭解「榮枯

得失，皆宿業所招」，對於橫逆困境，自然可以安然忍辱，這就可以「消忿怒為和平」。㉔

第四、以往因為不怕因果，不知作禍作福皆有報應，所以很多人無惡不作，但如今知道因果，行善可以永保自身與後代，行惡則會報應，為害自己與後代，所以即使在暗室，也會「自存戰競惕厲」之想，不敢胡作非為，這就可以「化貪殘為良善」。㉕

第五、從前因為不信因果，所以看到「善人得禍，惡人得福，便謂天道難憑」，看到好人卻得壞報，或者壞人卻得好報，便誤以為天道難以信賴，殊不知整體加上前世後世計算，便知天道仍然賞罰分明，「毫髮無爽」，因而更能激發智慧，「能轉愚癡為智慧」。㉖

綜觀上述五項，從因果來啟發人心，很能開啟人心的智慧，看開短命與長壽、看淡貧賤與富貴，並能「消忿怒為和平」、「化貧賤為良善」、「轉愚癡為智慧」，堪稱對因果的最完整論述，深值世人重視，並且身體力行。

文昌帝君因為重視因果，自然尊重生命、強調慈悲，所以非常重視放生。

---

⑳ 同❼，頁二〇。
㉑ 同❼，頁二二。
㉒ 同❼，頁二二。
㉓ 同❼，頁二三。
㉔ 同❼，頁二三。
㉕ 同❼，頁二二。
㉖ 同❼，頁二三。

他曾指出：

天下之最惡者，唯殺生，而天下之最善者，唯放生矣。㉗

因為，禽獸與人，形體雖然不同，但知覺其實相同。文中指出，當家禽野獸被人抓住之後，驚走哀鳴，與人類被追捕遇害之前，有何不同呢？

那時，「父母徬徨莫措，妻孥投死無門」，相不相同呢？

尤其，試看殺雞的時候，割一隻雞，其他眾雞都在驚啼；殺一頭豬，其他各豬就不再吃食；這與劫掠屠城之時，「親見父母傷殘，目擊妻孥肢解」，有何不同呢？

另外，禽獸被殺之後，有些五臟已開，仍然口猶吐氣；或者咽喉已斷，但眼睛仍未閉上；這與人類在命絕之前、痛苦呻吟，只能與熟識的家人點頭、或用眼神示意，有何不同呢？

因此，文昌帝君指出：

於此忍心殺之，其恨何如？於此買而放之，其感又何如？

面對這種情形，如果不能設身處地、將心比心，竟還忍心殺牠們，牠們心中會如何的怨恨呢？

所以，此時若能救牠們一命，買了之後放生，牠們感受又會如何呢？

由此可見，從因果輪迴來看，放生除了為本身做功德，更是為往世除罪業，形成很重要的靈界除罪方法，深值世人重視。

由此可證，「因果」的動態發展，並非一成不變，如何趨吉避凶，端看本身在今世如何作為。

另外，以奢華為例，「由儉入奢易，由奢入儉難」，形成人性自然的趨勢。因此，很多人雖然在艱苦中成功，但若成功後開始奢華，到了第二、三代，就會更加腐化。有了這種惡因，自然形成惡果，即使未在此世發作，但卻肯定在來世應驗。

此即英國名作家梭羅（Henry D. Thoreau）所說：

> 生活中大多數的奢華，許多所謂生活上的舒適，非但不是不可缺少，而且更是人類精神昇華的障礙。㉘

㉗ 同❼，頁三九五。

㉘ 同❺，頁八一。

因此，他也特別強調：

從奢華中和舒適中的角度看，最具智慧的人，往往會生活得比貧困的人還要儉樸。

他並進一步指出：

古代的哲學家，無論是中國的、印度的、波斯的、還是希臘的，都是一些物質財富上比誰都貧窮，而在精神上比誰都富有的人。

所以，他語重心長的提醒世人：

一個人惟有生活在我們稱之為「自覺的貧困」之中，才能夠不偏不倚，智慧英明的去洞悉生活。

這種論述，與佛經「因果論」完全相通，證明東西方的智慧，殊途同歸，都在警惕世人，要能注重因果，的確很有深入的啟發性。

五

《水懺法》中，有很重要的一段警語：

莫言於今生中，無有此罪，所以不能禱懇懺悔。

在水懺文中，列舉了人生各種可能犯的罪過，以相應於六道輪迴中的惡道因緣，所以幾乎是無所不包。很多人初看之後，可能覺得，「我怎麼可能犯這些過錯？」因此不肯再讀此經。

實際上，本法是以普通民眾為對象，以之為「緯」，又以前世、今生、來世為「經」，所以將眾生中可能犯的各種過錯，均細列其中，認為即使今生未犯，但在從前無數前世中，仍可能犯；或在今後無數的未來世，也有可能犯。因此仍須虛心懺悔，累積福報；即使未犯，也應警惕。

此即佛經的懺悔文所強調，種種前世的諸惡業，均根源於無始以來的貪、瞋、癡，經由身、語、意所產生，所以，對這無始以來的前世諸惡業，都應在佛前誠心懺悔。

換句話說，這些罪業，無論是今生做的、或前世做的，無論是自己做的、或是先人做的，無論自己知道的或不知道的，通通應該一律虛心懺悔。

此中最重要的關鍵，就在虛心，有了虛心，才能「有則改之，無則加勉。」不致於硬拗強辯、頑冥不靈。

美國教育哲學大家杜威在《我們怎樣思維》中，也曾強調「虛心」的重要性，於此完全相通：

虛心……包含一種願望，去傾聽多方面的意見，不偏聽一面之詞；它留意來自各種渠道的事實；它充分注意到各種選擇的可能性；它使我們承認，甚至在我們最喜愛的觀念中，也存在錯誤的可能性。㉙

正因為能夠懺悔，所以才能虛心，正因能夠虛心，才能回到本心，糾正自己從未察覺的缺點與毛病。

這也正是佛經所說，「若人欲了知，三世一切佛，應觀法界性，一切唯心造。」所以，唯有回到本心中，切實反省，才能真正修行精進。

有次在一個道場上，有位法師送《水懺法》給我時，提到她從前法律系的同學，後來當了法官，卻不幸得癌症。當這法官打電話給她時，她便勸其讀《水懺法》，她同學因為是法律系畢業，尤其擔任法官，看到其中寫了許多罪過，還要親自誦讀、表示懺悔，立刻就說，「我怎麼可能犯這種罪？怎麼可能唸得下去？」因而中途放棄，後來這同學也不幸病故。

當然，她強調，並不是說唸了這部《水懺法》，就一定會有助病情、免於癌症；而是說若在誦經之中，能夠調整心境、降低痛苦，對今生或來世，均會有益，起碼也無害。因為，信者肯定能受益，但即使原先不信、此時逐漸相信，起碼並無損失，至少能讓心境平和，所以仍有其重要功能。

其實《水懺法》的論述，相當通情達禮，很能符合人性，也很切合人生。例如，書中論及懺悔的本質，便明白強調：「懺悔」者，「本是改往修來，滅惡興善」；然後從人生現實面分析：

> 人之居世，誰能無過？學人失念，尚起煩惱，羅漢講習，動身口業，豈況凡夫，而當無過？

根據《水懺法》，人非聖賢，誰能無過？就連飽學之士都有各種煩惱，應該要讀經修行，在過程中都有身口業，更何況凡夫俗子？

重要的是，文中強調：

㉙ 同❶，頁八一。

但智者先覺，便能改悔，愚者覆藏，遂使滋曼，所以長夜積習，曉悟無期。

莎士比亞《哈姆雷特》便曾有句名言，於此完全相通：

好好地懺悔過去，誓戒未來，不要給滿園子莠草再施上肥料，使它們更蔓延了。㉚

法國文豪雨果在《海上勞工》也曾指出：

被人揭下面具是一種失敗，但自己揭下面具，則是一種勝利。㉛

所謂「自己揭下面具」，就是自己認錯懺悔，這反而需要勇氣，更是一種勝利。

羅馬哲學家西塞祿（Cicero）在《關於友情》中也曾強調：

所有的人都是有錯誤的，但固執錯誤者就是蠢貨。㉜

所以，真正智慧，來自勇於改過；能夠知道錯誤，本身就是一種長進，更是一種功德；才能從漫漫長夜的愚昧中走出來，邁向光明的前程。

美國哲人桑他亞那在《理性生活》一書中，也曾有句名言：

不能記住過去錯誤悔改的人，命運註定要重複過去。㉝

如果在錯誤中不斷錯誤，自然便成「長夜積習，曉悟無期」，由此可見東西方智者相通之處。

因此本書指出：

若能夠慚愧，發心懺悔者，豈惟只是滅罪，亦復增長無限功德。

換句話說，只要心生慚愧之念，便已經開始啟動本身原有的善根佛性，若能夠再真誠懺悔，從此確實行善布施、廣作善事，那就不只是消滅罪惡，而是能夠積極增長功德。其中道理，深深值得世人多自體悟。

㉚ 同❶，頁三五五。
㉛ 同❶，頁一九八。
㉜ 同❹，頁一一三。
㉝ 同❹，頁一一五。

在《水懺法》中，特別論述「滅罪」的方法，也很值得重視。

根據書中所提，這種「滅罪方便」，可以分成四種，一是「觀於因緣」，二是「觀於果報」，三者「觀我自身」，四者「觀如來身」。其中尤其以「觀於因緣」內容，比喻很生動，很有啟發性。

本書中所稱「觀於因緣」，就是指出，因為本身的「無明」，缺乏智慧、沒有正觀力，自己沒看出過錯，又遠離善友以及諸佛菩薩，反而隨波逐流，跟著魔道行邪；這正如同魚吞鉤，而「不知其患」；也如同蠶作繭，「自纏自縛」；並如同蛾撲火，「自燒自爛」，所以難以自拔自出。

這種病因，固然在很多人的平日行為中可以看出，但最典型的代表，應屬台獨的主張與行動。當今台獨政權的作為，更很類似。

例如，「如魚吞鉤」，就如同買軍火，自以為是得計，其實是自己上鉤之後，浪費了大批的民脂民膏，反而引起戰爭，自己被摧毀。

再如，「如蠶作繭」，就如同「兩國論」，或者「一邊一國論」，讓所有兩岸三通、觀光、經貿合作，均因而受困，若能夠放棄這種分裂主張，一切經濟才能活過來。

另外，「如蛾撲火」，就如同「公投制憲」或「正名運動」，這些台獨主張，自認為是光明前途，結果是死路一條，自以為是理想，結果全民遭殃。

但丁在《神曲》中，曾經指出：

創傷只能由我們的痛悔來治癒。㉞

換句話說，如要滅罪，必須先要痛悔，如果根本毫無悔心，明知錯誤，卻只知硬拗掩飾錯誤，那就永遠無法滅罪。這樣的人，就毫無道德可言。

大教育家蔡元培擔任北大校長時，特重人格教育，也很注重愛國情操。他在《愛國要培養完全的人格》中，明確指出德育的重要：

德育實為完全人格之本，若無德，則雖體魄智力發達，適足助其惡，無益也。㉟

試觀今天台獨人士，很多也是智力發達，但卻沒有用在正途；很多也是體力充沛，奔走號召，但卻無視民生疾苦。

這正如同中共文革時期，盛行「鬥爭哲學」，用盡智力腦汁，重點卻在如何鬥爭他人，耗盡內在體能，目的卻在宣洩仇恨；如此非但無益民生，反而形成中華民族有史以來空前浩劫，令人痛心萬分！

㉞ 同❶，頁三五二。

㉟ 同❹，頁五五。

在《水懺法》中，曾經特別提到幾種罪過，尤其值得台獨人士省思。

例如，文中提及：

無始以來，至於今日，或復興師相伐，疆場交爭，兩陣相向，更相殺害，或自殺，或教殺，聞殺歡喜。

這段內容指出，如果有人挑撥雙方，興師互戰、彼此殺害，聽到「相殺」就很高興，對這種罪惡，應該深自懺悔！

試看今天的李登輝，從台獨真面目暴露以來，經常對內挑撥族群仇恨，刺激殺伐之氣，對外又挑撥兩岸仇恨，刺激中共動武；他並多次向大陸叫陣，「那就來相殺啊」，正是「或自殺、或教殺，聞殺歡喜」，甚至還以「會吠的狗不會咬人」挑釁大陸。這種情形，根據經文內容，今後的來世，真會墜入無間地獄，永無超生之日。

在本書的中卷，又曾經嚴厲譴責犯「口業之罪」的人，認為這種人同樣會「墜於地獄、餓鬼、畜牲道受苦」。觀其內容，又與今天很多政客完全相符。

文中指出，若在來世墜於畜生道，就如同惡鳥，「聞其聲著，無不憎惡」。這種鳥聲，讓人聽了就煩。今天叩應節目有些就像這種人，強辯狡辯，令很多人生厭，他們可能自以為很得意，其實都是口生惡業，令人厭惡。

另外文中也指出，這種犯口業之人，不但「人不信受」，很多人也難以對其接受，並且「眷屬不和，都好鬥諍」；即使在家中，親人也常不和，經常鬥嘴，所以均應深自懺悔修行才行。

除此之外，本書中也指出，相關的「口業」，還包括：

> 指有言無，指空言有；見言不見，不見言見，聞言不聞，不聞言聞，知言不知，不知言知，作言不作，不作言作，欺罔聖賢，誑惑世人。

而且，這種口業：「對父子、君臣、親情，朋黨，有所談說，未嘗誠實，致使他人誤加聽信，亡國敗家，咸此之由。」

試看今日有些台獨人士，經常對有的說沒有，對沒有的卻說有，硬拗硬辯、「誑惑世人」，更經常用騙術治國，「未嘗誠實」，拿做不到的台獨冒充為理想，以此騙取選票，致使他人誤加聽信，結果只會亡國敗家。若不反省懺悔，根據此文，均會進入地獄受苦。

柏拉圖在《菲多篇》，有段名言，非常重要：

> 虛假的言詞不僅是本人的罪過，而且還用有害的病菌，感染了他人的靈魂。㊱

㊱ 同❶，頁二〇〇。

這段話代表，柏拉圖不但承認靈魂的存在，而且肯定指出，「未嘗誠實」不但會害自己，同時也會加害他人的靈魂，可說是加倍的罪惡，其意在此完全相通。

尤其本《水懺法》中，提到「兩舌」的罪業，更為嚴重。其內容如下：

面譽背毀，巧言百端，向彼說此，向此說彼；唯知利己，不顧害他；讒間君臣，誣毀良善；使君臣猜忌，父子不合，夫妻生離，親戚疏離，師資恩喪，朋友道絕。

這種情形，就像今天李扁製造族群分裂、撕裂整個社會，造成家庭內部對立，夫妻不和、親戚疏遠、朋友決裂，極為不道德，罪孽更為重大。

特別是，「兩舌」最擅長挑撥挑釁，此即文中所稱：

至於交煽兩國，渝盟失歡，結怨連兵，傷殺百姓，如是兩舌所起，罪業無窮無邊。

這種情形，酷似今天部份台獨人士玩弄文字遊戲，挑弄兩岸緊張，只為政治私利，無視生靈塗炭，如此製造兵戎戰爭，更是罪孽深重，「罪業無窮無邊」。如果再不反省懺悔，除了害人無數，根據《水懺法》本文，也會墜入無間地獄。

英國哲人培根在《隨筆選》中也曾指出：

沒有一種罪惡比虛偽和背義更可恥了！[37]

如果用此標準來看，台獨的謊言，既虛偽（明知沒可行性），又背義（違背民族大義），真是沒有比這更可恥的罪惡，實應趕緊懸崖勒馬才行！

六

在本法的卷中，特別提到「切莫殺生」的哲理，很有警世性。

根據佛經，禽獸與人類同樣，都會「保命畏死」，更況這些眾生，很可能是從前親人轉世投胎：

無始以來，或是我父母兄弟，六親眷屬，以業因緣，輪迴六道，出生入死。

這些親人們，因為業報投生到禽獸，所以今生不再認識，此即所謂「改形易貌，不復相識」。

---

37 同1，頁一九九。

然而，如果人們竟直接吃這些禽獸的肉，那正如同吃親人的肉一樣，多麼可怕噁心！此即所謂「而今興害，啖其肉，傷慈之甚！」

所以本法中說，吃這些魚肉，就好比在饑荒時，吃自己的子女肉一樣，「當如飢也食子肉」，怎麼還能吃得下去呢？

在本法的中卷，也同樣提到，當人們對各種海產類與家畜類，宰殺烹食之前，其慘況是如何呢？

使其哀聲未盡，毛羽脫落，鱗甲傷毀，身首分離，骨肉消碎，剝裂屠割，炮燒煮炙，楚毒酸切，橫加無辜。

換句話說，人們對這些無辜的眾生，橫加屠殺凌虐，所為只求自己一時口腹之快，不過滿足三寸舌根，卻已種下百世罪報之因。此即文中所記，「但使一時之快口，得味甚寡，不過三寸舌根而已。然其罪報，殃累永劫」。

所以孟子曾經說過，「君子遠庖廚」，對於廚房中的家禽，見其生，便不忍見其死，這就是慈悲心。只是佛經講的更細緻，並能結合三世因果罪報，更有警世的作用。

事實上，今天世界上素食能夠推廣的原因，即在於科學也證明，家禽家畜在被人宰殺前，充滿了恐懼與驚慌，因此體內會分泌毒素，在被宰殺前已經產生。人若吃下，久而久之，也會中毒。難怪很多現代怪病，難以查知確切的因素。就佛教而言，這就形成現實報應，應該多加警惕才行。

英國詩人雪萊（P.B. Shelley）很有仁民愛物的心靈，所以曾有名言：

> 我希望沒有任何生物會受到痛苦！㊳

當然，生物最大痛苦，就是被人類宰割，當做食物。

從另外一個角度來看，人類的腸胃，其實已經成為很多生物動物的「墳場」。

所以大畫家達文西（L. Davinc）也曾語重心長的指出：

> 人類真不愧是百獸之王，因其殘忍超過一切百獸。我們是靠其他動物的死亡才生存，我們真是萬物的墳場！㊴

達文西所說，是指人類靠著「其他動物的死亡」而生存，但按佛教說法，更可能是靠著

㊳ Wynne-Tyson, "The Extended Cicle" *Paragon-House*, 1989, N.Y, P.321.

㊴ 同㊳，頁六五。

先人的死亡，自己才生存！因為輪迴之後，有些先人可能淪為動物，所以很多人今生今世所吃的肉食，便可能就是先人的肉體，那豈不更殘暴嗎？

豐子愷在《護生畫集》中，列舉很多實例故事，說明動物也有親情；如果人類牽頭母羊去殺，母羊還會不斷回頭，看牠的小羊群。這與孟子所說牛在被殺前，眼神也很哀戚，是同樣的道理。更何況，這些牛羊，很可能是自己先人的轉世身體！

所以豐子愷特別強調，人要能常起「慈悲心」，才是最重要的啟發，的確值得深思與力行！

此亦西方大哲赫胥樂（A. Huxley）說：

真正的進步，是慈悲心的進步，其他一切進步均僅屬次要。㊵

因此本法中卷，特別針對上述種種「食眾生血肉之味」的罪業，深自懺悔，並稱「願以懺悔舌根功德」，今後不再貪圖口腹之欲，而能看到精神的需要，重視精神的糧食。

所以文中強調，「願令此舌，常餐法喜禪悅之食，不食眾生血肉之味」。

這也正如同達文西所說：

我很早就誓言不吃肉食。總有一天人們會像我一樣——將屠殺動物看成與屠殺人類同樣殘暴。[41]

換句話說，最可怕的，就是人心麻木，既不知覺醒、又不知悔改，更不知嚴重性，對屠殺生命完全無所謂。此即史懷哲所說，「倫理學上的無所謂主義」（Ethical Indifference）。

這也正是英國文豪蕭伯納所指出的名言：

> 對一切萬物生命，最大的罪過，不是憎恨牠們，而是覺得牠們的生命無所謂，這才是不人道的本質。[42]

另外《水懺法》中又強調，對於「身根」種種罪業，也應懺悔；然後以其功德，「願令此身，披如來衣，着忍辱鎧，臥無畏床，坐法空座」；不但意境高遠，而且文字優美，令人欽佩。

赫胥黎曾經呼籲西方人士：

---

[40] 同[38]，頁一三五。

[41] 同[38]，頁六五。

[42] 同[38]，頁三二五。

若論人與自然的倫理傳統，我們必須回到中國的道家。㊸

事實上，除了道家，孟子所講「大人者，不失其赤子之心」，同樣說明，儒家非常仁民愛物；至於佛學呼籲絕不殺生，更是非常發人深省；均深深值得普世有識之士重視。

因此，西方著名學者貝爾（E. Bell），就曾中肯指出：

教育的核心，在培養同情心與正義感……為達到此目的，最好的教育便是保持赤子之心，並且從親近動物，愛護動物的童心開始。

另外，佛教的平等心，愛護所有眾生，同樣值得西方人士共同學習。此所以《華嚴經》明白強調：

救護一切眾生，利益一切眾生，安樂一切眾生……哀憫一切眾生，成就一切眾生，解脫一切眾生，接受一切眾生。

凡此種種，均證明中華文化的仁愛慈悲，擴及自然萬物眾生，深值世人共同領悟與力行。

實際上，西方近代有識之士對此已經多所反省，所以很多人對中華文化經典非常認同：

> 正因他對一切萬物生命均心懷憐憫，所以他被稱為聖人。[44]
>
> 正義的最大進步，就在於人類對一切萬物不殺生，不傷害。[45]

另如印度聖哲甘地，也曾特別呼籲：

> 我希望不僅對所有人類認同為兄弟手足，也要對一切萬物眾生均有此認同，甚至包括在地上匍匐前行的小東西。[46]

這種精神，既符合儒家「民胞物與」的胸襟，也符合佛家「眾生平等」的慈悲，充分證明偉大的心靈，無論任何國度，均可在此會通。

---

43 同38，頁一三五。

44 同38，頁三七。

45 同38，頁三七。

46 同38，頁九二。

七

本法在下卷中，特別分析「慚愧」，認為這是滅除罪障的根本動力，並認為人之所以與禽獸不同之處，就在於人有慚愧之心，很有特別見地。

《水懺法》文中說，有兩種方法，能為眾生滅除罪障，哪兩種呢？一曰慚，自不作惡，二曰愧，不令他作。

根據本文，人之所以為人，就因為懂得慚愧。所以說，「有慚愧者，可名為人」，甚至人之所以異於禽獸者，也因為懂得慚愧。

此即文中所記：「若不慚愧，與禽獸不相異」。換句話說，人能夠知錯改過，均因懂得慚愧、懂得懺悔，這就形成人的根本特性。

用此定義而言，人可以稱為「會慚愧的動物」，比起人是「理性的動物」、或「政治的動物」、或「會說話的動物」，更為精闢，也更有啟發性。

因為，就其他動物而言，他們也自有其理性，如獅子為百獸之王，狐狸為狡猾之首，若無理性，怎能成功？至於說人是政治的動物，但在動物界中，也自有其政治的規範與原則，此即「叢林規則」，在人的政治界，很多也是弱肉強食，與動物界有何不同？

另外，若說人是「會笑的動物」，但很多動物也會笑，只是人可能看不出來，可見並非人所專有。另有人稱陳水扁為「選舉的動物」，問題是如果只會選舉、不懂慚愧、不會反省、不會治國，這種選舉動物對國對民，又有多大貢獻？

因此，根據本書內容，認為人的特色，就因為「有慚愧的心」，的確很有深意，也很有教化的作用。用孟子話說，「人之異於禽獸者幾希矣」，「慚愧」的心，的確可稱為「幾希」的內容。

英國哲人卡萊爾有句名言，在此非常中肯：

> 羞恥心是所有品德的源泉。㊼

美國文豪馬克吐溫是位幽默大師，也曾經用反諷法，指出人有「慚愧」的心，是所有動物中的特性：

> 在研究所謂低等動物的特點與性情之後，若再與人類比較，我發現其結果令我很感臉紅。人類是所有動物中，唯一會因愧疚而臉紅者——或許他們必須如此。㊽

㊼ 同㊳，頁九二。

㊽ 同㊳，頁三八二。

換句話說，正因自感愧疚，能有羞恥心，才會痛切改進，形成各種品德。這「羞恥心」就是慚愧心，也就是孟子所稱「羞惡之心」，可見東西方相通之處。

盧梭在《懺悔錄》，也曾明確指出：

自以為是一切主人的人，反而比其他一切更是奴隸。

所以他也強調，只有將靈魂提昇至神明的境界，才能發現，人類「一切痛苦都來自你們自身！」所以一定要能虛心自省，要有羞恥心才行。

美國名作家福克納（Willim Faulkner），曾獲一九五〇年諾貝爾獎文學獎，他在領獎時，特別針對人的特性指出：

人不僅僅能做到持續生存，人還能戰勝一切而永存，這並不是因為人在動物之中，唯獨能不懈地用言語表達自己，而是因為人有靈魂，懂憐憫，能奉獻，會忍耐。㊾

正因為人有靈魂，所以能自我反省，經過懺悔醒悟，進一步產生智慧。

正因為人懂憐憫，所以能夠慈悲同情，仁民愛物，有平等心而關愛萬物，產生悲願。

正因為人能奉獻，所以能夠犧牲小我、在省悟中更加提昇自我，也實現自我。

正因為人會忍耐，所以能在忍辱中，更加磨練心性，足以承擔重責大重。福克納在此所說人的特性，可說與佛的本性也完全相通。

他並曾進一步強調：

> 詩人與作家的特殊光榮，就是去鼓舞人們的鬥志，使他們記著過去的光榮史蹟，和曾經有過的膽識、希望、自尊、同情，憐憫與犧牲精神。

事實上，一切偉大宗教在靈修的過程，必定經過反省懺悔，然後才能振作精神，更加精進。這種特色也是佛教本性，深值人們重視、弘揚、與力行！

美國另外一位護得諾貝爾文學獎的名作家史坦貝克（John Steinbeck），以描述美國三〇年代經濟大蕭條的灰暗時代有名；在他筆中，總是流露人性的善良本性，與堅忍自強的奮鬥精神，因此在黑暗逆境中，更能激發人性的光明。

他曾特別指出：

> 作為一名作家，必須宣揚並讚美人類公認自身具有的廣闊胸懷和高尚精神——即懂得

㊾ 同❺，頁一七三。

敗中顯勇，勇往直前，很有寬容之道，和愛人之心。㊿

這種廣闊的胸懷和高尚的精神，正是仁心與悲心的結合，代表佛性的本性，也是所有人類的本性。

史斯貝克在西方世界中，是少數能突顯人性光明的作家，也正是不約而同能弘揚悲智雙運的佛教精神，深值人們共同效法。

另外《水懺法》的下卷，曾經特別提到，傲慢自大、種族歧視、以強凌弱，均應徹底懺悔。這對台獨人士因權力而傲慢，與大福佬沙文主義的族群歧視，都深具警惕性及教化性。

此即文中所記：「或使行動傲誕，自高自大，或恃種性，輕慢一切，以貴賤輕，用強凌弱」，均應深自懺悔。

八

除此之外，《水懺法》對於生死之際著墨很多，很值得世人共同重視。

文中指出：「死苦一至，無問老少，貧富貴賤，皆悉磨滅，奄忽而至，不令人知。」

這段是講死苦的平等性與無常性，非常重要。

因為，無論年紀、身份、地位，每個人都會死，這可能是人間最公平的事情。然而這個公平的結局，卻是「奄忽而至，不令人知」，來去無蹤，這就是人生的無常性。

所以文中述及「人命無常，譬如朝露，出息雖存，入息難保」，人的性命如同清晨的露水一樣，那麼短暫，怎麼能不趕緊把握修行呢？

根據文中所論，如果生前不趕緊善積德、行善事，等到突然往生，再後悔已來不及了。因為「五天使既來，無常殺鬼卒至，盛年壯色，無得免者。」

照文中所說，生死大限均有定數，屆時無論是盛年或壯色，均無法倖免。而且，一切財產、親人、珠寶，通通不再是自已所有；現在如果只知道戀棧這些，屆時一切均成空，還有何意義呢？何不趕緊修行佈施、多積功德，以利己利人呢？

所以《水懺法》卷下，也曾引述佛經，強調一切財產，生不帶來、死不帶去，何苦為此煩惱？如果一生只是守財奴，死後非但財產均歸他人，而且因為沒有行善積德，反而會墜入惡道地獄。

此即文中所提：

> 經中佛說，生時不積一文而來，死亦不持一文而去，苦身積累，為之憂惱，於已無益，徒為他有。無善可恃，無德可怙，墜諸惡道。

㊿ 同❺，頁一七五。

西方凱薩大帝在遇刺身亡前，曾經交代部屬，在眾人瞻仰遺容時，應讓他的兩手放在棺外，讓世人能領悟，「即使凱薩大帝，死後也是兩手空空。」

另外，莎士比亞寫《哈姆雷特》時，描述他遇到一個修墓工人，當他看到墓中所挖的一具具骷髏，回想從前在宮中的繁榮情景，真是感慨萬千；他並指出，即使凱薩大帝「死了也化為泥」，也被用來補破牆！如此一想，就更加看透了生死，領悟身後一切皆空。既然如此，生前何必執著呢？

美國哲學家桑亞那（Greoye Santayana）曾經在研究佛學時，特別指出，「事物無常」（The transitoriness of Things），其實這些事「本身並無可悲」，更是「事物得以存在的必要前題」。51

此即桑氏所說：

事物無常變得可悲，是由於人的傷感產生了幻覺，使我們誤認為事物都能天長地久，它們的終結總是來得早，然而事物到時便會終結，是在所必然。

生死本質，更是如此。因為，人生必有死亡，無論貧富貴賤，最後終必一死，這是世上最公平的事情。

俄國作家李懷特（White Lee）也曾寫過一個寓言故事。

有位窮苦老人，深夜在破房中煮雞湯，聽到敲門聲。他問「是誰？」對方回答「我是上帝，想吃一口雞湯。」

但老人卻不肯，他回答：

「因為祢對人間很不公平。」

後來，聖母瑪利亞也來敲門，同樣盼能喝口雞湯。老人仍然不肯，他同樣的回答：

「因為祢對人間不公平，讓許多好人沒有好報，壞人卻很囂張。」

最後，死神也來敲門，也是盼望喝口雞湯。這時老人卻同意了。理由是，「祢很公平，無論富人窮人，好人或壞人，你都公平相待，一視同仁。」

所以《水懺法》強調，人生在世的時候，面對各種貪念、情緒、與執著，均應徹底看開，只要能看破生死，就能看破這一切，只要能徹底懺悔，及時行善，就能徹底除去宿業。

因此文中強調，唯有看破生死，用平等心處人處事，不要留戀私利、不要仗勢欺人，才能長久有福報，這對今天很多當權者、與為富不仁之士，更具很深刻的警惕性與啟發性。

九

另外，就細入分析而言，《水懺法》中，又有很多精緻的闡揚論述。

51 同5，頁九。

例如，就「煩惱障」而言，文中分析，煩惱均從「意業」起，其中又包含了「身業」與「口業」。而意業又有三種表象，一為「慳貪」，二為「瞋恚」，三為「癡闇」。文中引佛經而強調，「貪瞋癡業，能令眾生墮於地獄、惡鬼、畜生受苦」。

所以文中強調，先要「至心皈諸佛」，從心中本來就有的佛性光明面，破邪顯正，然後才能跳出此中惡業煩惱。

文中除了上述分析「煩惱障」，中卷再分析「業障」，並明白指出「六道果報，種種不同，形類各異，當知皆是業力所作」。這正如同星雲大師所說，因果報應、種種對應，如同電腦般地精準。文中分析很多一般人的煩惱，再逐一加以說明，堪稱是非常完整的「佛學因果論」。

文中除了對「總相」懺悔，也對「別相」一一分析懺悔。在「別相」中，又分析懺悔「身業」三種，與「口業」四種，均很能生活化，發人深省。

在「身業」當中，文中分別舉出三種：「殺生」，「劫盜」，與「貪愛」，並分別結合《地藏經》中所述果報，完整論述應該懺悔的情形，非常發人深省。

文中除了「身業」三種外，同時也分析「口業」四種，亦即「惡口業」，「妄語業」，「綺語業」，「兩舌業」。

「惡口業」，代表惡言惡語、出口傷人，瞋怒罵人等罪行。

「妄語業」，代表口是心非、言行不一，邪說惑眾等罪行。

「綺語業」，代表巧言令色、文過飾非、譁眾取寵。

「兩舌業」，代表兩邊分化、挑撥離間、製造仇恨。

凡此種種，活生生的都能在今日政壇看到。根據本文，均在日後會下地獄，確應多多警惕反省才行。

文中在分析完三種「身業」、四種「口業」之後，即再分析與懺悔「佛法僧間一切諸障」。其中包含一切對佛法僧不敬的言行舉止。也同時包括「假稱神語」、「行動傲慢」、「自高自大」、「自是非他」、「跋扈抵突」等作為。很像有人自比摩西，卻經常假稱神語、自命先知，實際上排除異己、傲慢跋扈；根據本法，這種對神不敬的領導人，今後也會永墜地獄，求生無門。

尤其有人退休之後，竟還口口聲聲要去「中華民國」國號，卻又仍靠中華民國人民納稅錢供養，真如文中所說，「受人供養，不慚不愧」，除了上述罪過，還更應該罪加一等。

在《水懺法》的下卷，懺悔完「煩惱障」「業障」之後，再針對「果報障」，進行分析與懺悔。

在果報之中，很多內容先說地獄道，均與地藏經所述種種「地獄」惡果相應。其次再說「畜生道」、以及「餓鬼道」，將佛經中的惡道，闡述得淋漓盡致，又因其能夠結合生活，所以很能發人深省。

例如，其中提及「腹大咽小罪報」，就是「咽喉大，肚子小」，亦即所謂「眼睛大，肚子小」，眼睛看了很多菜飯，卻吃不完而浪費。這在今日自助餐中，最容易見到。如果拿了太多卻吃不完，就會得到罪報，來生進入「餓鬼道」，一切食物入口即成火，根本無法吃進去。本文在此描繪很生動，極具警示作用。

慈悲三昧《水懺法》的卷上也提及，很多人明明作惡多端，卻因為善於用各種掩飾，隱匿在心，便以為他人不知道。

這很像今日的高層，對涉嫌的很多弊案，都推說不知道，甚至傲慢的反咬一口，反唇相譏，誣指勾結中共，「柔性斬首」。

因為他們有公權力在手，生前或能脫罪，但在身後陰間，卻是善惡分明，在閻羅王前面無所遁其形。

從佛教的因果律來看，不但天網恢恢，而且「因果網密密」，因此，絕對不會放過任何惡人惡行，在佛法的世界，公平正義肯定絲毫不爽。

此即《水懺法》所說，如果「私自作惡，而復覆滅，言他不知，謂彼不見，隱匿在心，傲然無愧，此實天下愚惑之甚！」

換句話說，如果有人私底下做了很多貪腐壞事，而且再三掩飾，說他不知道，以為別人看不見，心中隱藏真相，態度又很高傲，真可說是天下最愚蠢的人。

為什麼呢？因為根據本法所記：

> 既今現有十方諸佛、諸大菩薩、諸天神仙，何曾不以清淨天眼，見於我等所做罪惡，工作幽顯靈祇，註記罪禍，纖毫無差。

這也正是民間相信的名言：「舉頭三尺有神明」，「人在做、天在看」，自有諸佛天神，對惡人惡行，用天眼看得清清楚楚，並且在生死簿上記得明明白白。等到生命終了之後，一切證據擺在眼前，算起帳來，也算的清清楚楚。

十

《水懺法》中明白強調：

> 夫論作罪之人，命終之後，牛頭獄卒，錄其精神，在閻羅王所，辯覈是非，當爾之時，一切怨對，皆來證據……於時現前證據，何得敢諱？惟應甘心分受宿殃，如經所明。

換句話說，根據《水懺法》所論述的身後世界，那時牛頭獄卒，會將一個人的所有功過仔細筆錄，在閻羅王殿前，明辨是非。形式上如同人間的法庭，但事實上，所有冤親債主都會前來作證。那時候把所有證據攤開，如何還能逃避？只有接受處分，就算是狡猾巨奸的人，也只有俯首認罪。

所以《水懺法》講得很清楚，在地獄裏沒有被冤枉的人：

> 地獄之中，不枉治人，為其平素所做眾罪，心自忘失者，臨命終時，造惡之處，一切諸相，皆現在前；各言，汝昔在我邊，作如是罪，今何得諱？

這也就是說，假使有人自稱「忘記了」，對於罪行不肯承認，或者推稱記不起做過那些惡事，但在臨終的時候，一切惡事會像紀錄片一般，重新在眼前出現，並各有證人指出，你從前在我這邊，做過這些罪，還敢如何狡賴逃避？

這個時候，各種人證、物證俱全，罪人便無所遁其行！閻羅王會咬牙切齒的喝斥責備，並且交付地獄，經過無數歲月，也無法出獄。

此即文中所記：

> 是作罪之人，無藏隱處，於是閻羅王切齒呵責，將付地獄，歷無量劫，求出莫由。

這般精采經過，把很多大惡巨奸的人最後下場，寫的淋漓盡致，大快人心。根據本文，如果此生犯罪，基本上應自己作、自己受，任何他人無法代替，不像在人間時，可以棄車保帥，推稱全是他人所做，自己「忘記了」，或「不知道」。

此即本文記載，「此事不遠，不關他人」，「自作自受，雖父子至親，無代受者」。

英國著名詩人惠特曼（W. Whitman）有句名言，非常發人深省，在此完全相通：

> 不能，別的任何人，誰也不能替代你去過那條路，你必須自己去走。[52]

人生之路如此，身後屬靈之路更是如此，「必須自己去走」，自己承受。

所以，如果生前不知省悟、及早懸崖勒馬，便會「大怖至時、悔無及所」。這對今天很多造孽害人的政客，實有莫大的警惕。

總之，《水懺法》從架構而言，先從「總相」分析，再次第分析「別相」，如同先分析根源總幹，再分析細流分枝，如此即能鉅細靡遺，非常完備。

另外，就層次而言，本法循序而進，層次分明，因而能夠形成完整體系。

例如文中分析造成罪惡、矇蔽光明佛性的「三障」。究其來源，「一曰煩惱，二名為業，三是果報」。這三者又環環相扣，「因煩惱故，所以起諸惡業，惡業因緣，故得苦果」，非常值得深入體悟。

---

52 《從名言中學智慧》，賴純美編著，台中好讀出版公司，二〇〇一年，頁三二三。

所以本文強調，針對這種罪惡，應該及早「向十方佛尊法聖眾，皆悉懺悔」，並將懺悔所生功德，在生生世世，都能折「傲慢幢」，竭「愛欲水」，滅「瞋恚火」，破「愚痴闇」，拔「斷疑根」，裂「諸見網」！

這段內容非但意境莊嚴，而且文字優美，對仗工整，堪稱罕見佳作。如果世上惡人，生生世世都能去除傲慢之心、滅除憤怒之火、盡除貪戀之水、破除愚癡之昏、拔除斷疑之根、化除成見之網，才真正能提高人的品質，建立人間淨土。

這也正是《心經》所說「度一切苦厄」的方法，唯有「心無罣碍」，才能作到心中「無有恐怖」，並且「遠離顛倒」。這與《金剛經》所說「不驚、不怖、不畏」完全相通。《心經》中指出，觀自在菩薩照見「五蘊皆空」，這個「空靈」的智慧，正是「能除一切苦，真實不虛」的重要法門，也與《金剛經》所說的「空」完全相通。

另外，《心經》中所說的「無所得」，即《金剛經》所說「無所住」，《心經》中「離苦集滅道」，即《金剛經》所說「離一切相」，均強調要回到本心空靈，徹底把自我放空，徹底對自我反省，這也正是《水懺法》的最精義。

所以，綜論《慈悲三昧水懺法》的宗旨，重點就在透過本心反省懺悔，針對人間生活各種可能的罪過，一一加以懺悔；對沒有犯過錯者，一一加以預防，並以「前世報應」、「今生報應」、「來世報應」等，一一加以警惕，可說深具警世性、教化性以及啟發性。因此，對於提升人的品質，極有其重要性，深深值得世人領悟與力行！

第十二章　《聖經》從荒漠出甘泉

一

孟子有段名言，非常發人深省：

> 天將降大任於斯人也，必先苦其心志，勞其筋骨，餓其體膚，空乏其身，行拂亂其所為，所以動心忍性，增益其所不能。❶

孟子這裡說的「天」，如果換成西方基督國度所說的「神」，道理完全相通。

因為根據《聖經》，神要用一個人，必定先訓練他（她），經過各種磨練與苦難，讓他

❶《孟子》，〈告子篇〉下。

（或她）在各種試煉中，能動心忍性，歷經痛苦掙扎，然後才能更茁壯、更堅強的站起來，為神所用，完成更大使命。

最能集中表現這種精神啟示的，當屬《荒漠甘泉》一書。

我從前只大略讀過《荒漠甘泉》，讓我印象最深的，是經國先生生前，從《荒漠甘泉》所經常引述的名言：

> 苦難是催逼我們前進的必需品，正如船中的爐火，是使船行駛的必需品一般。❷

經國先生在少年時期，隻身留學俄國，曾經在西伯利亞歷經苦難，熬過最艱困的非人生活，後來他把這段經歷，寫成《苦難的十二年》，可見他對苦難的體認，非常的深刻。

但是，他並沒有把苦難只看成苦難，而把苦難看成「催逼我們前進的必需品」，正因他有這種愈挫愈勇的精神毅力，能夠化壓力為動力、把壞事當好事，在逆境中更上進，所以能夠卓越的領導台灣，渡過重重危機，也渡過種種衝擊，開創了舉世聞名的「台灣奇蹟」。

很少人知道，他在西伯利亞時，曾經用個筆名，形容那段苦難的日子，叫做「熱冰」。因為，他曾經在最酷熱的大煉鋼爐旁做苦工，熱不可耐，但他忍過去了！另外他也曾經在最冰冷的寒冬被流放，在冰天雪地中勞改，他也忍過去了！這個名詞，看似矛盾，卻能在他身上，反映最苦難的日子。

在佛學中，有「魔考」之說，成佛之前，會面臨更大的苦難與煎熬，因為有天魔在考驗。

但是「魔考」，也可看成另外一種型態的「佛試」，因為經過這層魔考，心性更能精進，胸襟更能恢宏，所以也可看成佛在試煉。

在聖經中，同樣有此啟發，神用各種磨難，訓練一個人，要經過千錘百鍊，才能為其所用。就此而言，道理都能相通。

這正如同，逆境與順境，看似矛盾，其實相反相成。逆境中，隱含了更大順境的因子，中國道家所說「禍福相倚」的道理，在此也完全相近。

在西方，很多文豪大哲，都有同樣的體認。

例如，英國詩人拜倫曾經語重心長的指出：

> 逆境是通往真理的第一條道路。❸

換句話說，人生只有先通過第一道考試——逆境，才能更接近真理。

---

❷《荒漢甘泉》，考門夫人原著，王義雄編，聖經公會印行，永望文化公司，二〇〇二年出版，頁一八五。

❸《世界名人名言集》，鍾南編，上海世界圖書出版公司，二〇〇一年出版，頁三〇八。

法國文豪羅曼羅蘭更在《母與子》中，進一步提醒世人：

每一個創傷，都標誌著向前進了一步。❹

德國哲人尼采也曾在《快樂的科學》，寓意深遠的強調：

是什麼造成英雄的偉大——去同時面對人類最大的痛苦，和最高的希望。❺

我近年來遭到空前磨難之後，對這種啟發，有更深一層的體悟。因此近期再次精讀《荒漠甘泉》，深感受益更多；並且更加確認，各大宗教之間，在此都不約而同的期勉世人，要把苦難看成是上天的恩典，因而不用怨恨，反而更應感恩。

因為，只有在苦難中，靈性才能更加成長，意志才能更加堅強，也才能夠在逆經中轉禍為福，得到最後的勝利成功！

易經中強調，「殊途而同歸，百慮而一致」，各大宗教在此，可說做了最好的見證。

二

《荒漠甘泉》，是考門夫人（Mrs. Charles E. Cowman）在苦難中的力作。

考門夫人本名麗蒂伯德（Lettie Bard），一八七〇年出生，與先生查理考門結婚六年之後，曾經得過重病，她先生虔誠求神醫治，並且許願，愛妻若能重獲再生，兩人必定終生傳播福音。

結果，考門夫人神奇的痊癒了。從此兩人開始全力宣道，並在一九〇一年遠赴東方，開始長達二十五年的遠東傳教工作；先在日本、韓國宣傳教義福音，並準備在中國推動。

然而就在此時，考門與夫人暫時回美國巡迴演講，呼籲更多牧師到中國時，考門先生突然得了心臟病，被迫只能休養，從此病魔纏身，長達六年之久。

這就形成考門夫人更大的磨難，她也連續六年，每天隨侍照顧，夜以繼日，從來沒有安穩的睡眠。在漫長的等待、希望、與失望中，她經歷了更多的煎熬。

然而，種種煎熬，並沒有把考門夫人擊倒，她反而下定決心，立下大願，要將此煎熬的心路歷程，配合聖經的啟發，寫成著作，讓所有苦難中的心靈分享。

這就是如今舉世聞名的《荒漠甘泉》。所以在扉頁中，有兩行字寫道：

---

❹ 同❸，頁三一〇。

❺ 同❸，頁三〇八。

謹將本書獻給

苦難中的人們。

短短兩句，卻很可看出考門夫人的悲心與宏願。

在序言中，考門夫人回憶，她及先生與病魔奮鬥期間，多次灰心喪志，「飽受撒旦的引誘，多次想退縮，跌倒」，但每在緊要關頭，都能從神得到一本書、一紙福音，或者幾句經文，「得到正是我們需要的信息，因而重獲亮光，恢復信心。」

她並舉了一個生動的真實例證：

有天我們在海濱散步，心裡在想「神已忘記恩待我們」，這時風把一張小紙條吹到我們腳畔，拾起一看，上面說，「神在颶風的眼裡，向祂的孩子微笑」。❻

眾人皆知，颶風（在台灣稱「颱風」）非常可怕，人生碰到颶風，更是風雨交加，呼嘯而過，過程中充滿種種破壞與傷害，這是上天有意這樣安排嗎？「神在颶風眼中微笑」，顯然另有深意，而且，顯然是更大的善意與苦心。這就重新燃起了考門夫婦的希望與決心。

所以考門夫人提到她的心得：

神若要賜夜半歌聲，祂必須先造黑夜。❼

因此，面對黑夜的來臨，不必生氣，不必焦急，因為上天自有祂的道理。

事後考門夫人認為，這充滿痛苦的六年，反而令她生活更充實，更獲益。這就是她決心記下所有心路歷程的主要原因：

要叫一些離群獨居，關在病房中，或在荒漠中親愛的宣教士，聽到凱旋的奇妙音調的回音，並且也好藉著它，學習發現在沙漠地上湧流的溪水。❽

這令我想起，癌症病房中的很多病人，以及他們同樣正受苦難的家人；也令我想起，世上很多蒙冤受難中的朋友，以及他們同樣備受煎熬的家人。還令我想起，世上很多正在失業、失戀、失親、失落中的朋友，以及因為關心他們，而正在苦惱的家人……。還有很多很多在生死海中，載沉載浮，因為各種原因而苦難苦惱的朋友，他(她)們心靈都如同在荒漠中，都需要荒漠中的甘泉。

❻ 同❷，頁二〇。
❼ 同❷，頁二〇。
❽ 同❷，頁二〇。

真希望普天下所有苦難的人們，都能喝到甘泉，並在喝完甘泉之後，能深刻領悟到，對於荒漠，不需抱怨、只需感念；對於逆境，不需憂心、只需盡心。

三

在新版的《荒漠甘泉》中，還增添了很多名人在心中深處的禱詞，並把聖經中神的語言，更加的人性化、生活化、與現代化，因此也更能讓現代人心，與神的意旨更加貼近。

很有名的一個例子，便是麥克阿瑟將軍為兒子所寫的〈一位父親的祈禱文〉。

麥帥當時正在南太平洋戰爭初期，他本身也正在最艱困的處境，甚至隨時有陣亡犧牲的可能。他在這時為子祈禱，更為真誠與感人。

他首先就祈禱上帝：

> 教導我兒子在軟弱時能夠堅強不屈，在懼怕時能夠勇敢自持，在誠實的失敗中毫不氣餒，在光明的勝利中，仍能保持謙遜溫和。[9]

這可說是天下父母心，對子女的同樣期望，尤其盼望子女在逆境中，能夠勇敢堅強。

然而，最重要的一點，是麥帥期許他的兒子，在「誠實的失敗」中毫不氣餒，也就是寧可誠實的失敗，不可狡詐的勝利。這代表必須光明磊落的勝利，而不可用卑劣的手段勝利。

這顯示麥帥雖在敵火濃烈中，仍然強調「人格正直」的重要性，非常可貴；這對當今台灣政壇的狡詐成風，具有深刻的啟發性，對於陳水扁因「三一九槍擊案」而勝利，引發人民普遍公憤，更值得所有人正視。

另外，麥帥用心良苦的祈禱，祈求上帝對自己兒子：

> 不要將他引上逸樂之途，而將他置於困難及挑戰的磨練與刺激之下。使他學著在風暴中站立起來，而又由此學著同情那些跌倒的人。

這段非常重要，因為，時下青年多半好逸惡勞，成為「草莓族」，外表光鮮亮麗，內心卻非常脆弱，無法接受困難、挑戰，與磨練、刺激；碰到了風暴，自己站不起來，卻怨天尤人，更不會同情別人，一切以自我為中心。

麥帥為此而憂，所以祈求上帝能讓兒子，有正義感，又有同情心；既能自立，又能立人。這不正是天下所有父母的同樣心願嗎？

那麼，在人生的風暴之中，應該如何走呢？

---

❾ 同❷，頁二六。

《荒漠甘泉》先引述聖經中所說：

這條路你們向來沒有走過。（書三章四節）

然後，書中進一步說明：

何處崎嶇何處凶險，何處炙熱何處寒冷，祂都經歷過。所以祂對他們說，我要慢慢的引領你們前行：「因為這條路你們向來沒有走過。」

前面的路程，我們向來沒有走過，可是主耶穌走過。也許這一程使我們筋疲力盡；也許另一程使我們乾渴得舌貼牙床，又一程使我們喘不過氣來。其實這些主都嘗過、走過——經上說「耶穌因走路困乏」。

這一段話，把耶穌的形象，拉到與民眾同甘共苦，完全打成一片，與「人間佛教」的精神，可說完全相通。

尤其，本段內容強調，連耶穌都會覺得「因走路困乏」，代表連祂都會心中痛苦、精神疲乏，更何況凡人呢？從這一段，更可拉近神與人的距離。

重要的是，「祂所歷經的苦難，使祂成為最好的牧者。」

因為，上帝本身親身經歷過所有的苦難，所以最能同情世人的苦難。有句俗話：「飽人不知餓人飢」，一個高高在上的神，當然不會理解世人的痛苦，只有親身受過相同苦難的神，才能真正體貼世人的痛苦與磨難。

這段給我很大啟發，因為從前我為兩岸服務，處理很多台商台諜被關的案件，雖然心中同情，但仍隔了一層；如今因為本身蒙冤，並且親身碰到司法中的很多折磨與不平，經過「向來沒有走過的路」，才更瞭解他們的痛苦，也才更體會他們家人的焦慮。

這也令我想起，在佛經中，觀音菩薩以救苦救難著稱，祂（或她）最大的特色，就是能夠隨度化的對象，而現不同的身形。

如果觀音要度化男性，祂就現男身，如果要度化女性，祂就現女身，如果要度化將軍，祂就現將軍身，如果要度化商人，就現商人身……此中精義，不也正是要做到設身處地、將心比心嗎？

尤其，佛經所說的各種「神通」，其中「天心通」，不就是能真正瞭解他人痛苦的心靈嗎？「天耳通」，不就是能真正聽到別人苦難的聲音嗎？「天眼通」，不也正是能透視他人心中深處，真正對症度化嗎？

正因觀音菩薩本身，能親身經歷這些坎坷苦難，能有千手千眼，看遍大千世界一切人間苦難，所以更能度化一切眾生心靈。

由此可見，佛教與基督教，在其偉大的愛心處，精神完全相通，只是用字不同。

四

《聖經》在賽四十章第一節中說：

你們的神說，你們要安慰，安慰我的百姓。

《荒漠甘泉》進一步指出：

安慰供給安慰，這是那位先知所負使命。世上充滿了需要安慰的人，可是如果你要做一個安慰使者，你自己必須受過訓練，否則不足勝任。⑩

這正如同孟子所說，上天若要對一個人賦予重責大任，必先「苦其心志，勞其筋骨，餓其體膚，空乏其身」，必先給他各種苦難，讓他勞動、讓他飢餓、讓他空虛，給他各種嚴酷的訓練，看起來是讓他備嘗痛苦、身陷困境，並且備受不公不義，其實卻是讓他經由訓練，成為大才，以備大任之用。

當然，這種考驗與訓練，非常艱苦，並非一般人所能忍受；所以，《甘泉》中強調：

這種訓練的代價極大，因為你必須親自嘗過那使人流淚流血的苦楚。

這也正如前述，連耶穌基督都會覺得困乏，但正因祂歷經這一切的苦難，所以能成為最好的牧者。祂所要訓練的使者，既然要懂得如何安慰別人，便首先要親自經歷同樣痛苦。

此即《甘泉》所說：

這樣你的生活就像一個病人住在醫院，在那裡可以學習安慰的藝術。你自己必須先受傷，當那位大醫師替你洗滌、消毒、抹膏、包緊創傷的時候，你就可以學習初步的救護。

等到十年以後，你才會明白。

因為，在那之後，當你遇到許多人，受到同樣的痛苦，你才能真正將心比心，真正能為他們救護止痛。

---

❿ 同❷，頁三九。

那時候，你會明白為什麼你從前受那許多苦楚，你也會感謝神所給你的訓練，和替你預先儲蓄在你生命中的經歷。⓫

因此，書中結論就是：「神要安慰我們，不是叫我們享受安慰，乃是要我們作安慰使者。」

心靈上的「安慰使者」，正是神所賦予的重大使命。這正如同孔子在易經中所說：「作易者，其有憂患乎？」文王因受迫害，才能在囚禁之中推演《易經》，完成上天給他的文化使命，可說是同樣的精神啟發。

到了孟子，更明確指出，「生於憂患，死於安樂」，經過憂患苦難的人，才能拯救別人的憂患與苦難。此中精神，可說完全相通。

此亦《聖經》在雅一章二至三節（衛英司譯本）中所說：

無論何時你們看見自己，被各種試煉圍困了，都要以為大喜樂，因為知道你們的信心經過試煉，就生忍耐。

所以《甘泉》中進一步指出：

神常圍困祂自己的兒女們，為著要訓練他們；可是人總錯看祂的圍困，誤會祂的作為。

這在佛教中，正如同「逆行菩薩」，也容易被誤會；因為，祂是用逆向操作啟迪心靈，用「逆增上緣」讓人心頓悟，其宗旨在訓練人心，遭受侮辱時，能將侮辱看成波羅蜜一般甜美；此即《金剛經》所說的「忍辱波羅蜜」，不把忍辱看成忍辱，而能看成訓練，看成接受上天使命前必要的歷練，那就不會感到痛苦，反而感到很甜蜜了。

五

《聖經》在可四章三十七節中提到：

忽然起了暴風雨。

《甘泉》以此引申，指出很多人生活中，有許多風雨都是突然之間來臨的，很多家中重

⓫ 同❷，頁四〇。

大變故，或失親、喪偶、失業、絕症等等，都是這種情形。

這正如同中國俗話：「天有不測風雲，人有旦夕禍福」。用佛經的話來說，就是「人生無常」。

那麼，應該如何面對呢？是唏噓而已嗎？是恐懼消沉嗎？是怨天尤人嗎？都不是。從佛經四聖諦來看，人生本苦，只有降服這些痛苦，才能進入菩提道。因而，這些痛苦與暴風雨，是必須的歷練。

同樣情形，《聖經》中也有這種啟示。此即《甘泉》中所說：

無論怎樣，這些風雨都是神所許可的，為要我們得益處。

神願意造就一個可用之才，神就把他放在風雨之中，讓他經過風雨的生活。世上許多的偉人也是如此。如果神要用一個人，祂必定會先答應了這人奉獻的禱告：「主阿，拿我，劈我，用我。」⑫

文中並且強調：

當然，一般人不一定會在禱告中，要求被拿、被劈。但是，當他碰到風雨苦難時候，卻應領悟，這正是神要用他的必經訓練了。

重要的是，「風雨一過，自然的美就顯得更完全了」。苦難一過，成功的滋味才會更甜美。沒有風雨，哪來彩虹呢？

因此，《甘泉》中特別強調：

> 親愛的，今天在你的生活中，若是正有一個極大的試煉，不要氣餒，自認失敗，仍要繼續用信心，藉著那能使你得勝有餘的主宣告勝利，榮耀的勝利立刻就要來了。

什麼叫做「能使你得勝有餘的主」呢？在基督教，是指超越的上帝；在佛教，則指人人內在的佛性，其實殊途同歸，最後都指向內在本性的信心。

此即基督教所說，「天助自助之人」（God helps those who help themselves），也是佛教所說，「明心見性」，人人都有佛心，人人也都有佛性，只要充分自我醒悟，弘揚內在佛性，自然就沒有克服不了的敵人。

此時，愈大的敵人，反能激發自己愈大的勝利。所以《甘泉》中指出：

---

⑫ 同❷，頁四四。

顯著的失敗，結果反而是稀奇的勝利。

這也正如孟子所說，「無敵國外患者，國恆亡。」愈顯著的敵國外患，反能令人更加警惕、更加團結；如同大衛力戰巨人，反能得到更稀奇的勝利。憂愁患難，反能成為更大的動力。

雨果在《悲慘世界》中講的也很生動：

苦難，經常是後娘，有時卻也是慈母，困苦能孕育靈魂和精神的力量；災難是傲骨的奶媽，禍患是豪傑的好乳汁。⓭

所以，《聖經》(傳十章三節)也強調：

憂愁強如喜笑，因為面帶愁容，終必使人喜樂。

怎麼面帶愁容，卻終能使人喜樂呢？

重要的就在自己心中，能將憂愁看成神的意旨、甚至神的恩典。因為，是神要試煉自己，是神要重用自己，所以祂必先用憂愁訓練。

此即《甘泉》中所說：

> 在神的恩典下，有時也有憂愁臨到，成為我們生命上的益處，憂愁不是罣慮，憂愁常會帶領我們進入更深。

所以聖經的啟示中強調，「憂愁是神的犁頭，掘到土的深處，地就能多結果子。」《甘泉》更明確指出：

> 凡是被神大用的人，都經過憂愁。因為神若不將他劈開，就不能用他。⓮

在聖經中，神用約瑟拯救以色列全家和其他民族，所以約瑟比起雅各的其他兒子，更多憂愁；他不但歷經橫逆，還被女主人誣指性侵害，蒙冤入獄兩年多，並且歷經顛沛流離、飽嚐各種痛苦，但他都能用精神毅力一一克服，終於能通過神的訓練，拯救了以色列，不負神的厚望！

⓭ 同❸，頁三一三。

⓮ 同❷，頁四七。

此即《聖經》所說：「約瑟是多結果子的樹枝，是眾旁多結果的枝子，他的枝條探出牆外。」所以能歷經風雨考驗，而仍然屹立不搖。

約瑟的經歷，給我很多啟發；好友高大鵬教授曾經親自帶聖經來送我，並且指出約瑟蒙冤的奮鬥故事，過程與我很像，給我很大的鼓勵。我對他的深情厚意，心中非常感動。

約瑟當初被其女主人誣告性侵時，其女主人拿著似是而非的假「證據」栽贓，經由公權力將其判刑，我也是被菲傭用假證據栽贓，雖然她已承認說謊，我卻仍被台獨政府初審判刑，情節很類似，如今仍在上訴中，但精神折磨已經兩年多。

約瑟蒙冤入獄，可視為神對他的訓練，我若最後仍陷冤獄，也應看成上天的訓練，要能愈挫愈勇、更加奮發圖強才行！

六

《甘泉》曾以耶穌為例，指出，「經上稱他『憂慮之子』」，並且強調：

神常用憂傷去訓練祂的僕人。⑮

這正如同在佛經中，「忍辱」正是修行的必經訓練：《金剛經》中提到，歌利王對佛陀，不但當面羞辱，而且動用暴力，甚至對他節節支解，但佛陀都毫不動怒。後來因為激怒了四大天王，風雪變色、雷電交加，才令歌利王降服。

當耶穌扛著十字架，歷經鞭打、羞辱，最後還被釘死的時候，他也向天上說：「主呀，原諒他們，因為他們不知道自己在做什麼。」後來也是天色突變、狂風交加，惡人才紛紛倉皇逃去。

這兩個故事的啟發，從儒家來看，代表人心來自天心，如果一個人受辱過了頭，或者被打壓得太過份，就會引起民心公憤，也會引起天心震怒；在天怒人怨情形下，自能順天應人，革命成功。

所以《聖經》也說：

有捆鎖與患難等待我，我卻不以性命為念。（徒二十章二十三至二十四節）

在聖經故事中，大衛於希伯萊做王的時候，「非利士眾人就上來尋求大衛」（撒下五章十七節）。其中的寓意，正如《甘泉》所說：

---

⑮ 同❷，頁四七。

我們在神前受寵愛的時候，仇敵撒旦最不甘心，就上來尋索我們，前來攔阻我們，和我們搗亂。

這正如同佛教中所說「天魔」的搗亂，其實正是一種試煉。這個時候，怎樣看待仇敵的攻擊呢？《甘泉》中提到：

能力常是從攔阻中產生的。將來有一天，我們會明白撒旦也是被神所用的。⑯

所以，《甘泉》認為，對一切仇敵的攻擊、破壞、和攔阻，都應看成：「神施行拯救的記號。」這時候，「就是我們向神支取加倍祝福、勝利、和能力的機會」。此處所講的「攔阻」，正如同佛經所講的「障礙」，甚至是「業障」。物理學家霍金克服身體障礙，成為「愛因斯坦後最大的科學家」，他的心得也是，「上天為了加強我的意志，才給我放了種種的障礙。」可說是同樣的精神。根據佛經啟發，痛苦愈多、業障愈多，就代表能夠除障愈多，代表這是好事，不是壞事。因此，天魔也是一種逆行菩薩，正如同撒旦也是為神所用。《甘泉》在此說得很好：

患難是勝利的捷徑。山路之後，就是大路。一切偉大的事業上面，都有患難的痕跡的。
發光的金鍊必須經過爐火的燒錘。沒有一個人配算為得勝者，除非他歷經苦楚。⑰

《甘泉》並曾列舉了很多先聖偉人的事蹟，證明他們都是在患難中，才能有機會訓練自己，愈挫愈勇，得到最後勝利：

先聖都曾經過許多患難，保羅、馬丁路德、撒房那羅拉、諾克司、衛斯理，以及一切大能的先鋒，他們都從患難進入掌權的地位，將來有一班環繞在寶座前唱詩讚美的人，他們都是「從大患難中出來的。」⑱

這正如同太史公在《史記》中，一一列舉先聖先賢例證，如文王、孔子、屈原、左丘明、孫子、呂不韋、韓非等，均是在憂患大難之中，完成永垂不朽的名著，並稱「詩三百首，大抵皆賢聖發憤之所為作也！」可見東西方聖人在此，精神與足跡完全相同。

此即《甘泉》指出：

---

⑯ 同❷，頁四八。
⑰ 同❷，頁四八。
⑱ 同❷，頁四八。

每一部偉大的著作，都是血的結晶。誰是希臘的大詩人？荷馬。他是一個盲者。誰是寫那不朽之作《天路歷程》的？是一個穿紫袍、享安樂的王子嗎？不是，乃是培德福牢獄中的一個囚犯本仁輸。[19]

所以《甘泉》提醒世人：

> 主在世上留下的腳踪，原是叫我們跟隨祂的。那帶血的腳步，是引領我們上寶座的。傷痛是鐵杖的代價。我們的冠冕必須花力氣爭奪的，這些都是公開的秘密。

眾所皆知，天下沒有廉價的人權、自由、與民主，都是靠很多仁人志士，用帶血的腳步，甚至帶手銬腳鐐的腳步，一步步在踉蹌中開拓出來的。基督教在此鼓勵逆境中的人們，要有奮鬥精神，並且無畏強權、勇往直前，把迫害看成考驗，把打壓看成磨練，這對於開拓現代民主，確有很大的貢獻。

德國社會學家韋伯（Max Webber），在其名著中，只分析了清教徒倫理（Protestant Ethics）對開拓資本主義的關係，但只從經濟面切入，未能進一步分析清教徒奮鬥的精神，對開拓現代民主的貢獻，可說是一種缺憾。

事實上，深信「物競天擇」的達爾文，根據種種客觀事例也強調，「我必須承認，幸運喜歡照顧勇者。」⑳

有些人看似幸運，其實是用勇氣與血淚換來的；有勇氣才能掌握命運，才能堅忍不拔，也才能轉禍為福，扭轉不幸，成為幸運。

當然，如果宗教不當的介入政治，便會有副作用，這也應該警惕。如部分台灣長老教會，介入台獨運動，便造成「假先知」的弊病；此時就應善體林肯總統的智慧，經常反省，「祈求自己站在上帝那邊」，而不是自命上帝，或祈求上帝站在自己這一邊；否則在自大自以為是之餘，反而會帶人民走上悲劇。

七

印度聖雄甘地，雖信奉印度教，但其精神與基督教也完全相通。

他在〈每日早晨的心願〉一文中祈禱：㉑

1. 我不畏懼世界的任何人；
2. 我只畏懼上帝；

---

⑲ 同❷，頁四五。

⑳ 同❸，頁三三七。

㉑ 同❷，頁五〇。

3.我不仇恨任何人；

4.我不向不合正氣的事屈服，不論它從何而來；

5.我要以真理戰勝錯誤；

6.為抵抗惡事，我絕不規避受苦。

甘地的祈禱中，最重要的，是強調和平、忍耐、非暴力，不畏懼任何人，但也「不仇恨任何人」。

相形之下，今天台灣部分長老教會，卻常藉故製造仇恨、撕裂族群，常以「二二八事件」或「美麗島事件」為名，不斷挑起分化對立，這哪裡像是真正基督徒，有愛與和平的精神呢？

真正的基督徒，注重屬靈的生活，而不是權力的爭奪。誠如聖經中所說，「我所遭遇的事，更是叫福音興旺」（腓一章十二節）。

《甘泉》的申論在此非常重要：

在我們屬靈的生命中，許多不利的逆境，因著那加我們恩典和力量的，都是使我們進入更深、更完全的機會。㉒

這正好像「聰明的水手，能利用大風的推動來前進一樣」。因此，就算從前有「二二八事件」或「美麗島事件」，有人蒙難，更應視為上天疼惜台灣這片土地，所給的恩典與力量，所以更應珍惜福份，發揚愛心；如同聖經所說，「靠著愛我們的主在這一切的事上，已經得勝有餘了。」（羅八章三十七節）

《甘泉》中問得好：「我們如何可以得勝有餘呢？」其回答是：

> 「得勝有餘」必須在一個受試煉、逼迫的處境中，方能得到。所有的試煉，都是絕對必須的，試煉可以使我們靈命堅固。㉓

因此，台獨人士若有真基督徒，根據聖經，對於「二二八事件」或「美麗島事件」，所應懷抱的心情，即應看成上天的試煉與恩典，為台灣日後的民主花朵，埋下不得不犧牲的種耔。並對於當時動盪的時代背景，也有同情的瞭解，然後才能用愛與和平，讓台灣前途更團結、更光明，唯有如此才能「得勝有餘」。怎能不此之圖，反而用恨與暴力，吸吮受難人的血，做為謀取私利的養分，而把台灣帶向分裂與黑暗，導致「大敗有餘」呢？

大文豪托爾斯泰曾經有句名言，在此非常相通：

㉒ 同❷，頁五二。

㉓ 同❷，頁五一。

在靈魂未經神之火燒煉之前，人是懦弱又不幸的動物。㉔

因此，只有經過神之火的燒煉，人的靈魂才能堅強，才能幸福。

《甘泉》中曾經對此比喻：

這好比瓷器上的畫，需經過火燒，才能永久存留；也像山嶺上的香柏木，必須經過疾風的搖動，才會紮根更深。

所以，《甘泉》強調：

我們所遭遇的屬靈應戰，實在是變相的祝福；我們的大仇敵撒旦，原是被利用來訓練我們，為要我們得最後勝利的。

由此可見，真正的基督徒與先知，即使碰到「撒旦」，也會視為神的意旨，用其來訓練自己，因而只需堅強自己，卻不能醜化別人，尤其不能自命上帝，任意把別人妖魔化。那樣挑撥仇恨鬥爭，非但不是神的信徒，反而是神的叛徒。

馬太福音強調：「愛人如己，是一切道理的總綱」；真正基督徒，絕不會找各種理由，去恨別人；真正的基督徒，即使殉道被燒，也還視為上天恩典，如同士每拿教會的監督波立克，被燒死時還強調：

> 感謝神！我今天有機會能夠被人燒，在這裡用我的性命作見證。

真正的佛教徒，也會感謝他的敵人，視敵人為逆行菩薩，幫他去除業障，絕不會用仇恨心態，做任何的政治報復。

今天台獨的領導人，李登輝自稱是基督徒，還自命為摩西，但民眾均知他擅長製造分裂與仇恨，怎能算是真正的基督徒？陳水扁辦公桌後牆上，還高掛聖嚴法師的名言，「慈悲沒有敵人」，但眾所皆知，他一貫擅長對政敵報復打壓，他們心中真正有愛嗎？還是只在口頭講「愛台灣」，其實是擅長製造恨呢？

深盼他們能真正有愛心與悲心，那才是台灣真正之福！

八

㉔《人生格言集》，林鬱主編，台北新湖社文化公司出版，二〇〇四年，頁五三。

海倫凱勒在〈我的信仰〉中，有很多感人的心聲。

她說得最有力的一句話，便是：

愛，永遠比恨，要堅強得多。

真希望今天在台灣傳播「恨」的人，能多聽這位偉大奇女子的心聲。

她也曾說：

我一直哭著沒有鞋子穿，但等到我知道連雙腳都沒有的人，我又感覺幸運之至了。

這就是惜福與知足的精神。

能夠惜福與知足，人生就沒有不快樂，精神就沒有不充實的。

她還有一篇文章，叫做〈假如我有三天光明〉，更加發人深省：㉕

我常想，一個人假如能在他早期的成年生活中，盲聾幾天的活，那將是一種恩賜。黑暗會令他更珍惜光明，寂靜會教他瞭解聲音的可貴。

她常測驗那些眼睛正常的朋友，從森林散步很久後回來，看到什麼新奇的東西？居然朋友回答，「沒有什麼新奇東西。」

因此海倫凱勒大為感嘆，因為，即使失明的她，也能僅憑觸覺，就能發現「幾百件有趣的東西」；包括樹葉的精巧勻致，白樺皮的光亮，松樹外表的粗大等等！

在春天，她也經常碰觸樹枝，尋覓新芽，去感覺樹木冬眠後，大自然甦醒的第一個徵兆！

然後她講：

> 有時，我衷心渴望能看看這些東西。因為僅憑觸覺，我就能得到這麼多快樂！

她有個很誠心的希望：

> 因此，我常想，假如上帝願賜給我光明，那怕是短短的三天，我會盡力去看那些我平日極想看的事情。

㉕ 同❷，頁六三。

她更有句發人深省的名言：

失明的我，願給那些看得見的朋友一個啟示：善用你的眼睛，正如你明天就要失明一樣。㉖

所以佛經也常提醒世人，因為世事無常，所以要能把每一天，都當成「沒有明天」，那才能善用每個今天，完成每天的責任與使命。

同樣情形，當有些人覺得生命空洞無聊、渾渾噩噩時，很應該到醫院的急診室，停留三天，親自看看血淋淋的斷手斷腳情景，親自體會受傷家屬哀傷的心情，那就能猛然警覺，自己好手好腳，四肢健全，已經那麼有福，還能不珍惜生命，振作努力嗎？

羅曼羅蘭有句名言：

有愛才有生命。

的確，人間如果沒有愛心，豈不就成為陰森的地獄？只有用愛心，才能讓人間充滿生意，讓生命也充滿意義！

泰戈爾曾指出同樣的感受：

讓死者有那不朽的名，讓生者有那不朽的愛。

《甘泉》更曾引述箴言，強調：

恨能挑起爭端，愛能遮掩一切罪過。

真正的基督徒或佛教徒，絕對不會挑起爭端，更不會在族群之間、或兩岸之間，挑起仇恨或戰爭。

那些自稱基督徒、或引述佛教大師的人，如果所作所為，言行剛好相反，沒有教人愛心、只知教人仇恨，沒有製造和平、只會製造戰爭，那麼，不但在屬靈的世界會受天譴，在歷史上也會遺臭萬年。

九

考門夫人在《荒漠甘泉》中，用日記體，逐日寫出她在靈修的心得，總共用一年的篇幅

㉖ 同❷，頁六三。

完成，非常發人深省。

在十二個月份中，她很多日子，都在寫如何於試煉中奮進。其中二月份寫〈患難與鍛鍊〉，副題中強調〈在烈火中，瞻望你鍛鍊成精金的光榮日子〉；三月份寫〈試煉與勇敢〉，副題中強調：〈經過鐵的磨練，造成鐵一般的意志、鐵一般的力量。〉都深具啟發性。

另外，她在四月份強調〈犧牲與復活〉，副題是〈經過了十字架的痛苦，才有復活的生命〉。五月份強調〈安靜與堅定〉，副題是〈不憂不懼，不急躁，不煩惱，安靜是一切力量的根源〉，均可說字字珠璣，充滿智慧，非常令人心靈感動。

在開卷語，書中更引〈箴言〉（一七：二二），用大字體標出：「喜樂的心，乃是良藥。」更可說是開宗明義提醒世人，要能永保喜樂的心，才能克服一切逆境，進而能將逆境視為恩典，心中才能更加充滿喜樂。

聖經〈詩篇〉曾提到大衛的名言：「耶和華是我的牧者，我必不致缺乏。」（詩二十三篇一節）

他何以能如此自信呢？

青年的大衛，勝過了獅子和熊，在聖經故事中，還勝過了巨人大力士歌利亞。他為什麼能以小搏大而成功呢？

很多民眾心中都有這個問題。因為，當他們被強權打壓時，很多人灰心了、更多人氣餒了，少數人雖然繼續堅持奮鬥，但心中難免徬徨，不知何時才能勝利成功。他們在心理上，應如何自處呢？

《荒漠甘泉》在此提供了很好的答案。

文中先引述聖經所說：「有時來了獅子。」（撒上十七章卅四節）然後指出一個重要關鍵：

> 當獅子來攫奪羊羔的時候，他看為一個非常的機會。若是他失敗了，或者驚恐逃跑了，他就失去了神所給他的機會，恐怕以後也會失去作神所揀選的以色列王的資格。

所以，文中提醒世人：

> 人從來沒想過，獅子是從神那裡來的一個特別的祝福，人總是把牠看成為一個不幸的、受驚嚇的遭遇。豈知這是神化裝的祝福，每一次臨到我們的苦難和試煉，若是我們用正當的方法去接受，都是神給我們的機會和祝福。㉗

書中更強調，「但願神開啟我們的眼睛，叫我們無論在患難中、試煉中、危險中、不幸

㉗ 同❷，頁九一。

中，都能夠看見神。」

換句話說，書中再次以大衛的例證說明，對於一切逆境，都應看成是神的旨意，也是神要訓練自己的恩典，應該心存感激。

在佛教大師中，聖嚴法師經常強調「慈悲沒有敵人」，甚至呼籲人們，「感激你的敵人」，此中心路歷程與智慧，可說完全相通。

他也曾強調，「魔考」是「佛試」的另一面，人們要有智慧看出，這是一體之兩面，所以對於逆境與考驗，不但不用憂愁，反而要能心存感恩。

事實上，聖經也曾明確講過：「這事出於我。」（王上十二章十四節）也就是說，一切苦難都是神在訓練人，一切試煉都出於神。

這與孟子強調，「天將降大任於斯人也，必先苦其心志，勞其筋骨，餓其體膚，空乏其身」，認為人的受苦受難，均來自天的訓練美意，可說完全相通。

拿破崙曾經有句名言，在此也很接近：

每件不幸事情內部，都有更大利益的種子，因此我們要領會上帝的安排。

《荒漠甘泉》對此闡述得很精彩：

你有沒有想到過，凡與你相關的事，也與我有關？因為摸你們的，就是摸我眼中的瞳仁（亞二章八節），我看你為寶、為尊（賽四十三章四節），所以，我特別喜歡訓練你。㉘

書中並進一步說明：

當試煉攻擊你，「仇敵好像急流的河水沖來」（賽五十九章十九節）的時候，我要你知道，「這事出於我」，你的軟弱需要我的剛強，你的平安全在乎我替你爭戰。㉙

換句話說，當很多敵人與打擊，看似迎面而來，甚至從四面八方圍剿，讓你喘不過氣來的時候，你應想到，這些都是來自神的美意。神有祂的長遠心意，祂必定會幫你奮鬥征戰，因而痛苦終會消失。

所以書中強調：

你是不是正在艱難的環境中，四圍的人都不同情你，都不遂你的心意？都看不起你？

㉘ 同❷，頁八〇。
㉙ 同❷，頁八〇。

「這事出於我」，我是管理環境的神。你所處的環境並非偶然的，都有我的美意在其中。[30]

這段所說「環境並非偶然的」，與佛教中所提的「因果論」，可說完全相通。

佛教認為，人生的逆境與衝擊，都有因果在內，絕非偶然；不同的是，佛教並未強調人格神，而是強調，一切仍要歸於自己的反省與努力，形成「自力宗教」。

而基督教，則為「他力宗教」，強調萬能的神，超越一切萬有而存在。這對很多心中軟弱的人們，在苦難無助時，本人欲振乏力，也有其重大的功能。

所以《荒漠甘泉》中指出：

我的孩子，不順的環境，扎心的毀謗，無故的逼迫等等，臨到你的時候，你就敷上這香膏（指「這事出於我」）。如果你能在一切事上看見「這事出於神」，所有的痛苦便會立時消失了。

同樣情形，佛教也講拔除痛苦，同樣視「煩惱為涅槃」，能夠轉化苦難為磨練，兩者都是心靈創傷中的良藥，經由這種心境的轉化，就能化痛苦為喜樂，深值世人重視。

十

《聖經》中強調：

我再說你們要喜樂。（腓四章四節）

《甘泉》對此，有很精闢的分析，對於很多人在逆境中無法喜樂，有很重要的啟發，其內容非常能深入人性：

也許你曾試過要凡事喜樂，可是不久即告失敗。不要緊，仍繼續下去，當你不能感覺喜樂，沒有可以喜樂的理由、安慰和鼓勵時，仍該喜樂。甚至當你落在百般試煉中的時候，仍要算作喜樂。

明明在痛苦逆境中，就算當成天意，但苦難仍是切身之痛，怎能喜樂得起來呢？

《甘泉》在此指出，神的力量，絕不會放棄你，讓你孤軍奮戰：

㉚ 同❷，頁八一。

試想你的父親，會不會讓你舉得勝和喜樂的口號到前線去，然後他冷冷的向後一退，任憑你被仇敵擄去或擊敗呢？絕不！

因此，《甘泉》中明確指出：

父的聖靈必定會在你勇敢前進的時候支持你，將喜樂和讚美充滿你的心，那時候就會因著裡面的充滿，感到非常新鮮和歡樂了。

另外，聖經也明白指出：

我實實在在的告訴你們，一粒麥子不落在地裏死了，仍舊是一粒，若是死了，就結出許多粒子來。(約十二章二十四節)

此中的啟示，即在提醒世人，若能抱定犧牲的決心、看破生死，反而心中能夠豁然開朗，也就能夠安靜，甚至充滿喜樂。在這個時候，「置之死地而後生」，反而更有生命毅力，更能達到勝利。

所以，《甘泉》中指出：

弟兄們，你不是想要得人麼？你不是想要生命更豐盛麼？你不是盼望更有能力麼？請你走主所走的這一條路——十字架。只有你肯讓十字架把你這個人裂開了，生命才會像活水那樣，湧流不息的出來。

因此，人們只要心中能看開一切，就能充滿喜樂。也就是說，只要能效法耶穌基督背十字架的足跡與精神，想想他，能夠不怕冤屈、不怕誹謗、不怕打壓、不怕迫害，「一步一血印」的走上山頭，相形之下，我們所受的磨難，實在小之又小。要能有此領悟，心中就能開懷而更加奮進了。

更何況，神是慈悲的，並不會永遠叫人受苦；受苦只是訓練，祂也會適可而止，看人們能承受的程度而定。

此即《聖經》中所說：

我雖然使你受苦，卻不再使你受苦。㉛

《甘泉》在此論述非常精闢：

㉛ 同❷，頁八五。

受苦是有限制的。神能使你受苦，也能免你受苦。讀者啊，你豈不是在嘆息說：「要受苦到幾時方才停止呢？」哦，讓我們耐心等待，直到神的意旨成功。

《甘泉》並進一步指出，神使我們受苦，既然目的是要試驗我們，那必須等到我們在人面前，有了明顯的見證之後，苦難才會停止。到了那個時候：

經歷了許多艱難之後，犁和鐮可以藏起來了。禾可以紮成捆收在倉裡了，那時我們都要歡喜快樂了。㉜

換句話說，神用來耕種心田的工具，如犁和鐮，象徵著訓練與苦難，此時已經結束；心靈中的成長，如同成熟的稻禾，此時可以收成，心中自然可以喜樂了。

此即《甘泉》中所說的：

農夫不會一直打穀的，神也不會一直用杖的，試煉不過是暫時的。目前雖然有暴雨，不久都要停止。一宿雖然有哭泣，早晨便必歡呼。㉝

《甘泉》在此，更進一步強調，我們的受苦，是為了受訓練，是因為神將降重大的使命：

> 信徒受試煉，就是證明我們在主面前的寶貴。不然，主不會花這許多時間、力氣和心機在我們身上。主絕不會來試煉我們，除非祂發現我們有頂寶貴的信心和礦苗，混在我們肉體的砂石中。

換句話說，我們所受的迫害、打壓、乃至一切苦難，看起來好像一波接著一波，其中都經過精心計畫，經過全盤設計，從四面八方迎面而來；令人驚訝，何以敵人花這麼多時間、力氣和心機來對付我們？

其實，這也可看成是命運之神，花了很多心思與時間，精心策劃，作為訓練我們之用。正因祂想將我們雕成最精美的作品，所以才用這麼多心血，精心設計與規劃。

所以，《甘泉》中講得很深刻：

> 香料越壓得緊，香氣越是濃郁；最精美的寶石，受匠人琢磨的時間最長，受鑿子的打

㉜ 同❷，頁八五。

㉝ 同❷，頁八五。

擊最多！㉞

這也正是孟子所說，孤臣孽子因為飽經憂患，所以更為通達，看似坎坷苦難的身世，正是奮發圖強的動力；此中的安排，正是神的天意。所以只要人肯努力，並有毅力，那迎接在前的，將是更豐盛的成功！

此即《甘泉》所說：

受苦的信徒們，耐著吧！將來我們所得的酬報，將遠超過現在所出的代價！

《聖經》詩篇中說，「凡流淚撒種的，必歡呼收割」；因為在播種時，曾經過艱難困苦的流汗、流淚，所以在收割時，都會化為甜美甘霖，更令人歡呼，更令人興奮！

十一

《聖經》中曾指出：

凡結果子的，祂就修理乾淨，使林子結果更多。（約十三章二節）

《甘泉》在此引述了一段故事，非常生動。

有一個神的孩子，心中一直納悶，何以像他這樣信仰虔誠的信徒，還要一直落在百般試煉之中？

結果有一次，他路過一個葡萄園，看到很多葡萄藤，枝葉都很茂盛，但是葉子上卻佈滿蛀孔，藤上生了許多小蟲，園內也長滿了雜草，顯然是沒有人管理。

當他正納悶的時候，神就光照他，告訴他一段重要的信息：

> 我所愛的孩子啊，你是不是在稀奇你一生的遭遇呢？你看這個葡萄園，從其中學習一個功課罷。園丁不替他修剪不結果的枝子，不摘去不需要的葉子，不除去害蟲和雜草，他隨它去。所以在這成熟的時候，葡萄一顆也沒有。你要不要我停止修理你的生命呢？你要不要我把你放在一邊呢？㉟

此時，這位信徒心中頓然開悟，並且備感欣慰，大聲回答：

> 不！不！

㉞ 同❷，頁八六。

㉟ 同❷，頁八九。

換句話說，很多人在感到命運被「修理」的時候，其實正代表神在「修理」你；祂的修理，如同園丁修理葡萄園，是善意的；如果不修理，就沒有果實。人們要能看穿這一點，心中疑惑就迎刃而解了。

這令我想起，我的生平，曾多次被陷害、污衊、栽贓，心中也在奇怪，何以一生的際遇會如此坎坷？心中也曾充滿問號，為什麼我全心做好事、做功德，卻反而受這麼多「修理」呢？尤其近年來的冤案，令我遭到空前打擊，心中更在想，我全力為兩岸作人道的服務，每年有一千多件，迄今已有七千多件，為什麼做公益，卻還要遭此修理呢？

從學佛中，我體認到，這是「天魔」在考驗我，也是逆行菩薩在訓練我。從儒家中，我更體悟，這可能是上天將降大任，所以必先令我心志痛苦、受盡折磨，目的也在訓練我！從《荒漠甘泉》中，我同樣體會到，用基督教言語，這是「神的旨意」，可能為了重用我，所以才訓練我，為了訓練我，所以才「修理我」。

因此，我能被選中，為神所用，對於上天的美意厚愛，反而更應感恩才行。

美國幽默大師馬克吐溫給人的印象，是風趣而有智慧，但很少人知道，他的生平其實非常坎坷。

他在十二歲時，父母便因病雙雙去世，不得不終止求學，去印刷廠當學徒，還當過領船員。結婚不久，先是痛失愛子，接著寫作生涯不順，面臨破產厄運；後來女兒蘇珊娜又因病過世，當他拚命寫作、還完債務時，愛妻與小女兒又辭世而去。㊱簡直令人感覺，上天似乎專門跟他作對，專門在「修理」他。

要在別人，老早就對人生充滿失望，皺紋滿面的哀嘆不已。

但是，馬克吐溫卻化悲苦為風趣，幽默的說：「皺紋不過是表示原來有過笑容的地方！」

所以他被稱為「文學上的林肯」。㊲

林肯在政治生涯上，也是飽經苦難、歷經試煉，數度選舉失敗後，才重新出發。但他們都能把歷經風霜的皺紋，看成有過笑容的痕跡。這種精神意志，既堅強、又風趣，舉重若輕，實在值得欽佩與學習！

《荒漠甘泉》中，曾引述一位打鐵的鐵匠心得，非常發人深省：

> 只有一件事是我們所怕的，就是被神丟到碎鐵堆裡去。當我鍛鍊鋼鐵的時候，我先把它在爐中燒紅，然後用鐵鎚捶它，又忽然把它投入一鍋冷水中，這樣不久，我便能試驗出來，這塊鐵到底經不經得起鍛鍊，會不會裂成碎片。
>
> 照樣，我覺得主也用火、用錘、用水試驗我，如果我沒有信心和忍耐，就經不起考

㊱ 同❸，頁二八八。

㊲ 同❸，頁八八。

驗，以致不能合乎祂的標準，我怕他會把我丟到碎鐵堆裡去呢！㊳

所以，《甘泉》中強調：

雖然火是頂熱，水是頂冷，你還該憑信心和忍耐挺住。因為祝福就在後面，讓我們和約伯同聲說：「祂試煉我之後，我必如精金。」㊴

然後，《甘泉》再用音樂與鋼琴比喻：

要一個鋼琴出聲，需用十一噸壓力。如果你經得起壓力，神就把你壓出音調來，和天上的音樂相和。

莊子也曾強調「天籟」之美，但要體悟這種「天籟」，必先具有「神人」的訓練，歷經各種天磨考驗。他用的比喻是：

大浸稽天，而不溺；大旱金石流、土山焦，而不熱。

換句話說，「神人」遇到大水災時，水都淹到天上了，神人卻不會滅頂。另外，神人如果遇到大旱災，酷熱的程度，連土山都會燒焦，祂也不覺其熱；可見其精神定力的訓練，絕對經得起試煉。唯有如此，才能聽到天籟，才能領悟上天的美意。

當然，要能訓練出這種精神定力，必先培養偉大深厚的胸襟。在莊子，就是用大鵬鳥來比喻，必須先能「掊風」，才能振翼直上九萬里的高空，欣賞讚美天地之美。

《荒漠甘泉》中，同樣鼓勵人們，要留仰望高空，讓精神飛得越高越好：

> 飛鳥飛越高，越是安全。如果牠飛得低——靠近地面——牠也許會陷入捕鳥者所設的網羅裡去。照樣，如果我們一直匍匐在地上——依靠感覺情感——我們就要看見自己被千萬種網羅——懷疑、失望、誘惑、不信……所纏累。這就是「好像飛鳥，網羅設在眼前仍不躲避。」㊵

屬靈的生活不是蹲伏在情感上的，也不是留戀在淺水裡的。

㊳ 同❷，頁八三。

㊴ 同❷，頁八。

㊵ 同❷，頁一一二。

這也如同莊子在〈逍遙遊〉中所說：「水之積也不厚，則負大舟也無力，……風之積也不厚，則其負大翼也無力。」

所以，精神修行，必須愈高愈好。唯有如此，才能從宇宙的最高點上俯看穿萬物、看透苦難，屬靈的生活才能愈高深。莊子稱此宇宙最高點，即為「寥天一處」；就此而言，道家精神與基督教又可完全相通！

十二

《聖經》中曾指出：

因你們要在火中榮耀耶和華。（賽廿四章十五節）

這裡說的「火」，就是象徵神的試煉與訓練；人們被神選中，有此恩典，自然應在試煉中榮耀神的存在，作為逆境中奮鬥成功的見證。

所以，《甘泉》一書中強調：

注意這個「在」，我們要在火中——試煉中（彼前四章十二節）——榮耀祂。雖然那是一個受苦的地方，我們都要用信心來榮耀祂。

因為，「祂既准許『火煉的試驗臨到』我們，祂必賜給我們夠用的力量來承擔。」

書中並強調：

我們相信，試煉過後，我們會有更多讚美和感謝的根據，並且我們的信心「既被試驗，就比那火試驗後仍然能不壞的金子更顯寶貴。」

《甘泉》並舉聖經故事，指出「三個人從七倍熱的爐中挺身而出，一無改變——身體不傷，頭髮不焦，衣裳不變色，也沒有火烤氣味。前後不同的就是身上缺了綑綁，臉上添了榮光。」

這種情形，很像莊子所說「神人」，能夠水火不傷，來去自如，象徵能經歷一切的苦難試煉。

這時，對於神所賦予的試煉，自然更應該以讚美取代抱怨、並以喜樂取代仇恨，才是最高的境界。

聖經中曾強調：「以讚美祢為誇勝。」（詩一百零六篇四十七節），在此很有深刻的啟發。

因此，《甘泉》指出：只有用讚美取代憂愁，才能真正克服逆境：

當你受冤枉、受毀謗、受逼迫、裡面(內心)過不去的時候，你禱告，沒有多大用處，你在那裡要抵抗，也抵抗不來，要掙扎也掙扎不來，越是拒絕這個重壓，越不行。你總覺得這是何等難的事，絕不容易勝過。㊶

這時，只有轉換心靈，調節心態，才能從根本上戰勝痛苦：

請你記得，當你這個人的苦難受得最大，冤枉受得最厲害的時候，不是你禱告的時候，而是你讚美的時候。

為什麼呢？因為，只有「你的靈高過了你裡面受傷的感覺，就什麼都過去了！」

所以《甘泉》一書提醒人們：

親愛的，請你記得，所有覺得受傷的人，都是缺少讚美的人。

一個人，如果心靈受了傷，卻能因此奮發圖強，並且感謝讓他(她)受傷的人，就代表傷口已經癒合了，也代表心靈已經提昇了。他在此時走出陰霾，對於上天不再怨嘆，對於敵人也不再仇恨，心胸豁然開之餘，自然反會讚美這段受傷的過程。

重要的是，當禱告沒用的時候，便應改用讚美的心態，山不轉路轉，那就更能峯迴路轉，柳暗花明！

因此，《甘泉》一書指出：

> 許多時候禱告不行，但讚美卻行，這是一個基本原則。

特別是，很多時候，「擔子重到沒有辦法禱告的時候，就當讚美。」

所以，真正的智慧，不是擔子卸下時才讚美；更重要、也更高明的是，「在擔子最重的時候就讚美」，反而能產生立竿見影的神奇功用。

《甘泉》一書也提醒世人：

> 金剛鑽和翡翠都是藏在粗笨的石塊中的，在外面一點都看不出它們的美麗和價值來。[42]

這正如同智力、潛力和毅力，都是深藏在苦難中；沒有苦難，就沒有智力，就不能激發

---

41 同2，頁一七四。

42 同2，頁一三四。

潛力與毅力，自然就沒有任何成功。

因此，我們可以說：苦難為智慧之母，也是一切潛力與毅力之母。這正如同佛學所說，「以般若為佛母」；「般若」代表智慧，「佛」代表覺悟，這句話代表了，先有智慧才能有覺悟，用現代語言講，就是「智慧為覺悟之母」。

那麼，智慧又從那裡產生呢？根據佛學，「大悲為般若之母」，也就是說，要從苦難中產生大悲願，才能產生智慧，因此可說，「大悲為智慧之母」。

如此推算起來，「大悲」便可稱為最尊貴的「佛之祖母」。

從基督教來看，苦難正是上天所賜的寶貴禮物，雖然外表難看，但裡面卻是包含愛與智慧，與此精神完全相通。

此即《甘泉》一書所說：

親愛的，神會送給你一些很寶貴的東西。不要難受，如果外面的裝潢十分難看，你可以確實相信，裡面必定包著愛和智慧。

所以《甘泉》一書語重心長的提道：

親愛的，環境壓得你非常厲害嗎？不要推開它去。這是窯匠的手。

根據《聖經》，人生由神所造，所以窯匠的手，自然是指神的手。因此，只要能體認神的美意，從上天的心意，透視人生一切苦難，那苦難就能化為美果，黑暗也都能成為光明。此所以《甘泉》中先引述聖經「現在有雲遮蔽，人不得見穹蒼的光亮。」（伯三十七章二十一節），再進一步強調：

> 神的孩子呀，使你痛心的遭遇，使你流淚的痛苦，都是你心靈過程中的烏雲。你若從地上望上去，固然是又黑又暗，可是你若從與基督同生的天上望下來，你就會看見你所懼怕的烏雲，正是光明無比，美麗絕倫的彩雲，宇宙中少有的飾物。你看了之後，就會興高采烈，忘記所有的疲憊和沮喪了。㊸

這也正如同莊子〈逍遙遊〉中所強調：要能把精神化成為大鵬鳥，飛到九萬里的高空，欣賞「天之蒼蒼，其正色邪？」然後，從精神高空看下來，才能領悟，地面也充滿光明燦爛的美景，「其視下也，亦若是則已矣。」此時不再是原來從地面看的烏雲。因為精神能與造物者同遊，所以才能「忘記所有的疲憊和沮喪了。」

這正是書中所說的回答：

㊸ 同❷，頁一八二。

你現在是不是正被患難試煉，危險所包圍呢？這些都是神為你準備的器皿，為著盛滿聖靈用的。

因此書中強調：

把這些器皿拿過來給神，用信心和禱告帶到祂面前來。

這樣，使你害怕的災難、試煉、危險，都要變作神彰顯祂恩典和榮耀的機會了。所以，人們為了榮耀天上的神，對於災難、試煉、危險，不應抱怨，也不應迴避，而應看成神的恩典，從精神高空加以讚美，然後才能全力克服；在成功勝利之後，就更加榮耀了神。

總結而論，《荒漠甘泉》，顧名思義，正因為是荒漠中所出的泉水，所以更為甘美、更為珍貴。因而這時更應讚美荒漠，因為，這是出自神的苦心美意。

這種精神，能從各種逆境之中，更增加靈修的強度、更提昇靈修的高度、同時更擴大靈修的廣度，可說與儒、釋、道，均能相通，成為人生靈修絕佳的導師，同樣深深值得世人學習與力行！

【附錄】本書作者出版作品目錄

1. 《易經之生命哲學》，民國六十三年，台北天下圖書公司。
2. 《青年與國難》，民國六十三年，台北先知出版社。
3. 《哲學與現代世界》，民國六十四年，台北先知出版社。
4. 《文化哲學面面觀》，民國六十五年，台北先知出版社。
5. 《華夏集》，民國六十六年，台北先知出版社。
6. 《孔子與馬克斯對「人」的觀念比較研究》，民國六十七年，英文版，美國波士頓大學博士論文，後由東海大學出版。
7. 《哲學與國運》，民國六十八年，台北問學出版社。
8. 《中國人的人生觀》，民國六十九年，中譯本，台北幼獅公司。
9. 《從哲學看國運》，民國六十九年，國防部印行。
10. 《新馬克斯主義批判》，民國七十年，台北黎明公司。
11. 《三民主義研究》（合著本），民國七十一年，台北政大公企中心印行，中央文物供應社出版。

12.《中國哲學與三民主義》，民國七十二年，台北時報文化出版公司。
13.《蕭毅虹作品選》（主編），民國七十三年，絲路出版社。
14.《中國哲學的現代意義》（英文本），民國七十四年，東海大學出版。
15.《民族精神論叢》，民國七十五年，台北黎明公司。
16.《「蓬萊島」誹謗案大公開》，民國七十五年，龔維智律師編印。
17.《超越新馬克斯主義》，民國七十六年，台北嵩山出版社。
18.《國父思想之理論與實踐》（合著本），民國七十七年，大海文化公司。
19.《丹心集》，民國七十七年，台北黎明公司。
20.《蔣經國先生的思想與精神》，民國七十八年，台北黎明公司。
21.《中國古代美學思想》，民國七十八年，台北學生書局。
22.《環境倫理學——中西環保哲學比較研究》，民國七十九年，台北學生書局。
23.《天人合一》，民國八十年，國家文藝基金會印行。
24.《蔣中正先生思想研究》，民國八十一年，黎明公司印行。
25.《中國文化哲學》，民國八十二年，台北學生書局。
26.《誰誤解了李總統？》，民國八十三年，國是評論雜誌社。
27.《李總統叛國心跡》，民國八十四年，國是評論雜誌社。
28.《人、自然與文化》，一九九六年，北京人民文學出版社。

29.《中國管理哲學及其現代應用》，民國八十五年，學生書局。
30.《中國傳統哲學與現代管理》，一九九七年，山東大學出版社。
31.《李登輝民主嗎？》，民國八十七年，國是評論雜誌社。
32.《反台獨漫畫集》，民國八十八年，自印本。
33.《生活哲學：中西生死哲學》，二〇〇二年，北京大學出版社。
34.《生活哲學：兩性之哲學》，二〇〇二年，北京大學出版社。
35.《曾文惠案追追追》，二〇〇三年，自印本。
36.《先室蕭毅虹紀念文集》（主編），民國九十二年，四冊，自印本。
37.《反獨促統畫集》，民國九十三年，自印本。
38.《忍辱》，民國九十三年，自印本。
39.《愈挫才能愈勇》，民國九十三年，自印本。
40.《生氣不如爭氣》，民國九十三年，自印本。
41.《悲憤不如發憤》，民國九十四年，國是評論雜誌社。
42.《中西生死哲學》，民國九十四年，學生書局。
43.《兩性之哲學》，民國九十四年，學生書局。
44.《從逆境中靈修——中西逆境哲學》，民國九十五年，學生書局。
45.《從中山思想論統獨前途》，民國九十五年，幼獅書局。

46.《新統獨論戰——反台獨演講集》，民國九十五年，問津堂出版（待印中）。
47.《丹心照汗青》，民國九十五年（待印中）。
48.《時窮節乃見》，民國九十五年（待印中）。
49.《中國政治哲學》，民國九十五年，學生書局（待印中）。
50.《兩岸新儒家哲學研究》，民國九十五年，學生書局（待印中）。

國家圖書館出版品預行編目資料

從逆境中靈修──中西逆境哲學

馮滬祥著. – 初版. – 臺北市：臺灣學生，
2006 [民 95]
面；公分

ISBN 957-15-1304-0 (精裝)
ISBN 957-15-1305-9 (平裝)

1. 靈修

192.1 95007684

從逆境中靈修──中西逆境哲學（全一冊）

著作者：馮滬祥
出版者：臺灣學生書局有限公司
發行人：盧保宏
發行所：臺灣學生書局有限公司
臺北市和平東路一段一九八號
郵政劃撥戶：○○○二四六六八號
電話：(○二)二三六三四一五六
傳真：(○二)二三六三六三三四
E-mail:student.book@msa.hinet.net
http://www.studentbooks.com.tw

本書局登記證字號：行政院新聞局局版北市業字第玖捌壹號

印刷所：長欣彩色印刷公司
中和市永和路三六三巷四二號
電話：二二二二六八八五三

定價：精裝新臺幣八○○元
平裝新臺幣七○○元

西元二○○六年五月初版

19201

ISBN 957-15-1304-0 (精裝)
ISBN 957-15-1305-9 (平裝)

臺灣 學生書局 出版

中國哲學叢刊

1. 孔子未王而王論 羅夢冊著
2. 管子析論 謝雲飛著
3. 中國哲學論集 王邦雄著
4. 王陽明傳習錄詳註集評 陳榮捷著
5. 江門學記 陳郁夫著
6. 王陽明與禪 陳榮捷著
7. 孔孟荀哲學 蔡仁厚著
8. 生命情調的抉擇 劉述先著
9. 儒道天論發微 傅佩榮著
10. 程明道思想研究 張德麟著
11. 儒家倫理學析論 王開府著
12. 呂氏春秋探微 田鳳台著
13. 莊學蠡測 劉光義著
14. 先秦道家與玄學佛學 方穎嫻著
15. 韓非子難篇研究 張素貞著
16. 商鞅及其學派 鄭良樹著
17. 陽明學漢學研究論集 戴瑞坤著
18. 墨學之省察 陳問梅著
19. 中國哲學史大綱 蔡仁厚著
20. 儒家政治思想與民主自由人權 徐復觀著
21. 道墨新詮 光　晟著
22. 中國心性論 蒙培元著

㉓ 管子思想研究 徐漢昌著
㉔ 譚嗣同變法思想研究 王樾著
㉕ 明清之際儒家思想的變遷與發展 林聰舜著
㉖ 張載哲學與關學學派 陳俊民著
㉗ 明末清初學術思想研究 何冠彪著
㉘ 道教新論 龔鵬程著
㉙ 儒釋道與中國文豪 王煜著
㉚ 帛書老子校注析 黃釗著
㉛ 中國古代崇祖敬天思想 王祥齡著
㉜ 黃老學說與漢初政治平議 司修武著
㉝ 近思錄詳註集評 陳榮捷著
㉞ 老莊研究 胡楚生著
㉟ 莊子氣化論 鄭世根著
㊱ 韓非之著述及思想 鄭良樹著
㊲ 儒家的生命情調 戴朝福著
㊳ 中國文化哲學 馮滬祥著
㊴ 朱子學與明初理學的發展 祝平次著
㊵ 明末清初理學與科學關係再論 張永堂著
㊶ 中華文化的省思 戴朝福著
㊷ 老子新校 鄭良樹著
㊸ 孔子的生命境界——儒學的反思與開展 蔡仁厚著
㊹ 仁學 譚嗣同著，湯志鈞・湯仁澤校注
㊺ 荀子集釋 李滌生著
㊻ 劉宗周及其愼獨哲學 黃敏浩著
㊼ 燕園耕耘錄——朱伯崑學術論集(上冊) 朱伯崑著
㊽ 燕園耕耘錄——朱伯崑學術論集(下冊) 朱伯崑著
㊾ 體用與心性：當代新儒家哲學新論 賴賢宗著

㊿	哲學史與儒學論評：世紀之交的回顧與前瞻	蔡仁厚著
51	歷代聖哲所講論之心學述要	朱維煥述要
52	老子道德經闡釋	朱維煥著
53	儒學反思錄	龔鵬程著
54	全體大用之學：朱子學論文集	朱榮貴著
55	儒學與儒學史新論	郭齊勇著
56	周易神話與哲學	李霖生著
57	良知學的展開——王龍溪與中晚明的陽明學	彭國翔著
58	道的錯置：中國政治思想的根本困結	林安梧著
59	儒家思想中的具體性思維	林啓屛著
60	張載易學與道學：以《橫渠易說》及《正蒙》爲主之探討	胡元玲著
61	新儒家與新世紀	蔡仁厚著
62	儒學轉向：從「新儒學」到「後新儒學」的過渡	林安梧著
63	從逆境中靈修—中西逆境哲學	馮滬祥著